U0033518

許曹德回憶錄

下

一代台灣奇男子的綺麗告白

Khó Tsə̂ Tik

許曹德 著

目錄

【序言】

我生於一九三七年的二月十七日，沒想到我寫完回憶錄下冊之時的今年二月十七日，恰好讓我「偷越」而過第八十個寒暑的生日，變成一個貨眞價實的八十歲老人了。

我的身體因2014年三月一次由中和陳建平兄主導的「台灣情」團體旅遊台灣中部時，意外於晚餐後突然中風不起，戳破了我二十五年來無病的神話記錄，當夜由女王與大兒子許萬瀚驅車南下救援，緊急北送林口長庚醫院，救回一命，再歷經二年的痛苦復健，恢復了體力與記憶力，遂決心與死神賽跑，寫出我一生中最重要的後半部書，記下波濤洶湧、巨浪滔天、九死一生的台灣民主之戰，與啓動一九八七年台灣獨立運動的「自由之戰」，也寫出我一生最後成功締造巨大金錢與財富帝國的輝煌歷程，並坦率寫出人類一向企圖遮掩猶恐不及的肉體性愛激情，以及一生豐富的情慾眞實生命。

當我中風半癱與半身不遂，竟又「奇蹟」而「堅強」地復原，遂決心完成《許曹德回憶錄》的下冊，及第一次於綠島獄中發明的「台語本土拼音文字——台灣河佬獨立文字系統」的最後決定版，這應是我及我已逝的偉大母親（她生於一九〇〇年，死於一九七九年，享壽七十九歲），絕對沒有料到的「不可思議之事」。

母親一生含辛茹苦，出生爲悲賤養女，幼小即需外出做工，十八歲即獨自一人從竹東內灣的窮鄉僻壤，挑起蔬果菜擔，進入新竹市區沿街叫賣，她常停駐新竹東門某一美孚公司（按，即美國石油大王洛克菲勒家族的標準石油公司之台灣代銷系統）煤油加油站的地方，那正是父親擔任站長的所在，母親的聰明伶俐，引起喪妻的父親注意，遂決心迎娶母親爲繼室。母親嫁給父親不久，即隨父親進入竹東開礦，結果一敗塗地，証明父親並無經商創業與做生意的家族細胞與天賦，他只不過是一位讀過幾年漢書的地方智識分子罷了，一生落魄潦倒，毫無能力興家與創業。因此，父親備受家鄉新竹許家族人的奚落，終於在一九三五年帶著母親及哥哥三人，舉家搬離新竹故居，遷往基隆，尋求新生，企求東山再起。第二年，母親懷了我，但生下我不過八個月，父親即貧病交迫，罹病而亡，死時，家徒四壁，一貧如洗，幾無片瓦之留，唯賴聰慧堅強之偉大母親，獨自孤寡一人，堅毅扶養許家二個幼兒長大成人。

如依我所屬之新竹許家分枝血脈，父親是二媽小妾所生之長子，我的祖父在清朝統治時期的台灣新竹，是經營一家碾米廠生意的成功業主，一生娶有一妻一妾，即大媽與二媽，大媽只生一男一女，但精明強幹、伶俐聰明、持家有方的「二媽」，即許家著名的「纏腳」二媽小妾，卻爲祖父一連生下五男一女，並挺身扛起祖父壯年早逝後搖搖欲墜的許氏家業，強悍一肩挑起統領家小、撫育及教養許家第二代的六男二女，使之長大成人，各能嫁娶的重擔，並讓他們各自獨立創業，崢嶸有成，且各能展現許家的經商天賦與創業細胞，開店的開店，設廠的設廠，個個成就一方。此中，唯獨排行第三房的大兒子「許爾池」，即我家父，瘦弱無能，一事無成，屢戰屢敗。他只是一位好學的儒雅之士，毫無經商之才，只整日愛好議論，好發高見，展露其時之「智識分子」特徵，但言厭惡日本，反對日本之欺凌與統治台灣。但生性善良、懦弱溫恭、不善與人爭鋒的家父，卻喜爲人排難解紛，急公好義，然因缺乏許家商人世代稟賦的「陶朱之術」，幾次創業都失敗收場，血本無歸，只好委身於兄弟經營及代理之美國美孚石油公司新竹加油站，擔任加油站站長爲生。故家父在自己之家鄉新竹，是頗遭許家自身兄弟姊妹及母親看衰之一房。我母親不忍父親在新竹家鄉遭受白眼的痛苦，力勸父親搬離故鄉新竹，遠離親族鄉民與親朋好友的輕視眼光與嘲笑氛圍，前往陌生的他鄉發展，另尋新天地。此即一九三五年，新竹許家第三房舉家遠走高飛的「三人行」（父親、母親及十二歲的大哥）的大遷徙，北逃一百公里之外的陌生之都「基隆港」，落腳於南榮路（日本時代之「龍川町」－Tasikawa)一帶巷弄內的貧民窟定居，尋求異地重生。母親說，基隆還有我娘家中壢莊姓舅舅定居，緊急時多少還有一個近親，可以求援與照顧。

到了基隆，仍由聰明能幹的母親想出謀生之道，充滿生意細胞的母親，無畏艱辛，開始每天挑著菜擔及自製醬菜，沿街叫賣，養活一家。在遷港的第三年，一九三七年，我就在南榮路的貧民窟中哇哇誕生，五十三歲的父親忽然老來得子，心中自然狂喜不已，但父親每日醉飲一瓶米酒，身體因而日益惡化，不久即罹患重症，就在我出生八個月後黯然長逝。

父親死後，一身孤寡的母親堅強站起，不畏艱苦及茫茫未來，每日挑著自己親手醃漬的可口醬菜與醬瓜，沿著基隆各地街坊停駐叫賣，十年如一日。爲養育二個許家遺孤長大成人，母親遂將襁褓中之幼兒，以一個月一元日幣之代價，委請一位來自瑞芳的黃姓奶母餵我長大。我與奶母及從事屠宰場殺豬爲業的奶爸一家相依爲命，直至五、六歲大，始返母親身邊。我白天常常到處流浪，有一餐沒一餐，等於在半飢餓狀態中長大，因此，我的身形瘦弱，非常類似死去的父親身影。但因我自小到處流浪與打架，練就一身強健體魄，雖然家母終其一生都擔憂我的瘦弱外形將是父親懦弱無能的宿命再現，與失意潦倒的性格遺傳基因之翻版，甚至懷疑我將一如瘦弱的父親，活不過「六十歲」大關，亦不可能一生有何「大作爲」，母親反而極具信心，寄厚望並看好身強力壯、極似母親壯碩體格與外貌、個性聰明伶俐、遺傳特徵都激似母親的家兄，但我的痛苦與堅毅奮鬥，頑強成長與長大後的出奇聰穎與堅毅心智，強健、聰慧、意志與才華，以及翻天覆地的洶湧一生及戰鬥生命，卻證明我這個許家最小兒子竟然是一個意志無比倔強、敢爲理念與偉大夢想犧牲奉獻的一代堅強自由戰士，始終勇往直前。

我波瀾壯闊的一生，歷經貧窮、疾病、飢餓、戰亂，及長大後對抗外來獨裁政權的漫長「自由之戰」，走過驚濤駭浪的政治與人生殘酷鬥爭與入獄受難的偉大戰鬥，呈現非凡的勇氣與無懼生死的決戰精神，敢作敢爲，我所經歷之危疑震撼，堪稱人世少有的傳奇歷程，又身經美麗人生與夢幻自由及巨商大賈的奢華洗禮，躍身富可敵國的人間世界與浪漫美麗的遊戲人間歲月，可謂跌破了母親及無數人的眼鏡，這個許家最不起眼的「煞尾仔子」（台語，意即最小兒子），竟然展露許姓一族極其少見的堅毅不拔、見義勇爲、不爲一己利益而爲群體與民族利益冒險犯難的稀有特徵，更顯露頂天立地的英雄氣質，矢志爲自由而戰。

我本是一個自幼即常與貧賤奶母沿街撿拾破銅爛鐵，換取幾文日幣充飢果腹的野孩子，但長大後，卻勇氣十足，常在無意之間大膽做出一些一般孩子絕不敢想像的事，而我之所以比一般同代青年一輩更具膽識與勇氣，恐怕就在於我的童年與眾不同，看到人間的不平與悲慘殺戮，竟然激發我遺傳到的父親血液，終生矢志爲不平與公義而戰，那流浪的飢餓歲月，則把我鍛鍊成膽識過人、同情弱小、膽大包天的無畏性格。而我母親堅毅面對艱困，天天忍受日警取締小販及謀求生存空間的辛酸處境與歷程，有時也遭受日警鞭打無牌攤販的可憐境遇，以及罰款與追逐的心酸歲月，讓我學得「奮鬥出頭天」的偉大台灣人精神；二十餘年之後，我們許家兩兄弟果然發憤圖強，一從台灣最高學府的國立台灣大學畢業，爲新竹許家百年來第一位國立大學畢業生，二兄弟聯手開創「福德企業集團」，龐大企業體涵蓋貿易、機械、化工氣體事業，以及大酒店與大飯店，並建立香港、曼谷、新加坡及日本等海外的國際寶石佐佐木集團，也建立龐大的福德海洋漁業集團船隊，下轄遠洋漁業鮪魚捕魚船近百艘，集團總資產於一九八〇年初，已達一千餘億新台幣，爲台灣戰後初期迅速崛起之家族大財團。

許家歷經日本殖民統治、太平洋戰爭時美軍轟炸與空襲逃難的艱辛貧窮歲月，以及戰後國民黨殖民台灣，蔣介石中國國民黨軍隊大規模登陸基隆，身經二二八恐怖屠殺，我更因親眼目睹奶爸的唯一兒子「旺仔哥哥」慘遭拘捕與無辜殺戮，再於三月七日前後，與無數基隆市民浮屍基隆港內，人人慘遭五花大綁，雙手以鐵絲貫穿手腕的可怖歷史鏡頭。我遂撫著旺仔哥哥全身彈痕累累的可悲屍體，流下我一生無限心酸與悲憫的熱淚，發誓決心復仇，要爲旺仔哥哥及無辜的台灣人民找回歷史公道，討回血債與公義，促使我日後奮力考進台大，研究政治，精研哲學與歷史，企圖了解是何種獨裁壓迫政權與歷史霸權勢力在欺凌台灣。之後，進一步使我決心起而對抗獨裁殖民的蔣介石政權，主張台灣獨立與台灣人意識，發明台灣人的本土文字字母，力促台語的文字化，凝聚與打造台灣民族主義，主張台灣走向民主、自由及獨立。

我自一九六七年參與台灣民主與獨立運動而第一次被捕，被判十年徒刑，迄一九七五年出獄，又於一九八七年掀起洶湧的獨立運動，爆發有名之「許蔡台獨案」，再次被捕並公開審判，再判十年，遂掀起言論自由鬥爭，鼓吹台灣獨立運動與台灣人意識的歷史崛起，促使台灣於九〇年代進入民主革命的偉大歷史時代，以迄公元二千年，全力秘密經援民主勢力與民進黨取得政權爲止，歷時三十年的「自由之戰」。我堅信，我們一定要做自己命運的主宰，不容任何外來勢力一再奴役我們的子子孫孫。

我更於一九五三年受美麗初戀情人哈路的徹底激勵，發憤圖強，終於考進國立台灣大學法學院政治系，研讀西方民主思想與自由理論，精研資本主義發展之原理及近代社會主義思想，苦讀中西歷史發展，鑽研西方哲學與文學，啓發並揭開我一生爲土地及人民而戰的漫長政治鬥爭歲月。於是，沿著我一生政治自由理念的偉大堅持，及勇敢實現經濟自主與富裕的偉大夢想，締造驚人的事業成就，成功累積龐大財富，讓我一生集自由及財富於一身，可以放心自由追求偉大夢想與美麗人生，使我一生免於困窮與淪爲錢奴，不爲金錢及利益而對人屈膝。

我的命運發展，完全出乎我偉大老母意料與想像之外，這使我母親於臨死之前，猶對我諄諄教誨與耳提面命，叫我務必學習寬容與謙虛，與人爲善，不與人爭權天下。我循此兩大軸線的偉大鬥爭，難以想像地寫下了我曲折詭奇的「傳奇」一生。

我母親一生從未期待我會有任何作爲，由於幼時飢餓與流浪街頭，拾餘爲生所造成的懦弱外形體格，以及長大後又再罹患心臟痼疾，難以揮別父親的遺傳陰影與淒涼失敗身影，母親始終懷疑與擔心，我將是父親一生悽涼下場及無所作爲的翻版，但母親從未料到，我一生竟是一個膽大無懼、意志堅毅、無視艱難危險的自由戰鬥者，毅然決然走過翻天覆地、身擁巨大財富、經歷無比美麗的人生與嬌妻美妾的歲月，以及熬過痛苦漫長的黑獄煎熬歷史，九死一生卻堅韌不死，即連醫生都不看好我的身體，母親生前常常焚香祈禱，求神拜佛，但願讓我活過父親的五十三歲天命，即謝天謝地了。但我不僅活過父親的五十三歲，活過大哥的六十六歲（大哥在我第二次出獄第二年即因肺癌死亡），甚至，我竟活過母親的七十九歲，使我這個母親「最不看好」的倔強幼子，竟然超越母親的預計，且勝過母親，母親地下有知，應會含笑驚喜，寬慰不止吧！

我的一生，在政治與歷史「自由價值」之鬥爭獲得最後勝利之外，更自我創造財富，與兄弟共同締造許氏商業帝國，事業之巨大與成功，譜下了我一生無虞無憂，從未匱乏，自由自在，及追求生命自由之豁達與無忌。而我少爲人知的生命浪漫，與多姿多彩的美麗自由與夢幻歲月，歷經無數當代美艷嬌娃及絕色美人的夢幻人生，奇情幻遇，或許也值得後人遐思及品賞吧。

本書所描繪之日本美麗初戀情人故事，及日本妻女哈路及女兒等親屬，爲顧慮日本親人之安全與家族之名譽、利益與安全，所有書中的親屬人名及日本財團的眞實名稱，均以化名代表，另外，本人在此聲明，本書所提到的其他數十年前戀情故事，其中指涉的人名也都以匿名爲之，避免造成當事人及相關人士的困擾，敬請諒解。

我已承續第一本《許曹德回憶錄》未竟之歷史回憶，寫畢自己一生，心中縱然仍有頗多遺珠與遺憾，猶覺自己一生如夢似幻，難以置信。

公元二〇一七年二月十七日，
八十歲生日完稿，許曹德筆。

1975年第一次出獄後創業，就任福德企業集團總經理。

支持丈夫獨立運動受難時的許曹德太太

1976年，許曹德夫婦。

1976年許曹德全家遊中橫及合歡山

1976年全家合歡山之遊

1978年全家乘花蓮輪赴東部遊歷

1978年全家福

1987年遊歷夏威夷

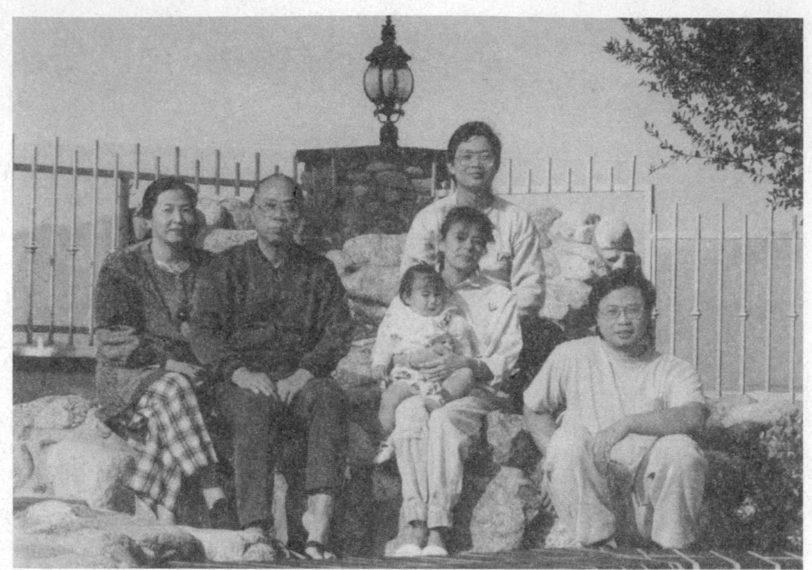

許家祖孫攝於美國洛杉磯家中（1991年）

1995年第二次出獄後五年，重新創業的許曹德夫婦。

第一章　許氏商業帝國

一九七四年夏，正當我關在綠島監獄的第四年，火燒島的氣溫突趨悶熱。牢房內極度灼熱，有如坐蒸籠。由於我在牢中的近兩年，傾全部的心力於研究台灣文字，而有突破性的發現。因此，我常常一天十數小時，凝視台語的三十音，七大調及其變調，尋思如何以自創的新型字母，從事繁瑣的台語兩千四百個排列組合，希望組合成功，構成方塊拼音文字，或許就因過度傾注精神及體力，觸動了我入獄之前，即一九六六年即已發現的心絞痛痼疾突然爆發，尖銳胸痛，急轉為整個心臟的劇烈翻滾與摧心劇痛，其猛烈的程度及頻率，前所未見。同時，又因同房的部分政治犯及獄友，總在深夜好做惡夢與狂發囈語，往往徹夜哀嚎狂叫，不停夢囈，使我夜夜輾轉難眠而加劇病情，惡化胸痛。此刻，即連我入獄時帶在身邊的醫生指定心臟急救藥「舌下片」，也統統失效。我因此始從押房被抬往遠離X型大囚房的隔離小病房，獨自昏迷七天七夜。我恍惚感覺自己就要死亡。獄方的三腳貓醫生完全束手無策，但一致認定我危在旦夕。其實，綠島監獄本來即無眞正醫生，也無藥物。他們自私的判斷是，與其讓我病死綠島獄中，嫁罪獄方，讓他們擔負死亡罪責及難堪，不如火速送往台東軍醫院等死。正因爲我患的是重症，因而，我才有萬分之一機會火速離開火燒島。任何政治犯都心知肚明，除非獲得釋放或病危，否則，任何一位政治囚徒休想離開這個銅牆鐵壁的東亞惡魔島。而所謂的「火燒島」，最大特色就是孤島難逃。歷史上，無論多厲害的政治囚犯，迄今從無一人成功脫逃。日本人早在一九〇〇年進入台灣時，即一眼相中這點，遂將火燒島開闢爲關押反日台灣思想犯的恐怖傷心地。國民黨師承日本殖民台灣的手段，用於壓迫欺凌台灣人民的恐怖政策，將綠島建設爲比日本殖民者更殘酷的政治反抗者及政治良心犯的煉獄與墳場，到我被關時，它已惡名昭彰，其恐怖形象，台灣一般民眾早已口耳相傳，談起「火燒島」，可說聞之喪膽。

火燒島不僅關押政治犯，也關押大咖的流氓與黑道大哥。國民黨常常假黑道之名，把找不出罪名又不聽話的台灣人，當流氓抓來這裡修理與凌虐。台灣秀場大哥及影藝界巨人「楊登魁」就是最有名的一例。一九九二年我曾爲立委許榮淑的有線電視台節目侵犯美商版權而找他幫忙，其時楊登魁剛從綠島被關數年回來不久，聽到我的大名，他緊握我的雙手，兩眼噙淚，口稱我是台灣大英雄，膽敢衝破言論自由，公然倡導「台灣應該獨立」。他破口大罵國民黨，只因他投資侯孝賢導演拍攝的「悲情城市」，觸犯國民黨的最高政治禁忌：二二八歷史（而最讓國民黨惱羞成怒的是，這種政治禁忌片竟獲威尼斯國際電影大獎，揚名國際，使國民黨極端難堪）。此片就因局部描寫二二八事件，而被國民黨忌恨在心，將楊登魁這位台灣演藝界最受尊敬的大老闆，當流氓與街頭小混混的黑道大哥列管，送往綠島與一般流氓一起搬石頭，喝海風，凌虐數年，使楊董終身咬牙切齒，痛恨國民黨。

因此，在我心臟病爆發，昏迷病房七天七夜甦醒之後不久，獄方即派兩個憲兵，以快艇押送我一個人過海進入台東軍醫院急救。帶頭的陳班長退伍後即上台北找我，成爲我福德集團企業大樓的管理員，此時受命留在台東醫院看管及照料我們。當我坐上快艇，首度回首遙望火燒島時，始知她原來是如此美麗的青翠小島，就如掛在東太平洋岸邊的一個叫台灣的美麗島胸前的一塊寶石，閃閃發亮，搖曳生姿，美麗之極。

台東軍醫院內的後側空地，獄方特建一棟前有美麗韓國草皮的重症政治犯關押病房。相較於孤陷台東外海二十公里冷酷的牢房與恐怖的綠島監獄，這裡好似一處美麗的鄉村別墅。如此環境，當然非常有利於我病體的康復。恰巧，院方又派來一位士林醫院吳醫生認識的軍醫朋友爲我診治。大哥遂透過吳醫生，請託這位軍醫特別爲我診治，並報請綠島獄方，以留院醫治重症之必要，把我簽報無限期留在台東軍醫院治療。無疑，這是我第一次政治入獄因禍得福的最美好時光。尤其讓我特別快樂的，是美麗女王每星期都不辭辛勞，遠從台北南下高雄，再繞經南迴公路，來台東軍醫院照料與陪伴丈夫。她每次都帶來溫馨迷人的面容與燦爛美麗的愉悅風姿，讓我病體好似痊癒了一半。由於女王天生美麗大方，擅於公關，能言善道，很快便擺平醫院上下，與陳班長建立良好的關係，不僅讓她進出病房方便，且默許並暗中保護我們夫妻的秘密相聚，因此，入獄七年之後，我們夫妻終能首度恩愛相擁，再度美麗結合，好像新婚。這是關在火燒島獄中的眾政治犯兄弟，做夢也難於置信的奇蹟。許多病房政治難友，首度看到宛若電影玉女明星甄珍的美麗女王時，都非常的驚艷與意外，驚嘆政治犯之中竟有人娶得如此美麗脫俗、氣質非凡的妻子。而女王之爲人，更是政通人和，每到台東，都不忘在爲丈夫之外，也爲其他難友多帶一份當地的美食，讓病中的難友一起高興，一起快樂，一起共享。這個婀娜多姿、氣質高雅、溫柔體貼的美麗妻子，尤其美在她的待人接物，洋溢大家風範，待人永遠彬彬有禮，舉手投足，優美典雅，非常討人喜愛。對人，她從不分貴賤，一視同仁，處處流露美麗天性與高貴氣質，既善意又貼心。

女王是一個讓人印象深刻的一代美人，舉手投足，楚楚動人，充滿貴婦風範。我初進台東軍醫院時，病房只有兩位難友。不久，才又陸續來了五六位，施明德即是其中之一。大家遂在醫院牢房病中作樂，共度了一年快樂時光，結果，病友一個也沒死，反而，死的是獄外的一代獨裁者蔣介石。他逃亡台灣後，做了二十六年的台灣流亡土皇帝，不僅冥頑不靈，更盲目堅持「一個中國」的愚蠢敗亡政策，終於在被趕出聯合國中國代表席次之後的第四年，於一九七五年四月四日飲恨而死，魂歸離恨天。

這個具中國特色的流亡獨裁皇帝，也像中國古代帝王的駕崩。其歿，國民黨及其逃抵台灣的百萬徒子徒孫，皆如喪考妣，把台灣全島當「喪場」，把他統治之下的人民當孝子與孝孫，視馬路如送葬靈場，全島哭聲震地，實在可笑。其子蔣經國，人稱太子，亦學封建先王之死，假仁假義，於統治台灣三十年，殺人如麻後，首度宣告全國的特赦與減刑，釋放大部分的政治犯，但對不共戴天之仇的無期徒刑共黨份子囚犯，則不赦。

我遂從醫院與一大批自綠島監獄釋放的千百政治犯，於一九七五年七月四日，分乘官方的數十部大巴士，繞經南廻公路，直奔台北家中。

我在政治黑牢的七年六個月中，親眼目睹了無數的人間慘劇。我也親眼看到，無數個清晨從我牢中身旁硬生生拖出去槍斃的政治死囚，大半為共黨在台的活動份子，他們死前的恐怖表情與哀嚎眼神，至今歷歷在目。我也看到，有人不惜在獄中撞牆自盡。無數人面臨妻離子散，家破人亡，父死母喪，妻女淪妓為生的淒涼故事。而我在獄中，竟能大病不死，逃過了死劫，家中老母依然安在，阿兄仍在，妻兒無傷，事業的根基依舊堅立不垂，我不禁伸手遙謝上蒼，讓我渡過煎熬痛苦的第一次漫長的政治黑獄，走過死亡的煉獄，生命得以再度頑強站起，再度豪邁出發。

在獄中，我似乎更有空餘時間讀盡古今中外歷史，嚼取先人智慧，有機會能與古聖先賢暢然對話。更有空閒窮研歷史哲學，細細精讀英國大史學家湯恩比的十大冊史學巨作「歷史研究」（A Study of History by Arnold Toynbee）英文原版。讀畢吉朋的英文原著「羅馬衰亡史」，及杜蘭的「西方哲學史」，並深入閱讀及理解現代及各大古典經濟大師理論，理解與透視資本主義運作原理，使我出獄後，成為一代出類拔萃的創業家及巨商大賈，縱橫商場數十年，鮮少敵手，卻無商人或資本家的銅臭氣息，使我一生理念清晰，不爲金錢所惑、所困，亦不淪爲金錢之奴，富而不露，縱然身爲台灣一代巨商，從不自誇，自奉簡樸，使我一生，知金錢之本質，視財富爲我通向生命自由、實現理想、達成社會公義及獲取生命快樂與美麗的工具與手段，而非累積財富爲誇耀人生之目的。並徹底了然與深知，財富、權力與智識，是人類「自由」的三大基礎。財富，更是自由之有無與大小的根本因素。試看人間最美的女人何以均屬最富有之男人，其理在此，而人類迄今，最大的鬥爭，仍是經濟與權力的爭奪。

獄中，也讓我更有閒情逸致，沉澱生命與哲思，更有多餘生命細嚼西方的美學理論，搞懂格羅齊美學，了解桑塔耶那 (Santayana) 的 SENSCE OF BEAUTY (美感論)，並嘗試譯成台語的新式文字。我理解，美是直觀的，美也是距離的產物。美是人類性愛的最強大春藥。獄中，我除了喜讀唐詩，也愛吟詠英國詩集，尤其沉醉於費茲格爾英譯的波斯詩人奧瑪開揚（Omar Khayyam）充滿淒美與感傷的RUBAIYAT (魯拜葉集)。

十一世紀波斯的偉大詩人奧瑪的魯拜葉集，使我開悟，人的價值似乎不應在窮究生死的無解，幻想有無天國的無謂爭論，或去尋找有無想像中佛說的「西方世界」。「人間」，如有「天堂」，「天堂」恐在「今世」；如有「地獄」，「地獄」恐怕就在你我的「身邊」與「周圍」，而非「天外世界」。所謂「天堂」與「地獄」，恐怕都在你我的「身邊」，一起同生共死。因此，人類面對現世的痛苦與災難，恐怕只能孤獨勇敢面對；看到人世的不公、壓迫及屈辱，也只能靠自己勇敢挺胸對抗；何處是天堂，快樂與幸福，只能自己去創造，自己去發掘與尋找。

我們必須在苦難與生死錘鍊的生命傷痕中，走出堅毅的生命與人格，讓歷經苦難的剛毅生命走向豁達豪邁與瀟灑，不畏生死，敢於堅持理想，也勇於追求生命應有的快樂與尊嚴，敢於追求美麗女人與性的快樂解放，我們應該勇於恣意享受色情之美，與財富帶來的無比自由與歡樂，無須顧忌。並不斷追求羣我的正義界線與生死的自由抉擇，錘鍊自己，不忘從絕望與痛苦中，學會屹立不搖與堅強來對抗不義，學會挖掘生命之美，與尋找生命之善。讓自己深刻領悟，在挫折中，如何勇於截取生命的燦爛片刻。在理想與現實的殘酷鬥爭中，堅持理想，藐視死亡，敢於戰鬥，視死如歸。

回憶獄中，讓我生命陷入最大痛苦與極端煎熬的，無非是我生而熾烈與奔放不息的肉體性慾與性的衝動生命力（Sexual Driving Force），遭受漫長而痛苦的折磨，剝奪與殘酷壓抑及桎梏。讓我獄中忍受極端痛苦的肉體折磨與強烈性需求的煎熬搏鬥，無從解脫，舒緩，宣洩與滿足，爲此，我不得不以殘酷的自我手淫及野蠻的自我摧殘，在深夜的獄中自我戰鬥，自我解放。在黑牢冰冷的深夜裡，我不斷磨練自己的靈巧双手，取代女人的美麗肉體，澆熄生命熾熱奔騰的痛苦火燄。將喪失自由，日夜受難的肉體接受魔鬼的淬練，遂於無意之間，反向造就了我出獄之後性愛的特殊體能，竟然將自己的肉體鍛練成可以自我控制的奇異體質，出獄後，我始發現自己的苦難身體，竟然蛻變成堅韌無比的驍勇善戰，往往一夜數女，毫無倦容，我竟能與當代最美豔性感的美麗女人，百戰而不殆，幾乎隨心所欲，征服對方肉體。尤其出獄後，身爲成功的有名大商巨賈，擁資億萬，極易吸引當代無數美女，縱放生命的潛在火焰，解放肉體，追求炫爛生命與美麗性愛，一生充滿無數豔遇及絕色美女，留下生命的美麗震撼及無數情懷，終身難忘，難免視自己爲難以置信的一代奇男子，更讓自己對自己生命的無數意外奇蹟與人生奇遇，困惑不解，難以想像。

此外，一九七五年出獄之後，我又意外迷上了圓山飯店後山的清晨羽毛球運動，以致奠定我後半生的堅強體魄與強勁體力，使我出獄後的後半段生命身心與體能急速增強，健康四十年，幾乎無疾病。這一迷人的羽毛球運動，激烈而變化無窮，令我終生著迷與喜愛，打了四十年的羽毛球運動，因此也享有了四十年健康無恙的快樂晚年。只要我不出國，人在台北，我必然於清晨的五六點，帶著美麗女王同赴圓山飯店後山的碧山球場，與李魁斌、徐玉城等百位死忠球友，做清晨的激烈球賽，沉緬於每場輸贏一罐啤酒的「生死戰」。初期，許多不明底細的球友都誤將楚楚動人的美麗女王錯認成我這個大商巨賈的美麗「情婦」及「細姨」，長達十餘年。因此，圓山大飯店的羽毛球運動讓我的體質日強，體能日增，體格日壯，不僅幫助控制了心臟疾病，並鍛鍊出出獄之後長達四十年的強勁健康體質，極少害病。加上一九九四年我赴美就醫時，遇到了罕克博士醫生，以他的自然醫學及自然療法，根治了困擾我二十五年的心臟痼疾，讓我長達二十餘年，幾乎不用健保卡，身強體壯，精力無限，極少生病。因此，從我第一次爲自由而戰的政治受難出獄，即我三十八歲之後，反而錘鍊出強而有力的體質與旺盛精力，不僅精力充沛，生命爆發驚人的樂觀與奮鬥意志，性的充沛能量更出乎我意料之外的超強湧現，愈老愈強勁，不僅體力足於應付龐大事業的發展及經營壓力，而且，在女王的寬容與自由放任的政策下，隨事業的驚人發展與成功，財富的雄霸一方，交際頻繁，美女無數，日夜環侍，更因投資的事業體涉及聲色領域的著名大酒店及觀光大飯店，遂與當代無數風情萬種、才藝卓絕的佳人，留下數不清的浪漫事蹟與綺麗歲月。

出獄回來，我始發現，所有的政治犯都被剝奪公民權利，降為三等公民，更遭國民黨警察與特務日夜追蹤，無端騷擾，惡意監視。幸而，由於我擁有社會影響力的龐大事業體，綿密的政商人脈及龐大財富的層層保護，使我有別於其他一無所有的政治犯，免受不公正的欺淩。因此，很少警察或特務的政治力敢無端對我騷擾，反而，來自統治內層的特務朋友不斷給我信息與情資，一九七九年美麗島事件爆發的前夕，曾姓友人的及時警告就是一例。我曾把這一重要政治情資與警訊傳給施明德，要同志們防範與注意。不久即爆發美麗島事件。

歸來後的第三天，高興不已的家兄便在台北最高級的豪華大酒店為我設宴洗塵。豪華大酒店是當時台北最有名、最華麗與最昂貴的宴席酒店，當年台北沒有任何一家酒店或飯店擁有豪華的現代化大舞台，每天有絢麗精采的節目表演，勁歌熱舞，無數當代美麗影視紅星雲集獻唱。酒店舞台前的中庭宴客大廳，可席開一百桌，足以容納賓客千人，還有中空二樓的數百觀賞特別席。當時台灣南北有兩大酒店，南是楊登魁的高雄藍寶石大歌廳，北是我們的台北豪華大酒店，兩者性質不同。豪華大酒店的設計，是作爲台北政經首都與國際經貿中心的高級宴會場地及美麗表演酒店，並非一般歌廳。一九七五年的台灣經濟，急速起飛，年平均所得已達美金一千五百元左右，一般職工的月收入約新台幣一千元上下，經理層級已達三、四千元。當年台灣最美麗的主持人A星，即爲豪華大酒店的當紅歌星。當時台港的所有影視與歌舞紅星，包括歐美日的來台國際藝人，無不羣集於台北豪華大酒店表演及獻唱。豪華大盛時，冠蓋雲集，車水馬龍，每天座無虛席，場場客滿。而這家有名的大酒店，正是我們家族當時的重大投資之一。豪華大酒店所以出現，源於六〇年代一群新興企業家的交際需要。他們早年的宴客地方，不外乎延平北路的東雲閣與五月花大酒家一帶。當時台灣最美豔的女人，如一代絕色美人「哈路」，均群集於此。六十年代，我與家兄及台灣煉鐵公司的郭金塔總經理，即圓環有名的外科醫生與台灣名人辜振甫等及股市大王陳逢源的大女婿，與一票企業巨頭，晚上宴客及飲酒作樂，無不設宴於此。往往，王永慶與葉三母在三樓，我們在二樓。七十年代後，隨著台灣經濟的蓬勃發展，大家漸感酒家格局狹小，私宴尚可，如遇國際外賓、政商巨頭，則難登大雅之堂。郭金塔遂帶頭集資，找到內行業界人士合作，興建豪華大酒店，總投資超過新台幣一億五千萬元。我家即爲大股東之一，家兄爲大酒店的常務董事，我出獄回家後，豪華大酒店的常務董事即由我出任擔當，介入經營。

福德的高級幹部及所有舊臣，當晚都齊赴豪華大酒店，爲二號大老闆的歷劫歸來慶生。當酒筵一開始，最美麗的主持人A星即率先介紹當晚蒞臨酒店的宴席貴賓。我第一次聽她性感動人的美麗聲音，磁性動聽而悅耳地說：今晚，我們首先要熱烈歡迎本酒店許常董的傑出令弟許曹德先生，自美留學十年榮歸！我一聽，不禁爲之啼笑皆非，暗地一哂，當然，這是家兄的面子與善意謊言，難不成要美麗的A星當場老實宣稱，許常董的令弟是傑出的台獨叛亂犯，剛從火燒島關了十年回來？

出席歡迎晚宴的公司同仁，不斷熱烈舉杯向我及美麗女王祝賀。酒宴中，家兄在興奮與微醺之餘，突伸出他的右臂，親熱地緊緊摟住我的肩膀，語重心長地說了以下一段話：

「賢弟！阿兄今夜無比高興，終於看到你毫髮無傷，安然歸來。論學識與膽識，無疑你是我們新竹許家百年未見的英雄。但，你也是我們許家百年迄今，最具危險與可怕的人物。說起來，隨時你都會面臨死亡！就像當年二二八隨地陳屍一樣，我們再看看台灣的百年歷史，不，四百年歷史，迄未見過一個台灣人造反成功。我們所有的英雄好漢與反抗人物，最終的下場，不是被殺，就是被關。難道，這是台灣人的歷史宿命嗎？而你我這一代，都親身經歷一九四七年恐怖的二二八大屠殺，阿兄也差一點命喪黃泉。我們也親眼目睹國民黨逃到台灣後，如何統治台灣及台灣人。說日本人野蠻，但中國人更野蠻，更腐化及更落伍。因此，賢弟，請聽阿兄的話，不要再去碰政治，不要再做無謂的犧牲！不要再充英雄！政治是你死我活的殘酷遊戲與骯髒東西，我們離它愈遠愈好！台灣人，是不可能反抗成功的，我們沒有武力，沒有組織，沒有反抗歷史的偉大英雄人物，沒有國際盟友，與其白白送死與犧牲，埋骨黑獄，不如去做生意，締造我們自己的商業帝國，海闊天空，遠走高飛，自由翱翔。而論做商人，賢弟也是充滿天份與才華洋溢的一代俊傑。遑論我們河佬民族，自古就是偉大的商業民族、偉大的航海家，河佬人是了不起的東方商業民族，我們比西洋人更早進入南洋，從古就知道，財富才是一切，去他媽的齷齪政治。在我們的財富世界裡，帝力於我何有哉？當一個大商人及大企業家，普天之下有哪一項比這個更自由的職業？何必去管甚麼政治，追求什麼民主自由與台灣獨立，充甚麼英雄好漢？你都快四十歲了，迄今從無機會出一次國，親眼看一看天下有多大，世界是如何的繁榮與進步。讓阿兄帶你出去一次，親眼目睹與瞭解一下世界發展的驚人景象，看一看世界無奇不有的壯麗山川，各個民族千嬌百媚的美艷女人，風情萬種的絕世嬌娃，與多姿多彩的炫爛世界與文化！」

家兄的話，當然是一番好意，我雖不以爲然，但是，它無疑也是台灣人對政治最普遍與最厭惡的表露，亂世而選擇避凶去劫，無疑也是人性最自然的反應。

當然，我也深知，出獄之後，阿兄的話仍是我唯一的出路，除了經商，做一個傑出的大商人之外，難道我還有別的選擇嗎？

從七〇年代開始，世界之變，果然不出我們這一撮爲自由而戰的台灣一代所料，當代無數早有先見之明的政治異議者與改革者，早已洞悉冥頑不靈的蔣介石遲早會有今日下場，國際形勢果然翻天覆地，徹底戳破了蔣介石「一個中國」的政治神話與世紀謊言。尤其，當中蘇分裂，導至美國「聯中反蘇」戰略成型，翻轉國際均勢，遂使中共崛起，進入聯合國取代蔣介石爲中國唯一合法代表，國民黨即被美國政治霸權遺棄，喪失了聯合國的中國代表席次，因此，政治上被蔣介石流亡集團挾持與被佔領的台灣，當然隨國民黨殖民政權的國際孤立與倒楣失敗而灰頭土臉。回憶六〇年代初，我曾在一手創辦的「現代社會」雜誌上，以社論要求國民黨，理應放棄聯合國的中國安理會代表席位，改以台灣之名，退居普通席次，以確保台灣未來的國際生存地位。這種「台獨」主張，當然激怒國民黨的上層賊頭，成爲逮捕與迫害我的最大理由。一九七一年，正當我們集體被押往綠島政治監獄時，蔣介石被逐出聯合國。至此，蔣介石始知犯下大錯，滿臉流淚與後悔不已（註：文見蔣介石的貼身隨從人員在蔣死後於中央研究院的口述歷史記載）。從此，美國的對中政策完全翻轉。台灣多次失去獨立的機會，被迫同陷「一個中國」的政治圈套，長期孤立，迄今四十年，找不到出路，國不成國。

台灣的國際處境，雖然日益惡化，但台灣的經濟，卻於七十年代猛然起飛。

出獄後，我從一九七五年的八月起，迅速接任福德企業集團的總經理職位，並於短短七年之間，將福德從一家台灣中小型家族企業快速化爲大企業。我們有台灣最大的工業氣體廠，最大的販賣系統，有大飯店，大酒店，大瓦斯鋼瓶製造廠，大貿易商，大遠洋漁業船隊，有國際知名的大珠寶公司，活躍於日本、香港、曼谷。我們有新加坡上市的大氣體工廠及海外各種投資，我們有多達十萬坪的市內及各處建地。

但讓我所以能夠迅速而自由地發揮天賦潛能，與發揮好學深思的「創發力」，開創龐大事業，一個重要因素，除了兄弟合作無間，最重要的是，我擁有一位天性豁達與聰慧美麗妻子的全力支持：她忠誠賢慧、溫柔體貼，心地善良且寬容大器。她不僅在我政治入獄的七年漫長歲月中，不離不棄，小心保護及養育三個小寶貝。當我出獄後，她又敏銳嗅出，看清並體認，自己的先生是一個精力超級旺盛的特殊男性，非常好色，充滿英雄氣質及理想色彩，必須設法將其非凡的聰明才智與過人精力，及時導向政治鬥爭之外的經濟領域，降低政治風險，所以務必將我的精力、生命力，尤其是「性」的天賦異稟及特殊體質，有如石門水庫的洩洪，導向創業的浩瀚經濟大海及喜愛的女色，讓我暫時遠離政治。她說，只要我愛她，記得回家看她及孩子，答應她「脫離政治鬥爭」，她准我做我一切想做的，包括自由追求美麗女人與擁有美麗情婦。

她看我歸來不久，健康迅速恢復，每天的大清晨必去參加圓山大飯店的羽球隊比賽，瘋狂鍛鍊身體，女王看我非常喜愛激烈運動，做爲妻子，她當然非常清楚，丈夫的體質與智力異於常人，旺盛的生命力與性的爆發力，與其小氣地築壩攔洪，企圖圍堵，不如分洪奔流，容我海闊天空，自由飛奔，讓我轉向經濟與財富的開創與搏鬥，容許我在外「完全自由」，解除禁錮我八年黑獄的生命爆發力，驅趕及引誘我進入波濤洶湧的經濟大海，與命運博鬥。

而此時的台灣經濟，正處猛然起飛的階段，非常有利我發揮經濟才華。台灣經濟的發展及崛起，來自二次世界大戰後的外部及內部歷史動能。

二次世界大戰，美、英、蘇三強組成同盟，共同擊敗德、意、日三大軸心。大戰結束，蘇聯的共產勢力崛起，隨即席捲東歐，繼而毛澤東的東方中國共產黨則秋風掃落葉，一舉席捲中國，蔣介石遂倉皇敗逃台灣。一九五〇年，韓戰突然爆發，以蘇聯爲首的共產勢力，誓言發動世界共產革命，消滅美國及世界資本主義。美國因而採取外交官肯南的圍堵政策(Containment policy)，除派兵打韓戰，復於歐洲實施馬歇爾計劃，經援歐洲，建立北大西洋軍事公約組織。在亞洲，則轉而保衛台灣；扶植日本，取消日本財閥的解散禁令，遂使日本因韓戰及越戰，迅速經濟復興。美國爲與世界共產勢力對抗，自然知道，光憑強大武力，不足於遏阻共產主義的蔓延，必須軍援之外，再經援自由世界，開放其世界最大的美國內需市場，以其雄厚經濟力扶植歐洲及日本站起來。當時美國的強大經濟生產國力（GNP），幾爲世界的一半。美國同時以武力保護台灣，軍經援助敗逃的國民黨政權，促使台灣走向經濟的自足及變革，因此，經援台灣的美元基金，規定必須貸予民間，扶植民營的企業，栽培及壯大台灣的資本主義發展。這就是戰後台灣經濟起飛的外部因素。

台灣內部，則是出現了一批傑出的本土企業家，赤手空拳，胼手胝足，艱辛創業。這批本土企業家大抵出生在日本統治的一九二〇年代前後，如王永慶、張榮發、吳火獅、蔡萬春、侯雨利、吳修齊、葉三母、林玉嘉等等均是，家兄生於一九二五年，即爲其中之一。這一代的台灣人均受過日本的現代基礎教育，戰後很多均爲日本產品的進口代理商，台日的經貿關係所以比任何其他國家緊密，原因在於數百萬的台灣人均受日語訓練，精通日語，台灣因而能緊隨日本發展，引進產業技術及生產設備，輸出美國及世界各地。戰後亞洲的經濟崛起，日本是龍頭，帶動亞洲四小龍起飛，可以說，沒有日本的崛起，即無台灣、韓國、香港與新加坡的戰後四小龍發展，更無受惠於台商投資的中國崛起。此即所謂雁形理論，即一隻日本經濟大雁，帶領後面的四隻小雁，俗稱亞洲四小龍，台灣就是飛在前面的第一隻小龍。之後，才有台灣的崛起及投資與帶動中國的經濟崛起。

台灣經濟起飛的最大特色，是一群活力充沛的中小企業，許家即由家兄在戰後從日本人遺留的二十支氧氣鋼瓶起家。艱辛發展十五年後，至我大學畢業後投入，始抵中型規模。在我投入後的第三年，我始展現商業長才，削平市場群雄，成爲台灣北部最大的化工氣體商，其後，始向週邊的關連產業拓展，建廠及外銷。到一九六八年，當我因主張「台灣獨立」及推動台灣「民主」而被捕之時，家族企業的資產規模已達五億，只好留予家兄一人獨力經營。

台灣中小企業的最大痛苦，在於很難從黨國控制的公營行庫貸到資金，政府照顧的是政治上臣服於國民黨的「本土大企業」及「外省特權集團」。中小企業只能自求多福，靠民間的高利借貸及自組的「會仔」生存。六〇年代初，我就常常向太原路的大金主蔡阿仕調借頭寸。蔡阿仕便是今天台灣首富旺旺集團的老闆蔡衍明的父親，當時的蔡衍明，不過五、六歲，他的母親常一邊開票給我，一邊罵他調皮搗蛋，到處亂跑。當時的借貸利息是三分，即借一佰萬，年利息三十萬。記得一九七五年我出獄後的第二年，蔡阿仕曾邀我兄弟投資，或購併他生產「日本米菓」的「宜蘭食品廠」，這種日本人開發的米菓，非常香脆好吃，如非家兄反對，我恐已把它買下，當時開價一億。蔡阿仕後來派討厭唸書的十九歲兒子蔡衍明去經營，九〇年代後進入中國設廠發展，形成今天的雄厚旺旺集團。因此，中小企業初期的最大痛苦，是資金。

家兄是一位聰明的買賣型商人及企業開創者，非常小心經營，隨勢而爲。人雖精明能幹，但格局不大，擅長的僅是商業的買賣，對現代企業的生產及組織管理則很陌生，欠缺雄才大略的企業組織及能力。不像王永慶，能善用社會資源及外部人才。而我恰與家兄的特質相反，像戰爭，我極善組織及指揮大軍團作戰，反應靈敏，長於分析經濟及政治的複雜現象，判斷精準、化繁爲簡，我能組織、認知及指揮優良幹部，善待外部人才。在六〇年代初，家兄就曾親眼見識過這個弟弟如何在極短時間內剷平無數同業的競爭，成就台灣北部最大的氣體商，並知如何快速建廠，尋找人才，組織人才，進攻國際市場。在我一九六八年被捕以前，我就爲家族公司購入大批土地，成爲日後建廠及未來企業發展的雄厚基礎。這數萬坪的市內大批建地，在我被關八年後，更飛漲十倍至二十倍。

因此，家兄在設宴洗塵，祝我平安歸來後的一個月，我便就任福德企業的CEO。我花了一個月的時間，了解公司現狀，並驅車南下高雄視察，而這個家族事業體，此時已發展爲四大部門：化工氣體部、海洋事業部、機械發展部、國際貿易部；並投資豪華大酒店及擁有酒店對面的成排房產，準備發展觀光飯店，家兄爲我設宴慶生的地方，即是福德投資的豪華大酒店；此外，公司尙擁有我被捕前購置的大批建地及六〇年代投資台煉的大量股票，估計福德此時的資產總值已達新台幣二、三十億。規模雖不大，但也不算小，只是管理紊亂，經營保守，缺乏人才。家兄一人，似乎手忙腳亂，而幹部都是長年老臣，毫無衝勁與創意。

福德最複雜的事業是化工氣體部，但潛在利潤也最大，下轄三個大廠，但勢力只及台灣北部，家兄及一批老幹部只能守成，不敢再進攻。我在視察南部的高雄市場後，即發現這個事業的發展重心應該在南部，而非北部。高雄已成世界拆船中心，所以，我首先著手整頓的是化工氣體事業，我們必須再籌建三、四個大廠，始能應付南北市場。因此，在建廠不及以前，我即策劃改向台肥包廠，利用台肥的一廠、五廠、六廠等三廠的龐大氣體閒置生產力。台肥是一隻公營的睡牛，無關個人利益的公家資產，寧可棄置不用，因此我們只要向其高層遊說，動之以利，即可化爲福德的龐大後備生產力，也因此，不到一年時間，台肥即成福德集團的龐大氣體供應廠，讓我輕易拿下台灣南部一年數十億的拆船大市場，迅速成爲全台灣最大的氣體供應廠商。家兄發現，我又重施六〇年代的企業成功策略，利用台肥低廉成本的龐大生產力削平群雄，因此，福德氣體的龐大年收益爆量成長，加上其它企業的生猛擴張，福德集團的獲利實力很快越過年純利的五十億，利潤驚人。

但福德的氣體事業到八〇年代初即抵達高峰，拆船業開始退潮與沒落，崛起的是台灣的電子產業，由於家兄反對我進一步投資高純度的液態氣體，以供應新興的電子產業，尤其是新竹科學工業園區的驚人未來發展，老同學何希淳此時正官拜科學園區局長，我相信他對台灣國際高科技產業發展的分析及未來預測，認爲高純度的精密氣體才有未來，一般氣體必將走向沒落。但家兄反對，反對的理由是危險的台灣政治局勢。由於七九年美台即將斷交，八〇年初我又因金援支持美麗島及施明德而被逮捕三天三夜，家兄非常擔心台灣的未來，擔心美台斷交，恐懼台灣即將淪入共黨之手，因此，決定停止一切投資，將台灣的大量資金儘速移往海外，不讓我知道。

氣體產業之外，福德此時最看好的，是海洋漁業的發展，勢將超過氣體。這是家兄利用世界銀行的貸款所建立的海洋事業。由於台灣退出聯合國，世銀不再貸款台灣，如想擴張，我建議改與日本三井談判及合作，善用三井資金，其餘不足的，再由國內銀行及拋售台煉股票支應。海洋漁業的投資，每艘約需二佰萬美金，共需一億美金，約合新台幣四十餘億，擴建四十艘船隊。因爲，美國的鮪魚市場正進入歷史性的黃金時期，此時油價尚未大漲，只需幾年的繁榮，即有大利可圖。

當然，任何事業皆有風險，海洋事業亦難例外，最怕的是國際油價的重大波動，因此，造船的速度要快，投資的回收更要快。日本三井說，交給日本建造，造價雖貴一些，但六個月就能交船。三井的主要角色，是與福德長期簽約，收購分佈於南非開普敦、南太平洋薩摩亞及南美智利的福德各作業漁船的漁獲，再以三井自己的世界冷藏運輸船隊，將收購的漁獲運至美屬波多黎各，售予美商鮪魚製罐工廠。鮪魚世界市場的黃金時期，約至八〇年代初，由於OPEC油國組織突然崛起，開始控制油源，迫使油價逐漸大漲，福德海洋先前累積的獲利，達四佰餘億新台幣，約十餘億美金，其後情勢逆轉，遠洋漁業即因油價大漲而沒落。

這個海洋事業部，進用堂兄許張崑負責日常指揮。每年我與家兄，必有二到三次親身飛往世界各地的漁場基地視察，每艘漁船的全部作業人員約三十六人，與公司定約二年合作。台灣的漁船船長是世界最優秀的船長之一，船員及大副、二副均由船長親選組成，船長百分之九十出身於澎湖。河佬民族自古就是偉大航海民族，這些優秀船長便是河佬民族的泉州系後裔，難怪世界貨櫃大王張榮發是出生在澎湖。

從七六年底開始，福德的氣體產品稱霸南部市場，並與高雄的大榮鋼鐵李董認識，雙方談判合作投資新加坡的大榮鋼鐵，將福德的氣體生產設備及技術輸入南洋新加坡發展。福德取得新加坡大榮鋼鐵的大批上市股票，因而導致福德集團進入新加坡建立海外投資公司，而後延伸集團勢力，投資印尼林少良集團，並擴大對馬來西亞及泰國的整廠設備輸出及合作建廠。此後，家兄就把台灣及海外獲利的大批資金，包括國際寶石的巨大成功獲利及海洋鉅額利潤，大量移入新加坡，完全不聽我的勸阻，大膽成立風險投資的金融部門，操作大榮上市股票及國際金融，隨後更大膽與輕率，於八十年代初，獨斷獨行，未曾徵詢我有關印尼政局發展分析的危險警告，及可能爆發推翻蘇卡諾政權的大規模排華暴動的嚴重後果，他輕信林少良的鬼話與大話，擅自將巨大寶貴資金，大膽投資印尼林氏集團而遭重創，損失二十餘億美金，約新台幣千億之珍貴實力，直接重創集團資產。迄一九八二年，累積於新加坡的福德總資產達美金三十餘億，約新台幣一千二百億以上，當時的美金與新台幣的匯率是一比四十，黑市更高，達一比四十五的程度，福德的實力，相較於台灣新興的國內財團，並不遜色。但家兄財迷心竅，盲信印尼林少良集團，依附被推翻的蘇卡諾政權的千億投資，終因蘇哈托將軍發動軍事政變，殲滅印尼共產黨，推翻蘇卡諾下台及大規模排華，而遭致命性的重大損失，幾乎血本無歸。家兄不但對我刻意隱匿印尼的空前慘敗，且轉而陰謀奪取弟弟的集團股份，企圖彌補自己的嚴重虧損，導致兄弟手足分裂，許氏兄弟集團終告瓦解。

福德的國際貿易部，也因台灣工業化的鋼鐵需求激增而擴大。我命令鉅量進口廢鐵及廢船，供應南部鋼鐵大廠及各大拆船業，配合龐大的氣體供應，因此使國際部門的進口利潤，每年實增七、八億，非常可觀。

最後，廠址設在中壢金陵路的福德機械部，土地有五千坪，是家兄依母親之言，將莊氏母舅的農田購入，建廠生產乙炔及瓦斯鋼瓶並組裝氣體設備，但管理及技術落伍。我帶領出身台肥廠長的連副總，投入一億資金整建，擴大機械開發、設計及組裝，輸出南洋。這個大廠，家兄屬意交給他的小舅子鍾清川負責，後來又增加台灣寶石生產，但始終不出色。

一九七五年底，我擬好福德事業的各項計劃後，即向家兄匯報，準備動用六〇年代購置的大批土地（已飛漲十到二十倍），希望二年內自建自己的企業大樓，並準備出售部分土地，轉為企業擴張的龐大資本需求。到一九七八年，民權東路的福德總部大廈終於完成，整個家族及企業遷入自己興建的現代大廈，除出售部分樓層，收回龐大資金，轉為事業擴張資本。我並請建築師設計好大哥及母親的大樓新居，包括建立母親的佛堂，讓家兄及母親非常高興。這個家族，曾在父親死亡的日本時代，貧無立錐之地。我當然也為女王及三個寶貝設計寬敞而美麗的大樓住家。所以，許氏家族到此可謂整個脫離貧窮與平凡，進入富有的時代；非僅富有，而是巨富。因為到了一九七八年底，福德擴充的各事業體，包括海洋、氣體、投資酒店及飯店，投資日本、香港、泰國的佐佐木寶石國際企業，及海外新加坡公司的各種投資及龐大的氣體工廠及巨大漁業船隊，年收益已逾新台幣百億，如非家兄鑄下大錯，擅自挪用集團資金，盲目投資印尼林氏集團，虧損二十餘億美金，則福德集團將躍居為台灣數一數二的大財團，走向世界。

家兄常喜歡將日本財閥的成功史，與我經略企業的擴張策略及商場爭霸戰法，比擬為締造日本三菱霸業的岩崎小彌太。福德在一九八二年抵達集團事業的高峰。

在這七、八年的南征北討中，就我生命的內在世界而言，最繽紛及美麗的事業領域是在飯店、酒店及美麗璀璨的佐佐木國際寶石事業，我與日本的佐佐木，意外結為異國兄弟，經歷了璀璨成功及富可敵國的奢華世界，坐擁世界最美的女人，走過世界最美的地方，充滿生命的驚奇及人生難以想像的浪漫。

一九七五年的九月，我取代家兄，代表福德股權出席豪華大酒店的董事會，企圖監督及了解這家當時台北最豪華的大酒店，如何成功營運及有效管理。這是一家結合夜總會表演及大型筵席的高級大酒店，隨台灣經濟的急速繁榮及需要而興建。之前的台北，一般請客的地方不外傳統大餐館及大飯店，宴席時，頂多只是小型舞台及小型樂隊，或請些小歌星唱唱而已，並無國際級的眞正豪華表演酒店及大型宴會劇場，擁有大樂隊及大舞台做華麗的表演。因此，豪華大酒店乃風雲際會，應運而生，是當時台北領先群倫的第一家。如果我沒有記錯，總投資應是一億五仟萬，佔地千坪，位於中山北路西側的撫順街，外型爲一座劇場式的建築，高度有三、四層。一樓是設施一流的大舞台，及席開一百桌的中庭大場地；二樓爲鏤空的退縮式建築，可席開五十桌，宴客時可淩高欣賞前方舞台的精彩表演。豪華大酒店每天有三場表演，分午場、晚場及夜場，每場表演二個小時。當時酒店消費是一桌五仟元，貴賓席則更貴，但夜場是宵夜，採最低消費額計算。當年酒店可說場場爆滿，每天的收入高達三四佰萬，月入近億，加上場地出租的額外收入，年營業額超過十幾二十億新台幣。酒店最大的支出是節目，由於豪華大酒店所聘用的藝人都是當時國內外一流的影視紅星及最美麗的主持人，包括當時港台美麗的藝人及國外著名的影歌紅星與才藝表演團體：日本的、歐美的、東南亞的、香港的，可說眼花撩亂，美不勝收。因此，豪華大酒店的席位還眞不好訂。

這個豪華大酒店的舞台設備，堪稱台北一流，尤勝楊登魁的高雄藍寶石，藝人可於空中吊掛表演；歌星及眾多美麗主持人可凌空乘坐昇降機，緩緩空降舞台出演，也可由舞台的下層升空進場演出；舞台更可旋轉及噴射五彩水柱，以乾冰製造場景，繽紛變化，營造夢幻；更有數十支的大小探照燈，變換及聚焦舞台，製造綺麗與眩目的效果。當年的帽子歌后鳳飛飛，就常年借用我們的大酒店舞台設施，錄製電視歌唱節目，非常轟動。因此，當時的台北人如想親睹心儀的美麗歌星及影視紅星，豪華大酒店是最佳的選擇。公司總部的秘書及助理常接到大企業老闆友人及黨政高層與親朋好友的請託，安排代訂及代喬酒店的貴賓席位。

過去，撫順街是一條冷清的小街道，但豪華大酒店出現後，頓時變得車水馬龍。因此，大酒店對面的福德成排閒置房屋與土地，許多人不斷找我們投資開大飯店，或企圖買下來投資飯店，美麗的茱莉便是其中之一。茱莉是豪華大酒店高薪特別敦聘的節目部經理，活躍於台港及日本影藝界，是台灣許多頂尖藝人的著名經紀人，非僅能言善道，絕頂聰慧，且是一位出奇性感動人的絕色美女，其母是早期台灣的美艷歌星。茱莉不但天生性感美麗，風姿撩人，也是一位含情脈脈、才華洋溢的智慧型女人，非常能幹及忠誠。由於豪華的經營成本，最大的支出在節目及影藝人員的酬勞，譬如最美麗的歌星白嘉莉，動輒年薪都在仟萬以上；駐唱的紅星張琪、姚蘇蓉、崔苔菁等等，都是天價。正因國內外的美麗紅星均屬茱莉張羅安排而進入豪華大酒店，因此酒店始能眾星雲集，節目精彩，豪華才能日進斗金，場場客滿，而節目的策劃及影歌星的統籌與安排者，即美麗茱莉的運籌帷幄。

我在董事會常聽她娓娓動人的報告，對此女的出眾才華與爲人做事的精明成熟，印象非常深刻。有一天，她連續三次請我吃飯，就在探詢我是否有意投資大飯店，她自信有能力負責經營。我細聽她的分析及計劃，發現這個美麗女人不但非常聰明伶俐，思慮周密，也極具腦筋，而且人緣好、風度佳，彬彬有禮，風姿綽約，美麗優雅，非常吸引我，尤其她能言善道，對藝界的人脈關係、國內外網絡都非常熟悉。她表示，她常在董事會聽我發言、建議及批評，認爲我是最有頭腦的豪華大老闆，希望能追隨我，做我部屬，合作經營及發展新式美麗的精緻大飯店。我說好，請她策劃，包括如何改建飯店及如何經營。

不到一個月，她就攜來一份建築師的構想草圖，詳細說明她的計劃。她告訴我，不要開設一般的飯店，那只不過是旅館而已，而是發展社會及經濟層級最高的美麗休閒事業，類似日本社長級資格的俱樂部飯店，夢幻、豪華，奢侈、浪漫，吸引社會頂層客人，他們才有能力進來消費，一擲千金。

她說，前幾年她幫助鄧麗君進入日本的麗歌公司時，曾到日本看過這種新穎的經營模式。她說，她的日本父親大倉氏，就是麗歌公司的常務董事，並與一位好友宮崎氏在東京銀座開設了一家這種新型俱樂部，非常成功，她想把日本的新式俱樂部經營與飯店結合。茱莉說，她的興趣不在爲酒店做節目策劃，或做許多著名影歌紅星的經紀人，她的興趣是在發展讓人快樂，享受生命，創造人生幸福與樂活的美麗事業，她認爲我是一位有能力、眼光深遠且財力雄厚的青年企業家。沒有想到這個動人的美麗女人也充滿想像力與執行力。茱莉對人溫馨親切，個性耿直細心，爲人體貼，彬彬有禮，誠實不誇張，而且長於爲人著想，難怪她的人緣超好，影藝界無數美麗藝人都信任她，找她當經紀人。我就喜歡這種天性善良聰慧的女人，尤其，茱莉有一種個性的特殊美，好像女王的天賦體貼個性，會自然發光與發亮，天性直率，喜歡並善於替人著想，讓人喜與爲友。

我好奇，她的父親竟是一位日本人。

茱莉說，她的父親是在戰後於日本認識她的母親，她的母親是一位非常美麗的台灣早期歌星。五〇年代初到日本麗歌錄製唱片，因而愛上了父親，不久生下茱莉。但父母的個性水火不容，茱莉八歲時，父母二人就宣告仳離，母親便帶著小茱莉返回台灣，重返歌壇，並把她帶大。母親雖不是很有名的歌星，但人緣極佳，很會做人，老了，變成藝界的大姊頭及有名經紀人。由於她跟隨母親長大，耳濡目染，所以藝界的關係非常好。母親常對她說，人要心存善念，多幫助別人，就會有福報，就像唱歌，目的是使生命更美麗與快樂。D星之成名日本，即茱莉透過麗歌公司的日本父親之幫助，提拔與賞識，始於日本走向成功。

其後，我赴日能認識D星，也是茱莉的刻意安排，她說服D星，一定要結交認識我這個台灣的奇男子，讓我有緣一親芳澤，擁吻過這個華人世界的美麗奇葩，天才歌星，其天籟之聲柔美雋永，是華人世界百年難得一見的一代美麗巨星，但D星譽滿天下，實爲盛名所累，高處不勝寒，追求者多，知音者少，眞正情人，其實是日本寶石大王佐佐木。可惜，佐佐木竟不幸早她十年死於巴黎的一場意外空難，1982年在東京丸之內的佐佐木告別儀式上，D星爲日本情人之死，哭斷心腸，昏厥於地。

我認為茱莉所提的飯店計劃可行，有驚人創意，遂採用她建議的建築師設計，投入新台幣一億元改造，準備於六個月內完成。但我仍著眼於未來興建國際性大飯店的計劃，把這個中小規模的美麗飯店當階段性的投資實驗。因為每一種行業都有其特性與風險，如非累積一定經驗，不可大規模冒險。

一九七六年五月，經茱莉的全力投入，終將撫順街豪華大酒店對面的成排閒置樓房化成一家華麗而又精緻的新穎中型美麗飯店。落成後，我交由茱莉負責經營，表示對她的肯定與信任，從此，美麗的茱莉追隨我創業三十年，她忠誠幹練，精明細心，是我一生最信任的心腹幹部、秘書與了不起的美麗情婦。公司只派管理的會計，不干涉她的內容與經營方式。因此，與其說這是一家飯店，不如說是一種台灣未曾見過的新式美麗俱樂部與神秘的度假休閒旅館。房間部雖不大，不過七十五間套房，但每間套房的設計均匠心獨運，充滿異國情調，非常高雅舒適，豪奢浪漫。其餘化為美麗舞廳、餐廳、鋼琴酒吧、特種按摩貴婦室與三溫暖房間及成排的日式酒廊，並有氣氛浪漫的燭光咖啡廳，柔美音樂，無疑是情人相聚與做愛的美麗地方。茱莉的特別之處，是她能徵募及訓練一批美麗的服務生，長裙飄逸，婀娜多姿，性感美麗，又殷勤有禮，讓人一進飯店，絕對流連忘返。

七六年初開始，福德的各項事業投資次第積極展開，無論家兄與我，各人應酬頻繁。家兄一向喜歡與郭金塔等扶輪社友在六〇年代的延平北路大酒家夜宴。過去，台灣最美的女人、交際花、美豔情婦，如五〇年代的西施Sylsy（哈路），均集中於此，但現在請客，則開始移至逐漸興起的名菜大餐館或大飯店。投資豪華後，即移至自己的大酒店，一個禮拜常常高達數十趟，疲於奔命。茱莉爲使我宴客光彩，常交待美麗的主持人及駐唱的當紅影歌星，於宴席間走下舞台，爲我及貴賓敬酒致意，她們都知道這是豪華的大老闆許常董。但宴席後，常需漂亮女人，而在自己的大酒店則有不便，因爲豪華大酒店的美麗女人是表演，而非陪酒，茱莉知道我的問題，遂由她安排幾處，由她朋友開設的特殊酒店，爲我支援各類漂亮女人，我始知她的人脈廣闊。她爲我的高層賓客精心安排的女人，常非以前我習慣的酒家美女，而是藝界一批剛出道的美麗少女，皆能歌善舞，雖然羞澀，但非常清新貌美。這化解了我許多商場應酬的困難，特別在金融高層、政府決策人物、外國大商家，尤其，新加坡及印尼的大商人、日本三井的高層、香港的大貿易商、高雄拆船業及鋼鐵業的大老闆，大家都驚豔。

應酬之外，茱莉發現，我也非常喜愛特殊的美麗女人。茱莉遂說，Boss，切勿光知交際及應酬，苦了自己，您也應善待自己生命，讓我定時爲你安排國內外才貌雙全的絕色美人，多姿多彩的佳麗與藝人與您認識爲友，安排剛出道、鮮嫩清新、才華洋溢、性感動人的美少女與你爲伴，讓你鬆弛商場的勾心鬥角、日夜顛倒的緊張神經，讓生命獲得片刻的美麗歡悅，讓肉體與心靈充滿美麗與快樂，茱莉說，Boss需要特殊的佳麗與美艷的絕色嬌娃慰藉，我將精心挑選，特別安排風華絕代的佳麗與Boss爲伴，茱莉說，這些當代閃亮紅星，無數大商巨賈都企圖以百萬重金懇求茱莉安排，以求一親芳澤而不可得，這些港台巨星天后及日本著名的影視紅星，很多皆是茱莉經紀的影壇巨星、藝界姐妹淘、同學、海內外好友或閨中密友，茱莉從來不爲大商巨賈的重金所惑，常常拒絕替當代有名的大商巨賈或政商名流穿針引線，茱莉之所以普受港台及日本演藝業界的信賴及尊崇，其來有自，但茱莉說，爲了我衷心崇拜、敬愛及追隨仰慕的知音主人許董Boss，我將破例爲Boss安排這些風情萬種、風華絕代的美麗佳麗。

六個月以後，我們新式的美麗大飯店開幕。果然美侖美奐，富麗堂皇。開幕的那一天，茱莉設計了一場特殊的酒會，邀請的都是港台著名的美麗影視紅星及政商名流，始知她的人脈果然豐沛，難怪我們豪華大酒店的表演節目，天天眾星雲集，耀眼奪目。這天，我們酒店的美麗藝人及眾多著名及少見的港台、日本美艷影歌紅星都飛來台灣，趕到飯店祝賀。

A星是當時酒店最美麗的主持人，開幕那天，特別穿著性感動人、搖曳生姿、熠熠閃亮的長裙出席，就像舞台上的萬種風情，儀態萬千。茱莉忙，請我帶她參觀一下我們美麗飯店的內部，她感到非常驚豔，飯店內部氣氛浪漫，設施雅緻精美。A星問我，她在酒店表演後，常苦無地方休息，能否請我爲她保留一間休憩房。我說當然可以，我叫茱莉安排提供就是。A星嫣然一笑，高興而含情脈脈地在我的臉頰與嘴唇深深一吻：「謝謝常董！」我感到A星香吻時，異香撲鼻，非常誘人，讓我全身震顫不已，她的美麗、高貴及神秘性感，隨美人的體香強烈襲人，我的肉體及心靈更爲之一震。那是一種無法抗拒及強烈無比的性震顫！

這個舞臺上風姿萬千、風情萬種的當代美麗女星，突然強烈吸引我，尤其她高貴無比的美麗氣質，充滿神秘的性挑逗。茱莉知道我非常喜歡她，說不急，不久她就會安排，尤其，她又是A星的經紀人兼閨中密友，自有辦法讓我一親芳澤。但茱莉說，此女無法以金錢相誘，必須動之於心理與肉體的特殊感動，始能臣服這個絕代佳人。

A星離開後，X星也來飯店祝賀。X星是當時電視最紅的動感歌星，才華洋溢、美豔絕倫，非常性感。她是茱莉的中學同學與同鄉，她們都是台南人，因茱莉的關係，才來我們豪華酒店駐唱及捧場。她除向茱莉祝賀飯店開幕成功，並親切地在我臉上親了一下。她說，常董，你的飯店好漂亮。這個美豔紅星，堪稱風華絕代，高不可攀。

茱莉把她們二人故意錯開時間，因爲二人最近有過節，互不往來。

在開幕的前一天，包括飯店服務人員的徵募及訓練，一切就緒，茱莉請我一起巡視飯店一次。我看到她設計的成排精緻的日式飲酒小館，充滿東方的浪漫情調，簡直是情人間；房間部的各式套房，充滿精心設計的異國風情，並有五大間總統級的特殊套房，非常舒適豪華，好似帝后般的神秘寢宮，富麗堂皇。茱莉說，其中一間特別瑰麗浪漫，是專爲Boss設計，留爲我特別休憩之用。我走進一看，但覺金碧輝煌，極人間之奢華美麗與夢幻設計於一爐，堪稱帝王級設施與享受，內心爲之不安與震驚，恐懼與懷疑，如此見所未見之炫爛奢華，是否會將自己推向墮落與腐化。

因茱莉的體貼與用心，使我對這個洋溢特殊美麗、秉性忠誠、心思細膩、聰穎過人的女人倍感佩服與信任，內心感動不已，我突然動了眞情。關上了房門，情不自禁地把她溫柔地擁進懷裡，深吻與撫愛。略現驚訝與羞怯的她，沒有拒絕，反而欲拒還迎，動人地熱情對我還吻，性感撩人地褪下羅衫，裸露美麗玉體，我從未想到，茱莉的肉體竟然如此雪白美豔，曲線動人，玲瓏剔透，冰肌玉膚，她那精緻動人的美麗性器構造，非常細緻，小巧與誘人，玲瓏精緻的美麗陰道入口，簡直精美絕倫，有如嬌豔欲滴的拉拉山水蜜桃，非常挑逗，我抱著全身不斷抖動及癡癡對我凝視及吃驚的美麗茱莉，看她双手柔情似水地揉搓著我逐漸昂然挺拔，巍巍雄立的壯碩堅硬性器，驚訝地看它從不足六公分的柔細「小鳥」，瞬間伸長勃起，膨脹三倍，化爲一根帶有美麗蘑菇大頭的男性巨根，長達十八公分的雄壯巨棒，茱莉突然爲之震撼，驚訝與難以置信，驚喜之餘，突然看她伏身熱吻我的蘑菇大頭，熱情舔吮，並猛然吞噬我的美麗陰莖，瞧她滿臉驚喜，痴痴等我插入她的美麗肉體。驚恍與突然亢奮的茱莉，躺臥於她一手設計，帝后般美麗寢宮的豪華大床上，大膽敞開美麗下體，又愛又怕地等待與承受我的長驅直入與美麗進攻，直抵她的敏感肉體的深處，開始我們爛漫美麗的第一次交歡與性愛，當巨根長驅直入，不斷在她體內來回洶湧衝撞及無情進出與猛烈的交媾後，不到十分鐘，動人的茱莉即呼吸急促，臉紅耳赤，快樂呻吟，口中不斷哀叫嘶喊，「Boss，我愛你！我好快樂！」突然，茱莉瘋狂嘶叫，第一次噴出美麗兇猛的高潮，隨即哀嚎低泣，緊抱我瘋狂親吻與舔拭，快樂叫喊，不斷誇獎我的小弟又粗又長，每每兇猛直抵花心，讓她魂飛魄散，感覺好似骨碎肉裂之美，口中不停狂呼Boss，我愛你！我愛你！boss，我眞愛你！這間美麗的套房，遂成爲我征服這個一生對我忠心耿耿的美麗部下與美麗情婦，這個長達一個鐘頭的首度瘋狂性愛，讓茱莉連續噴發快樂高潮十餘次，不斷的瘋狂尖叫，幾乎昏厥於床。

茱莉此後不僅成爲我一生的美麗情婦，更是我一生最忠誠及得力的一個部下。我把飯店交付她經營，非常成功。在我們美麗的性愛後，茱莉即斷然肯定與相信，她說Boss是男人中的男人，是一位天生異秉，精力過人，非常善於做愛的奇男子，她說我是所有女人都夢寐以求的那種偉大床笫情人，一個能讓女人一次性愛與美麗交媾即終生難忘的男子！茱莉並誇譽我爲性愛男神，雖然其貌不揚，毫不英俊，但卻充滿男性少見的雄邁粗獷與英雄氣質，尤其幽默風趣，充滿智慧，非常吸引智慧型的絕色美人，茱莉說，Boss是一位「似弱實強」，「似小實大」，「似短實長」，「似醜實美」的了不起男子，堪稱一代奇男子！勝過外型英俊，實爲庸碌草包的美男子，尤其，我天生精力充沛，百戰不洩，任何美艷女神都將魂飛魄散，瘋狂快樂，臣服於Boss的奪魂攝魄之愛，必會終生難忘！

茱莉又說，她吃驚地發現，我絕非一般普通男子，是一個可征服任何美麗女神的男子，難怪，我娶的太太會如此的高貴雍容與美麗動人。茱莉曾在我們酒店的筵席上見過女王。茱莉常盛讚，女王之美，如深谷之幽蘭，是一位能自我發光發熱，足讓男人永遠快樂及驕傲的一代美人與美麗妻子。她們兩人，後來成為好友。

茱莉確是一位個性特別的女人，性格非常近似女王，對人非常貼心及忠誠，她感佩我對她的提拔、栽培及賞識，讓她自由如願發揮她的夢想事業。所以，她視我為魄力及見識不同於常人的偉大老闆，誠心對我臣服，追隨終身。茱莉是一個心性樂觀，個性開朗及本性善良的女人，一如她美麗善良、一生樂於助人的歌星母親，不喜歡被男人束縛，也不束縛男人，但她說我是例外，她願意終身跟隨我，她跟她美麗的母親一樣，凡事喜歡讓人快樂，並知恩圖報。當她知道我精力異於常人，日夜忙於事業，便說我應讓她秘密安排當代美麗佳麗，以震撼生命的性愛烈焰與神秘美色的浸淫沉醉，讓我避開殘酷的政治鬥爭，繞過為自由而戰的黑獄痛苦與可能的死亡。

因此每次與茱莉性愛，都讓她非常驚奇。她常說，只要女人跟我纏綿悱惻一次，都會念念不忘。茱莉當然不知道，她的老闆是台灣的叛亂政治犯，曾長期坐過痛苦的政治黑牢，造就他特殊的非凡體質：與女人既能激烈短戰，也能瘋狂纏綿，鏖戰整夜，更因精力充沛，久戰耐戰；能讓女人不斷瘋狂高潮，不斷快樂嘶叫，甚至痙攣、潮吹與暈眩。

茱莉知道我非常喜愛動人的A星及X星。

她說X星是一位風情萬種、風華絕代的美人，非常淫蕩美艷，因此身旁等候的入幕之賓與英俊男友有如過江之鯽，不絕如縷。X星是一位充滿天賦藝術細胞、能歌善舞的天才藝人，但個性非常奇特與怪異，只欽慕酷愛有權有勢、英俊有名及才華出眾的特殊男性，不大為金錢所動，更討厭婚姻的羈絆，不受男人約束，因此，不斷更換男人，她也不甩庸俗的大商巨賈與企業大老闆。X星是她的高中老同學，也是閨中知己，有事沒事常會找她傾吐。最近，X星正為一個英俊小開愛得非常鬱卒，每當酒店演唱完後，常跑到飯店找茱莉吐苦水，喝悶酒，似乎很傷感。茱莉遂對她說，悶什麼悶，奇怪耶，天下奇男子多的是，何必為一個望似英俊的草包男子，看似相貌堂堂、實為一根銀樣蠟槍頭的假相公唉聲嘆氣，喝悶酒？乾脆，讓我給妳介紹一個貨眞價實的奇男子，「一次就好」，妳必會感覺與這個男人好似相見恨晚，搞不好，還會愛死他。這個男人，外貌雖不揚，但充滿男子的英雄氣質及魅力，是智慧型的男子，而且為人風趣幽默，博學多聞。茱莉說，他就是讓我五體投地、由衷佩服的Boss許老闆，他也是妳見過的豪華大酒店的許常董。X星一聽，遲疑了一下，滿臉狐疑，懷疑茱莉的眞假，但或許最近心頭實在太悶，表示就信妳茱莉姐妹一次，先緩解一下心中的鬱卒再說。X星遂應允說，諒妳也不敢騙我，我也快要悶死，最近老是遇到一大堆外表英俊瀟灑、風流倜儻的窩囊廢，您就給我安排一次眞材實料吧，我眞想知道，究竟你說的是什麼特別的奇男子。上次妳們飯店開幕，我來祝賀時曾親了他一下，覺得這個男人有些嚴肅，不易親近，但確有一股說不出的男子氣概與不凡氣質。好吧，您就給我安排，讓我試吃一次粗茶淡飯、粗獷男子的野味。

隔天上午，茱莉電話給我，告訴我X星點頭的經過，要我晚上十一點，到我們自己飯店的特別房間幽會，她在晚場演唱後，會由茱莉小心護送她到我房間，避免遇見外人或闖見A星，因為A星常常會到我們飯店的房間休息，她有一間我們免費提供的休息套房。當晚，茱莉帶X星從車庫的電梯直抵我專用的豪華浪漫寢宮套房。

這個一代美豔紅星，就像她走上舞台時的千嬌百媚，搖曳生姿，風情萬種，豔光四射，非常美艷與撩撥挑逗，進門時，身著誘人的美麗舞台長裙，對我嫣然一笑，展露煙視媚行之姿，非常性感動人，她美麗無比地緩緩向我張臂，等候擁抱，聲音甜美地說：「常董！我的大Boss，好高興見你，早就想與你見面乀！」我往她美艷的臉頰輕吻二下後，轉而緊緊擁抱她，隨而美麗地與她不停淺吻，表示愛意，擁吻時，但覺一股令任何男人發抖與沉醉的美人體香濃烈地迎面襲來，我低聲讚賞，說妳今晚眞美，比舞台上的千嬌百媚、風情萬種更艷麗奔放。她盛裝時的美艷全身，不斷散發陣陣的性感香氣，非常誘人，X星的美豔性感，確實動人心弦，讓我全身即刻難以控制，不斷爲她的絕代風姿與嫵媚魅力所震顫驚豔。我帶她走進美麗的會客室，茱莉還特別爲我們準備精美的宵夜點心，我們一邊酌酒啜飲，一邊談笑風生。這個美麗女人，非常嬌媚、爽朗及活潑，即連說笑都展露醉人的豐姿美儀、動人的氣質與風範、美麗無比的笑容。她問我的事業發展及興趣，我聽她的藝界趣聞及節目計劃，我說，我每星期都看她電視上的精湛舞技及動人歌聲，她是充滿創造力的美麗天才藝人，能不斷求新突破。她聽我談天說地，笑談艱巨的創業，商場的鬥爭秘辛，世界政治的爾虞我詐與歷史起伏，她一直笑，說我非常幽默風趣，不像一個刻板商人，倒像學者博士或政治人物，見聞廣博，懂得眞多。顯然，我們愈說愈投機，似乎非常談得來，最後她大方輕拉我起身，隨她滑進浪漫美麗的寢宮，翩翩起舞，我笨拙地循她漫妙舞姿與舞步，相擁緊抱，隨即滑進美麗浪漫的浴室，赤裸入水，大膽挑情，互相擁抱與撫愛彼此的肉體，X星首度熱情俯身愛撫我勃起的巨根，美麗地吞噬我的雄壯龜頭，目睹我迅速膨脹的驚人性器，震驚之餘，問我多長，我說可長至十八公分，激情性愛時，或可伸至二十。她遂手握我的壯碩性器，瘋狂舔吻，讓我全身戰慄不止，魂飛魄散，極端酥麻，尖銳快樂，我遂抱起玲瓏剔透、性感動人的X星肉體，一起回到寢室的夢幻大床，展開一場動人心魄、驚天動地的美麗性愛，我壓住美艷的X星，瘋狂性愛，每當我的巨鵰衝入她的花心，猛烈觸及她的敏感G點並穿透她的子宮頸時，她即快樂狂叫，哀嚎不止，不停狂呼愛我，因此每當她全身翻滾震顫，高潮極樂嘶喊之際，我即故意不停對她猛烈性愛與交歡，不斷穿越及強力戳進她的子宮花心，幾達二個鐘頭，讓她連續十幾次高潮，數度痙攣與昏厥，簡直死去活來，不斷發出極端的快樂嘶叫，一再哀求我停下，容她活命與喘息！

這個風華絕代的美麗藝人，其肢體之美，是韻律與動感的女神化身，即連性交做愛之時，都展現美妙的波濤洶湧之美與瘋狂起伏的怒濤巨浪之姿，下體的美麗双腿與裂開的陰阜，不斷的淫蕩旋轉，上下激烈運動，不斷承接我粗長性器的激烈進出與瘋狂交媾，敞開美麗的下體，猛烈迎合男根的強烈攻擊，做愛時，她永遠展露千嬌百媚與風情萬種之姿，好像性交也是她舞台藝術的一種，令人賞心悅目，炫麗動人。舞台上，她雖熱情奔放，但在床上，她卻蓄意婉約羞澀，含情脈脈，柔情依依。但動人的女人展露羞澀依依時，其實最為奔放淫蕩，只待巨根猛烈進出她的美艷肉體，激情挑逗廝磨，深入她的花心，或兩人猛烈互幹與交媾時，美艷的X星即會迅速燃起生命的狂放。當她狂野及瘋狂奔放時，我卻故意緩緩交媾及慢慢性愛，蓄積她的性飢渴及渴望陰莖的強力戳入，當她驚奇發覺我的巨根長達十七八公分，龜頭壯如蘑菇，雄偉地擠進她裂開的美麗陰阜，猛力進入她的美麗肉體與聖門時，我便讓巨根長驅直入，左右上下抽插她的緊縮陰道，兇猛地廝磨與衝闖她的子宮花心，X星的致命G點就在子宮頸周圍的陰道肌肉，只要我的蘑菇巨頭廝磨她的子宮頸周邊，在此激烈撞擊時，X星的肉體即會震顫嘶喊，並激烈痙攣，拱起全身，瘋狂抽慉與極樂哀嚎！X星此時就會緊緊抱我狂吻不放，但我卻依然抱緊幾乎昏厥的X星，猛力交媾，強力撐開她的美麗雙腳，瘋狂進出她的美麗肉體，X星遂不斷爆發瘋狂的高潮及狂烈嘶叫，宛如夜空煙火，絢爛無比。當X星猛烈高潮時，勾魂攝魄，妖冶淫蕩，百媚千嬌，風情萬種，是古今難得一見的絕世嬌娃。顯然，她極度的吃驚及意外，知道自己顯然遇到了一個人間奇男子，我們一開始性愛，交媾不到十分鐘，她即猛烈痙攣及淚崩，我聽到她難以抑制的愛的美麗呻吟，我們因激烈快樂而緊緊互擁。但讓她更意外的，以為是愛的結束的緊抱與互擁，卻是我隨後長達一個鐘頭的猛烈激情、偉大的性交，使她宛若火山爆炸，一次接一次的連續爆發，又如巨濤狂潮拍岸，一波未落，另一波更兇猛的美麗巨浪又起，我看到她宛如舞台上飛舞時的絢麗舞姿，激烈淫蕩搖擺與飛舞，迎合我的瘋狂交媾，她逐漸屈服在我的身體之下，美麗的飛躍狂舞，動人心弦的偉大性愛，讓她完全沒有料到，竟遇見一位始料未及的男人，使她無法控制的快樂肉體不斷噴出生命的終極嘶喊。

這個美豔女星，以難以形容的驚訝的美麗眼睛，含情脈脈，癡癡對我凝視。她說，她從未如此美麗地與一個男子猛烈性愛及瘋狂交媾，今夜，她才眞正遇見了一個稀世的奇男子！如今，她才眞正知道，甚麼是偉大的性愛！甚麼才是眞正魂飛魄散的高潮快樂！

清晨，我再次讓她一波波的美麗狂叫，她幾乎瘋狂地抱我狂吻，不斷的喃喃訴說，我愛你！我愛你，我的偉大男人，你是我眞正的Boss！讓我做您的美麗情婦吧！

第二天下午，茱莉告訴我，X星急想與你再見面，她近乎瘋狂的喜歡你。茱莉建議，不可急於會她，讓她焦急等待，飢渴難耐，她會更瘋狂愛您！獻出女人眞情。

其實，我也很忙，必須緊急南下高雄，視察工廠生產，解決嚴重的缺貨問題，並督導新廠加快完成。晚上，我在高雄夜宿鐵路飯店，電視上又看到她載歌載舞的動人舞姿及美麗的勁歌熱舞，這個性感巨星，好似天上女神，實在眞美！好想再見她！

一個星期後，茱莉才安排我們再度的秘密幽會，同樣在自己的美麗飯店，同樣在酒店的夜場表演後。

一進門，我就見她對我嫣然一笑，展露絕世風華，一種無比動人的風情萬種，等我擁抱。她一語不發，把漂亮的雙臂緊摟我熱吻，讓我幾乎窒息。她說：親愛的，好想你，好想您！您眞壞，你怎麼這麼忙呢？

這個才華橫溢的一代美人，論容貌，不及哈路的驚世美豔與絕代容貌，但她是我見過的最誘人的美麗身體，其動人在她藝術的肢體天賦，天生搖曳生姿，渾然流露的煙視媚行，眼神出奇性感，身材雖不豐腴，也不很高，但她的媚姿風韻，豔光四射，動人心弦，晚上，她與情人脫卸後的每一寸誘人肌肉，都是情慾。第二次，我開始靜下欣賞她的神秘肉體，以眼睛摸索她的神秘美麗。人們在電視及舞台上見到這個一代艷后的炫麗美貌及萬種風情，我則看到及觸及到她肉體的神祕世界，深入她的炫麗肉體與心靈，聽到她愛的急促呻吟。其實，如非我體質的非凡能耐及堅韌，面對如此艷麗的一代女神，恐怕我早就無法自持，丟兵棄甲。

果然，女人最了解女人，茱莉推遲一個禮拜才安排的X星，眼神出奇狂野與性感，熱情如火。我卻一反第一次的激情火辣，故意冷冰冰，慢吞吞地擁吻、緩緩地挑逗觸摸，靜靜地交媾，但越緩慢，她卻越激情。果然，緩慢累積的熾烈情欲與狂熱感情，完全使她無法自持。不到十分鐘，這個美艷性感的一代巨星即狂烈顫動，猛烈奔向高潮，我又看到她緊緊抱住我的身體，發出動人的快樂呼喊：「我愛你！」「我愛死你！」「我心愛的Boss，請用你的生命巨棒，長驅直入我的美麗花心，讓我死在您的懷裡吧！」

但眞正的瘋狂激情猶在後面，「我愛你」的呼喚，只是前奏。

她是我出獄後，遇見的第一個當代最美豔的女星，正因美豔與動人，我的精力卻反而特別充沛，不過，我的心臟初癒不過一年多而已，爲防一戰到底可能發生的危險，我讓自己分段的交媾與喘息，徹底征服這個一代美人。

因此，她不斷震撼的看到自己被一波接一波的快樂巨浪吞噬美麗的肉體，不停發出撕裂的美妙音響，每過幾分鐘，她的美麗秀髮就隨震顫的身體狂野拋向空中。她的身體不斷在自己無法停歇的快樂尖叫聲中痙攣與癱瘓。

一波波的性愛巨浪，及無數美麗小浪，掀起長達一個半鐘頭的美麗嘶叫，以及美麗的終止。她緊緊抱著我，不斷瘋狂熱吻，也瘋狂舔吮吸吻那根我從她肉體拔出的巨根，吞噬至塞滿她的美麗嘴巴。

在喘息後，她突然問我：「為什麼我們兩人性愛與交媾時會這樣的美麗？」

我說，妳遇到了愛的眞正敵手。人生就像我們運動與打球，眞正的快樂與刺激，是希望在球賽中找到或發現一個偉大的對手，讓彼此生命發光與發熱，而妳我，正是不易找到的美麗對手。但說不定，明天妳又遇到更美麗的對手，我恐怕不過是妳生命天空的一片雲彩，偶然飛過！

她再緊抱我一吻：「好美的比喻！你在講人生哲理！好有思想的男人，我愛你！你是我最醜的男人，最強的情人，最美的生命！」

以後我們見面，她說，不要再在飯店了，讓我帶您回東區的美麗家中。我與這美豔的一代紅星有數年動人的美麗戀情，果然如一朵美麗雲彩，偶然飛過生命的天空。一九七六年，我曾帶她到日本，由佐佐木幫助在日本發展，但她的特殊歌聲與輕快節奏的熱舞並不適合日本。

回到飯店，我親一下茱莉，謝謝她的用心安排。她說，不用謝，讓我的老闆Boss快樂，是我的天職，後面還有一個絕色等你，幾天就會曉得。我知道，那是美麗醉人的A星。

茱莉說，去年，A星的一個有名男友竟意外被X星吸走，二人因此誤會及過節，從此不再講話。茱莉因此交待服務A星的飯店女侍小娟，當A星於酒店表演後回飯店休息時，故意透露，說看到X星與老闆許常董一起在飯店過夜，清晨才離開。

茱莉說，昨天晚上A星就突然找她，問她X星是否勾上許老闆？茱莉告訴她，Boss是一個極不簡單的大老闆，X星非常喜歡他。A星說，告訴老闆，說我也想見他。

茱莉說，A星是一個又高傲又聰慧的美麗女人，不會輕易看上一個男人。但一旦知道你被X星愛上，A星一定以為許老闆必有特別之處，始讓美艷高傲的X星看中，因此，A星想給X星一個教訓及痛擊，就是奪走她喜歡的男人。報復及好奇，兼而有之。

茱莉的反奸計果然有效。就美麗與名氣，A星絕不亞於X星，但二人的才華全然不同。X星美豔性感，風情萬種，是風靡當代的一位天才舞星及動感歌星，炫麗無比；A星則雍容華貴，風姿撩人，是當代首屈一指的最美麗主持人，堪稱風華絕代，其舞臺台風之美，迄今無人能及。無論歌藝、講話、外語，當代亦無人能出其右，可謂傾倒當世男士的夢中美人，很多權貴男人無不企圖一親芳澤，無數巨商大賈與豪族巨室不斷重金透過茱莉想認識A星，都被拒絕。A星認為，對男人，X星比她龜毛及挑剔，外表並不英俊的許老闆會被X星看上，絕不簡單。

A星是豪華大酒店最美麗的主持人之一，也是酒店的最重要台柱之一，年薪高達仟萬以上，有她主持，酒店總是場場爆滿。我曾幾次代表董事會到後台致送公司的嘉勉禮物，每次她總展露其高貴優雅的笑容，捧著禮物對我道謝，並往我的臉上吻上二下。每次她親吻時散發的濃郁美人香氣，總是令人繞樑三日，沉醉不已，不克自持，讓我有美麗的衝動，覺得此女高貴動人，眞人間尤物也。其美麗，非常特殊，完全與X星的一代豔麗不同，她的搖曳風姿如出水芙蓉，秀麗開朗，高雅華貴，令人傾倒。當時報紙不斷對她捕風捉影，影射她無數的國內外豔聞，但無人眞正知道她的底蘊。A星聰明自愛，縱然緋聞滿天飛，但無人能探知她的眞正底細，因爲她從不輕易與人往來，極善保護自己的男女私密。茱莉說，此女眼界頗高，不斷游移於國內外的超級大商巨賈及達官貴人之間，尋找眞命天子，男性經驗非常豐富，因此，除非被美麗的A星看上，否則再多的金錢也很難與她上床，對她，一般男人只知道送名貴珠寶，炫耀財富，沒有幾個有眞本領。此女要嫁，恐非大貴大富莫屬。

茱莉故意拖了三五天才告訴A星二人相見的時間。晚上九點，我在飯店的專屬房間等候，她則從飯店的免費休息套房直接乘電梯進入我的豪華大房間。

A星那夜只主持六點到九點的晚場節目，到我門口時仍盛裝未卸。美麗高䠷的動人身材雍容華貴，風情萬種，一如舞台上的風姿萬千，豔麗逼人，她站在門口，等我領她進門。一進門，她綻開美麗笑容，要我吻她，勾人的眼神，充滿狐媚與挑逗。我說：「妳今晚眞美！」她說：「謝謝boss誇獎！我眞的這麼美，那boss怎麼從來不約我？」我笑說：「報紙上對妳美麗艷聞的大篇報導，我這個小商人，還擠得上嗎？」她突地噗嗤一聲笑說：「才不要相信報紙亂寫，豪華大酒店的上下，誰不知道你這位大老闆？因此，您不約我，我就約你！」說完，她再度美麗大方的展開雙臂，要我擁抱及吻她。當我摟她進入會客室，二人遂打開話匣，愉快的天南地北。

這個美麗A星非常健談，見識尤其廣泛。談到石化工業，她就談及中東產油的見聞，她見過沙王及杜拜的阿拉伯王公大臣，笑說中東的奇聞怪譚。我打開一瓶白蘭地，二人舉杯對飲，從藝術談到人生，從歷史談到經濟，從生命談到愛情。這個美女的見識之廣，令我訝異，即便世界的天下大勢，台灣的經濟與政治，她都有自己的高見。顯然，她是國民黨高層軍人家庭的外省美麗後裔，充滿黨國思想及強烈中國意識，這個外省尤物，與X星的本土血統不同，充滿統治台灣的外來優越意識下的美麗世界想像。我避開觸及她的政治敏感，轉而贊賞她的美妙歌藝及非凡才華，稀有的美麗及高貴。但我提醒，非凡才華及稀有美貌常常與幸福快樂的生命背道而馳；繽紛舞台上爆發的絢爛及美麗光彩，常常是酒客的醇香酒味，鼓掌愛妳的都是酒客，追逐、獻媚、包圍妳的，都是權力及財富的無數酒徒，不是快樂及幸福之源。因此，女人愈美艷，酒客之徒愈陶醉，真情愈遠離；才華愈絢爛，掌聲愈響起，純情真義及生命的真正快樂愈走愈遠。A星感覺非常訝異，一個商人，難不成也道出相反的人生至理。她笑而問我：「誰才不是酒客？」我說：「不用炫耀權力與財富，還能讓妳感動的男人，不是酒客！」A星突然對我嫣然一笑，凝視我說：「好有哲思的男人，boss應非酒客!」她遂動人地起身，笑而伸手擁我起舞，兩人此時不約而同，猛然趨前一步，突然互相緊抱，瘋狂深吻，讓浪漫的深夜興起濃濃的情意。

A星之美，是她自然與眾不同的高貴及雍容，像帝王後宮的美麗皇后，當其盛裝，則儀態萬千；當其裸裎，則美如天仙，與X星之豔麗及性感迥異其趣。X星美似妖姬與貴妃，勾魂攝魄；A星則如出水芙蓉，有如引人凝視及陶醉的絕代愛妃。

當浪漫的序曲揭開，A星的美麗肉體就像舞台上的萬種風情，誘人凝視。她張開雙臂，以勾人的眼神，從容引你相擁、引你親吻、引你觸摸其動人玉體、引你親近與撫愛、引你廝磨、引你挑逗、引你舔舐她的美麗聖地，而你不覺得是她誘你。而後你卻發現，是你反被全身舔吻、反被喇舌、反被胸撫、反被吸根、反被吞噬，就像嬰兒被母親擁入懷裡，你被她吸入美麗的肉體。

男女性愛，竟讓人感覺有如斯的高雅及美麗，這是首次。

二人緩緩地相互親吻，緩緩地愛撫與廝磨，緩緩地輕咬與慢嚼，緩緩地媾合與性器交歡，緩緩地抽出與插入，緩緩地燃燒，緩緩地瘋狂。

但當心靈的熱度趕上肉體的熾熱，激情就像巨浪掀起，一波緊隨一波，一波強過一波，驚濤拍岸，波浪洶湧。我突然聽到如音樂般的美麗低吟之聲，A星不斷爆發猛烈高潮，愈來愈強，由陣陣呻吟轉爲陣陣嘶喊，由陣陣嘶喊而突然美麗地尖叫與快樂飲泣，她那無比誘人的肉體，全身不斷激烈震顫。我幾乎被她動人的嘶叫聲與激烈的快樂高潮聲淹沒，幾乎丟盔卸甲，我從未失敗的體質，碰到如此魂飛魄散的美麗女神，也幾乎崩潰。

這個絕代美女的確與眾不同，高潮時分外的美麗。我最後的強勁衝刺，讓她以爲我們已雙雙地快樂終結，乃瘋狂地緊抱我親吻，瘋狂高呼，我愛死你啦，許董！您是我生命的眞正男人！我愛你，讓我做您的情婦！

然後，她喘息地說：「我現在才明白，你說的什麼是感動！」

但她的話還沒說完，便吃驚地發現，我再度熱吻她的美麗香唇，突然又一次強力地進入她的美麗肉體。一波接一波的瘋狂交歡，令她不停地美麗狂叫，突然，她穹起瘋狂的軀體，高潮的極樂巨浪一個接一個湧上彼岸，顫動、痙攣、尖叫。

動人的A星，首次發出親暱的英文DARING, DARING! I love you! Fuck me more please! Fuck me, My boss! I really love you!

我不停喘息，第三次再攻，這個完全被馴服的一代美人，幾近狂喜與昏厥，滴下美麗動人的眼淚，好像雨後的嬌豔玫瑰。不斷地說：「I　LOVE　YOU !」

A星說，她終於了解，什麼是權力與財富之外的美麗，什麼是金錢與地位之外的感動！

這場美麗及偉大的性愛，即便三十七年之後，我仍清晰記得，歷歷在目。

A星終於知道，爲什麼X星會與我一起。

茱莉說，現在A星比X星更喜愛你，不斷催問再度幽會的時間。這段美麗豔遇，斷續至一九八一年，在新加坡發生的一件意外事件而終止。她下嫁給有名的巨商，也是我亞洲商業上的大客戶。

飯店的經營異常順利，我大膽委由茱莉經營與發揮，證明非常成功。這家俱樂部式的美麗飯店，是政商名流、藝人及國內大商家秘密的最愛，消費金額非常高昂。一個不大的中型飯店，每個月的業績，開業以來即達五、六佰萬，一年六、七仟萬，雖然飯店在福德事業體中與酒店同是小單位，貢獻不大，但公關作用卻很大，爲我及家兄應付了國內外的大商家，重要賓客，難纏的政商關係，困難的金融內層及政府要員。茱莉因此不但是飯店的總經理，也是我重要的公關左右手。這個美麗女人，聰明、幹練而忠誠，替我排除無數的困難與障礙，我每年均撥百分之十的紅利給她，因此，茱莉的收入一年達六、七佰萬。她對我感念及愛意，忠心耿耿，除了十年後我再度政治入獄數年，她一直緊隨我身邊二十年，對我的欽仰及敬愛超乎男女關係，一生貼心與忠誠，她總稱我老闆(Boss)。

每次她看我爲不斷擴張的事業操心煩躁時，總要我記得回飯店放鬆一下，安排特別美麗的女人讓我分心。除約了我喜愛的A星及X星外，她也不斷安排其他港台的美麗女星，及大酒店的來台外國美麗影星及歌星。茱莉說，不要對A星及X星感情過深，容易出事。

特別的是，我們飯店就在大酒店對面，方便港台影視紅星上酒店演唱，她們大都選擇我們飯店下榻，我們的飯店也因而美女如雲。因此，我見過七〇年代無數動人的美麗女星，X星與A星，只不過是浪漫的一小片段，她們的性與愛，也像她們主演的電影或演唱的歌曲一樣，換來換去，非常複雜。在美麗的底下，她們是性與愛最自由無羈的一群。人類的性圖像，歷史上大規模的突破及解放，發生在二十世紀資本主義的經濟富裕及思想自由的發展時代。美國於六〇年代爆發人類的性革命，同時發明避孕藥，帶頭的就是美國好萊塢的美麗女星。人類第一本性雜誌PLAYBOY的封面女郎，就是瑪麗蓮夢露。但人類的性，絕非單純的自主或自由的東西，自古它即受權力及金錢的巨大影響，人類社會的富有與貧窮，決定了你性的富有與貧窮。因此，美麗的女人，屬於富有的男人；最美麗的女人，往往屬於最富有的男人。

思想家愛說人生而自由，這恐是哲學的神話。事實上，自由來自人與人不息的無情鬥爭，權力與財富才是決定你自由之有無與大小的根本。

身為一個台灣人，我歷經戰爭、殺戮、貧窮及投入反抗政治專制的民主自由與獨立運動，經歷恐怖統治及監牢囚獄，幾乎死亡。但此時，我卻轉向財富創造的頂峰，不到四十歲，我即帶動家族成為台灣成功邁向富有的大商人。商人身份之外，我也是一個智識份子，無論才能、思維及個人特質，我均異於一般商人。出獄之後，財富及獄中性桎梏解放後的生命力，使我爆發追求波斯詩人奧瑪的生命淒美世界，企圖藉由巨大財富帶來的深入生命自由的權力，縱放自己，追求性的狂放美麗與神秘快樂。

美麗的女人使我肉體歡躍不止，心靈沸騰，充滿奧瑪的生命極限之美及沉醉。茱莉以身兼台港藝界最有名之經紀人身份，每星期除了為我秘密安排A星與X星的美麗幽會，還為boss精挑細選，親身調教及甄選十至二十位能歌善舞、才華洋溢的特殊美少女為伴，讓我身心隨時充分鬆弛，擁抱美麗，倘佯於奇花異草的美麗溫柔之鄉。她除了為飯店徵募各型美麗服務生之外，並從藝專及全國大專院校高薪徵選追夢的美豔少女，訓練及物色未來的演藝之星，發掘美艷動人的未來性感女神。

一九七六年七、八月，我買通了警備總部的境管人員，正準備前往新加坡、馬來西亞、泰國及香港，在談判投資新加坡大榮鋼鐵及接洽泰國寶石投資前的一個星期，轟動港台的一位電影玉女紅星，應A星的邀請到我們的酒店做短暫現身及演唱，豪華的入場門票因此賣光光，座無虛席。那天我剛好宴客，A星介紹她出場時，全場爲之騷動及驚豔，此女之美，青春洋溢，在舞台燈光聚焦下，亭亭玉立，眞是一位絕世美女。我稱她爲V星，她也下榻在我們飯店。

次日早晨，茱莉給我電話，請我下午到飯店一趟，說是A星請我喝咖啡。我到飯店時，才知道旁邊坐著的是轟動港台的著名V星，A星介紹我是台灣最年輕有爲的大企業家，是豪華大酒店及飯店的傑出大老闆。V星微笑與我握手，美麗的凝視。此女面對面時，比舞台上或電影裡更風情萬種，綽約美麗，青春洋溢，聲音甜美清脆，堪稱一代絕色美人，坐時端莊活潑及性感誘人。A星說，介紹我們認識，做好朋友。我對動人無比的V星說，我看過她的二部電影，她實在眞美，但可惜我們都不是她電影裡的男主角。A星笑我想吃美麗V星的豆腐。我問了她很多有關電影的事，聽她笑說拍電影的種種糗事，令人當場笑翻。

茱莉之後才向我解釋，因爲V星最近心情極端沮喪，A星是她好朋友，知道她快發瘋，把她從香港勸來台灣消悶。V星閃電結婚，但不過幾個月，又大鬧離婚，報紙因此捕風捉影，A星想請茱莉安排我與V星認識，企圖化解她的惡劣心情。但我很忙，下禮拜就準備出國，茱莉於是告訴A星，安排我與V星今夜見面，浪漫幽會。

我依約準時到飯店的自己寢宮，並交待女王，今晚有重要飲宴，恐住在飯店，不回去了。

我猜想茱莉會陪V星過來，但等了半天，站在門口的，竟是二位風華絕代的A星及V星。顯然，情緒極端低潮的V星有些遲疑，畢竟第一次與完全陌生的男人幽會，就算偉大的女演員也會不自在。我以爲A星只是陪她過來，會留下V星與我單獨相處，但A星進門後，卻在V星面前大方喊我親愛的，抱著我親吻，讓V星知道，A星與我早已是情人關係，不用害羞與忌諱，並轉臉對V星說，Boss是台灣青年大企業家，也是一位彬彬君子及一代奇男子，是我們女人夢寐以求的一種男子，姐姐看妳在香港遭受下三濫男人的糟蹋，非常不忍，希望妳回來解悶之外，睜開眼睛，認識認識什麼才叫眞男子與好男人，不要輕信英俊男人的甜言蜜語，隨便亂嫁！要嫁之前先體驗我們的Boss之愛，再論其他垃圾男人。今晚我們三人一起，就讓我們的Boss多辛苦點，也多享受一下當代絕色雙嬌的無限豔福。V星雖略顯羞赧，但亭亭玉立，微笑地讓我親暱一吻，這一代玉女紅星之吻，讓我感覺全身爲之激烈震顫。這個動人的一代玉女巨星，比女王更美，更風情萬種，更醉人，婀娜如天仙下凡，美到難以置信。十個男人看到，十個都會瘋狂！

A星帶V星進入美麗的會客室，問我是否還有白蘭地酒，其實，茱莉早已準備好精美的點心及菜餚，還有法國名酒。A星對V星說，別想香港的什麼混帳男人，我們今夜與

Boss同歡共寢，共享良宵美景。我不曾見過高貴動人的A星如此大膽。

我與A星已有數個月的親密，顯然她相信我秉具的不凡體能應該能使V星瘋狂。爲了卻除V星的陌生及不安，A星乾脆陪她與我一起過夜。我吃了一驚，懷疑同時駕馭兩大當代絕色，同時性愛與交媾，我受得了嗎？

V星的美麗酷似我那端莊動人的美麗女王，但更天眞活潑與光鮮亮麗，充滿藝人豐富的美麗表情與肢體語言，洋溢天生的性感及誘人身材，是非常少見的一代玉女，氣質特別。我們三人遂一邊喝酒，一邊笑聽她們的各種銀河怪譚，A星促我與V星臉對臉共舞、增強親暱、喇舌、擁吻與撫愛全身，醞釀浪漫氣氛與激情。

A星之美，是高䠷、修長及健美，流露雍容及華貴；V星之美，則如我女王，好像女神，肉體完美無缺、勻稱動人，線條突出、美麗起伏，非常性感。她的高峰及峽谷，一如我的女王，任何男人都會怦然心動，無法抵禦。陰阜造型，極端精緻小巧，縱然她已結過婚，我仍懷疑及擔心，她如何能承受我堅硬如鐵、長十八公分的天賦壯碩陰莖，猛力戳入與瘋狂交媾？因爲，我不是一般的男人。

A星低語向我暗示，不要遲疑，不要同情，不要憐香惜玉，直接讓V星哀嚎臣服，不用溫柔，迅速讓她美麗噴出兇猛高潮，A星希望我快速瘋狂對V星強力交媾。對這種低潮的美麗女人，A星說，狂野征服才是再生良藥。

我遇強則強的體質，遂直接猛烈進入V星的美麗肉體，又粗又長的壯碩陰莖，無情地，野蠻地，強力插入她的細小陰阜，但見V星好似哭喊的快樂尖叫，全身顫抖不已，快樂震撼，逼使V星流下快樂眼淚，當我再度強力對V星進行戳進與抽出的激烈性交時，動人的幸福小浪變成大浪，驚濤拍岸的快樂浪花猛烈地一波緊接一波，掀起V星的瘋狂巨浪。突然，V星甩頭拋髮，瘋狂嘶叫，陣陣掀起V星動人的激烈高潮。V星不禁伸手抓住一旁保護的A星，不停地喘息及顫動，口中喃喃自語，我愛你，我愛你，許董！我好快樂！我樂死了，再操我吧！親愛的許董，操我吧，許董，用您的大鵰操我吧!!姐姐，我快受不了，我快樂死了!!

A星叫我不要停止，繼續一波接一波的猛烈進攻，V星果然不斷的一波接一波，發出動人心絃的美麗哀鳴。我也發現自己幾乎崩潰，V星太美，她精巧的美麗陰阜緊緊咬住我的大陰莖，非常刺激，她的美麗嘶叫，讓我極端刺激與快樂不已，幾乎洩出，我非冷卻一下自己不可。突然，我發現V星對我緊抱不放，瘋狂吻我嘴唇。我全身汗水直流，震顫不止，幸而頂住。但我擔心自己喘息不停，幸好，我的心臟沒有異樣。

但守候一旁的A星卻開始激動，似乎受不了V星的刺激，我一離開V星，她便抱我緩緩插進她的美麗身體。

雖然我吃了一驚，但A星高貴動人的美麗肉體使我再度昂揚，我似乎愈戰愈勇。在V星靜待一旁的驚訝及美麗凝視下，觀看A星逐漸掀起的美麗波浪、美麗的喘息及美麗的呻吟。不久，A星突然激烈拱起顫動的美麗肉體，發出高潮的巨浪，陣陣嘶叫，美麗地緊抱，不斷動人地說，我愛你！我愛你！

但令一旁V星更吃驚的是，她看我突然離開A星，竟轉而抱她。我再度猛然將最後的精力，全部傾注於V星，迅速再次激使V星瘋狂嘶喊，使噴注於她美麗體內的快樂熱浪，掀起V星最後的陣陣高潮，我緊抱V星，難以控制自己，盡情快樂的洩入V星的美麗體內。

清晨，我們三人再戰一次。

這是我一生迄未有過的激烈美麗性愛。如果再有，恐是以後的美麗哈路，而日本的美麗夏希、粟田、北野、加賀，朝鮮的動人朴金妍、金瓊麗，或許近似。

V星，我暱稱她爲Vivian，我們有七、八個月的美麗關係，她曾多次表達，能否嫁我爲妻。當然不可能，我有愛妻女王，只有婉拒，Vivian大失所望，不久即息影，嫁做人妻。

一九七六年八月底，我與家兄飛往新加坡，這是我一生首度出國，我用佰萬新台幣買下解除對我的出境管制。我當然非常的興奮，這是我第一次與外面的世界接觸。當年的佰萬，可以購買台北的三層樓房二棟。

此行的目的是簽署投資新加坡大榮鋼鐵，榮鋼是新加坡股票上市公司。我方將獲得相當比例的股權，並與印尼大商林少良談判化工機械整廠輸出與投資事宜；並赴馬來西亞的檳城視察海洋漁業的補給基地，因爲我們的龐大鮪魚船隊，三井於今年中已開始交船，而我們南非的大船隊經常通過麻六甲海峽，必須停靠檳城，因此需要一個方便可靠的補給基地。此行的第四個目的，是與日本第一寶石株式會社的佐佐木社長會合，考察泰國的寶石市場，投資泰國及商談建立亞洲珠寶事業。佐佐木是日本的寶石大王。

最後，我們將經香港飛返台灣。在香港，我們將與貿易大商鄭氏集團會面，我們與香港鄭氏有鉅額的貿易，牽連五金廢鐵及廢船的龐大交易，鄭氏集團也從我們進口大量台灣的產品。我們有很多貿易上的問題，須要當面解決。

但對新加坡，我更深的興趣是觀察這一個由河佬民族所建立的第一個獨立國家。

新加坡在中國的三國時代，被吳國的外國傳記載稱「浦羅中」(PULAU VJON)；十四世紀明朝時稱「淡馬錫」(TEMSEK)。一八二四年，由英國東印度公司取得管轄權。一八六七年，與馬來亞一起正式成爲英國統治的殖民地，改稱新加坡 (SINGAPORE)。無論「淡馬錫」或「新加坡」，「爪哇」(JAVA)或「菲律賓」，這些東南亞的地名或國名，均爲河佬族語的語音翻譯，並非中文的北京音；「台灣」地名的原始譯音，亦屬河佬語，古稱「台員」，現在台語的口語仍發「台員」，而非「台灣」。由地名均爲河佬譯音，即知河佬民族是華人世界的東方腓尼基人或猶太民族，自古即擅長航海、對外移民及經商貿易。河佬民族在政治及文化上，自古均無像樣的成就，在中國母國的發源地福建從無立國的紀錄。河佬民族連把自己的語言化成獨立文字都困難重重，我恐怕是第一個成功爲她量身創造文字及字母的人，但企圖推行時，卻遭遇強大阻力，除非有政治力的強行推行，否則不可能成功。所以，河佬民族是一個對外流浪的東方民族，是一個道地的商業民族。公元十世紀時，泉州港即爲亞洲當時最繁盛的港口，今天在泉州市內，仍到處留有許多阿拉伯人的墳墓，顯示其時，泉州即爲國際港埠。河佬民族，中國官方稱其爲閩南人，其中的泉州語族特別具有航海及貿易經商才華，河佬人在歷史上唯一具有軍事及政治成就的，是十七世紀的鄭成功，擊敗荷蘭佔領台灣，成立東寧國。當時西方各國稱他爲「國姓爺」(KOXINGA)，如不爲清朝所滅，或許河佬民族就在台灣建立第一個獨立國家，但鄭王朝只有二十年壽命而已。河佬人曾在公元一五〇〇年，在馬尼拉企圖叛變西班牙人，但爲西班牙所滅，據說死了五萬人。河佬人的帆船，西洋文獻稱爲戎克船 (JUNK)，明朝時即載運河佬人經商及移民台灣、菲律賓、印尼、馬來亞、新加坡及泰國。河佬人在東南亞是少數民族，但其經濟力卻強大，幾乎控制東南亞各國，河佬人的後裔，出現政治人物的是菲律賓的柯拉蓉 (Corazon)，柯拉蓉的譯音「柯」字，即河佬人的「許」姓(KO)，所以，柯拉蓉即許拉蓉。她推翻馬可仕，成爲菲律賓第一位女總統，其子阿基諾三世，復於公元二〇一〇年再度成爲菲律賓總統。

河佬人十六、七世紀即開始進入南洋，與西方的東漸殖民勢力同存。十六世紀，荷蘭的東印度公司佔據爪哇的巴達亞；西班牙佔據菲律賓；隨後的英國則控制馬來亞、新加坡及緬甸；法國取得越南。由於新加坡位處馬來半島南端與麻六甲海峽出入口，是東西洋航道的必經之地，故成爲大英帝國最重要的遠東軍事及商業據點，因此，新加坡逐漸成爲河佬人在印尼、婆羅洲、馬來亞的經濟商業中心。

一九七六年我赴新加坡時，新加坡獨立不過十一年，二次戰後，英國讓馬來亞獨立，馬來亞與新加坡遂合組大馬聯邦。但馬來的巫人政黨要求馬來人的特殊保護地位，與新加坡華人的政經平等主張衝突，東姑拉曼遂透過聯邦議會表決，將新加坡驅逐出馬來亞聯邦，因此，新加坡是被趕出去而獨立的。此外，新加坡的華人如與馬來亞的華人結合，其人口數恐超過馬來人，此亦爲新加坡被逐出大馬聯邦的重要原因，或許，新加坡之獨立，是因禍得福。

新加坡是南洋河佬民族移民聚集的重鎮，其人口百分之七、八十爲河佬人及少數客家人組成，河佬人恐佔總人口的百分之六十以上，與台灣的河佬民族佔台灣人口的百分之七十，不相上下。但領導新加坡獨立的卻不是河佬人，而是少數客家人的李光耀。這證實我一向的觀察，河佬人是商業及航海的民族；客家人則是好讀書、愛革命、當大官及搞政治的民族。近代的太平天國洪秀全革命、孫文革命、鄧小平革命、李光耀的領導獨立及台灣李登輝等，皆有客家血統。我也常懷疑自己的商業天份，是來自我的河佬民族父系，而我的政治性格基因，是來自我堅毅不拔的客家民族母系。我無疑是成功的大商人，家族曾擁資近千億，但我卻視財富爲手段，不是目的，異於一般商人。我的革命性格，堅持追求台灣的獨立及民主，但權力似非我的目的，我反愛商人的自由及獨立。因此，我對新加坡的觀察，啓迪並有助於我十年後發動台灣獨立運動。

第一次出國，也第一次乘坐現代噴射客機，當我飛越南中國海的美麗天空四小時，看到南方特別鮮明的疾馳白雲及蔚藍天空時，我感覺有一種飛出禁錮鳥籠的無限自由。關在火燒島是一種痛苦的小鳥籠；活在中國殖民政權下的台灣，則是一種恐怖與鬱卒的大鳥籠。雖然做爲一個商人，物質優渥，生活的世界是燈紅酒綠、酒池肉林，但十年前，我如不遭到逮捕，我早就出國，飛往日本、新加坡及越南了。當年，我正興建第一個工廠，準備進口日本的機器，其時，我們出口越南的電石產品，金額非常巨大，每個月以萬噸的美國自由輪銷往越南的西貢。但不久，整個越南爲越共征服。

走出新加坡機場，感覺這是一個完全異樣的國度，充滿濃濃的南洋風光。機場建築、海關官員穿著，與我們無一相同，各式各樣的國際旅客，歐洲人、美國人、馬來人、日本人，容貌繽紛，文字也不同，全是英文。相較於我看到的外面世界的多樣及異彩，台灣的出國旅客無論穿著、舉止、樣貌，感覺上都比他人拘謹、保守及呆板，顯示台灣是一個長期被壓制控管的國度，不如外國人的開朗、自然及奔放。這種感覺，非常類似二十年後我進中國時，看到中國人與台灣人的巨大差異。新加坡的氣候雖然也熱，但覺得很舒暢，她的全年平均溫度都在二十四度到三十四度之間，每天午後還會適時來一陣滂沱大雨，非常清爽與舒適。

我這次與家兄同行而來，他早我十年就到新加坡。與我們商務有關的當地商家及朋友早已在機場備妥車輛，熱情接待我們進市內的大飯店。新加坡是一個歐亞必經的國際大商埠，充滿現代的高樓大廈，比台北更大，也更進步、更繁華，更整齊美觀。我到處看到英國的殖民建築，且與台灣不同，完全沒有騎樓的南洋華人四樓商店建築，華文招牌與英文到處併列，但英文的更多，也有不少馬來文。新加坡的大商家比較喜歡開英國的積架車，我們則流行開賓士，新加坡有世界各國的車輛，台灣比較單調。

河佬人姓陳及姓林的特別多，我們對手的新加坡商家及朋友也如此，當夜他們在新加坡最有名的豪華大餐館宴請我們兄弟，新加坡人的菜餚跟我們基本上大同小異，但有他們的做法及獨特風味，尤其新加坡的魚翅特別美味，他們看我愛吃，特別叫了一大鍋，這是很名貴的一道菜。我覺得與新加坡商人談生意，最痛快的一件事是彼此以河佬語對談，雖然用語及說法有些不同，腔調有異，但就像英國人跟美國人說英語，稍爲解釋，即暢通無阻。其實，河佬語是東南亞各國華人的通用語言，之後我到菲律賓，無論是馬尼拉或最南方的三寶顏，或到印尼的雅加達、泗水、蘇門答臘，或到馬來西亞的吉隆坡，都是如此。但在婆羅洲及馬來的檳城，則會遇到客家人，我就以客語與他們對談，但客家大商人很少。商人相聚，酒酣耳熱之餘，不外縱談當地政經趣聞、經濟的起伏波動及女人，並互詢對方國家的發展。我問新加坡商人對新加坡獨立及李光耀政府的看法，他們都以新加坡的獨立及身爲新加坡人而驕傲；對李光耀，則褒多於貶，欽仰他領導新加坡獨立及建立廉能有效率的政府，但對李光耀的政治專制、嚴刑峻法及壓制反對派，則頗有微辭。新加坡雖師法英國的內閣制，有國會、有總統、有內閣總理，也有政黨的選舉，但其實只是人民行動黨的一黨專制。迄今五十年，新加坡幾乎是李光耀一人及家族統治的國家，李光耀所採的，其實是中國專制文化的族長統治，並非民主，但卻是世界上最有效率及廉能的政府，未聞貪污及腐化。但令我印象最深的是，新加坡人認同新加坡。宴請我們的新加坡主人，曾對我講一個故事，說不少來新加坡訪問的台灣商人常爲了拉近關係，一出口就喜歡對新加坡的主人講「我們中國人」或「我們都是中國人」，他常爲此糾正台灣來的客人說：「對不起！我們不是中國人，我們是新加坡人！」台灣人長期受國民黨的殖民黨化教育，滿嘴中國人，分不清國家與民族的區別，不敢自稱台灣人，台灣人的台灣認同幾乎落後新加坡人三十年。

新加坡人，可稱之爲華人，但不可稱爲中國人，中國是指國家，華人是指民族。河佬民族、客家民族均係漢民族中的一支，其語音，均爲單音節的漢語系；中國是一個由歷史的戰爭及武力形成的多民族大帝國，內有五十至一百種民族，單雲南境內即有二十五種少數民族。

由於台灣國內尚有要事等待我們回去處理，因此，這次兄弟二人一起出國，時間不能太長。首次到新加坡，只能停留五天，第二天即處理完大榮鋼鐵的投資事項，並接受李董的招待。第三天與印尼的大商人林少良簽定三座化工廠的整廠出售及印尼三座氣體工廠的投資合作事宜；此人與蘇卡諾的關係密切，是蘇卡諾時代崛起於印尼的大華商，實力雄厚。此人非常喜歡美女，今年七月到台灣訪問，我帶他參觀台灣南部的許多化工廠，回台北時我安排他下榻我們的美麗飯店，並在我們的豪華大酒店設宴招待他觀賞精采的台灣舞台秀，林氏對台灣美麗女人及影歌星讚不絕口。我叫茱莉安排三位美麗的紅星與他認識，林氏對美麗女人出手非常大方，動輒佰萬美金，其中一位後來飛往新加坡，成爲他的情婦。

我們此次到新加坡，生意談完，林氏即在他新加坡的特別俱樂部設宴款待我與家兄，他以我在台灣對他的特別招待，對我回禮。他說，新加坡並不出產美女，新加坡是輸入美女。他怪我此次到新加坡行程匆匆，不然他要我到雅加達一玩，想要好好招待我。他說：新加坡有各國的頂尖美女，我特別爲你安排台灣見不到的不同種族的最美女人，你在新加坡只剩三天，我就招待你菲律賓的西班牙混血美女，印尼的影星美女及黑白混血的漂亮黑美人，她們都會英文。晚宴時，她們也會陪我，在我離開新加坡的前三夜，她們隨時等候我的召喚。我大哥喜歡歐洲的白種美女，林氏則當場安排。晚宴時，三個異種美女相陪左右，飲酒共舞。當我接觸三夜不同種族美女的個別美麗及風情，他們非常吸引我，也產生特殊的性經驗。顯然，異種之相吸，衍生迥然不同的性反應，三種美女都非常動人及性感。我第一次始知，菲律賓的西裔混血美女，身材及皮膚如亞洲美女的細緻，美貌則如歐洲美女的豔麗動人，做愛時，特別熱情。印尼美女則別具另種風情，煽情方式與台灣的女人不同，是另一種的美麗。而最奇異的是與淺淡的黑美人性愛，反應狂野而直接，由於膚色的黑亮及光滑，是一種黑色的性感、黑色的動人及黑色的刺激，印象非常深刻。

林氏爲了讓我們台灣貴客驚奇及高興，在俱樂部的另一間設有小型圓型舞台的美麗表演廳，與林氏所邀約的其他七、八位新加坡賓客，在酒宴後招待觀賞一場新加坡法律明令禁止的歐洲及日本脫衣舞表演。我第一次看到歐洲及日本女人的全裸肉體，隨激情的音樂及舞蹈，邊舞邊脫，極盡性的挑逗及煽情，非常刺激。但更刺激的是一場脫衣舞後的現場性表演，由英俊的印度男優與印尼美女性交，我第一次看到印度男人的修長壯碩男根，及美麗嬌小的印尼美女的身體，從前戲到激情性愛，近三十分鐘；在印度男優的表演後，是印尼的健壯男演員與歐洲白種美女的性交表演。這些美麗演員，動作優美，表情豐富，男的雄壯激昂，女的激情嘶叫，非常逼眞及刺激，令觀看的賓客血脈賁張。

對新加坡及印尼的投資及整廠輸出，以及我們海洋漁業部的龐大海外收入，除了紐約的連絡處處理美元外匯的存放外，我們必須在新加坡建立海外公司運作。因此，我與家兄以三天的緊湊時間，請新加坡的好友陳義明協助，根據新加坡法律的英式會計制度，委任會計師，設立新加坡公司，並於當地銀行開立帳戶，我與家兄都必須親身簽字辦理。隨後，除了聘請當地管理人員之外，台灣將派遣重要幹部赴新加坡管理。這是福德事業在海外非常重要的公司，一九八〇年時，運作福德事業的整體資產及投資超過八佰億新台幣，二十幾億美金。此後家兄一半時間在新加坡，一半在台灣，我則不定期前往。五天事畢，我們轉赴馬來西亞，但我們只在檳城短暫停留，接洽好基地的事宜後，即飛往泰國曼谷。

泰國是一個美麗的佛教國家，與傍鄰的緬甸相同。但自十八、九世紀以來，南亞各國除了泰國，均淪爲西方列強的殖民地，足見在那一時代的泰國王權，具備國際權力平衡的政治智慧，維持獨立而免於淪亡。十九世紀，緬甸亡於英國，越南亡於法國，菲律賓與印尼則早於十六、十七世紀分別被西班牙及荷蘭佔據。台灣亦於一六二四年落入荷蘭東印度公司及西班牙之手三十八年。

河佬民族是移民東南亞最大的華人族群，但進入泰國的華人以潮州人爲主。潮州人其實是河佬民族的一支，潮州語與河佬語有百分之六、七十可以互通。華人之進入泰國的歷史，恐比我們想像的早，泰國的最初王朝創建人即有華人血統。據說，曼谷有一半人口是潮州人及其後裔，因此，走在曼谷的繁華街道，華文招牌林立，與泰國的鐵絲形文字併列。尤其，泰國是東南亞最不排斥華人的國家，人民非常和平親善。和平的佛教是她的國教，每一個泰國成年男人都得進入佛寺當一次僧侶。泰國的政治大半控制在軍人手中，因此常常政變，但泰皇的地位崇高，有危機時，常是由泰皇擺平。泰國的佛教異於進入西藏、中國、朝鮮或日本的佛教，其寺廟建築之美，是泰人的建築藝術精華，每一座均金碧輝煌，呈現美麗的尖三角形建築。泰皇的皇宮亦是泰式的西方建築，非常美麗。

六〇年代，我們火炬牌的電石產品大量外銷越南，同時亦銷往泰國。由於越南政府依靠美援採購，凡靠美援進口的產品，皆須交由美國籍的運輸船載運，始能動用美援，因此，羅馬利亞共產國營的低價電石產品市場被我們台灣產品所取代。當年，我們每個月都有一條美國輪船公司的自由輪，由基隆碼頭裝運前往越南。一九六七年我被捕前，福德的初期數億財富，即是由其時的巨額外銷奠基。我們當時亦輸出泰國，與羅馬利亞的產品發生激烈競爭，因此，我們在泰國有華人代理商，都是曼谷的潮州商人，往來頻繁，關係密切。曼谷同時是亞洲最大的寶石中心，尤其是緬甸的藍寶石，非常珍貴。

我們與日本的第一寶石株式會社佐佐木社長認識，即因家兄於年中赴泰，受潮州鄭姓大商人宴請時，與赴泰洽談合作寶石的日本佐佐木社長同桌，家兄當然懂日文，剛好爲鄭氏大商人以日語協助佐佐木社長解決與泰方的誤解。鄭姓大商人遂認爲，若能邀到我們一起參與合作，與日方的溝通會更好。鄭氏是我們泰國的代理商，信任我們，也知道我們的實力；鄭氏以爲，台灣人更了解日本，因爲我們懂日語。

第一寶石是日本最大的寶石公司，需要泰國的各種美麗原石及緬甸的藍寶石，每年向泰國的採購金額非常巨大。而佐佐木的日本第一寶石，產品精美，其優秀的日本首飾、鑽戒、項鍊及各種瑰麗產品，是日本工藝的最高代表，其產品之美麗精緻，幾可與歐洲並駕齊驅，但價格比歐洲的低廉。日本需要的不僅原石，而是泰國熟練工藝的各種初級加工，而後輸入日本，製成更精美的各種寶石成品。尤其藍寶石，需要量很大，但來源非常不穩定，因爲緬甸有國家管制，邊境少數民族動亂，取得不易，都靠走私。佐佐木因此尋求與泰國華人合作，但潮州人善變，他希望台灣人加入。

飛抵曼谷後，鄭氏大商人即在機場親迎我們至佐佐木下榻的曼谷拉瑪大飯店，中午會餐後，三方即在飯店展開馬不停蹄的商談合作事宜。由於我們介入，誤會化解。但在泰國美麗原石做成的初級加工，泰方的工匠雖然勝任，卻很費時，產量不大。因此，佐佐木建議引進日本的先進精密半自動機器，配合泰國的工藝，提高產量，其全部成品由日本第一寶石收購，一年達數億美金。他表示，只要原石採購優良，加工品管良好，保證合作的公司一定賺錢。

我便提議組成跨國寶石生產公司，初期資本一仟萬美金，由泰方四成，日方三成，台方三成的比例，組成董事會。董事主席由日台輪流，總經理由泰方出任，採購及生產則由日台二方派專員及技術專家，協助稽核及品管指導與訓練。日泰雙方同意我的提議，三方合作順利達成。原來日泰雙方半年都談不攏的合作，我們一個下午便解決，佐佐木非常高興，他發現我很具組織力及市場分析力，思慮周密，條理清晰，充滿商業頭腦，勝過家兄。因此，我們在泰國就變成好朋友，二人也都健談，彼此都幽默與風趣，性格近似。佐佐木與我上下年齡，談起事業、人生、經歷、世界看法，都有共鳴。佐佐木是一個風度翩翩的日本紳士，他對璀璨寶石及美麗女人，充滿智慧及獨到見解。

他說，女人是美麗的寶石，是上帝以血肉鑄成的美麗珠寶。上帝把美嵌進她的肉體，磁吸男人，引我們鑑賞她的閃耀，引我們讚嘆及膜拜，引我們對她飛舞，引我們對美呻吟，引我們對美噴發及高潮，引我們不斷回到她的美麗肉體，把美的震撼留下，把美的甜果遞與後代，我們終有一天，魂歸塵土，但美不朽，美與上帝的不朽同存共亡。女人是上帝賜與男人的寶石，女人把不朽的美留給不朽的後代。女人是會哭泣的寶石，會吻你的寶石，會生你的寶石，會讓你快樂的寶石，死時會親你的寶石。女人是會與你做愛的寶石，會爲你誕生生命的寶石，女人的美，是上帝的不朽。人類一代接一代，借用她的美，把生命不朽，伸向時間的無限，對抗歲月，對抗肉體的有限及腐朽，對抗死亡。女人的美，如寶石的美，寶石的美不朽，女人的美也不朽。

我稱它是佐佐木哲學。他對美麗的女人，一如他對美麗的寶石，是持而不有，是有而不持。

佐佐木是日本的寶石大王，是寶石藝術的鑑賞專家，他之鑑賞美麗寶石，就像他鑑賞美麗女人。

他鑑賞美麗寶石的天份，遠勝於我，但他鑑賞女人之美的佐佐木哲學及美的不朽，恐不如我的浪漫及深刻。當他聽到我講述性的美麗起源、它的本質及悲劇的永恆之美：性是人類不死的祈禱，是男女二半企求不死的追求及醉祭，是對永恆的喜悅呼喚及轉眼消失的悲鳴，是企圖以美麗的生命快樂火花、死亡之前的美麗躍踊及二半命定分離的悲鳴，做死亡之前的性愛與吻別。佐佐木說，我的思想深邃，不是一個普通商人。當他聽到我談論他們日本的歷史、政治、文化及日本人的武士道及櫻花精神時，我似比日本人還了解日本。當我背出日本戰國時代的英雄人物及他們的事蹟時，他驚訝我是不是一位歷史學者。

我們二個社會及文化不同的異國商人，開始互相欣賞對方，發現異國的知己。他的持而不有，有而不持，讓二人共賞美麗寶石及美麗女人。他邀我一起參與他的美麗珠寶世界，從日本進入亞洲，從亞洲進入世界。他請我到日本。

已成爲事業夥伴的泰方鄭氏，於簽約後盛大宴請佐佐木及我們兄弟。他以道地的潮州菜款待我們，我始知潮州菜乃眞正的天下名菜，其美味及精緻，是中國美食文化的極品之一。盛宴後，鄭氏更安排泰國北方清邁的美麗佳麗招待貴賓。我第一次看到泰北風情的美麗女人，清新、脫俗、動人，異於一般曼谷眾多的浴室美女。當夜，更到特別地方安排一場見所未見的泰國美麗宮廷古典舞，舞姿典雅，以美麗的泰式手掌指尖及金頂舞帽左右晃動頭部，舞出特殊的泰國傳統藝術，非常奇特動人。但更驚奇及意外的是，一對泰國男女舞者在跳完傳統古典宮廷舞後，開始脫卸身上所有舞裝，隨著泰國的音樂，徐徐而優美地表演一場泰國民族的性交舞，以美麗的裸體舞踊，男女調情，互吻肉體，表演高難度的男女直立性交、後仰四十五度的彎身伏體性交、直立從後性交、以及女方側仰斜挺的性交，好似特技，令人嘆爲觀止。尤其泰國強健俊美的男演員能無視觀眾，男根堅挺三十分鐘，做二十種以上各式的優美交媾表演，眞槍實彈，猛烈進出，令人佩服。如此泰式的性愛藝術，爲別國所少見，而泰國女優在表演性高潮時，其表情是痛苦的狂喜，全身震顫如演宮廷的藝術舞姿，非常亢奮激情及動人，不同於印尼民族的性愛表演。

離泰前二天，我們在曼谷市中心的著名花園餐廳享受泰國的有名美食。我第一次嚐到酸辣及清新口味的純泰國菜，別具風味，非常精緻可口。我們也參觀馳名的泰國浴，每間泰國浴室的玻璃窗內都坐有一、二百位泰國美女，任君挑選，這種泰國性產業，馳名世界。因此，泰國是亞洲的性都。泰國也是變性的國家，變性的男人比女人更美麗。

不過，佐佐木形容泰國美女是寶石的原石，是璞玉之美。女人就如寶石，非經工匠的巧手，美麗原石無法展現璀璨及難以置信的瑰麗。同理，一國及其民族的美女，非經各自優美文化的涵育及浸潤，化爲氣質，則無從出現該國及民族的眞正美麗女人。

我們在泰國停留四天，即飛香港，佐佐木與我一起離開。

進入香港，給我印象最深刻的是，香港機場販售的各種書報雜誌及中外書籍，琳瑯滿目，包括美國的PLAYBOY及HUSTLE的男性雜誌，非常開放及自由。顯示，英國統治香港，港人雖無政治自由，但言論及文化自由則非常發達，台灣所嚴禁的一切東西，這裡滿地都是。我第一次在台灣看到

PLAYBOY，是一九六三年，透過中山北路二段我家巷口的敦煌書局的小羅老闆偷偷買到，當時，小羅專門爲我供應西方的各種思想及性的禁書及雜誌。香港也是觀察紅色中國的前哨站，各種報導及評論中國的書刊雜誌，不勝枚舉。

香港是廣東人的世界，廣東話與英文同時併行無忌，不像國民黨官方及電視，歧視及禁用台語。香港不僅是廣東人的自由天地，也是中國內戰後無數菁英及富人逃難的自由地方，所以，這是一個反共的都市。而香港的經濟，讓人覺得比新加坡及台灣更繁榮及活躍。其實，英國人在香港實施的經濟制度，比英國本身更放任與自由，經濟學上的純粹放任經濟，世界罕見，但香港幾乎接近。此外，香港是一個國際自由港，進出非常方便，她的繁榮，奠基於貿易及金融，因此，香港商人比新加坡厲害。香港更是亞洲最國際化的都市，她是大英帝國的東方明珠。

佐佐木與我一起進入香港，我建議佐佐木，他的日本珠寶王國應以香港爲亞洲的發展中心，與歐洲競爭，由此伸向世界。他完全同意我的觀察，但希望與我合作，因爲我懂華文及華人世界。

我們與香港鄭氏集團解決台港雙方貿易的一些問題後，即接受香港鄭董的宴請，我與家兄也請佐佐木一起受邀，鄭氏知道佐佐木是日本的珠寶大王，亦想研究共同合作在香港發展。鄭氏因此以兩天時間，帶我們參觀香港的珠寶市場。香港商人很特別，早上十點才開始請我們吃早餐，就是香港人的「飲茶」，以香港人的香噴濃茶配油膩的廣東名菜，一邊飲茶吃早餐，一邊談論生意，吃到中午。

我進香港的那一年，正逢中國發生鉅變，毛澤東剛死不久，紅色中國內部正面臨權力的更迭。不久，左派江青的四人幫被華國鋒下令逮捕，中國開始向右轉變，港人因此紛紛揣測大陸中國的未來變局，及對香港的可能影響。

四天後，我們離港返台，佐佐木準備飛返日本。但我邀他來台，觀察一下台灣市場，並看一看美麗的台灣。

第二章 寶石與女人

——佐佐木哲學

談妥珠寶生意後，我們離港飛台。

飛台途中，兩個在曼谷及香港洽談合作的異國朋友，惺惺相惜，我們同生於一九三〇年代，他只大我二歲，同樣經歷權力壓迫、貧窮及世界戰爭。佐佐木說，他出身於日本鎌倉一帶的傳統石雕工藝家族，父親是有名的石雕師，二次大戰東京大轟炸時，母死，父親失去左腿。父親是一個和平主義者，反對日本軍國主義的對外戰爭，曾因反戰言論而被大日本帝國政府關押。戰後，半殘的父親改替他人代工寶石、設計及打樣。佐佐木從東京工業大學畢業後，就繼承父親的精湛工藝，發展日本的珠寶事業，最初爲人設計及代工，逐漸自產自銷，在挫折及失敗中，他艱辛創立日本第一寶石。佐佐木說，寶石象徵美麗及愛，代表人類的和平及美麗。佐佐木也說，寶石代表女人，女人就是寶石。

佐佐木天資聰慧，生性自由，與其說是寶石大王，不如說是天才藝術家，他愛寶石，也愛女人。言談幽默，充滿哲理，對人及生命，觀察細微，是一個洋溢生命、追求美及善的日本人。他愛民主及自由。這個日本人，謙虛、慷慨、自信、風度翩翩，不誇耀自己的百億財富，與我有共同的性格。

到了台北，我把他安置在自己的美麗飯店，特別叫日語流利的茱莉負責接待及安排行程。女人愛美，對寶石更具眼光。我想，何不讓聰慧伶俐的茱莉了解寶石事業？茱莉喜愛美的事業，璀璨的珠寶難道不是生命之美？

佐佐木有些驚訝，我們以化工氣體起家的許氏集團，也有這麼精緻美麗的飯店，無論設計或服務都別出心裁，充滿浪漫與典雅。飯店雖然不大，但佐佐木感覺非常舒適、親切、美麗，完全不輸日本。尤其佐佐木發現，我們飯店的服務生個個身著長裙飄逸的美麗制服，殷勤招呼，貌美動人，非常悅目。當他知道這是茱莉負責設計及經營時，對她的才華誇獎不已。他讚美茱莉美麗動人又能幹。

茱莉說，她去年去日本，曾到日本第一寶石的銀座門市部，爲台灣的藝人代買許多美麗鑽戒及首飾回來，台灣藝人非常喜愛日本第一的產品，但不知道原來佐佐木社長就是日本的寶石大王。茱莉說，台灣進口困難，她認爲佐佐木的世界精美工藝寶石產品應該以香港爲中心，推向亞洲，因爲東南亞、香港及台灣的華人經濟勢力有龐大的市場。如果設在香港，她可以動員港台的美麗藝人推廣及宣傳。茱莉說，日本人不懂華語，也不了解華人，社長如與台灣Boss合作，以香港爲中心，必能稱霸亞洲市場，對抗歐美。佐佐木同意茱莉敏銳的觀察，一語說中了我們的計劃。但事業之外，佐佐木說，更有價値的，是與妳做好朋友。佐佐木當場贈送一枚日本第一寶石的藍寶鑽戒給茱莉，非常精美璀燦。茱莉好高興，熱情地親了一下佐佐木。這一枚璀璨的藍寶鑽戒，是佐佐木給茱莉的見面禮，他喜歡上我這個美麗的女人了。

晚上我安排在豪華大酒店宴請佐佐木，由茱莉陪伴，我帶女王出席，家兄以福德集團董事長帶領三位副總陳、連、蔡高級幹部，一同歡迎佐佐木社長訪台。當他看到我身旁帶著美麗動人的女王，我介紹是我妻子時，他以驚奇眼光稱贊女王的清新脫俗，非凡美麗。他說，拖固桑，你是眼光獨具的幸福男人，竟娶有如此高貴美麗、氣質不凡的妻子，你眞是不簡單。佐佐木遂從美麗的禮盒中，拿出一只裝有紅寶鑽戒的日本精美小盒子贈與女王，並贈陳、連、蔡三位副總每人一串日本第一的美麗珍珠項鍊。女王非常高興，謝謝社長。我告訴女王，盒中的璀璨日本紅寶鑽戒值台幣一佰萬。

豪華大酒店當晚的節目表演多姿多彩。特別是美麗的主持人A星一出場，滿場的賓客掌聲如雷。最令佐佐木意外高興的，是茱莉安排美麗的主持人以清脆動人的英語歡迎今晚蒞臨本酒店的外國貴賓，日本的第一寶石會社社長佐佐木先生、福德集團許董事長及本酒店的許常董。茱莉告訴佐佐木，舞台上的美麗主持人是台灣最動人的歌星之一。佐佐木驚豔台灣的歌星眞美，尤其X星出場，載歌載舞，非常美豔，可與日本的當代影視紅星媲美。我告訴佐佐木，台灣是一個多元民族的社會，不同的文化與歷史蘊育不同的美麗女人，台灣美女之美，迴異於日本。X星唱畢，依例走下舞台與前席貴賓一一微笑握手。看到我，嫣然一笑，茱莉介紹佐佐木社長與X星握手，說社長是日本寶石大王。X星以流利的英文向佐佐木致意：歡迎來我們台灣。

A星的高貴美麗，X星的美豔動人，佐佐木譽爲是亞洲的最美女人。而台灣美女對佐佐木的致命吸引，似乎就像我到日本，日本美女含蘊的楚楚動人對我產生的強力吸引一樣，不同的文化元素及不同民族的氣質，似乎產生美學大師桑塔耶那(George Santayana)所謂的美是因爲距離之說。

酒店晚場後，茱莉安排X星到飯店與佐佐木會面，邀請她到日本歌唱，並爲日本第一寶石代言廣告，酬勞爲一佰萬美金，X星欣然答應，激動而雀躍。佐佐木建議，在我們合作的香港國際公司成立前，我須到日本一趟，了解日本公司的寶石美女組織及市場運作。佐佐木的紳士風範，吸引X星，當晚他們在飯店共舞，營造異國浪漫。佐佐木說，拖固桑，X星眞美！

我建議佐佐木，在他回日本前，先環遊一次台灣，台灣不只女人美麗動人，也是一個美麗之島。我叫茱莉把飯店交給黃副總，親帶社長觀賞美麗的台灣。茱莉另叫二位動人的美媚，Amy及Susan，陪同佐佐木，從東部花蓮、台東，再從高雄、台南，一路北上，看阿里山的美麗日出、日月潭的山光水色，足足暢遊四天。佐佐木對台灣之美，讚不絕口。尤其對美麗而貼心的茱莉，非常喜愛，她是能讓男人無比快樂的女人。

因此，佐佐木感覺我待他如異國兄弟，萌生友誼。他說，下個月他邀我到日本，也要讓我深刻體驗日本之美。他說，事業不過是我們的手段，友誼才是我們的目的。生命之自由，才是我們共同性格的特質；生命之美麗，才是我們的共同價値。

我與佐佐木的深厚友誼從此開始，不是因爲多麼成功的亞洲寶石事業，而是因爲彼此對生命與價値的共鳴，及美麗的共享。

佐佐木雖然在生命的價值及人格的特質上與我基本雷同，二人歷經的戰爭與貧窮也一樣，但我們終究成長於不同的國家及社會。日本固然從慘敗的軍國主義進入自由及民主的富裕時代，但日本人民只有殖民他人的歷史，沒有被殖民的經驗。因此，在自由的價值上，我對歷史的壓迫與反抗的社會意識，是超越個人生命追求的樊籠，而與台灣這塊土地的歷史命運緊扣在一起的人，我是一個不惜爲自由、獨立與民主而戰的人，這是我們二人生命價值的重大不同之處。

茱莉說，佐佐木是一個謙冲爲懷、風度翩翩的日本人，沒有日本男人的傲慢，雖是日本的寶石鉅子，卻一點不炫耀財富，爲人風趣可愛。佐佐木對女人非常溫柔體貼，性愛時，慢條斯理，充滿情調。茱莉與動人的Amy及Susan與他共處四天，充滿浪漫。茱莉說，佐佐木能讓美麗女人如沐春風，溫馨舒懷。與Boss不同，Boss則讓美麗女人淋漓盡致，激情奔放，一愛難忘。二個男人都讓女人傾心，但魅力完全不同；二人也都不是什麼美男子，但都洋溢著男人自信的智慧，風趣詼諧，充滿個性及特質。佐佐木詩情畫意，對美敏銳，對人細微，討人喜歡；Boss則像男人中的男人，充滿知性，洋溢智慧及人生閱歷，才智豪邁，理路清晰，但又非常幽默。佐佐木開朗，容易接近，Boss嚴肅，不接觸，不講話，不知你聰慧、熱情及風趣；佐佐木易讓美麗女人喜歡，Boss則讓美麗女人難分難捨，念念不忘；佐佐木令人充滿美的幻想，Boss則啓開女人心扉，激揚愛的巨浪；佐佐木對女人，春風輕拂，短暫而甘美，Boss對女人，持久而力深，深刻難忘；佐佐木的情勝過Boss，Boss則愛勝過佐佐木。美麗的X星也對茱莉說，二人堪稱好男人、奇男子，最好一個當丈夫，一個當情人。

九月底，我飛東京，茱莉隨我同去，我要她幫助了解寶石事業及日本的經營及運作。佐佐木親到羽田機場熱情迎接，當他看到美麗茱莉，非常高興。我們住進他投資的丸之內飯店，這家日式大飯店非常美麗。

首次進入日本，終於看到我小時候日本統治台灣時，如雷貫耳的大日本帝國的京城，心中充滿複雜的情緒。這個強大的大日本帝國，如不發動太平洋戰爭，台灣至今恐怕仍是她帝國的一部分。帝國末期，日本對台實施皇民化運動，利益爲先的聰明台灣人大批歸化日本，標榜日語家庭，他們改說日語，變日姓，成爲日本人。李登輝家族及李登輝即是。不僅改日語、改姓，李登輝的哥哥更爲日本帝國戰死，入祀東京靖國神社的日本忠烈祠，變成大和民族先烈。日本如果統治台灣再久一點，我們恐怕全部都要皇民化，我可能變爲「佐佐木曹德」。而日本帝國的皇民化，就是國民黨統治台灣的「中國化」，師承日本，消滅台灣人，消滅台灣語言，消滅台灣意識。台灣歷史悲慘的二二八屠殺，顯然是重複日本統治台灣的中國版「皇民化」，以殺戮達成，以四十年的軍事戒嚴統治，企圖「國民黨化」及「中國化」台灣。因此，日本與國民黨統治台灣的歷史權力本質及手段，非常相似，都是一種殖民統治。我們再次看到，歷史佈景雖然變換，但利益跑前面的聰明台灣人，同樣大批歸化國民黨「中國」，化成「中國人」。施啓揚、林洋港、許水德、李登輝、連戰及辜振甫等等皇民化人物，活現於歷史。七〇年代的台灣，因為代表「中國」而被逐出聯合國，一如我在六〇年代被捕以前的判斷及臆測，蔣經國於危機中繼承皇位，採用「崔台青政策」，製造一批恩賜扈從的人物，以台制台，豢養台灣歷史走狗，鎮壓台灣民主及獨立運動，鞏固殖民政權，「皇民化」中最突出的恐是李登輝家族，從皇民化的日本人一變為皇民化的中國人，再變為民主化的台灣人，「順勢」是這種人崇拜的本質。而凡反抗及革命，企圖製造歷史，是「逆勢」，則死亡與被關是這種人的命運。

車進東京，我看到從戰爭廢墟中再度崛起的繁榮日本，引發我歷史思考的複雜情緒。日本幾乎是決定台灣近代命運的國家，今天，她仍是亞洲最進步、離我們最近的北邊強盛鄰國，她不再是爭霸好戰的大日本帝國，而是走向民主及自由的和平國家。看她的現代嶄新高樓大廈，洋溢朝氣及活力的自由人民，井然有序的好禮社會，馳騁於高速公路及東京大街小巷的無數現代日本汽車，感覺其繁榮及進步最少超越台灣二十年。日本是亞洲近代最富創造力的民族，有如歐洲的德國。兩者都因走向戰爭及敗亡而脫胎換骨，走向和平與自由民主，日本無論在貿易、工業生產技術、科技創新，均緊隨美國之後，橫掃世界；日本工藝，精美絕倫，珠寶只是她少為人知的一項而已。

丸之內是日本金融及大企業的聚集中心，佐佐木的日本第一寶石會社總部與大飯店，均在此一東京精華區域。日本是地震頻繁的國家，所以看不到我在新加坡或香港目睹的巍巍超高現代大廈，一般高度均約二、三十層，但櫛比鱗次，非常壯觀，充滿現代感。日本第一寶石的總部也不高，但外觀典雅優美，裡面佈局精緻而高貴，一至四樓均爲高級珠寶大廳，各種產品琳瑯滿目，美侖美奐，分門別類，各有專區。區內駐有許多服務小姐，素質整齊，貌美有禮，非常專業，她們穿著第一制服，殷勤親切。佐佐木說，光是總部的專業珠寶小姐就有一百多位，爭奇鬥妍，引人注目。佐佐木導引我們參觀時，顧客盈庭，各層的高級顧客不乏外國貴賓，熙來攘往。第一寶石會社不失爲日本的珠寶龍頭，產業璀璨奪目，美麗精良，令人印象深刻。但印象更深刻的，是第一寶石訓練的日本美麗寶石小姐，好似選美，每一個都漂亮異常。佐佐木的世界，是璀璨的寶石及美女，他是一個充滿美麗哲理的非凡日本人，非一般的企業家。

年輕的時代，我喜歡讀「魯賓遜漂流記」，想像活在荒島上的魯賓遜，每天最要緊的就是要找到不致挨餓的果子及食糧，而不是島上的漂亮花朵或有否美麗的貝殼及石頭，其實，百花及寶石對他毫無價值。但當島上漂來更多男女，組成人類經濟社會時，最先富裕及統治這個島的魯賓遜，就會尋找美麗的寶石，送予他追求的美麗女人。寶石，顯然是人類權力及財富的象徵，是愛的美麗代表。難怪，所有的女人都喜歡寶石。

參觀時，佐佐木請美麗的茱莉自己挑選她喜歡的任何珠寶，茱莉選了一對日本的珍珠項鍊及耳環。

佐佐木介紹，從五樓到十五樓，是第一寶石的神經中樞，集訓練、會議、公關宣傳、行政管理、倉儲、市場調查、設計、珠寶鑑定、原料採購、發包、生產安排等之功能。第一寶石最特別的部門是寶石美女訓練，每年均從日本全國的大專及藝術學院公開徵選三十位，年薪二仟萬日幣，約合新台幣四佰萬元，或美金十萬元。但入選後的淘汰率很高，留存的皆是才華、能力、口才、容貌最頂尖的美女。現有八十位，她們是第一寶石的美麗代表，從事公關、宣傳、市場調查，打進日本高層社會，接待外國政要貴賓，凡日本的企業老闆、政治人物及名流貴婦，均是寶石美女追蹤及接觸的對象。

佐佐木帶我們上到十五樓，進入他的社長區，但社長層不像社長室，整層好似華麗的俱樂部，美麗、浪漫、高雅，除了豪華接待室、社長室、秘書室，其餘均像一間高級俱樂部，充滿美的氛圍。裡面有電影間、休閒酒吧、餐廳、音樂及跳舞間、世界珠寶展示間、咖啡圖書間及豪華的招待客房，給重要的特殊貴賓及朋友享受佐佐木的美麗招待。這個日本寶石大王，美的鑑賞與眾不同。佐佐木有三位美麗秘書，七位接待美女以及殷切服侍十五層的客服人員。我眼睛爲之一亮。

佐佐木熱情拉著我與茱莉走進他優美獨特的社長室，表情口吻像是老友，自然而親切。茱莉稱讚日本第一寶石的規模及精湛工藝，她從未看過，日本的珍珠可以鑲成如此造型美麗的項鍊，眞令人驚豔。佐佐木說，我們的事業是在創造美麗及製造價值，而美來自不斷的創意及傑出的工藝。一塊寶石或一顆眞珠，若只是石頭及珠子，價值不大，但打造成美麗璀璨的鑽戒或閃爍動人的項鍊，則價值連城。因此，是經營者的心靈決定寶石的內涵及外在。寶石是人類性與愛情的代表，同時象徵權力及財富。第一寶石的哲學是，寶石是女人，女人是寶石。因此，第一寶石不僅創造美麗的珠寶，也塑造美麗的女人，日本最美的女人，恐都在第一寶石，她們不僅代表美麗，也代表和平、富裕及快樂。第一寶石的瑰麗產品，象徵日本的美麗、富裕及和平。茱莉說，難怪日本第一寶石是日本第一，社長，你是我在日本所見心靈最美的男人。

佐佐木對茱莉說，邀請台灣社長來日的目的，不僅代表我們合作開始，也代表我與台灣社長誠摯友誼的開始。社長第一次來日本，他請栗田、夏希及加賀三位秘書，安排行程及輪流陪伴，體驗日本之美。他則陪茱莉小姐了解寶石的製造及經營，並研究茱莉的提議：把亞洲的國際寶石中心設在香港，拓展歐美市場。

第一次見到栗田、夏希及加賀，其美令我心中爲之一怔，驚艷不已。我所知的日本女人，是我小時候看到的殖民台灣的日本婦女，穿著和服及日本木屐。其次看到的是戰後輸入台灣的日本電影及美麗的日本女星。但我這次看到的，則是活生生的日本美女，是日本第一寶石最美麗的代表。栗田豔麗，楚楚動人；夏希清純，俏麗異常；加賀性感，風情萬種，三位都美麗無比，充滿日本文化特有的氣質及風情，個個彬彬有禮，舉止優雅。

或許由於文化及民族不同，異種會相吸，我所以感覺日本的栗田、夏希及加賀特別美，就如佐佐木所感覺的，台灣的美麗A星、茱莉、Amy及Susan特別動人一樣。

參觀完第一寶石總部後的當晚，佐佐木便在他的丸之內美麗大飯店內，設宴招待我與茱莉，同席貴賓，包括日活電影的著名導演黑澤和他的二位美麗女星，富士電視台的社長長谷川氏，著名影藝經紀人加藤氏和他的美麗女人；而動人的栗田及夏希，則坐我二旁。但當晚最意外的，是茱莉連絡上竄紅於日本的美麗台灣歌星D星，茱莉安排她認識佐佐木，茱莉介紹她時，黑澤導演還特別稱讚這位來自台灣的天才歌星，說她歌聲眞美。我們一邊晚宴，一邊互相認識，並觀賞大飯店內的夜總會精彩歌舞及表演，類似豪華大酒店的綜藝節目，但更炫目精緻。餐畢，主人邀請大家進入飯店內的豪華大舞廳，飲酒、跳舞，茱莉介紹美麗的D星與我認識。一九七七年初，香港的第一寶石國際公司開幕時，她特地到皇后大道的寶石公司爲我們剪綵。當晚，我只與她交談及共舞，與她的美麗關係，要到香港才開始。佐佐木一見，非常喜歡，D星在日本的成功，佐佐木才是最大贊助人。D星有很多日本情人，但最重要的日本情人，是佐佐木。當晚，佐佐木一直擁她共舞，並邀請她上台爲大家高歌一曲，她的歌聲甜美動人，令人難忘及陶醉。

是夜，美豔的栗田與夏希輪流陪我起舞，首次與嫵媚動人的日本女人相擁而舞，感覺一種異國的特別陶醉及昂奮。

但當夜最驚奇的，莫過於佐佐木安排一場黑澤藝術的日本性愛表演。日活電影公司的大導演黑澤，曾拍攝江戶時代的貴族愛情故事，描寫性的美麗及赤裸，因此訓練一批日活的美麗男女演員，原爲電影情節的一部分，但電影公司剪掉，不敢發行，怕抵觸日本的當時法律。佐佐木也是日活的董事及黑澤好朋友，看了精彩底片後，非常欣賞，就以重金聘請黑澤的演員在大飯店秘密演出。黑澤呈現日本古代經典性愛，堪稱日本性藝術的代表。

佐佐木說，我第一次訪問日本，要給我一個驚奇。日本飯店有種日式的豪華榻榻米宴席廳，日本人飲酒，習慣席地而坐。表演就在美麗精緻的榻榻米房間進行。男女貴賓圍坐而觀，黑澤則一旁講解，非常精彩。

第一場，表現日本江戶時代的四十八種性愛法，稱江戶四十八手，由美麗的日活男女演員表演。女演員身披和服出場，性感動人；男演員則虎臂熊腰，非常健壯，有如日本的柔道選手，但表情自然而有禮。

人類的性愛體位，不外四大類：男上女下、女上男下、男女立姿的正交及背交，以及各種口交，四大類再轉而衍生各種美妙的變化。所謂江戶四十八手，便是古日本傳統的性愛精華，相信其他民族同樣也有。但黑澤的了不起，是將日本的四十八種性愛藝術化，集情色、技巧、大膽、激情及優美於一爐，非常賞心悅目。尤其，男女演員的動人表情，美麗的哀叫聲音，性器的各種美麗進出及交合，使坐觀的美麗女賓又羞又驚，無不掩面偷看。美麗的台灣D星也把臉埋進佐佐木的胸膛，不勝嬌羞。栗田及夏希則粉臉羞紅，埋頭在我的胸前及肩膀，雙手遮面偷看。這一場黑澤的日本性愛藝術，費時一個小時，精彩絕倫，大家對男優的超強體能，女優的精湛演技，贊不絕口，熱烈鼓掌。其實，這是一場美麗的性教育，示範如何美麗性愛。

江戶四十八手的性愛中，所謂鶯渡谷式、千鳥之曲式、二巴式、雁抬頭式、百閉式、掠鳥式、後櫓式、撞木式、立鼎式、亂牡丹式、菊一式、佛壇返式、越落式，我當晚就與美麗的栗田及夏希，試驗黑澤的藝術，果然，刺激而新鮮。

看完令人血脈賁張的四十八手後，緊接的是第二場表演，一位身著華麗和服的美麗女演員，代表愛妃，及扮成德川幕府將軍的英俊男演員進場。黑澤說，這是古代幕府的宮廷性愛。日活電影的女優眞美，豔麗動人，代表古代的絕色美女。

美麗的愛妃身穿七層的日本華麗和服，伏地對端坐寢宮榻榻米席上的英俊將軍施禮，而後張臂飛袖起舞，美目煙視，邊舞而邊脫，每脫一件，即展露一次和服下的性感，層層而脫的最後一件，是脫去白色飄飄的動人薄衫，胴體完全畢露，並舞向起而擁抱的將軍，展開各種親吻、撫愛及挑逗。

黑澤的性愛從吻戲開始。唇吻、舌吻、輕吻、深吻、頰吻、眼吻、耳吻、頸吻、乳吻、胸吻、膝吻、背吻、腋吻、雙腿內側吻、腳趾咬吻、腳背輕吻、臀吻、肚吻，最後，才是男女致命的性器之吻。黑澤的藝術，企圖展示性愛的肢體、表情及聲音之美。透過美麗演員的精湛演技，展現男女性愛的吻觸、撫愛及性的各種肉體美感，以美麗演員的動人低吟、喘息、顫動、嘶叫，傳遞性的內在激奮及肉體之美的極致。

黑澤的吻戲，精彩在口愛，看壯碩健美的將軍如何跪吻、抱吻、倒吻、舌吻美麗愛妃的肉體，看豔麗動人的愛妃如何舔吻、舐吻、呑吻、深吻將軍的雄偉男根，是我見所未見的一幕。人類的性愛口交，似乎並不好看，但黑澤的藝術卻使日本的性愛呈現美麗動人。

黑澤的前戲，從撫愛、挑逗、親吻及口交，費時近半個小時，淋漓盡致，使在場的男女眾賓客，看得無不血液沸騰，但令人激動的一幕，則是將軍與愛妃開始一場動人的性愛。從正面、側面、背面，表演躺姿、跪姿、立姿的優美結合，尤其日活女優表現動人的不斷高潮，非常精彩，令人全身震顫。黑澤的性藝術，我在其他國家沒見過。

當夜的二場美麗性愛表演，歷時二個多鐘頭，時已深夜。浪漫的氛圍瀰漫全場。佐佐木帶著D星，富士電視社長長谷川抱著美麗日活女星，加藤挽著俏麗的歌星女友，我則手牽美豔的栗田及動人的夏希，黑澤則帶二位美麗紅星，各自走回丸之內大飯店的豪華房間，各演各的美麗。

我訪日的前幾天，栗田與夏希等就風聞佐佐木社長說日本第一寶石將投資泰國，並考慮以香港為日本第一寶石的國際營運中心，她們知道合作的台灣社長近日將來日本訪問。佐佐木社長說，台灣社長是幹練精明的台灣青年企業家，通曉中、英、日三國語言，有國際觀，人很風趣，訪問日本的六、七天，將由栗田及夏希安排行程，加賀、石磯及北條輪流陪訪公司、參觀珠寶生產工廠及東京各門市部。

栗田是京都人，夏希則是福岡人，二人皆為東京藝術學院畢業的高材生，為前後期同學，同時進入日本第一寶石，同為佐佐木業績優良的十大寶石美女。栗田容貌豔麗，非常動人，雙眼黠慧，喜歡講話，聲音清脆悅耳，尤其個性活潑，極好相處。而夏希則是日本玉女，身材挺拔健美，舉止嫻淑，高貴矜持，非常美麗。夏希又溫柔，很有人緣。當晚餐會，她們對台灣好奇，對台灣男人好奇；我則對日本好奇，對日本女人好奇。她們發現台灣社長非常隨和及幽默，容易做朋友，講話又能天南地北，我似對日本的歷史文化非常了解。當晚餐後，我與栗田及夏希不但愉快共舞，而且有說有笑。而當我們一起觀賞黑澤的藝術時，我看到依偎在我二旁的日本美女，羞臉埋進我的懷裡，各自雙手遮臉笑看，我幾乎聽得到她們二人心臟的噗通跳聲。

這是第一次與日本的美麗女人性愛，而且是二位。不同的民族男女，難免互相好奇，猜想如何開始，但栗田聰明，我們一進入房間，她就建議夏希，三人一起共浴。日本的共浴文化，男女最易產生浪漫，水中撩撥、互視、互吻、戲笑、潑水，醞釀性愛。男女就是想看對方。裸露的栗田與夏希，眞美。一個豔美豐滿，曲綫動人；一個勻稱玲瓏，美如女神。

顯然是文化上的差異，當擁抱撫愛時，我就感受日本女人的強烈不同，氣質迥異。我試探，想了解不同文化差異的不同反應。栗田熱情，夏希矜持，但輕觸二人敏感部位，便知栗田與夏希的同與不同。台灣美女，愛親密纏綿；日本美女，則婉約撩撥。我感覺，當晚應從矜持動人的夏希開始，她比栗田敏感。

或許是受到黑澤的美麗影響，吻戲從共浴開始，我突然感到在異國的強烈浪漫。栗田是熱情的吻根，夏希是溫柔的吻身，從豪華的浴室吻到美麗的寢室。這是黑澤性愛的双鶯渡谷，細膩的體吻，美麗的口交。

就像在台灣的A星與V星。我先吻夏希，栗田在一旁凝視，我知道自己的體質，遇強則強。當我看到風格、氣質、反應不同的美麗日本女人，格外的昂奮。我急攻夏希，果然，不到十分鐘，夏希就巨浪洶湧，浪潮一個接一個，夏希伸手緊抓一旁的栗田，嚎叫、嘶吟、顫動，非常動人。我聽到夏希口中發出的日語：「SUGUE !」夏希以爲我已結束，沒想到，我把她翻轉，以黑澤的「後越手」再度進攻，「後越手」就是背攻。栗田在旁吃驚，看到美麗的夏希雙手伏地，抖動全身，突然，夏希噴發最後一波高潮。

一個美麗女人，美到可以三、四十年後仍覺動人心弦，日本的夏希及栗田是少數的幾位。佐佐木常說，栗田是日本的大美人，後爲黑澤栽培，成爲八十年代日本著名的熠熠紅星，藝名Okuda Meriko。此時栗田不過二十三歲，進日本第一寶石二年，隔年，一九七七年初，她與夏希同派香港國際公司，在我底下一年多。栗田容貌美豔，特別是一雙美麗眼睛非常性感，身材窈窕豐滿，動人心弦，尤其裸體時，美到令人暈眩。

栗田雖美豔，但反應較慢，不同於敏感的夏希，但栗田火熱而激昂，征服這種女人，似乎愈慢火愈美。

當我俯身擁吻美豔栗田，企圖以優美的黑澤藝術第一手「鶯の横立」，緩慢吻觸栗田時，沒想到她卻反轉而優雅地將我抱下，動作柔美，以美麗雙唇突然做起日本的「雁か首」，這種讓男人驚心動魄的下體舔吻及吸吮，使男人生命之根有如觸電之感，一波強過一波。我當然不甘被動，也以日本的所謂「花菱責め」、「立ち花菱」，回報震顫的美麗栗田，這種日本式的花瓣之吻，會使女人陣陣昏眩，栗田強忍嘶叫，全身激烈穹起，非常動人。當我看到栗田滿臉通紅而熱情以待時，黑澤的動人攻擊藝術開始，所謂「進洞本手」及「洞入り」，由緩而急，長驅直入，我堅韌的台灣男人體質，彷如逆水行舟，一波接一波，強渡急流，使美豔的栗田揚起浪花朵朵，水聲四濺。我首次聽到栗田的美麗尖叫，一聲高過一聲，比夏希更驚豔，幾達半個鐘頭，非常動人。三十五年後，我仍清晰地記得她那動人的聲音！

栗田沒有忘記當夜黑澤的美麗四十八手，以「本駒掛」、「だるま返し」及「きめた」翻雲覆雨，這是西方人性愛的ASTRIDE體位及其美妙變化，只有女強男弱時，最美。我從未遇過一個台灣美女能如日本栗田的ASTRIDE，做非對稱的旋轉、跨騎及爆發極限之美，我幾乎爲之崩潰，幸虧她先倒下。

這是我抵達日本，非常難忘及美麗的一夜。

日本美女所以特別讓我印象深刻，無疑是日本文化才具有的氣質。日本人充滿禮數之美，不僅語言如此，行爲也如此。古中國的所謂禮的文明，恐怕只存在於日本，發揚於日本。在與夏希及栗田的首次激昂性愛中，她們動作如稍有疏失或令對方不適，都會以眼神、細緻動作或低聲表達小小歉意，這種動人的禮節文化，使我至今仍然感覺日本女人特別美麗，特別性感動人，爲世界其他民族所無。

第二天，整個上午及下午，佐佐木陪我了解珠寶的基本知識；日本市場與日本第一產品與歐美的異同；價格的形成及差異；日本人、亞洲人、歐美人對各種寶石及精品的偏好及流行趨勢。

佐佐木的第一寶石是日本的巨型企業，國內有數百分店及代理商，其最重要部門是在設計、生產及銷售廣告。年營業額超過美金四十億元，其最主要的寶石原料來自泰國及南非，日本第一企圖將崛起的日本風精品進軍亞洲，對抗歐美產品，競逐世界市場。投資泰國，是取得重要寶石原料；投資香港，則是開始與歐美精品競逐亞洲的霸業計劃，而亞洲的爭奪中心，是香港。

佐佐木的日本寶石王國最成功的特色，除擁有傳統寶石分店及代理商等綿密通路之外，還有巨大廣告及一支美女直銷部隊，這是歐美其他著名寶石大集團所無的，因此能有效深入日本政商高層市場及外國貴賓，所售均爲第一寶石最美麗、最昂貴及最新穎的珠寶，動輒數十萬及佰萬美金，低者一萬美金以上。

佐佐木設計巧妙的分紅制度，使寶石美女及高級顧客形成密切關係。任何一位高級客戶成功介紹另一貴賓購買，即有巨額退佣。因此，日本第一寶石的直銷美女團無不渾身解數，拓展自己的社會關係網，從日本企業的大老闆到社會名流，到政治人物，到影視明星及社會名媛貴婦，均爲寶石美女直銷的對象。這支寶石美女代表，以美麗及業績分成五級：鑽石美女、紅寶美女、琥珀美女、翡翠美女及眞珠美女。這些美女是佐佐木每年從日本應屆的各大學及藝術學院公開甄選，幾乎好像選美一般，非常嚴格及挑剔，一年遴選不過幾十位。所以佐佐木的寶石美女堪稱是日本美女中的美女，均具語言才華、銷售能力、個人才藝及傑出美貌，個個動人。因此，她們有條件進入日本的上層社會，創造驚人業績。這支日本第一寶石公司的美麗部隊人數，佐佐木告訴我，約有二百二十位左右，進入後，均經佐佐木組成的專業講師團訓練，再經淘汰，始能成爲正式寶石美女代表。美麗的夏希及栗田，是佐佐木的十大鑽級美女，其餘是美麗的加賀、北條、石磯、渡邊、木內、佐藤及水野。二十年後，當我創立歐爾康國際健康公司時，始知這是一種佐佐木創建的美麗直銷制度，有別於美國的多層次傳銷。佐佐木的美女直銷團，具有特殊的日本文化及佐佐木哲學，講求團體的責任、紀律、服從、互愛及追求人生美麗，並彼此互助成功。她們不僅敬愛社長，且服從佐佐木的命令。這支美麗部隊曾出過日本的電影明星，日本選美皇后，日本大財團的媳婦，外國政要的著名情婦，日本有名政治人物的美麗妻子，及不少成功的日本女企業家。

籌畫及準備設立香港國際公司的構想，在第二天的會議中決定。籌備工作由佐佐木委派第一寶石的國際部長川崎赴港，在七六年底前完成。香港公司的國際合作納入香港邱氏集團，日本的寶石美女團隊將分批進入香港，組織及訓練台、港及東南亞美女，組成亞洲國際美麗直銷團隊。由於香港是國際華人社會，文化不同於日本，所以採納茱莉的聰明建議，由她動員台灣及香港的美麗藝人，甄選台港的美麗影星，X星即其中之一，為寶石產品代言及廣告。

佐佐木命令夏希及栗田，率領直銷團的十大美女出席會議，為我及茱莉詳介加賀、北條、石磯、渡邊、宮本、濱田、佐藤及水野，初見這些日本才貌兼備的寶石美女，讓人驚豔，眼花撩亂，個個動人心弦。從明年起，她們將分批進入香港，帶領香港寶石美女，攻城掠地，五年之中，每年都有二十幾位，進入香港及新加坡。她們是我香港國際公司的優秀及美麗部下，也因此，發生無數的浪漫及香豔故事，我仍記得她們大部分的美麗名字，多達百位。

日本的寶石美女，平均年收入最低十萬美金。但如鑽石級的夏希、栗田、加賀及北條等，則高達二十萬美金以上。以一九七七年日本的國民經濟GNP六仟美元計算，她們是超級美女。一九七七年的台灣，GNP約為一仟伍佰美元，香港二仟多。

她們知道不久將輪番派駐香港，喜形於色，會後當晚，佐佐木社長在丸之內大飯店，以日本人共聚歡慶的豐盛宴席宴請台灣社長，第一寶石的六位部長級幹部：國際部川崎，製造部安培，宣傳部豬木，設計部阪田，市場部大泥，公關部下橋，加上十位美麗寶石美女，茱莉及佐佐木的首席秘書藤田，共二十位，好像慶賀香港國際公司即將誕生的歡躍心情，舉杯歡慶，集體共舞。茱莉在一旁為我解釋日本的飲宴習慣及共唱共跳的文化，非常特別。

美麗的夏希代表直銷團歡迎台灣社長，她說：台灣社長是我們日本社長的敬愛好友，也將是我們的香港國際社長，企業才能卓越，見識豐富，通曉五種語言，為人親善風趣，他定能帶領我們成功。我們十位代表，每位請為台灣社長上台獻唱，並與他一起共舞，熱情歡迎他到日本。

美豔動人的栗田首先上台唱一首「南國のあの戀人」，歌聲優美，扣人心弦。夏希再請加賀站起，邀我共舞。加賀是日本的典型玉女，媚眼懾人，近似台灣的V星，共舞時眼神帶笑，她看著我，以英文說："Kurida and Natsuki told us, You are a great lover. We like you be our boss !"我臉上頓時一陣通紅。顯然，昨夜與栗田及夏希一起，她們都知道，我緊擁加賀，輕輕吻她的美麗臉頰，表示謝謝，說妳們眞美，每位都是日本佐佐木的璀璨寶石，是日本最動人的美女。

栗田下台敬邀日本社長佐佐木共舞；夏希則上台唱出動

人的一首英文歌曲："LOVE ME GENTLE"，非常纏綿及動聽。加賀之後，邀舞的是北條，北條是一位嬌嫩內斂、溫柔可愛、非常有禮的性感美女，美如英國女星費雯麗。共舞時，她說佐佐木社長交代，讓她與加賀明天做我的嚮導，帶我遊覽大阪及京都，她是大阪人，加賀則是京都人。我表示好高興，謝謝她們二位，北條俏皮，請我先吻她一下。之後，渡邊、石磯、宮本、水野、佐藤、濱田，輪流與我共舞，她們也輪流上台獻唱，晚宴逐漸沸揚，第一寶石的所有成員最後集體上台，頭紮包巾，踊跳起日本的傳統舞蹈，團結高呼：明年，公司成功進軍亞洲市場！

佐佐木是一個人格與精神充滿愛與美的天才企業家，日本第一寶石的所有員工均敬愛他們的偉大社長，他講的話，尊之如神；佐佐木也視他們如兄妹親人，對部屬愛護備至。外人很難想像，他們的收入都是日本大企業員工的十數倍。因此，日本第一寶石是美與愛的凝聚體，體現人與人、人生美麗與生命快樂的可能。

這也解開我的困惑及訝異，當佐佐木待我如異國兄弟時，我也進入他們美與愛的美麗企業凝聚體，分享人生的美麗與生命的快樂。所以，當佐佐木明白交待他的美麗寶石美女，台灣社長也是佐佐木美麗哲學的共同成員時，她們會自由地、無羈地進入性與愛的美麗關係。

佐佐木對寶石美女灌輸美與愛，訓練嚴格，充分愛護。佐佐木往往幫助離開及轉行的寶石美女成功發達，當黑澤大導演看上栗田可以成爲優秀日本演員時，佐佐木便幫助栗田進入日活電影，成爲大明星。所以，第一寶石的所有寶石美女，敬愛她們的偉大社長。佐佐木對她們只有幾個規定及約束：服從、誠實、熱忱及敬業。她們是美的代表，愛的象徵；美能感動生命，促使人與人幸福及快樂，她們要把美麗、愛及快樂，帶給第一寶石的貴客。

美就是愛，因此，佐佐木與動人的寶石美女自然是美與愛的關係。七〇年代，日本進入富裕社會，也隨美國的變化，進入性的革命。動人的夏希就告訴我，她們這一代的日本女學生，高中畢業時仍是處女的，不及三分之一。所以，她們是開始脫離日本傳統的新一代，趨向自由及自主，崇拜佐佐木。此時的日本，新舊並陳。

熱鬧的美麗晚宴後，佐佐木建議，我首次到日本，應到銀座瀏覽一下日本人的五光十色及繁華夜生活。他派石磯及渡邊負責嚮導。石磯是東京人，非常清秀動人，聲音又美，口才又好。渡邊是名古屋人，健美端莊，活潑迷人，非常聰慧及美麗。東京銀座類似台北的西門町，但大好幾倍，來往人潮摩肩擦踵，各種商店目不暇給，餐廳、彈子店、遊樂間，櫛比鱗次。霓虹廣告閃動不停，極度繁華。看日本呈現的自由多彩及繁榮，台灣恐怕遠遠不及。石磯和渡邊拉著我，不厭其詳的介紹銀座歷史、遊玩及去處，帶我品嚐日本美食。回到飯店，已是深夜。

東京的夜空，璀璨美麗，石磯之嬌，渡邊之美，與東京的美麗夜空，同樣醉人。石磯之美如日本的百合，清新芳香；渡邊宛若日本的貴族花昌蒲，濃郁馥香，令人難忘。

由於時間限制，初次造訪日本只能六、七天。佐佐木建議我東京之外，觀光一下京都及大阪。尤其京都，是日本千年古都，二次大戰期間，美軍都迴避而沒有對她實施轟炸。我原訂的行程，是由加賀及北條陪同及導遊，佐佐木以我首次來日本，安全上不放心，所以，啓程之前，他決定陪我同遊大阪及京都。茱莉則留在東京，參觀第一寶石的靜岡寶石生產基地，學習日本寶石專家講解寶石國際鑑定技術及制度，並與國際部川崎部長研商有關香港國際公司的籌備細節，研議組織及市場營運方式及策略。

加賀是大阪人，對大阪的歷史典故、名勝古蹟，當然瞭若指掌，由她導覽，讓人聽得津津有味。我們坐新幹線列車前往，欣賞窗外極速飛馳的日本城鎮及美麗山川，秀麗的農村景緻，高聳入雲的遠處富士山脈，舉目充滿異國情調。大阪是日本第二工商大城，非常發達，同時是豐臣秀吉建立的歷史名城，他興建的雄偉歷史城堡仍然完整保存，使人興思古之幽情。豐臣秀吉是日本第一個統一日本的英雄人物，由於長年征戰而去世，留下孤兒寡婦，致爲德川家康所滅。

京都則是日本古都，至今仍完整留存千餘年前的中國唐朝建築佈局，因此，京都古蹟更多。美麗的北條說，京都有上千寺廟及馳名的藝妓街坊，我第一次看到濃妝艷抹的藝妓盛裝遊走在京都街上。京都因而充滿濃濃日本文化及建築，不同於現代高樓林立的大阪或東京。京都優雅靜穆，充滿日本古味。

我們在大阪及京都走馬看花，但無論在車上、飯店、餐廳、夜總會、博物館，或在名勝遊覽區，所到之處，陪伴左右的美麗加賀及北條都引起騷動及注目。加賀之美，豔光四射，佐佐木說，加賀明豔動人，氣質、容貌、輪廓，堪稱羞花閉月；北條之美，更是一位難得一見的非凡美女，動是美、靜亦美，媚眼含情，非常動人。在大阪及京都的美麗三夜，我與佐佐木共同浪漫，輪流與加賀及北條做愛。

離日之前，我請夏希及栗田帶我試乘一下東京快捷的地下鐵系統；參觀日本皇居及古木參天的東京植物公園；看看德川家康的東照宮；到秋葉原參觀日本進步的電器工業產品，此時日本索尼(SONY) 公司正發明錄放影機、錄影帶及映像鮮麗的二十八吋彩色電視機，我以四仟美元訂購一套，請佐佐木代運台灣。我還到東京最大的書店，參觀日本出版，目睹日本無奇不有的報刊雜誌及書籍，琳琅滿目。這些象徵一個民主及自由的社會，文化璀璨進步，思考多元，百花齊放。我訂了一批書籍回台，日本的書本印刷及設計，精美絕倫，台灣眞望塵莫及。接著我逕飛漢城，茱莉則直接回台。

想看看韓國，是順便參訪與好奇，起因於獄中認識的一位共患難的山東獄友邱宏臣。邱氏於一九四九年隨國民黨逃抵台灣，五〇年代後無故被貪圖獎金的山東同鄉會挾怨密告，罪名是在抗日末期參與共產黨山東解放區的「商救會」。當年凡是共黨所到之處，皆有各種的組織，商人就被編入「商人救國會」，有人如到台灣，不知向國民黨據實報告過去歷史，就要依「懲治叛亂條例」第五條判刑，邱氏被判十二年。由於在台無親無故，無人接濟，唯一的親友是遠在韓國的一位表弟。一九六九年我判刑後，在景美監獄被調出到犯人工廠當政治勞工，每天洗衣、曬衣及燙衣，一天工作超過十小時，邱氏與我同組，年齡雖比我大，但身體比我強壯。山東人一般高大，唯獨他短小精悍，他看我一副書生模樣，每天便幫我燙衣，完成任務，讓我有多餘時間看書，因此兩人結爲好友。我曾叫女王每月接濟這位外省難友。邱氏先我五年出獄，並連絡上移民韓國的表弟，他的表弟邱董是釜山的成功華僑，不斷接濟台灣的表兄。一九七五年我出獄，邱氏知道我是台灣大商人，建議我訪韓，與他表弟建立台韓投資及貿易關係。

離日之前，我打電話到釜山，確定我們如何相會。原定由他到漢城機場接我，但因邱董突然有事，無法趕至，因此請我直接進入漢城，在最大的漢城大飯店停留一夜。隔天清晨，他將趕來飯店接我。因此，我飛抵漢城後，便自己僱車直接進入漢城大飯店。

一進漢城，但覺相形落後，不如東京、香港、新加坡或曼谷，也不如台北。此時，正値朴正熙獨裁統治時期，韓國正從韓戰的廢墟中努力爬起。我從機場一路進入漢城時，所見車輛不多，沿路但見工地林立，鷹架處處，現代高樓大廈相對稀少。人民衣著也非常簡單及樸素。韓人起碼落後台灣十年以上。

朝鮮人是一個倔強而聰慧的民族，我在台大唸書時與韓國留學生接觸，即有此感覺。研究政治，最重要的一項是讀懂歷史。權力歷史的詭譎戰場及肆虐舞台，就在歷史。韓人位處東亞的朝鮮半島，二千年來都北遭中國霸權的擠壓及控制，南受日本侵犯。但朝鮮人卻打敗過中國霸權，唐朝李世民征韓時，即被打敗。豐臣秀吉統一日本後，曾伐韓，亦是滿面豆花，無功而退。因此，韓人的歷史宿命是夾在中國與日本之間的掙扎歷史，獨立不易。但韓人卻有自己悠久的民族王朝，有自己統一的朝鮮語言及自創的獨立文字。縱然被日本併吞猶晚於台灣十五年，仍然不斷反抗日本，力求獨立。伊藤博文即爲韓人所殺。

我想到韓國，除了考察商業機會，另一個重要動機，無疑是政治。就像我到新加坡經商，就順便觀察河佬民族建立的第一個獨立國家一樣。台灣與韓國，同爲日本殖民地，爲什麼二次大戰後，一個能獨立，一個不能？原因就在於，韓國人始終只追求獨立，國際列強皆知，從不間斷及屈服。但反觀台灣人對日本，歷史上最多只求自治。右翼的蔣渭水民眾黨，還不如左翼謝雪紅的台灣共產黨。可見蔣渭水之流的台灣先賢，歷史眼光及政治境界不過如此。因此，一個沒有獨立聲音的啞巴台灣，難怪被強權美國忽視，充當失聲的戰利品，做戰勝國的贈品。反觀韓人在戰後，雖被美蘇分裂，但仍獨立變成一個民族，南韓、北韓兩個國家，分別在聯合國都擁有席位。

韓人於一九一〇年被日本所滅，中國則於一九一二年發生辛亥革命。而一八九五年，歷史正因朝鮮問題，日清爆發甲午戰爭，中國戰敗，割讓台灣予日本。因此，台人與韓人表面上看似無關，實者命運相連，台灣二次都受朝鮮歷史影響，一次使台灣脫離中國，成爲日本殖民地；另一次則因爆發韓戰，美國宣佈保護台灣，使台灣獨立於中國統治之外。

從一九一〇年至一九四五年，被滅的韓國人民不斷爭求獨立；而台人在日本殖民統治之下，反而從未正式發出獨立訴求。最諷刺的是，今天最壓制及反對台灣獨立的中國國民黨及中國共產黨，反而是率先提倡台灣獨立的盟友及始作俑者。無論孫文、蔣介石或毛澤東，此時皆主張台灣獨立。但歷史眞相是，當台灣落入日本強大帝國時，中國人不斷義正辭嚴，鼓動台人自己獨立。但當台灣落入他們之手時，蔣介石卻不惜以殺戮及重刑關押，殘酷對付台獨份子；毛澤東則文攻武嚇，阻撓及壓制台灣獨立。可見中國權力，若非虛情假意，即是見異思遷。

韓人與台人，在東亞歷史無情的權力爭戰中都屬同一命運，非臣服於中國，即被併吞於日本。促使韓國及台灣獨立的，反而是美國強權。但韓人自始不惜流血奮鬥，台人則否。台灣歷史，眞正發動及成功點燃獨立運動，非到一九八七年我的歷史一擊，始成力量。台人落後韓人幾達七十年。

韓國獨立歷史給我的啓迪，類似新加坡獨立給我的反思一樣，有助於我十一年後衝破台灣殖民的桎梏，啓動台灣獨立的歷史要求及洶湧澎湃的台獨浪潮。台獨的核心價值，是民主及自由，是人權之戰。

漢城大飯店座落於漢城市中心，樓高二十餘層，相對於周遭的低矮建築，它顯得鶴立雞群，美侖美奐，相當類似我九〇年代初遊歷北京時，看到北京大飯店與其周遭的落後市景一般。我進駐飯店後，即下樓到餐廳走走，時已中午，但見飯店進出的旅客都是歐美及日本人士。飯店櫃台前有英文廣告，招攬外賓觀光漢城的短程旅遊安排，但時間都在早上十點出發。因此我向飯店的人員詢問，有沒有專門的個別導遊帶領個別觀光。我想在明天赴釜山前，利用下午及晚上瀏覽一下漢城。櫃台人員說他們替我找找看，我遂信步走出飯店，想在附近繞一下，回來再問飯店能否請一位懂英文的導遊。

我一出堂皇的漢城大飯店大門口，便看到飯店外邊左右兩旁簇立一堆韓國清秀美少女，穿著入時，年齡與模樣皆似學生，紛紛大膽趨前，以生澀而簡單的英文嬌聲問我能否帶她們進飯店，做我的伴侶。原來這間以外賓爲主的豪華大飯店，禁止任何個別當地少女進入飯店，除非客人帶入。我當然知道這些外貌不俗的朝鮮美少女目的何在，這種現象，其實在台灣六〇年代中的經濟初起時代即已出現，但台灣不准這種少女出現於飯店附近公開活動，而是透過飯店內部服務人員及外面專門的仲介，所謂的「三七仔」制度，從事賣春。我問其中可愛的一位，OVER NIGHT多少，她說五十塊美金，還可陪我跳舞，外出導覽市區。當我正想遴選其中一位清秀活潑、英文不錯的少女做我導伴時，突然看到從飯店大門走出一位異常動人的美麗小姐，很快走到我跟前，以日語問我是否剛才向飯店櫃台探詢個別觀光導遊的日本客人？我以日語答是，她說，她可以做我的個別導遊，並自我介紹，她是漢城大學學生，通日文及英文，能帶我導覽漢城最好的景點。一見這個嚮導美女，我實感非常吸引，一種洋溢及散發朝鮮民族之美的特異氣質，眼神充滿靈慧及神秘，舉止脫俗、高貴，這個女人眞美。就如我進入日本時，第一次看到夏希及加賀的日本民族之美一樣，令人心靈爲之一震。我問她費用多少，她說導覽一天美金一〇〇元，雇車費用則由客人支付。我告訴她，我不是日本觀光客，我是台灣商人，因爲明天我將要到釜山訪問三天，我對韓國不熟，所以我希望有人可以導覽。我說，全陪的話我一天付妳伍佰美金。她突然聽到這種導遊法，愣了一下，滿臉通紅，遲疑不決。我說，不妨，妳先導遊一下漢城，完了，再決定是否全陪，妳不必勉強。她遂高興地微笑點頭。我請她給我看一下她的學生證，她遞給我看一張附有相片的漢城大學學生證，韓文與英文併列，名字的英文拼音為：Park Kim Kee，一九五五年出生，外語系。我請教她名字的漢字如何寫，她寫出三個漢字：朴金姬。

她問我最想看什麼？板門店？名勝古蹟？歷史城樓？古代寺廟？韓國皇宮？歷史博物館？青瓦台或漢城遊樂及美食區？我說，我想看一看妳們李氏王朝留下的皇宮。

於是，我們雇車前往座落於漢城市中心的歷史皇宮。車上，她好奇問我，社長是商人，怎會喜歡看韓國歷史的東西？

我說，我對妳們韓國的獨立歷史有興趣。我知道妳們的李氏王朝建於一三九〇年，由朝鮮李侃太祖統一全韓，李氏王朝壽命長達五百二十五年，在一九一五年被日本所滅，淪為日本殖民地。妳們最後的有名歷史人物明城皇后，死於日本謀殺，之後，就是妳們的韓國獨立運動。李朝最了不起的歷史成就，就是為朝鮮民族發明了妳們的朝鮮拼音文字。

朴金姬睜大她美麗的眼睛，一臉驚訝，我連李朝建立的年代及朝鮮文字的創立都知道，態度突變親熱，侃侃敘述漢城的歷史及這個國家的點點滴滴。

下車參觀皇宮，我對皇宮前竟有一座巍峨的政府大建築感到奇怪。她說，這是日本殖民統治韓國建立的總督府，故意建在皇宮前，凌駕皇宮，它是日本統治我們的威權象徵，其建築的壯威，類似台灣的總督府。

韓人的皇宮建築型式及佈局，類似中國，但遠不如北京紫禁城那樣宏偉壯觀，又與我在日本京都所看到的日本天皇舊皇宮別異其趣。但共同的建築特徵在在顯示，朝鮮與日本二千年都受中國影響。李氏王朝五百年都臣屬中國。古代韓人的官定文字是漢文，每一皇宮宮殿前皆有什麼殿的漢字。韓人要到二次大戰獨立後，始廢漢字，建立文字獨立的國家。

我訪韓前，只從台大的韓國留學生略知他們的韓文，但並不知其詳。我問朴金姬，韓文由幾個字母組成，如何組合，母音有幾個，子音有多少？她說，英文有二十六個字母，他們只有二十一個。英文的羅馬字，由左向右拼音；他們韓文則是以漢字的基本偏旁構成字母，類似日本的片假名，取自漢字。韓文可以上下組合，也可由左向右組成方塊字。她看到我很有興趣，就拉我坐在皇宮前的石階上，拿出身上的紙筆，寫出韓文的二十一字母及發音，講述拼寫方法。我頓感驚訝，韓人的文字竟然如此簡潔及方便，不愧天才創造。朴金姬發現我理解非常快速，像是一個語言學家或研究者，也對我感到驚訝。她說，從未碰過這樣的觀光客。

日人、韓人、滿人、蒙古人，皆爲東亞阿爾泰語系，就如印歐語系，都是一種多音節語言，適以表音字母表達。但漢語系則是一個簡潔的單音節語言，組合的字彙有限，遂以不同的聲調擴充字彙。譬如北京語就有四聲，客家語有六聲，河佬語有七聲，廣東語有八聲。其中尤以河佬語最爲複雜，聲調尙不止七聲，眞正變化則有十種之多。而且，字與字組合時還產生變調。因此，漢語系這種單音節語言，很難以字母之類的表音符號建立文字。為此，漢人發展漢語的象形文字，以二○○多個字根構造漢字，所以，它雖是一種很美的「表意」文字，但卻很難「表音」。毛澤東曾企圖以政治力量推行羅馬字，仍然失敗，最多只能簡化漢字。因此，引進的羅馬字只能充當注音使用，或作電腦輸入之用，無法獨立成為文字。在所有單音節語言中，能羅馬化成功的，只有越南。北京語所以無法羅馬化，重要的原因是北京語的聲調太簡單，它只有簡單的四聲。同音字太多，羅馬化時，無法區別。因此，只有漢字能做精緻的表達，別無他法。而越語因為聲調豐富，與河佬台語一樣，所以能羅馬化。但越語的羅馬化非常醜陋，它只是十九世紀法國神父為傳教之便而簡單制定的文字，類似台灣長老教會為傳教而制定的台語羅馬字系統，缺乏組合之美。台語羅馬化最成功的，應是台南成功大學林教授的一套，組合成台語文字時，非常類似歐洲的羅馬化文字。但問題是，台語非常不適應脫離漢字的豐富表意，但純漢字又無法表達台語的聲調變音結構，如有一套表音的字母系統，則可組成台語的文字系統。因此，漢羅混寫系統不失為最佳的書寫方式。

一九七四年，我在綠島政治監獄發病前，曾以七年時間成功發明台語三十音字母及八個調母，組成具有民族特色的方塊拼音文字，企圖以二千個漢字與方塊拼音文字合組台語的書寫系統，近似日語系統。但此次在漢城細聽朴金姬的韓文講解時，發現這套台語方塊拼音文字更近似朝鮮的拼音文字。因為我一時興起而詳細追問她，遂在皇宮大殿的石階前，兩人緊鄰而坐，愉快親近相談一個多鐘頭。但覺這個朝鮮美女，聰慧敏捷，熱情大方而又豔麗非凡，我愈看愈美，當我凝視她時，她會羞赧垂頭，非常動人。

我告訴她，我是一個台灣獨立運動者，曾在監獄的七年中研究及發明我們台灣人的字母系統，非常類似她們的韓文，所以請教她。她突然瞪大美麗的眼睛，面露欽佩與敬仰，她說，她的祖父就是朝鮮獨立運動者，日本殖民時代死於監獄。她的母系是朝鮮王朝明城皇后的母家後裔。我驚訝之餘，盛讚她的非凡美豔，莫非是明城皇后的美麗再現。她遂親熱地伸手拉我起來，說她現在就帶我去參觀明城皇后的寢宮，詳細跟我講述末代朝鮮王朝的感人悲劇歷史。明城皇后是一個美麗非常的女人，而且深具政治智慧及手腕，她的丈夫高宗懦弱無能，明城皇后遂與高宗的父親大院君從事權力鬥爭。當時朝鮮面臨東西列強的進逼，明城皇后以其聰慧才智，周旋列強，使朝鮮獨立而不墜，但因日本最後戰勝大清及俄國，遂殺明城皇后，朝鮮滅亡。

朝鮮與台灣有共同被殖民與被壓迫的悠久歷史，但朝鮮民族，無論政治、文化、歷史的演化及發展皆強於台灣。朝鮮有二千年的王朝，雖然大半時間臣屬中國，但不失爲一個民族獨立的文化及政治共同體。台灣則否，她的主力民族是商業性格非常濃厚的移民社會，直至日本統治時期，始出現台灣人意識，台灣除了鄭王朝二十年的獨立政權，歷史缺乏獨立意識。它也沒有成功發展獨立文字，因此它的近代智識菁英(Intellectual Elite)，無論文學及智識創造，皆需借力日文及中文表達，台灣人患有「斯德哥爾摩症候群」(Stockholm Syndrome)，朝鮮人則沒有。所謂「斯德哥爾摩症候群」，就是「反常情結」，被害者反而迷戀起犯罪的加害者，被強姦者竟然愛上強姦者的荒謬現象！韓人一旦獨立，即廢掉使用千年的漢文，改爲「朝鮮諺文」。朝鮮人雖受日本殖民教育，但排斥日語，而且，朝鮮人也沒有人改日本姓氏。

整個下午，直至夕陽餘暉籠罩整個漢城，朴金姬都耐心地爲我導覽皇宮，爲我介紹朝鮮的歷史及他們的獨特文字。她請我示範一下我發明的台灣文字，雖不懂，但感到驚奇及佩服。她說非常近似韓文。這個朝鮮美女，因爲整個下午彼此的親密廝磨及愉快共處，開始對我像朋友般的有說有笑。她說，晚上我帶你到城內遊玩，品嚐韓國傳統美食，觀看韓人的舞蹈及雜技，體驗一下韓人的美麗夜生活及風俗民情。

當晚十點，她帶我看完韓國的動人傳統舞蹈表演，結束一天的導遊時，突然對我說：社長，我願與你做朋友，我答應你全陪，但請先帶我回大學的宿舍帶些用品及衣服，讓我盡心陪你。顯然，與我大半天的相處，使她對我產生好感及敬意。這個氣質動人、充滿朝鮮風姿及高貴靈慧特質的美麗韓國少女，使我初抵韓國即覺無比快樂，心靈爲之震顫。朝鮮之美，不僅引人遐思，而且出乎意料，也發現韓國美女是世界最美的女人之一，有其他民族少有的魅力及性感。

朴金姬的美麗動人絕不下於台灣的A星及X星，也不輸日本的夏希及加賀。A星及X星，是天生的藝人，充滿舞台魅力之美；但朴金姬是天賦之美，充滿朝鮮民族的自然動人，神秘魅惑。

漢城的第一夜，有如我當晚從漢城大飯店二十五層的房間往外瞥見的窗外燦爛夜空，充滿朝鮮浪漫的歷史幽思。吻著明城皇后的美麗後裔朴金姬，我似乎也吻到朝鮮歷史的一代美麗皇后。朴金姬抱著我說，她的母親常常誇獎，說她是明城曾曾祖母姨媽的美麗再版。朴金姬是京畿道人，二次大戰後美國託管南韓三年時，她的父親因擅英文，從書香世家轉為商人，與美軍做生意。韓戰後，從廢墟中爬起。但到五年前，她的父親突然病亡，家道中落，她在大學遂半工半讀，協助母親培養兩個弟妹。我說：妳如此聰穎美麗，精通日英語，如妳願意，我可以助妳到日本發展，明年，我將與日本第一寶石會社在香港成立亞洲寶石公司，妳如能成為日本的寶石美女，將是一個美麗事業，年薪可達十萬美金。朴金姬高興地說，她願意，也相信自己有能力。

首次與朴金姬纏綿，非常驚奇。她的肉體之美，宛如女神的藝術雕像，白皙晶瑩，曲線玲瓏，美麗動人，為我一生所僅見，初看，令人暈眩。當我吻她時，她竟全身顫抖不止，羞赧退怯，她始說這是她的第一次。我驚訝之餘，非常小心，溫柔撫愛，溫柔進入。所幸，竟然輕騎而過，但見輕微抵抗，不久，我竟發現她的奇特天賦反應，肉體突然不停緊縮，一陣緊似一陣，愈動愈緊。我從未見過一個處女破身之後如此快速的發生美麗高潮，反覆緊縮，不僅我吃驚，她也吃驚，似乎控制不住自己的美麗反應及快樂呻吟。我幾乎快崩潰，不斷停下喘息。

朴金姬的美麗私處又豐滿又突出，緊湊無比，柔韌溫潤，非常類似哈路的天賦，但沒有哈路的伸縮自如及強力旋咬結構。但它已足於令男人產生難以形容的極致快樂。漢城的金姬之愛使我一生難忘，而我強力耐戰的體質，使朴金姬整夜美如情慾女神，不斷狂喜求愛，不斷美麗叫喊，不斷緊縮不放，如醉如癡。我沒有看過女人的第一次，有如此美麗反應。

清晨，我看到換裝後的朴金姬如一朵朝鮮盛開的嬌艷玫瑰，美豔動人，身上散發一股女人整夜性愛後的沁人體香，不禁爲之動容。我遂從行李箱中挑選一枚要帶回台灣的日本佐佐木鑽戒，挽起她的纖手，我說：這是我送予妳成爲「女人」的美麗紀念。金姬突然欣喜欲哭，擁著我激動親吻，拼出一句美麗英文：I Love You！

邱董於次日早晨八點便抵漢城大飯店大廳接我，他叫司機手持一塊木牌，上寫：歡迎台灣許董事長蒞臨大韓民國。我帶著金姬下樓，一眼就認出。邱董是一位殷實的韓國僑領，戰前便移民朝鮮，長居釜山發展。這位身材魁偉的山東漢子熱情好禮，他突然訝異我身旁站著一位美麗韓國少女。我介紹她是我的韓國朋友朴小姐，陪我遊覽韓國，她是漢城大學學生，正值暑假。邱董伸手歡迎她一起到釜山，不禁以韓語對她誇讚，妳眞美。金姬即刻以日語對我翻譯韓文，又以流利英文答謝邱董。我們遂上邱董的車子，沿韓國新闢的高速公路，一路往南駛向釜山。金姬爲我全程介紹，這條高速公路所經之地，是由漢城駛經京畿道、忠清北道、大田，再繞經全羅北道，轉向慶尙南道，最後進入朝鮮東南濱海的釜山及蔚山，長四百餘公里，路經大小城鎮數十個。我一路但見濃濃朝鮮民族的城鎮農莊景色，不同於日本與台灣，相當樸素。韓國的經濟仍處開發階段，此時的韓國國民所得不過六、七佰美元。仍然貧窮的韓國，高速公路車輛非常稀少。難怪我對金姬說日本的寶石美女年收入十萬美金時，她簡直無法置信。

我們在中午抵達釜山，邱董把車直接開進市區的一家中型藥廠，他的家就在藥廠附近。他是以中國人的待客之禮視我爲貴賓，中午就在他家設宴款待。他開的是一家釜山便藥工廠，生產藥酒及健康之類的產品，規模中型，員工七、八十位。顯然，這是一個家族企業，他的弟妹及父母都住在一起。因此，中午的一桌豐盛菜餚，是由其夫人帶弟媳婦親自下廚，非常親切熱情。席間，邱氏一家人不斷感謝我在台灣獄中照顧他的表兄邱宏臣。山東人的體格普遍都很高大壯健，性格也直率，講話聲音很高昂，操的是山東的北方語，口音較平，大家溝通不難。金姬當然不懂華語，反而輪到我以英文或日語介紹中國人的習俗及菜餚。他們以韓語與金姬交談，顯然，邱董視金姬是我的韓國女友。他說，朝鮮出美女，但如金姬這樣的美豔及動人還眞少見。我介紹說，金姬是朝鮮王朝明城皇后的母系後裔，他們都驚訝，難怪她如此楚楚動人，美豔高貴。

下午參觀他的藥廠及各種產品，交換韓台兩地互相貿易及投資的可能，發現韓國及台灣的產業互補較少。邱董的藥酒之類產品並無特色，韓國可以出口台灣的，恐是人蔘之類特產，其它各種產業都遠不及台灣發達。

晚上，邱董帶五位公司幹部，以貴賓招待我韓式酒宴，在一座花園林木茂盛的傳統韓國建築房舍，韓人地板是坑式，類似日本榻榻米。韓人習慣集體圍坐坑上飲宴，依長桌盤坐而飲，韓人是等賓客圍而坐定後，始由四位侍者抬進長桌上菜，菜餚多達三、四十種，非常精緻，也非常美味。金姬爲我介紹韓人的禮俗及飲酒習慣，韓人喜歡一邊飲宴，一邊唱歌跳舞。邱董並喚來一組韓國歌姬，一邊彈奏韓國音樂，一邊集體舞蹈，充滿朝鮮民族風情。邱董商請金姬客串韓舞，我始知，這個朝鮮絕色美女竟才華橫溢，舞藝曼妙，歌聲嘹亮動人，在座眾人均爲之驚豔。金姬舞畢回座後，美麗地對我燦然一笑，她說，今夜是爲君而舞，博君一笑。

當晚，我在釜山飯店共渡的一宵，比漢城的第一夜更豔麗，更激情。金姬的天賦性器緊縮，幾達緊咬不放，非常刺激。猶憶大學時代，我曾在台北牯嶺街的書攤購得一本清末宮闈八卦小說，描寫袁世凱進朝鮮時，曾與美麗的明城皇后有豔情，並娶回一個朝鮮美女爲妾。對朝鮮女人，袁氏讚不絕口，印證金姬性天賦之美，果不其然，恐非虛言。

次日，邱董陪我訪問釜山政府經濟廳，參觀釜山工業開發區，聽取外商投資獎勵辦法。最後與邱董道別，他仍派他的專車熱情送我與金姬返回漢城。金姬建議我繞經蔚山參觀，再駛回漢城。沿途，她不斷爲我導覽各地風光，至傍晚，我們始抵漢城大飯店。

回房後，我與台灣的公司秘書通電話，知道公司一切正常，並與家中女王報平安，告訴她，後天下午我會從漢城飛返台北。她在電話中，不忘殷殷溫柔叮嚀，旅途注意自己安全及健康，如遇美麗女人，別玩過頭，語帶戲謔。這個聰慧美麗妻子，非常了解丈夫。

金姬問我何時離韓，我說後天下午。她突然問我，離韓前能否幫忙她一個朋友，因爲這位朋友家中父親突然受傷入院，需要一筆開刀費用。我問缺多少，她說一千美金。金姬看我慨然答應，非常感動。她說，爲了感謝，如我不反對，她想把這位朋友介紹給我認識。她說，這位朋友是高麗藝術學院的學生，非常多才多藝，比她美麗。一個半小時後，金姬把崔成妍帶來飯店，我不禁吃了一驚，朝鮮果眞美女如雲，竟有如此佳人。崔成妍是京畿道人，是金姬的高中好友，比金姬略高，相較於金姬的朝鮮貴族高貴美豔、雍容動人；崔成妍則亭亭玉立，散發一股美麗逼人的挑逗，近似日本的美麗石磯，但比石磯更驚豔、更誘人。崔成妍獨具的細緻美麗及性感撩人，勝過美國影星拉娜透娜 (Nara Tuner)。崔成妍擅長舞蹈及音樂歌唱，比朴金姬更具天份。但她只會英文，外語不如金姬。二人是各具不同典型的朝鮮美女，無法分別高下，但崔成妍似乎更含苞待放、活潑清新；朴金姬則美豔動人、溫柔端莊，二人都非常會講話，善解人意。

當晚，朴金姬安排一起到城內吃有名的韓國石頭火鍋，到漢城的一家豪華夜總會飲酒、唱歌及跳舞。在悠揚的動人音樂聲中，感覺韓國之旅，眞浪漫。朴金姬與崔成妍，眞美。朝鮮的夜空，眞璀璨。因此，漢城的離前兩夜，金姬的豔麗，成妍的性感，美麗動人，簡直讓我肉體爲之銷魂，生命幾乎爲之瘋狂。

崔成妍次年到了香港，才說她爲什麼那天決定聽從朴金姬的話，認識我。因爲，金姬對她說，這個台灣人聽到她提起朋友有難，請求相助時，沒有猶疑，也沒有相對任何要求，使她與金姬同樣感動。一仟美金對當時的韓人是一筆大數目，挽救父親的生命當然重要，但她已向一個富有的同學借到錢，她沒有理由非賣身不可，況且，她仍是處女之身。當年的韓國仍是一個保守社會，但金姬告訴她，這個台灣男人值得我們相識。

一九七七年初，我協助金姬及成妍進入日本，佐佐木非常高興及喜愛，視爲朝鮮美女之寶，特別交代美麗幹練的日本渡邊帶領及訓練，成績突出。七七年六月，我把她們二人調到香港。金姬及成妍建議回韓招募更多的美麗朋友來港，因此帶進權淑玉、李宛熙、閔東美等。她們在香港，被視爲朝鮮五美，傾倒香港及外商顧客，她們能幹而又美麗動人，幾與進入香港的日本栗田、夏希等寶石美女並駕齊驅。直到一九八〇年，進入日本及香港的朝鮮美女共達十幾位，堪稱傑出。金姬及成妍等五美，不僅是我香港及東南亞市場的得力幹部，也是美麗情人。

第三章　自由浪漫的歲月

——香港國際寶石事業的巨大成功

一九七七年一月，香港第一國際寶石公司成立，資本額原只有五千萬美金，日本佔百分之四十，台灣佔百分之四十，香港鄭氏集團則佔百分之二十。但至一九八二年，累積未分配盈餘與公積金轉增資本，已達五十億美金，資本額膨脹百倍，非常驚人。總部設於香港皇后大道的一棟新建四十層大廈，租用十層，美侖美奐的門市部在第一至七樓，管理總部的董事長與總經理及高層幹部則分佈於八、九、十層。佐佐木堅持我擔任董事長，同時，泰國的寶石公司也在曼谷成立，形成原料、製造及國際通路的鐵三角。佐佐木派遣日本第一的三位重要幹部：矢部、三浦及松石，擔負組織訓練宣傳及營運，我則任命茱莉當總經理，日本石磯爲副總，並組織香港國際直銷系統。

台灣的豪華大飯店，因此交由茱莉信任的一位姐妹淘，美麗能幹的Kimiko接任。Kimiko擅長俱樂部管理，人脈及能力雖不如茱莉，但一樣能言善道，形象人緣極佳。此女尤其美麗動人，非常嫵媚誘人，她代替茱莉，同時負責我台灣的公關，飯店的舊雨新知非常喜歡這位新任總經理。因此，我在台灣時，如因交際，需要各式美麗女人，茱莉都一一教導Kimiko如何安排，及如何調動港台的美艷紅星。

以香港爲中心的國際寶石亞洲直銷組織，擴及台灣、菲律賓、新加坡、馬來西亞、印尼及泰國。矢部是天才的組織部長，參酌茱莉的建議，發展複線國際獎金制度，使茱莉及石磯帶領的香港國際寶石美女團隊迅速擴張，人才輩出。香港寶石美女涵蓋港台的美麗影藝人員及香港本地美女，一九七八年後，擴大甄選來港的歐美佳麗、菲律賓美女、印尼、馬來及泰國美女。公司以東方之美形塑日本第一寶石的精湛工藝，以無遠弗屆的現代電視及報紙媒體廣告，並以亞洲各國語言橫掃亞洲市場，與歐美屹立百年的世界名牌正面競逐，甚至後來居上。日本的美麗工藝，展露東方自然之風、精緻之美及巧奪天工的精湛工藝，予人神秘、高貴及璀璨奪目的瑰麗，令人愛不釋手。由於香港是大英帝國的東方明珠，進出自由，是亞洲的精品購物中心，來港的世界旅客數以百萬計；歐美的大企業在香港均有分支機構，佐佐木的美麗珠寶產品充滿東方風情，反讓歐美及亞洲遊客特別喜愛。我們在香港皇后大道的巨大總部的美麗門市部，一年到頭，車水馬龍，遊客如織，一至十樓，人潮洶湧，門庭若市，充斥歐美觀光遊客及亞洲的富裕政商階層仕女，因此業績驚人，單單成立的第一年，便逼近八億伍仟萬美金，這還不包括寶石美女創造的七億多美金。因此第一年業績即超越十五億美金，等於六百億新台幣。

香港日本寶石的一炮而紅，自然帶動及保證泰國寶石投資的成功。日本產品的成本降低，使璀璨無比的日本第一品牌，在香港及亞洲的競爭售價平均低於歐美同級產品的二成至三成。正因價廉物美，逐漸橫掃亞洲。香港國際寶石公司的純益(Net Profit)，比我起初估計的尤爲驚人。

香港公司的業績逐年猛升，到一九八一年，一年總銷售金額已達八十億美金，純益即達三十億，非常驚人。五年之中，單是福德企業集團投資國際寶石所回收的純利與分紅，早已超過二十億美金，約合新台幣八百餘億，勝過福德集團事業及其他海外的投資收入，堪稱投資最少，利潤最大的國際合作事業。

香港之成功，最基本的因素是佐佐木與我二人共具的生命自由價值，沒有一般利益商人的勾心鬥角，尤其，佐佐木的生命哲學與我的奧瑪開揚詩人心靈與哲理，締結而成無私友誼，彼此均把財富價值置於生命美麗的共鳴及崇高友誼之下，「持而不有，有而不持」，創造共享的絢爛人生及美麗世界。二人在肉體及心靈都企圖深入生命的最深處，追求自由。這個世界，難於尋覓的是友情及知己，不易放開的是權力及財富。我與佐佐木重視與珍惜的是兩人純眞的友誼與自然情誼，不爲虛名，不勾心鬥角，不龍爭虎鬥，彼此也不分誰高誰低，也不爲美麗女人爭風吃醋，奪來搶去，所有在港的美艷嬌娃與絕色美女，不分彼此，我們都共有與共享！我們兩在香港半島酒店的兩間總統大套房，年租金兩百萬美金，是設有密室與暗門的互通寢室，兩人隨時可以秘密互相交換美麗的情婦與美豔紅星。因此，我的美麗女人，即使美麗的情婦茱莉，或每月自日本秘密飛港與情人佐佐木幽會的一代歌后D星，或朝鮮一代絕色寶石美女朴金姬，日本的絕世寶石美女濱田幸子(Hamada Sachiko)、後來成為日本的世界小姐長谷川美智慧(Nagatarikawa Michie)，我們都共有及同享。

香港是一個我與佐佐木和諧無爭的美麗大寶石國際公司，香港最美的紅星，美麗的B星，或台灣的美艷V星與X星，以及朝鮮的十大絕色美女，日本的一代美人濱田幸子、栗田、夏希、石磯與美艷動人的姬路，以及無數的日韓港美麗寶石美女，都是我與佐佐木兩人的共同情婦與共有的入幕之賓。因此香港國際寶石公司是我與佐佐木同享共有的一個美麗的國際企業凝聚體，燦爛無比的東方美麗珠寶，如活山噴湧的成功企業財富，無數進入香港淘金的世界最美女人，共同織成了我們兩人如夢似幻的美麗與香豔世界。

香港國際寶石公司的總部及門市部，富麗堂皇，完全不輸東京本部。但門市部的人員都是香港當地的俊男美女；而管理部及國際直銷部，則屬日韓台駐港幹部及日韓寶石美女；其餘是香港在地甄選及由東南亞精選而進的非凡美艷少女；此外，更有少數歐美白色寶石美女。總人數第一年有一百餘人，一九八一年高峰時，則高達五百餘人。如此複雜的國際組合，皆在我的企業組織手腕及佐佐木的美麗理念下，井然有序，上下交融。茱莉精明能幹與政通人和；石磯專業、細心、聰慧；而日本幹部則創意不斷，做事一絲不茍，極端忠於職守，使我在港坐鎮時間雖然不多，但一切運行自如。我每個月赴港，多則三個星期，少者只一個禮拜，佐佐木到港也如此。我們二人每個月共聚香港，除企圖使國際寶石公司爭霸亞洲市場外，也企圖攻進歐美市場。但二人在港合作的美麗六年，確是彼此生命最璀璨、最成功、最多姿多彩及最浪漫的美麗歲月。

香港國際的成功，部分也歸功於鄭氏集團良好的在地社會關係。鄭董更是一個香港多角投資及經營的實力巨商，涵蓋百貨、地產、夜總會、電影及貿易。此人性格尤其豪爽，非常慷慨，沒有香港商人的錙銖必較，且精明而風趣，非常容易相處。他僅擔任國際公司的董事，每當香港公司發生當地問題，他都全力協助解決，每次我到香港，他必宴請我及佐佐木到他淺水灣的私人渡假別墅，共渡美麗的浪漫之夜。他喜歡在豪華美麗的淺水灣別墅開PARTY，調集旗下影視公司的千嬌百媚佳麗與性感美豔紅星，徹夜同歡共舞與交換性愛。尤其，他旗下的電影公司及投資的邵氏集團，正值香港電影崛起的七〇年代，因此，身邊永遠美女如雲，紅星熠熠。每次他都帶來三五位風姿卓約、艷麗動人的新星，大家經常徹夜歡樂，同歡共舞。我與佐佐木也常帶去日朝美女三、五位，與邱董共享。因此，我親炙過數不清的香港美麗女星，其中有數十位都曾爲香港國際公司的美麗珠寶廣告代言，她們都爭取酬勞驚人的香港國際寶石公司的代言廣告，起跳酬勞都是百萬美金，如台灣的X星、A星，日本的D星，香港的V星、B星、K星等風情萬種的當代巨星，都爭先恐後搶任年度廣告代言人，日本的一代歌后D星與台灣的美豔X星，酬勞甚至可達三佰萬美金。這些艷麗無比的當代美女，動人心弦的銀幕美人，無一不爭相獻身，以求廣告代言之巨大酬勞，因此，這些銀幕熠熠紅星，每一位都曾與我及佐佐木在東方之珠香港留下世紀的美麗時光與難忘的纏綿歷史。

香港的浪漫半島酒店，在我與佐佐木駐港的美麗六、七年，留下了數不清的美麗與纏綿悱惻歷史，更遺留下難以細數的良宵美景與動人的世紀香艷故事。

我與鄭董的關係從香港的貿易夥伴變成事業夥伴，進而更變成了好友。台灣與香港的貿易因而增加三倍，福德的貿易部因而對港出口大增。在一九七七年初我剛進香港時，老找不到一個細心、能幹、聰慧的香港秘書，鄭董便把他精明能幹的龔小姐從他的地產部調給我使用，此女畢業於港大，英文一流，端莊秀麗，非常聰明與幹練。我不在香港時，她每日都細心向我簡報，忠實細膩地執行我的命令，並向東京佐佐木匯報，鉅細靡遺。龔小姐的幹才及細膩，即連茱莉都誇讚不已，她甚至都知道，也會調動與安排，尋找董事長喜愛的美麗香港女星見面，非常了解及擅於捕捉Boss的心理。鑑於香港國際公司的日台幹部及日韓美女眾多，龔小姐也主動建議鄭董，把淺水灣別墅的美麗渡假休閒中心撥給國際公司共同使用，讓日台韓及香港的眾多員工隨時都有個美麗的渡假去處。而且，香港公司的國際員工所配住的美麗宿舍大樓皆爲鄭氏地產。

我爲了尋找一九三〇年代中國共產黨主張台灣獨立的歷史資料與證據，戳破共產黨反台獨的虛僞及歷史謊言，請龔秘書爲我親訪香港的「七十年代雜誌社」老闆，找尋大陸流亡香港的中國歷史學者，以十萬美金徵購他們整理的中共政治領袖及共產黨（自一九二〇年至一九四九年）公開支持台獨的談話，及支持台灣獨立的共黨珍貴文獻，以及大約同一時期，國民黨的政治領袖，如孫文、戴季陶與蔣介石，他們都留下了寶貴的歷史紀錄，也就是他們支持台灣獨立的歷史言論與歷史文獻。這些中國歷史文獻，縱然都是中國政治人物言而無信、欺世盜名的歷史廢話，但卻充滿歷史意義，非常有助於我在十年之後的一九八七年，公開主張「台灣應該獨立」的歷史宣言，掀開國共兩黨反對台獨的虛僞與欺詐，因此粉碎了國民黨的台獨禁忌，從而成功啓動了台灣歷史上第一次公開的台獨運動，眞正掀起台灣人的國家認同與台灣人意識的全面崛起。

日本的栗田、夏希、加賀、石磯及北條等十位美女，早於一九七七年初即進入香港公司，同年六月，朝鮮美女朴金姬及崔成妍與另八位美麗韓國寶石美女第二批進入香港。至年底前，朝鮮美女又由朴崔兩美女自韓帶進八十位當屆韓國大學畢業的朝鮮美女進入香港，朝鮮美女遂增至百位，其中十位，時稱朝鮮十美，個個千嬌百媚，爭奇鬥豔，美艷動人，嬌豔無比，這些都是組織及帶領香港及亞洲各地寶石美女的精良直銷幹部。

至一九七七年底，朝鮮美女更增至近二百餘位；日本美女，亦增至二百餘位；其餘皆是數目不清的東南亞及香港美女。她們深入亞洲各國。

這些美麗的日韓美女與動人的佳麗，非常吸引香港的大商巨賈，每年都發生追逐日朝美女的緋聞趣事，甚至登上香港報紙。茱莉常請鄭董處理，不過，鄭董自己也迷上了日韓美女，愛上美艷的崔成妍、夏希、吉井、早瀨、麻生與金澤，她們先後均曾輪流成爲邱董的美麗情婦。

而我同樣也出問題，美豔的朴金姬及崔成妍，是我進朝鮮時的兩個最愛，她們到了香港後，仍然是我的兩個最美麗情婦。每飛香港，都會與這對美艷無比的朝鮮絕色激情做愛，尤其與金姬，自我從韓國帶她到香港後，逐漸萌生愛意。一九七八年八月，當我們又在香港半島酒店過夜時，她突然親吻我說：她懷有我的身孕，因爲上月我們一起時，她忘了吃藥。我既驚訝，又激動，但奇怪的是，卻感覺她表情平靜，毫無驚恐。所以，我也不想追問她究竟是有心或無意，只關心地問她：是希望保留孩子或是希望打掉？對我，與一個我所愛的美麗情人產生的結晶，我不可能置之不顧。她說：她想生下來，無論是男是女，她都想擁有。我說好，就依妳決定，我會派人照護她在港安心生產，同時要她停止在港一切工作，一旦平安生下，我當贈予她與孩子佰萬美金，保護她們母子。無論往後我們是否相愛，只要孩子快樂健康抵達十五歲，讓我擁抱及親吻，我將再贈孩子佰萬教育基金。在這之前，我每年有權探望我的孩子。

一九七九年五月，朴金姬在港生下了一個漂亮健康的女兒，取名朴香愛，她確是我的香港之愛。生下孩子後的朴金姬更顯美豔動人，她眞不愧是朝鮮的一代絕色大美人，一生讓我激動及眷戀不已。八〇年夏，她帶著一歲大的活潑小愛，率領崔成妍等五十餘位朝鮮姐妹一齊返韓創業。她們想回韓代理日本第一的美麗產品，共創未來。我遂投資朴金姬回韓創業基金五百萬美金，令茱莉協助朴金姬如何在韓組織及訓練傳銷部隊，感謝她的相愛與深情。

一九八二年秋，台灣福德集團兄弟分裂，我辭去香港董事長職位，家兄伺機準備接收香港國際公司股權及董事長職位，但佐佐木聽完我詳細說明家變的起因與原委後，大為不悅，他認為家兄是一見利忘義、無情無義之人，又無能力，單就英文能力一項，就沒有資格管控不同國籍員工的香港國際寶石公司，根本無法勝任複雜無比的香港國際寶石公司的董事長職位，何況佐佐木更譴責家兄毫無人格道義，是個翻臉無情的兄弟。佐佐木特別提起一年前，家兄被新加坡綁匪所擄而勒贖時，忘了我這個弟弟如何賣命請託佐佐木緊急動用香港寶石的數億美金，及請托鄭董出面動員香港黑道拯救的經過，而今恩將仇報，除在台灣公然奪取、吞併弟弟財產，更進而謀奪香港國際寶石的股權及董事長職位，佐佐木極不以為然，乃強迫家兄退出香港國際寶石的原始台灣股權，強迫家兄出售，否則拒與家兄合作，不然佐佐木準備解散及重組香港國際寶石公司股權，讓家兄血本無歸，佐佐木乃將賤價收購的台灣福德集團的香港股權五億美金轉讓予我，視同我承續台灣的原始股權，請我續任香港國際寶石董事長，繼續佐佐木與我之間的異國兄弟合作，維持無價的情誼。我遂將一九八一年香港國際寶石發放的董事長年度獎金酬勞與薪資合計九千餘萬美金（即全年八十億美金營業額的百分之一及薪資一千二百萬美金），約合新台幣四十億的一半，即二十億新台幣，緊急匯回台灣，拯救我那受困的財務缺口，但已太遲，無法註銷我在台灣的退票紀錄，我不得不宣告破產，調返香港所有資金四十億，清理台灣欠債，宣布退出福德集團，從此獨立創業，兄弟自此割袍斷義，分道揚鑣。我乃重起爐灶，重新創業。遂與江健智再度合作，以匯回香港的預備資金買回福德集團擁有的星帝橡膠股份有限公司的全部股權，重新於大園工業區購地建廠，生產工業用伸縮接頭(JiontFLEX），不出幾年，即囊括美歐市場，成爲亞洲第一大供應商。

一九八二年，我自港返台清理所有債務完畢後，即答應佐佐木自五月起，即重返香港國際寶石擔任董事長，但是，天有不測風雲，萬萬沒有料到，在我到港不到一星期之時，竟然晴天霹靂，突然傳來發生巴黎的空難事件，佐佐木因爲參加該年度於巴黎舉辦的重要世界珠寶大展，由東京經曼谷、加爾各答、伊斯坦堡，飛往歐洲巴黎，想不到竟然在歐洲上空遭逢歐洲大雷雨，就在飛入法國空域後爆炸，不幸遇難死亡。佐佐木之死，不僅結束了佐佐木與我的千古異國兄弟美麗情誼，也震碎了佐佐木一生構築的日本第一寶石的美麗帝國。由於佐佐木是一偉大藝術家，而非商業帝國謀略及組織的梟雄人物，生前毫無思考或安排萬一自己意外死亡時，由誰繼承，及誰有能力擔任日本第一的重責大任及後繼者。佐佐木身後留下孤兒寡婦及二位優秀兄弟，而佐佐木的兄弟皆屬藝術工匠，長於製造，拙於企業經營管理及運籌帷幄，均無領導能力，遂使美麗的日本第一寶石帝國如飛機之空中爆炸，均隨佐佐木的意外死亡而煙消雲散，灰飛煙滅，崩潰瓦解。我遂與香港鄭董兩位股東董事組成清算委員會，幫忙協助清算香港國際寶石公司的資產負債，會同日本幹部及茱莉總經理，安排龐大的員工資遣，均以優厚待遇遣散，所遺資產則由投資者鄭董、我及佐佐木遺孀依所持股份分配。由於佐佐木生前要求我續任香港國際寶石董事長，遂將收購的台灣原始福德集團的五億股權轉讓於我名下，我乃分得五億五千萬美金的清算股金，茱莉則分到總經理資遣費五千萬美金。因此，我遂決定犒賞及贈與追隨我七年、忠心耿耿的美麗茱莉五千萬美金，並另撥一億美金給茱莉，依她建議，策劃回台投資我倆的事業，進行返回台灣後的事業重建與規劃，茱莉選擇她喜愛與擅長的飯店酒店與俱樂部的美麗事業，以二億美金返台合作創業，我讓她擁有百分之五十股權，返台合作籌建台北東區有名的薩奇大飯店，用以紀念異國的知音兄弟日本佐佐木（SASAKI）先生。剩餘三億美金，我則留存香港爲未來創業或不時之需備用。

我與茱莉離開香港，返回台灣後，茱莉便積極於敦化南路與仁愛路一帶大巷弄內覓地二千坪，以計劃的二億美金，約八十億新台幣，籌建薩奇大飯店。

一九八四年底，璀璨美麗的薩奇大飯店於焉落成，堪稱是茱莉一生的匠心獨運，參考香港國際大飯店的世界水準，精心設計，造型金碧輝煌，內部超級豪華，舒適美麗，因而，一落成即一炮而紅，尤其內部裝潢設施，委由日本名建築師鳩山氏設計，別出心裁，美侖美奐，茱莉重整旗鼓，說服香港的美麗K星來台投資紅艷大酒店及特殊俱樂部，設於輝煌美麗的薩奇大飯店內，並全力募集美歐日本的美艷藝人與港台紅星在此駐唱與表演，成功吸引台灣新興的富有階層及國際高層旅客群聚於此，享受茱莉構築的台灣獨特之美，融合東方明珠香港的紙醉金迷世界，將原香港國際寶石的東亞寶石美女網絡，即東亞日韓台港與南亞各國的眞正美艷佳麗導入台灣，因此，酒店冠蓋雲集，群星畢至，熱鬧非凡。

茱莉看我回台又從無到有，開創國際生產事業，建立亞洲最大伸縮接頭工廠，囊括美國與歐盟市場，對我創業的活力與毅力、事業眼光與雄才大略的企業霸氣，讚不絕口，若不是我一生爲台灣不義歷史而戰，始終百折不撓，堅持追求故鄉台灣的自由、民主與獨立，不斷投身政治，奉獻青春與生命於台灣的民主與獨立運動，我恐怕是台灣無可匹敵的世界級大企業家，茱莉七年來緊隨我身旁，親眼目睹我近年的一連串重大挫折與打擊，看我歷經美麗島事件，遭逢兄弟出賣與家族分裂，經歷自身企業的退票與破產清算，看我心酸目睹心血打造的福德兄弟集團的瓦解，又遭逢佐佐木異國兄弟的突然空難死亡，經歷艱辛創立的輝煌香港國際寶石及佐佐木美麗帝國的一夕崩潰與煙消雲散，茱莉目睹我殘酷的生命起伏，包括她從女王聽聞的近十年的政治黑獄及獄中瀕臨病死的歷史，看我人生走過的驚濤駭浪，依然毫不氣餒，愈戰愈勇，仍不惜將香港奮鬥贏得的殘存實力，寶貴的數億美金資金，贈與並撥出幾乎一半的實力(三億美金)，協助茱莉創立大觀光飯店，帶著她返台再創未來，心中爲我心酸與不捨。

離開香港的成功繁華與浪漫的歲月後，回台又艱辛創始，茱莉私下會見女王，聽她分析如何駕馭這個奇男子怪丈夫的智慧建議，茱莉決定，以一億新台幣，決定爲我在薩奇大飯店的第二十層美麗頂樓，秘密打造一處董事長的隱密美麗辦公廳及神秘奢華的帝王級璀璨美麗的私人寢宮，在視野最佳的第二十層美麗頂樓，請日本著名的室內設計大師安藤氏爲Boss董事長構思，設計了一間超越香港半島酒店的空中花園別墅與美麗寢室，高雅浪漫，集人間奢華與瑰麗於一爐，其造型、佈局、設施都引人遐思夢幻，瑰麗與精緻的帝后級華麗寢宮，內含董事長豪華辦公室、美麗會客室、圖書資料室、空中花園陽台、觀景台、頂樓秘密進出安全門、豪華大浴室、自動噴浴設備、超級按摩設施、室內溫水游泳池、超級三溫暖設備、豪華浪漫大寢宮內設圓錐體情趣席夢斯大床，四周及天花板均圍繞隱藏式的自動帷幕立體夢幻鏡片，環繞帝后級夢幻寢宮大床，折射寢宮主人與美麗伴侶的一舉一動，一顰一笑，以夢幻的立體魔鏡鉅細靡遺反射床中的無限春光，折射鏡中千姿百態，春情萬種，無限旖旎，爲了替Boss營造夢幻世界，只要床邊輕輕一按，自動帷幕的反射鏡即三面包圍圓錐形席夢斯床，爲我與日韓港來台的美麗女人與台港的美艷紅星及美麗情人的秘密幽會與浪漫相聚，營造出香港半島酒店曾有的旖旎春光，讓我再度浸淫於夢幻的美麗追求與生命享受，兩個心愛的女人企圖誘導我，閃避對台灣現實政治的注目與介入，而打造虛幻性愛世界，吸引我沉溺其中，茱莉又採納日本設計師安藤氏的構想，打造圓錐式席夢斯床，內建自動高級音響，二十四小時播放音樂，營造美麗、夢幻與浪漫的世界，安藤更設計購置與安裝日本最新發明的錄放影機，還架設床前放映的超級豪華大銀幕與特殊高級音響，讓美麗寢宮的主人隨心所欲觀賞歐美日本的最新電影及X級影片，隨心所欲啓動秘密錄影，欣賞與心愛美艷女人的激情過程，觀賞別室男女的珍貴性愛錄影紀錄，欣賞與美艷藝人及美麗情婦的激情幽會。

觀賞這些珍貴動人與私密刺激的錄影帶，極端賞心悅目，強烈滿足人類性愛隱秘的變態窺視慾。這套豪華帝后寢宮設備，爲股市暴發戶黃任中所探悉，親到薩奇大飯店找茱莉秘密參觀，由於黃任中是茱莉的長期老客戶與老相識，遂以一億五千萬新台幣拜託茱莉爲他打造與訂製與Boss同級的美麗寢宮設備。黃任中是國民黨權貴第二代，他的父親曾是我台大政治系的西洋政治史教授，其父留學英國，上課時，喜歡用他的純正英國腔炫耀他的典雅英文，講課非常自傲。黃任中以特權撈到的遠東航空股權拋售獲取的百億財富，變身一代花花公子，遊戲人間，玩盡當代影視紅星與美艷女人，包括一代妖姬，轟動當代新聞，最後千金散盡，欠稅入獄而亡。

茱莉認爲，黃任中的女人與財富，如與Boss相比，實在小巫見大巫，不僅百億不夠看，美艷女人的級數也不夠看，與Boss比，不過小咖而已，若論財富、學識、才華及人生的起伏傳奇，更不如Boss的十分之一。茱莉認爲，Boss才是台灣的一代奇男子，四十歲就擁資千億，無論學識，個人才華，經濟成就，思想，人格及偉大政治理念，甚至遊戲人間，黃任中都不足一提。因此，茱莉仍如豪華大酒店時代的貼心，不忍看我只顧辛苦重新創業，每天不時電話提醒，要我記得回到飯店的美麗大寢宮，修身養性，按摩身體，鬆弛神經，轉移精神，約見爲我甄選的美艷嬌娃及動人的國內外青春美艷少女歡聚，安排風情萬種的X星Xixi秘密幽會，或與返台的一代玉女Vivian及美麗小維相聚，或與已移居來台的動人香港K星秘密幽會，就像我在香港似的，茱莉仍不停爲我精心安排國內外美艷佳麗及儀態萬千的國內外各式美麗模特兒，包括姿色非凡的貴婦團中的美麗女人幽會，又爲我安排懷念的老情人，已嫁美國而又返台度假的一代V星秘密歡聚。

鑒於投資興建薩奇大飯店的空前成功，茱莉請我同意再投資購下可以俯瞰台北美麗夜境的陽明山仰德大道的美麗別墅山坡建地，約一萬坪，發展獨棟風景別墅渡假旅館，我遂從香港再抽調一億美金，開創草山薩奇大飯店出雲別墅群高級渡假村，興建獨棟壯觀的豪華別墅渡假旅館群，配合薩奇大飯店的國內外頂尖客人，不僅大家喜愛上陽明山的出雲美麗獨棟別墅渡假，白天可眺望壯闊的大台北都城美境，夜觀陽明山下無比美麗的台北璀璨夜景及絢爛夜空。薩奇大飯店及出雲山莊別墅群，最後總共投資了三億美金，耗去我最後香港的大半殘餘實力。

薩奇大飯店與出雲山莊別墅於一九八五年初完成，仍然全權交予茱莉經營，才華出眾的茱莉，每年業績與純益都超過三十億新台幣，非常亮麗。但成功與繁榮只有十年，九〇年代後，百萬台商出走台灣，美麗的飯店與酒店，美麗的渡假別墅，都流失了重要客源，業績一落千丈。

飯店與酒店，我從不干涉她的營運，但茱莉卻干涉我的休閒與生活，每星期至少四天，茱莉會盯緊我，有否準時回到第二十層的秘密豪華大別墅，好好休養與享受生命之美，茱莉規定，我必須定時回來休憩與充電，定時「做愛」。茱莉也與女王見解雷同，認爲性與美麗女人是讓我「遠離」政治的最有效手段，必須設法讓我精力充沛的身體、精神及滿腦的思想，轉移目標，消融於美麗女人的狂熱性愛，讓美艷的情婦與性愛快樂，日夜侵蝕，全力耗盡我的精力，消磨我的壯志，佔據我的心靈，厭棄與忘卻政治。尤其，茱莉對我有異於常人的特殊觀察，她堅信，我是男性之中「性」之生命力(Libido)及「性衝力」(Sexual Driving Force)最充沛與兇悍的一位男人，精力之充裕與能量，幾乎難於想像，床第之事，非常驍勇善戰，往往一夜七次郎，體質特異，非常耐操，耐磨，耐戰。以美艷動人，風姿萬千，一代妖后的X星爲例，歌聲與舞藝睥睨當世，堪稱色藝雙全的一代嬌娃，常對茱莉私下誇耀，自稱面首三千，無數英俊優秀的台灣公子哥兒，及台灣社會的上層精英，壯碩的美男子，無不受其媚惑及吸引，只要她拋出媚眼，無一不拜倒在她石榴裙下，成爲她的入幕之賓，其數，多如過江之鯽，但她就非常坦白告訴老同學與閨中密友茱莉，她自少女出道以來，交過與玩過的傑出男人何止百千，但讓她唯獨心悅誠服，伏地稱臣，甚至跪地求饒，懇求對方賜愛的男性只有一人，就是我們的Boss許董。Xixi坦承，就她而言，當今世上最令她折服的男人，非Boss許董莫屬，每回與他纏綿性愛，每次都無不淋漓盡致，心靈肉體同時魂飛魄散，戰慄不止，極端快樂，與許董的美麗性愛，每次都長達一、二小時，大小高潮，往往一二十次。X星坦言，與Boss性交，常常死去活來，魂飛魄散，幾乎昏厥，但當洶湧的快樂高潮一停歇，她的肉體往往又立刻湧現更猛烈的性慾與衝動，渴望再與Boss交歡。一般男性，早已精疲力竭，退避三舍，但只有Boss許董，精力充沛，勃然再起，繼續激烈纏綿與交媾，X星說，這樣的奇男子，讓我愛死了，Boss是人間少見的「超級」男子。美艷的X星坦承，Boss許董幾乎可以徹夜纏綿，她特舉一九七九年十二月八日她赴港替日本D星舉辦的香港年度演唱會站台表演爲例，晚會成功結束後，當晚與D星雙美同赴佐佐木與Boss許董邀約的半島酒店秘密幽會，從事四人歡聚的秘密狂歡派對，X星說，上半夜是美麗的日本D星與許董的激烈纏綿悱惻，她親眼目睹Boss許董與D星的瘋狂性愛，交媾七次，長達二個半小時，D星極度瘋狂快樂嘶叫，高潮如火山爆發，淒美叫絕，D星當夜與Boss的瘋狂交媾與性交時的快樂嘶喊，簡直驚天地而泣鬼神，驚濤駭浪，洶湧澎湃，淹沒昏厥的快樂D星，拱起她的晶瑩剔透美麗肉體，令她摔頭拋髮，徹夜瘋狂尖叫與快樂呻吟，凶猛爆發連續不停的瘋狂潮吹，一波緊跟一波，讓美麗的D星事後告訴X星，她終身難忘Boss許董這位男人，雖然其貌不揚，卻充滿男子英雄氣質，是她一生所見精力最充沛的男人，讓她留下一生震撼的美麗記憶。當夜的後半段，則是Boss許董與X星的偉大性愛，X星坦白告訴茱莉，她以爲與佐佐木的激情美麗性愛之後，本以爲已給自己激烈美麗的高潮，獲至深刻滿足，但當那晚深夜，換由Boss與我性愛交歡，兩人竟自深夜交媾至清晨，連續不停的瘋狂性愛與美麗交媾，長達三、四個鐘頭，她已忘了數不清的凶猛高潮與山搖地動的震撼交歡，X星只感一生從未出現的瘋狂潮吹，樂極而泣的昏厥與癱瘓，但記得每次的高潮與快樂潮吹後，Xixi都瘋狂懇求Boss再次的猛烈相愛，X星狂吻Boss，狂呼Boss我愛你，因此，茱莉斷定，我的旺盛精力與頑強體質，當與堅強的政治理念攜手時，極易掀起政治鬥爭的狂風巨浪，要牽制這種政治衝動與旺盛精力，除了絕色美人與浪漫的性愛外，沒有其他方法。如能安排與無數美麗女人纏綿，消耗性的生命力，茱莉與女王都斷定，我或將可能降低爲自由而戰的頑強念頭，轉向酒池肉林的人生與快樂至上主義。茱莉與女王無疑已合作很久，後來我始知，茱莉自豪華大酒店時代即獲女王的秘密授權，爲我安排美艷女人，讓我轉向經濟的奮鬥，財富的追求，性與美女是降低我政治理念與政治鬥爭的致命吸引力。

茱莉與女王都盼望我喜愛羽球運動，與喜愛性與美麗女人一樣，希望我越打越沉溺，愈沉溺愈快樂，越快樂愈遠離政治。茱莉說，性對一般男人，愈多愈容易損傷元氣，愈多愈無多餘精力從事革命，但性對我而言，則是多多益善，愈戰愈勇，因爲我的精力源源不絕，非洩不行，因此，美麗的茱莉自始即以爲，Boss的天賦兇猛生命力，恐將衝撞時代歷史，搖撼當代權力結構及政治禁忌，我的秉性與天賦生命力既然如此強勁，天生充沛的偉大生命力，充滿生猛的活動力及創造力，這就是我兩個深愛的美麗女人日夜憂慮的事情，她們想盡方法，阻擋我走向政治鬥爭，鼓勵與秘密安排，讓我盡情消融於女人的美麗性愛，這也說明，何以茱莉特請日本一流設計師，爲我特別在豪華美麗的薩奇大飯店第二十層，構築瑰麗奢華的帝王級大寢宮，打造窮奢極侈的夢幻設備，努力讓我迷戀情色，迷戀美艷情婦，迷戀美麗影視紅星的幽會與快樂性愛。茱莉並精心安排我舊日香港的韓日港的傑出寶石美人，崔成妍，申采希，權淑媛，金智琪，韓英智，文若熙，朴金姬，李賢智，夏希，栗田(Kulida)，加賀，石磯，濱田，長谷川氏等，免費招待她們輪流來台旅遊，與Boss重溫舊情與往日情懷。

第四章 美麗島事件與許氏兄弟企業的崩潰

一九七七年初，出現二件大事，一是福德集團與佐佐木的日本第一寶石合作成功，台日決定合組香港國際第一寶石公司，由於佐佐木社長的堅持，我出任香港國際公司的董事長，領導這家複雜無比的國際寶石事業，走向輝煌與成功，至一九八一年，香港國際第一寶石公司的年營業額，竟然衝破美金八十五億，約當時新台幣幣值三千四百餘億，毛利高達百分之三十五，因此，香港國際寶石公司一九八一年的全年毛利(Gross Profit)即達美金二十六、七億之巨，約新台幣一千億元的高利潤，非常驚人。單舉我個人一九八一年董事長一職的年薪及獎金，即知這家國際寶石公司的實力與輝煌業績。當年董事會給我每年年薪一千二百萬美金，即月薪一百萬美金，獎金則是當年總營業額的百分之一，以一九八一年年營業額八十五億美金的百分之一來計算，當年我的董事長職位的年度獎金即高達八千五百萬美金，約爲當時台幣幣值三十四億元左右，加上年薪一千二百萬美金，約新台幣五億元，因此我在香港國際寶石公司的董事長個人年收入，便高達那個時代的新台幣三十九億元左右。

經營這家國際色彩非常濃厚又複雜透頂的公司，最重要的是能夠找到一位通曉日本文化及其語言，同時又精通英語及華語的幹才，因此，我自始即相中茱莉，斷然調派這位能言善道，政通人和，既具日本血統，美麗，聰慧，能幹，忠誠，而又兼具台灣華語及流利英文操講能力的心腹幹部，爲香港國際第一寶石的總經理。我要求董事會給予總經理職位的年薪是六百萬美金，即月薪五十萬美金，約新台幣二千萬元，等於年薪二億四千萬元新台幣。她成功協助我管理與指揮這家香港公司，即因觀察與了解到這家新公司的產品，其工藝技術，文化背景，精神內涵，在在脫不開日本母公司及其創立人佐佐木的日本精神，尤其初期派港管理的所有主力幹部與首輪攻城掠地的寶石美女部隊，均來自日本。這就是一九七六年我受邀考察日本佐佐木社長的日本第一寶石株式會社，談判合作籌組香港國際第一寶石時，即選中茱莉，邀其一同赴日考察及研究日本第一寶石合作投資案的原因。果然，茱莉不僅是一位身兼日華文化血統及語言背景的優秀心腹幹部，也是我的得力助手及忠誠部屬，茱莉擅長靈思與指揮，搭配精明強幹、創意不斷的日本幹部，難怪香港國際第一寶石公司，在佐佐木與我兩位同具雄才、聰明絕頂的日台異國青年領袖老闆的領導之下，不過五六年而已，即無堅不摧，迅速竄起於香港，稱霸亞洲國際珠寶市場，業績超越歐美的百年名牌老店。

同年在台灣，我又將一九六八年第一次入獄前即購進的民權東路漂亮建地，正式發包興建福德集團大廈，讓日益壯大與急速擴張的福德集團擁有自己的總部與指揮中心，並將四處散居的兄弟住所與老母住家，集中遷至美侖美奐的集團大廈，不僅容易照顧白髮蒼蒼、年歲已屆八十的老母親，而且也便於控管日趨龐大及複雜的集團事業，尤其，兄弟同住一棟大樓，非常便於事業的溝通與決策。

一九七八年，在我遷入福德集團大廈之後的一個月，施明德突然跑到福德集團大廈的企業總部找我，此人出獄後會於此時找我，觀諸當時台灣的內外情勢，當有所圖。施氏是一位政治天份極高的台灣反對運動的「英雄」級人物，爲人足智多謀，詭計多端，是一城府與心機極深的戰友，此人聰穎善變，也善辯，是一極難相處的反對運動人物，但做爲與國民黨長期鬥爭的台灣歷史抗爭人物，此人有其優點與貢獻，雖有很大爭議性，但確是台灣反對運動史上的一位勇敢悍將與民主鬥士，此人足智多謀，有其非凡勇氣的一面，雖然其視死如歸的英勇形象，不如外界的錯覺及其自譽的神話。

一九七四年春，我在綠島的政治監獄爆發心臟病，昏迷七天七夜，因爲瀕臨死亡，所以被緊急送往台東八一四軍醫院救治，不久，施明德也因嚴重骨疾，借病過來台東軍醫院就醫，因此我們在軍醫院得以相識及有緣共處一年，就在這段期間，我開始了解此人，發覺此人之性格、機智、聰慧、善變與心機。

我於一九七五年四月蔣介石死亡後減刑，先一步回家，施則慢我二年出獄，我出獄後，即暫時避開政治，全力投入商場，重建及發展一連串家族新興事業，開創商業王國，施則一出獄，即與黃信介、張俊宏、姚嘉文、許信良等黨外精英會合，再次投入政治鬥爭，準備並計畫創辦黨外刊物美麗島雜誌，企圖借雜誌之名於全國各地普設辦事處，發展政治勢力，並藉創立雜誌之便，於各地建立營業據點，掩護組黨之政治活動，秘密進行本土政治勢力的重整及再造，推動台灣民主，對抗國民黨。這種力圖開創政治新局的努力，當然是好事。

時爲一九七八年前後，此時，國民黨在台處境，自喪失聯合國席位及一個中國政策徹底破產後，國際外交兵敗如山倒，堪稱山崩地裂，江河日下，政權的合法性基礎，一天天遭受質疑及削弱，太子蔣經國接位時，面臨的國內外情勢，除經濟一支獨秀外，政治上可說內外交迫，逐漸形成有利於台人反對勢力的崛起與民主改革勢力的再生與集結。如何重新策畫與集結台人的政治民主勢力，是一值得努力構思的大目標。

施明德之所以跑到福德集團總部找我，目的顯然是在尋找與集結反對勢力的「人力」與「財力」，我當然是他遊說及爭取支援反對勢力與金主的有力對象之一，施在拜訪我時，兩人坐下，侃侃而談當今台灣的危局與曙光，我們都非常清楚與感嘆，而今台灣之有此危局，亦屬我輩民主前鋒的戰鬥者早在十幾二十年前的一九六〇年代即已清楚預知的，國民黨政權盲目堅持代表「一個中國」必敗的未來台灣國家災難，只是我們所有的奮鬥與努力都失敗了，敗在獨裁者握有武力的白色恐怖的軍事統治，而我們手無寸鐵，當時那個時代，台灣多少有志之士及傑出智識精英，包括自由中國雜誌的雷震，與自由主義大師殷海光，及一批當代主張民主與自由的大陸與台灣精英，這些歷史上不畏強權，創辦「自由中國」雜誌，鼓吹台灣解除戒嚴，回歸憲政，開放黨禁，要求台灣的言論與思想自由，要求實施西方的政黨政治，倡導民主，要求黨退出軍隊，退出學校，均被國民黨與蔣介石視爲大逆不道，通通打成三合一的叛徒，抓的抓，死的死，下場不是判刑入獄，如雷震；不然即被剝奪台大教職，鬱鬱而死，如自由主義大師殷海光老師；而十大傑出青年的台人精英彭明敏教授，與學生謝聰敏、魏廷朝，勇敢發表了拯救台灣的「台灣自救宣言」，但下場都一樣痛苦與失敗，通通均遭獨夫蔣介石的羞辱與下獄，有的關入大牢，有的被迫流亡海外。同一時期，爲了拯救台灣的未來，多少熱血青年，如施明德、許曹德、黃華、林水泉等台灣一代爲自由而戰的台籍青年精英，雖然前仆後繼，起而主張台灣獨立與民主革命，皆被冥頑不靈的獨夫蔣介石及其特務爪牙一一逮捕入獄，受難與犧牲。

台灣在一九七一年慘遭聯合國逐出，完全起因於蔣介石對內頑固與獨裁，一意孤行，對外僵化，罔顧國際局勢將變，死抱「一個中國政策」的不通與敗亡路線，拒絕以「台灣」之名存活於聯合國，獨立於世界，因此一旦美國採行「聯中抗蘇」戰略，即會拋棄蔣介石政權與台灣，擁抱與親向北京，容許中共進入聯合國，到時，蔣介石的中國代表權，必然被中共的「中華人民共和國」所取代，聯合國的中國席位一旦不保，轉由北京代表，蔣介石必被逐出聯合國，連帶殃及友邦協助爲「台灣」保留一席聯合國席位的機會亦遭蔣介石無知的悍拒與破壞（蔣介石恐懼台人獨立），致使台灣成爲國際孤兒與孤魂散鬼，台灣國際地位因此一落千丈，所有世界主要國家，無不一個接一個紛紛與台斷交。國民黨之所以會面臨國際外交的大崩盤，完全疚由自取，一切罪魁禍首當然都指向蔣介石的「一個中國」的狗皮倒灶政策。而今，我們如仍讓國民黨繼續一黨專政，繼續胡作非爲，台灣將與國民黨一起埋葬與滅亡，此即我們非走民主自由與獨立建國路線不可，當下，已到我們重新集結台灣人意識與力量，號召民主革命並掌握自己命運走向獨立與民主的另一關鍵時機，此即台灣一九七九年爆發美麗島事件之前的歷史氛圍。

施明德與我面談後，基於這種共識，我答應考慮支援，並對施說，不久我將親訪美麗島雜誌社諸前輩，看看如何幫助。因此再過一個月，當我從香港返台後的第三天，我即造訪臨近新生南路的仁愛路段的美麗島雜誌社，與施明德、黃信介、張俊宏老同學（按，俊宏是我台大政治系一九六一年的同班同學）及姚嘉文律師等黨外精英交換意見，大概知道他們當下最急需的是創辦雜誌的資金，我遂掏出一張美國花旗銀行的空白支票，塡上英文的十萬美金，簽上我的英文署名，交予施明德總經理，做爲我先期支援美麗島雜誌的發行及推動台灣民主與獨立運動的深刻心意，如再需要，再說無妨。我本有意一次捐獻百萬美金給美麗島政團，但仍提醒自己，應謹愼小心，視發展再加碼，亦不爲遲。而當年的十萬美金，其實也是一筆巨款，價值幾可購買當時台北大馬路沿線的四層樓房二棟有餘，特別是在一九七八年前後的台灣，當時上台的美國總統是懦弱的卡特，急於與北京達成正式建交，因此美台勢必斷交，全台風聲鶴唳，怕死的有錢台灣人紛紛拋售不動產，換取美金移民美國，所以一棟台北大馬路旁的四層樓房，不過一百多萬新台幣即能買下。此時的福德兄弟集團，事業發展雖然如日中天，但家兄卻像逃難的難民，驚慌失措，恐懼不已，瞞著我，大量秘密賤價拋售公司的土地與房地產（例如我交予茱莉精心設計與經營成功的豪華大飯店房產及豪華大酒店的股權，以及在七十年代大部分由我購入的將近八萬坪的全台各處建地與工業用地，未經我同意或徵詢意見，不讓我知悉，即暗地拋售，將大量資金移往新加坡。有錢有勢的台灣人，恐懼美台斷交，害怕台灣即將落入共產黨之手，家兄即屬當時驚慌與恐懼的最典型代表，他已完全失去理智，不相信我對國際情勢的理性分析與政治判斷，我堅信美國的亞洲地緣戰略，不可能拋棄台灣，台灣不可能落入共黨之手，力勸家兄鎮靜，不必驚慌，繼續留台投資，尤其投資生產新竹科學工業園區未來急需的高純度液態氧及液態氮等高科技產業，但均遭家兄否決，仍然繼續偷偷大量外移資產。並於美麗島事件發生後，設局將我名下的所有福德集團的一切股權與不動產，以信託名義交付全權託管的資產，藉口我的政治問題，萬一遭逢逮捕或陷害入獄時，資產免於被奪，殃及家族。家兄遂於一九八二年，趁我個人公司一時財務週轉不靈，而我人在香無法應付與處理之際，命令公司財務部，不許支援我的財務缺口，眼睜睜讓我退票及破產！並乘機奪取我交付之所有台灣福德集團名下之託管財產，總數一百多億，迫我破產，將我永遠逐出許家，我遂從香港調回歷年擔任香港國際寶石公司董事長的累積儲蓄四、五億美金中，調返一億美金，約四十億台幣回台清償個人財務與債務，避免破產，但我在台灣的退票紀錄，已無法註銷，財務信用及個人信譽，均受嚴重打擊。返台後，我了解阿兄已割袍斷義，恩斷情絕，遂宣佈退出福德集團，自行獨立創業。如日中天之福德兄弟集團，從此瓦解。

這些形勢與人心動盪的因素，都是一九七九年爆發美麗島事件前後的政經歷史背景與氛圍。一九七八年十二月十五日深夜，美國駐台大使安克志通知蔣經國，過年之後美台即正式斷交，兩國被迫改採非官方形式往來。蔣經國當然恐懼台灣內部出現變局，尤其黨外的台灣人意識逐漸高漲，民主意識不斷增強，反對勢力漸漸集結，遂宣布停止國內的一切選舉，台灣內部遂開始瀰漫一股對抗與變局的不安。不久，國民黨顯然感知台灣民主的本土反對勢力已呈集結之威脅，並公然反對及強烈抗議國民黨假美台斷交之便而停辦一切民主選舉的決定，國民黨爲壓制黨外反對聲浪，遂突然泡製一個子虛烏有的「吳泰安叛亂案」，逮捕余登發父子，警告與恐嚇黨外勢力不得輕舉妄動，但却激起包括因中壢事件脫離國民黨的有名桃園縣長許信良，集體前往余家所在地的高雄橋頭，舉行戒嚴以來未曾有過的第一次大規模公開示威遊行，要求停止製造政治假案與冤案，迫害民主反對人士。朝野的對立自此步步升高，一九七九年八月十六日，反對勢力集結的美麗島政團終於籌備完成，成功發行第一期創刊號「美麗島」月刊雜誌，發刊詞由黃信介署名發表，題目爲「共同來推動新生代政治運動」，果然一鳴驚人，一炮而紅，內容訴求與批判文章打中當時人心，並掀起搶購狂潮，市場竟然一本難求，再版又再版，引起國民黨的高度警覺。「美麗島」雜誌發行的成功，當然振奮了以施明德爲首的美麗島政團，遂積極籌備發行第二期，並於台灣各地普設美麗島分社與分處，建立銷售系統（實爲政治據點），等於鋪設反對勢力的地方黨部。

一九七九年農曆九月九日的清晨四時左右，國泰醫院的心臟科醫生急電通知我，母親不幸於清晨三點五十分左右，因心臟衰竭，安祥去世（昨晚八點才由我駕車背負進國泰醫院，並送進加護病房急救）。我遂與女王清晨五點趕赴國泰醫院，以院方之救護車護送母親遺體返回福德集團大廈七樓後棟母親所居之大客廳，讓母親端坐於眞皮大椅之上，其時，但見母親姿容安祥，臉色白皙紅潤，非常美麗莊嚴，讓我與女王驚訝佩服，母親長年禮佛，果然修行有成，安祥仙逝，榮歸西方極樂世界。我遂急電新加坡大哥，告知母親去世，速返台灣，兄弟共商母親後事，我們遂在自家大廈，爲母親守靈七七四十九天，而後於十月底在民權東路殯儀館最大的景行廳舉行家母的告別式，福德集團的海內外眾多員工代表及各界政商人士及親朋好友千人，包括備受矚目的美麗島政團與反對勢力的知名政治人物黃信介、施明德及康寧祥等等，均出席捻香拜別家母，出殯場面備極哀榮。

母親出殯後的次月中旬，福德集團大廈後棟六樓我的一位曾姓租戶，因爲其妻與女王有來往，遂成好友，其夫是台灣人，却任職於國安局，屬高級特工，出入均備手槍。他知道我是在綠島關過的台獨政治犯，對我私下極爲友善與敬仰，看我出獄後專心致志於開拓龐大事業，即不斷洩漏調查站對我的政治監視情報，並教我如何防範情治單位與特務人員對我的監控與可能傷害。到十月中，曾先生又突在深夜敲門拜訪我，告訴我十二月五日至十五日請我不要南下高雄，因爲曾先生知道我在高雄港的拆船碼頭處，有一間很大的氣體生產工廠，每月我都要南下視察，他秘密告訴我，下個月的高雄恐將發生大事，政府可能大舉抓人，他也不知道眞正的原因，只曉得接到緊急及奇怪的命令，南下佈局。曾先生叫我一定要迴避，萬不得已，不可南下。他本人也已接獲上級命令，明天就將秘密南下佈線，由於我知道施明德等美麗島政團早已計畫於十二月十日的世界人權紀念日，準備在高雄舉辦一場大規模反對政府中止選舉的示威抗議與大遊行。我猜測，莫非與此有關？是否國民黨正在佈署甚麼陰謀？

隔天，我遂迅速把這一可靠情報與信息傳予施明德，請他與同志們務必特別注意，示威遊行要防止衝突及意外，不可低估國民黨的政治陰謀。

十二月初，香港的龔秘書一再通知我，說日本的佐佐木社長希望我在十二月十號之前務必飛抵香港，龔秘書私下在電話中透露，應是佐佐木社長已約好日本的華人美麗D星與台灣的動感美艷天后X星秘密相聚有關，因爲，兩美當下皆在香港舉行盛大的年度演唱會，十二月八號是她們結束轟動香港演唱會的最後一場。兩位當代華人世界天后級的藝界美人，一是近年來佐佐木大力贊助及支持的秘密情人D星，另一位則是台灣當代極具動感及性感的X巨星，難得二美相約齊聚於香港獻唱。因爲我自一九七六年開始，即必須每月赴港坐鎮與指揮龐大的香港國際寶石公司，而疏離茱莉老同學及閨中好友Xixi，Xixi即台灣一代美艷X星的小名，也是佐佐木首次來台時在豪華大酒店由茱莉引介相識而私戀的情人，X星遂成我與佐佐木共有的秘密情人。但我與茱莉第一次訪日時，茱莉又把留日紅星D星引薦給佐佐木，佐佐木遂又與D星熱戀，疏遠台灣的X星，成爲D星在日的最大贊助人與秘密情人。而佐佐木與D星及X星的關係，D與X兩位好友彼此並不知，因此，此次香江的四人會，二美相聚於半島酒店的秘密幽會必出問題，佐佐木當然擔心二美將起衝突，必須我及時回港將X星攔下，以免日本的D星懷疑X星與佐佐木有關係。這就是佐佐木透過龔秘書與茱莉不斷催我及時趕回香港半島酒店相聚的原因。龔秘書強調，佐佐木社長正焦急等候我及時返港相會。於是，在處理好台灣的事務後，我即於十二月九號避開南下高雄視察業務，轉飛香港，茱莉在皇后大道總部向我簡報今年（一九七九年）的全年業績，將是Very Bright的一年，全年可望突破五十億美金，約新台幣二千億元的營收，極爲驚人！因爲一九七九年遊港觀光客暴增與聖誕節買氣，日本的璀璨珠寶產品特別搶手，所有中高價的美麗日本珍珠與美麗鑽戒，皆被一掃而光，皇后大道的門市部，從早到晚，門庭若市，水洩不通。茱莉同時告訴我，台灣的美艷X星也已於前天飛抵香港，參加日本成名的台灣D星在香港舉辦的年度個人演唱會，D星的世紀演唱會，轟動香江，場場爆滿，一票難求，茱莉說，X星這次首度答應D星的邀請，充當她演唱會的美麗神秘佳賓，特別問起你，是否也在香港？茱莉說，X星一再請她連絡，問董事長何時會來香港，茱莉強調，最近愈來愈美艷動人的X星好像非常急於見你一面。茱莉說，她們都下榻在香港的半島酒店。佐佐木則更著急，一直問她，許董何時到達香港。

我當然了解佐佐木社長何以著急問我是否及時返抵香港，必然因爲他發現無法擺平D星及X星同時幽會的尷尬難題，恐將危及佐佐木與日本D星秘密相戀的關係。因此，一九七九年十二月九日，我遂叫茱莉通知X星，說我已抵達香港，希望今夜兩人快樂相聚，請她安心等我，不必心急，降低她與D星發生誤會，引發爭風吃醋或爭奇鬥艷的可能衝突，或引發兩美企圖爭奪或互相魅惑佐佐木而導致本能衝動，我也叫茱莉通知佐佐木，我已抵港，今晚七點我會參與四人的共聚美事，請他放心。我將攔住美艷的X星，避免發生尷尬。

我五點即從皇后大道的寶石公司總部返回半島酒店的總統大套房，佐佐木隨即過來謝謝我及時返港，幫他解圍與脫困，爲了化解與降低D星對美艷動人，狐媚妖冶，性感無比，魅力四射，極擅挑逗及撩撥男性的X星威脅，降低D星懷疑X星將奪走佐佐木的目光或感情，或避免D星起疑或識破X星有意無意之間洩漏出她與佐佐木曾有的特殊關係，影響及破壞他們的秘密戀情。我遂對佐佐木提議，何不趁D星與X星在香港演唱會空前勝利與巨大成功的氛圍之刻，仿照我們過去如何在半島酒店舉辦寶石美女慶功宴的美麗共享與共有哲學的模式，共同享受日韓絕色美女金賢智及崔金妍，或與百年難遇的日本絕色美人濱田幸子的共妻做愛模式，誘導四人今夜大膽公開做愛，自由交歡，或許，坦然地，讓兩女與我兩異國兄弟的公開美麗纏綿與公開激情性愛，能讓喜歡神秘猜忌與窺視的人類性關係，「無神祕可言」，則性之最致命吸引力，即它的神秘本質與神祕淫蕩想像，將削弱其威力，使神秘的想像威力消失無蹤。女人無論如何美艷動人，一旦性愛與肉體交媾的神秘意像被公開一次，此後即無神祕或可怕的秘密想像可言，無秘密即無嫉妒之想像，無嫉妒的原因即無情傷發作之虞。佐佐木說，不錯，確是如此。

但如何設法與自然誘導兩美，讓四人在D星與X星高昂及沉醉於一代歌星世紀式勝利的香江演唱會後的如雷掌聲中，乘醉拋下她們虛幻的高貴與矜持，服從內心的愛神召喚與美麗情慾的強力與神秘呼喚，脫下虛嬌的盛裝與艷服，回歸大自然赤裸的美麗肉體媾合，乘今夜兩美熱血沸騰，慶祝演唱會空前成功與得意忘形之時，幫她們卸下舞台上炫麗的美艷包裝與折損心靈自由的多餘虛假包裹與堆砌，將她們自外觀炫爛美麗的神壇拉下，揭開她們自由愛神的神祕面紗，讓四人神賜的美麗內在性愛「本能」，在狂熱與肉體激情之愛的醉人肉慾之神牢牢掌控及主宰之下，讓四人今夜公然互相快樂做愛的這一神聖片刻，一起埋葬庸俗與腐朽的道德屍體，讓生命之火嗨出美麗與絢爛的偉大性愛火燄，互換神賜的美麗肉體與美麗伴侶，一起沉醉於神造的天地之合，讓兩美的一代歌聲與曼妙舞藝，在愛的美妙肉體交合之中，借生命自然的溶合與兩性相悅的美麗火花，綻放人類兩性生命的互悅與肉體神聖媾合時的燦爛美麗，及生命溶合時的偉大激情與瘋狂喜悅。

爲了四人歡聚與慶賀双美演唱成功，佐佐木命令飯店今夜準備半島酒店最奢侈豐盛的菜餚與百年醇酒，等候兩美的蒞臨共聚與共歡，兩美爲了防範與躲避飯店來往客人或服務人員意外撞見，或有意窺探，以致洩密登上香港八卦新聞的困擾，釀成捕風捉影的大緋聞，因此兩人小心翼翼，左閃右躲，等飯店房間走廊空無一人之時，始敢前後閃進佐佐木的總統大套房，兩美一進豪華總統客房客廳，D星即一個劍步投入佐佐木懷裡，以嬌嗲動人的日語向自己的日本秘密情人佐佐木撒嬌與示愛，隨後閃進的美艷X星，第一次親眼目睹

D星與佐佐木公然親膩及投懷送抱，似極刺激，遂突然美艷地轉而奔進我的懷中，模擬D星讓人難受的嗲嗲撒嬌聲，溫柔無比地呼喚我「親愛的許董」，及不斷的「My Daring」之聲，蓋過D星抑制的及溫柔美麗的低沉聲，與不具挑釁意味的低柔嗲愛聲。美艷的X星當著佐佐木與美麗的D星面前，蓄意緊緊將我擁抱於胸，舔吮與親吻，火熱刺舌，表演久別重逢的火辣激情，對我放膽親暱，擁吻，繼而對我大膽撫愛，X星今夜突然渾身騷勁，尤其，她是當代美艷性感的天才舞蹈家，舉手投足，非常動人心弦，千姿百態，極擅表演性感動人的示愛舞姿與肢體的大膽撩撥與性愛挑逗，令人血脈賁張。突然，X星放開對我擁抱，隨即優美地掀起她的動人求愛舞蹈，故意面對D星，示愛情敵，猛烈地振盪起性感的柳腰與猛烈旋轉她的神秘誘人的三角下體與臀部，強烈表演起兩性交媾時的交合動作與男女性交時的激烈進出舞姿，仰身双腿分開，讓下體三角陰阜快速而美麗地前後迎合男女交合時的進出意象，象徵男女的猛烈交媾，展露無比大膽的人類瘋狂性愛時的瘋狂舞姿，公然賣弄肉體交歡時的淫蕩與兩性媾合時的美麗韻律，強烈傳遞與勾引男性求愛，X星天賦的精湛舞藝轉化而成無與倫比的情色肢體藝術，所流露出與激起的性愛舞藝與偉大動人的挑逗藝術，令人深深激賞與無比震撼！這是美艷的X星絕不可能在舞台上公開演出的藝術，只有在美艷X星最私密與激情的情人之前，或情人之間醋勁大發時，始能意外偷窺的偉大流露與表演！我與佐佐木及D星，均突然爲X星的偉大表演而感受強烈的震撼及驚艷，猛烈拍掌，大聲驚叫與讚美X星的偉大及動人的藝術，掩飾兩美的尷尬，而聰明與機智的美麗D星，馬上感知

X星的濃濃醋意與挑釁，遂噗哧一笑，大聲稱讚X星是當代最偉大的舞后，舞藝之精湛，出神入化，當代無人能及，X星隨即載歌載舞，歌聲動人心弦，炫麗的舞姿與美麗的歌聲合奏如海潮般的洶湧澎湃及萬馬奔騰的人間天籟！此次香江D星演唱會的如斯成功，如無X星的偉大勁歌熱舞配合，美艷精湛的獨特曼妙舞藝展露與搭配，爲D星做紅花綠葉的美麗襯托與精彩演出，今次D星的香港演唱會斷難如斯轟動與成功。D星此時及時警覺及對X星的衷心讚美及感激，突然如一陣溫馨春風，拂過今夜矛盾相聚的四人心坎，突然溶化了美艷X星的爭奇鬥豔之心，X星突然走向D星，激動地擁泣，口中不斷感謝姐姐的海量與提攜，兩人遂風停雨歇，心花怒放，破涕爲笑，春風滿面。兩人隨後轉身，變成美麗的一代D星展開白皙的双手，避開戀人佐佐木，轉而將我緊緊擁抱，熱情長吻，感謝今夜四人難得的共聚，難得的幽會與慶功，她突然美麗地說，許董！您是佐佐木最親密的異國兄弟，今夜，讓我也表示對你衷心感謝與愛！同樣，X星也如D星，轉身自然地趨前擁抱佐佐木，一如D星之自動示愛與對我擁吻，對佐佐木公然深情獻吻，說，我也愛你啊，Sasakisan！我與佐佐木此刻，心中遂豁然開朗，無比高興，突然卸下兩人今夜幾乎難解的幽會矛盾，豁然喜悅，發現今夜將是四人生命史上晴空萬里，準備迎接心靈與肉體自由公開融合的無比璀璨及美麗的激情之夜。我們將一無顧忌，四人兩對，雙雙自由及任意互換性愛伴侶，美麗裸露，大家公然可以激情做愛與瘋狂公開交歡。但願，我們生命當下曾經一度擁有的這一片刻美麗及激情長存天地，讓今夜生命中曾經擁有與飛舞的一無忌諱的激情與美麗回憶，長留於四人璀璨心靈的歷史記憶。

當D星美麗地趨前吻我，我即瞥見佐佐木向我點頭微笑，示意我帶走此時正展露無比嬌媚的日本美麗D星，前往隔壁自己的美麗總統大套房，從事我與D星第一次的無與倫比的激情幽會與性愛，同時讓佐佐木與久未相聚與纏綿的台灣美艷X星，又一度乾柴烈火，有機會再熱情互擁，再度相聚，讓兩人留在原房纏綿，我們再依約，半夜互換美麗溫柔的D星與性感妖艷的X星。我遂扶著嬌小動人、春風滿面的一代美麗D星，從密室暗門進入我的豪華總統大套房，這是我第一次與甜美嬌嫩的美麗D星在香港首度赤裸相見，一九七六年，香港國際寶石公司開幕時，D星曾受邀剪綵，茱莉即曾強烈推薦D星與我秘密幽會一次，並安排好我們兩人的首次幽會時間與地點，茱莉曾強烈說服D星，務必認識一下與結交這位台灣商場的一代奇男子許董，當年香港剪綵時，D星即住半島酒店，但當夜約好相見前的四小時，東京卻突然急電D星飛返日本，從此，我與她即無機緣再會。此次四人幽會及秘密相聚，據佐佐木說，主動者是D星與X星兩美。兩美的內心與動機，其實是期待與佐佐木同歡共愛，也爲了爭奪佐佐木而勾心鬥角，相互爭寵及爭風吃醋。當我首次瞥見D星全裸的美麗肉體時，簡直爲之暈眩與震撼，比我第一次瞥見X星的動人肉體更震撼，美到令人難以置信，較諸X星的美艷肉體，D星雖然嬌小，但其玲瓏剔透，清新誘人，嬌豔欲滴之自然與美麗，下體之精美絕倫與性感撩人，完全可與X星之世紀奇特豔麗與美麗性器分庭抗禮，難分高下，D星並非舞蹈歌星，但肉體非常堅實，肌里健美，皮膚光鮮滑嫩，無比的白皙與美麗，非常豐郁誘人與性感，精美無比的細嫩美麗陰阜，精緻豐滿，陰門微微裂開的長長肉縫，非常嬌嫩動人，雙乳美如讓人垂涎的小籠包，簡直難以筆墨形容，僅能說是冰雪玉膚，晶瑩剔透，豐滿誘人，無比美麗與無比動人。

D星活潑調皮，拉我共浴時，即癡癡凝視我的驚人壯碩下體，不同於一般男性，非常雄偉，讓她禁不住伸手對它愛撫，驚訝並懷疑自己嬌小的陰阜，如何容得下我巨根的戳入，她遂突然俯身蹲下，湊近並親吻與吞噬我逐漸膨脹的雄偉陰莖，將其握住含入口中，美麗的吞嚥，猛烈地口交，我遂將容光煥發，淫態畢露，無比嬌艷，美麗動人的赤裸D星肉體抱起，置於浴室地板上的大片柔軟膠墊，美麗地撥開她性感誘人的雙腿，俯身對D星敞開的雙腿之間的美麗聖門進行各種殘酷與致命的吮吸，輕舐陰蒂，撩撥，撫愛與兇猛挑逗鮮紅的陰門，美麗的一代D星因而瞬間全身激烈顫動，美麗而瘋狂地呻吟，低泣與哀嚎，聲聲求我快快進入她的美麗肉體。當我猛然將堅硬如鐵的長長巨棒直接戳入，一寸寸直直攻抵她的美麗花心，進入並觸及她的敏感子宮時，D星有如觸電，突然狂呼與驚叫狂喜，口中不斷地柔聲吶喊，許董，許董！我愛你，我愛你！好大，好硬，好長喔！隨著壯偉陰莖與美麗嬌小陰阜的加速媾合與瘋狂做愛，以及激烈交媾時所激起的動人狂喜與啪啪性愛巨響及無比快感，完全擒住了D星的震顫肉體，讓她無法停止不斷的快樂呻吟及尖聲嘶叫，不到一刻時辰，D星即突然爆發第一次的猛烈高潮，尖聲狂叫與嘶喊，全身瘋狂地顫慄，快樂地抖動，双唇緊咬我的胸部，幾乎流血。當D星以為我已力竭，等我吻她做美麗的最後結束時，不意，我竟自我鎖精，再度壯碩勃起，堅硬如鐵，昂然又一次瘋狂地插進她的美麗肉體，更猛烈更瘋狂地對她擁抱，交媾與來回抽插，D星因而頓時狂喜及嘶喊，突然又再度爆發第二次更強烈的性高潮，D星猛地拱起顫動的全身，披頭散髮，瘋狂哀號，快樂尖叫，強烈顫抖，花容突然因強烈的性痙攣而完全變臉與扭曲，對我狂吻，突然哀的一聲，倒臥於浴室，幾乎把我嚇死！我遂緊急抱她親吻，急做人工呼吸，企圖搖醒並安撫她依然震撼及快樂不停的肉體，不久，D星幸而緩緩甦醒，睜開美麗双眼，對我微笑及痴癡凝視，美麗地說，許董！眞感謝您的偉大肉體之愛，現在，我才知道，爲甚麼近年來茱莉一直叫我一定要與台灣的商界奇男子許董相識爲友「一次」，我眞笨，只知以貌取人，錯失與你及早相愛的機緣，感謝茱莉的用心良苦，聽了她的話才與許董相識，共聚爲友，D星遂起身與我擁抱長吻，感謝我的第一次，賜她一生迄今未曾有的最美麗、最快樂的一次肉體瘋狂性愛。D星其實是當代無與倫比的美麗巨星，曾與同代無數華人世界的大商巨賈、傑出人物與著名男星，發生無數秘密戀情與緋聞，性的關係非常豐富與多彩。她說我的偉大性愛與驚人體能，給她深刻的快樂與無與倫比的性愛震撼，她將終生難忘，勝過她與當代一位華人武打巨星的激烈做愛與性交。我遂扶她返回美麗豪華的總統大套房寢室大床上，兩人再次緊擁互吻而眠。深夜，在我預期佐佐木與美艷的X星即將過來交換伴侶時，再度與D星做最後璀璨無比的肉體結合，我第三度進入D星無比誘人的天香國色肉體，做最瘋狂的美麗交媾，長達一個小時，當D星最後快樂噴出今夜第六次美麗的高潮時，佐佐木正擁著美艷X星，從密室之門潛入我的總統大套房寢室旁，乘機默默偷窺我與美麗D星的第二度深夜性愛，欣賞D星高潮時，那種難以形容的瘋狂快樂、噴出與爆發的動人嘶叫與表情，以及，兩人猛烈交媾時，響徹整個美麗豪華總統大寢室內的噗哧噗哧的淫蕩啪啪聲。高潮後的美麗D星，睜開雙眼，驚知春光外露，與我激烈做愛的全部性愛歷程，均爲佐佐木與X星在旁全程偷窺與欣賞，一覽無餘，D星因此極度羞愧與臉紅，好像背著丈夫在外與人偷情而被當場抓姦似的羞愧與難堪，尤其讓心愛的日本情人佐佐木親眼看到自己與他人的瘋狂交媾與動人的狂熱快樂表情，特別羞愧與無地自容！因而對進來偷窺的情人佐佐木與駐立一旁共同欣賞的美艷X星，又惱又氣，又怒又羞，遂低聲不斷責怪佐佐木。不久，密室之門打開，佐佐木挽起與我激烈纏綿後的美麗D星，嬌弱無力，滿臉通紅地再從密室之門返回佐佐木的寢室，達成兩美互換伴侶，彼此公然性愛的美麗與大膽劇情。而互換之間，因爲一邊常可當場偷窺另一邊的美麗性愛，遂讓血脈賁張的美麗活春宮，長留於各人生命的長河記憶之中。當晚深夜，佐佐木與美艷的X星即當場目睹我與D星的偉大性交與動人的肉體之愛及無以倫比的激烈性愛之美。當美艷的X星深夜看到我與無比動人的高貴D星從事肉體的世紀美麗媾合，並讓美麗的一代D星瘋狂高潮與快樂昏厥，快樂嘶叫與美麗呻吟的時候，不免滿臉紅暈，震撼心跳，醋勁爆發，X星目睹美麗D星與我深夜現場激烈的美麗性交畫面，似乎比X星與我曾經有過的性愛歷史，更瘋狂浪漫與美麗，因而突然刺到美豔X星的高傲心靈與自尊，所以當D星由佐佐木摟抱攙扶而經密室之門返回自己寢室時，美艷的X星即展露她與生俱來的精湛美體藝術，以無與倫比的一代艷媚妖冶，展現驚人的情色美姿與淫蕩，全身赤裸，美艷地鑽進我的睡床，双腿撐開，大膽裸露她神秘的美麗陰阜，雙腿夾住我又一次堅硬如鐵，再度勃然豎起的肉體巨棒，等候我的兇猛戳進，等候我的深吻與性愛，擁抱與纏綿。當兩位當代的絕色天后，一夜之間，一前一後，輪番與我經歷瘋狂的親暱，瘋狂的擁抱與交媾，我竟獲神賜，一夜擁戰兩美之機緣，輪番親炙當代兩大絕世天后的美麗肉體，並前後進入她們玲瓏剔透及美艷絕倫與豐腴神秘的肉體世界。從深夜戰至清晨，而久未與我肌膚之親的美艷X星，今夜竟放浪形骸，好像脫韁之馬，讓儲聚已久，二人久已沒有性愛的強烈肉慾之火，一時無法澆息，我們連續性愛及瘋狂地交媾，她也瘋狂高潮十餘次，X星依然慾壑難塡，一次又一次要求再度性愛，繼續纏綿，我遂一次解決，於猛烈插進她的美麗肉體及花心子宮之後，連續交媾與性愛，時間長達一個多小時。X星不斷的快樂痙攣與瘋狂高潮，不斷噴出，其中三次爆發猛烈無比的潮吹，讓美艷動人的X星激烈痙攣，並因性的極端快樂而屢屢暈厥，又一再甦醒，強烈要我再度進入她的肉體交媾。我至此始知，X星是當代無以倫比的美艷性愛女神。她的勾魂攝魄，高潮淫蕩時的媚眼神態與炫麗無比的千姿百態之性交淫姿，眞是千古奇葩，堪稱一代千嬌百媚之淫蕩性愛天后。三、四十年後的回憶仍使我清楚體會，她是哈路之外，最美麗、最動人、最震撼我一生的一代性神美女，勝過D星。我與X星，是夜遂美麗纏綿至清晨曙光初露，忽然，X星伸出她的双手抱我深吻，柔聲低語，問我是否可以容她大膽求我支援她一百萬美金，讓她買下仁愛路的一棟美麗新房，換掉東區的老房，X星親暱地湊近我的耳朵說，今後但叫我小名Xixi，我是你永遠的秘密美麗情婦！許董！我眞的愛你！Xixi是您的。我發現自己的內心深處，完全無法拒絕這個一代艷姬的美麗要求，Xixi此後十年，遂成我的秘密情婦，隨時等候我的召喚，獻出她一代美艷無比的絕世美麗肉體。因此，我說好，您把自己在台北開設的銀行帳號與姓名寫給我，下午三點班機妳飛返台北後，明天星期一，我會交代香港的龔秘書美玲，從我在香港的匯豐銀行帳戶匯到台北給妳，如妳確認收到，一定要打一通電話給龔秘書。

此時，我忽然聽到總統大套房的門縫唰地一聲塞進一疊飯店免費贈閱的香港「南華英文早報」，我遂叫美麗的Xixi起床代我檢取閱讀，突然瞥見早報的頭條國際新聞竟是南台灣發生了政治暴動，高雄竟於十二月十日世界人權日，爆發遊行示威的警民衝突與大暴動，據外電報導，有數百「暴民」於暴動後被捕，始知台灣發生美麗島事件，果然，誠如六樓曾姓特務友人上月給我的事前警告，顯然這是一場政治陰謀，計滅反對勢力，誘敵入甕，坑殺政敵的政治事件。不久外電的分析報導與全台的耳語都盛傳，美麗島事件根本是「未暴先鎭」，是國民黨收買高雄地方黑道人士故意混入和平的遊行示威隊伍，慫恿黑道蓄意攻打維安人員，嫁禍遊行的美麗島反對派人士與無辜群眾。

聖誕節三天前，茱莉與我同機返台，這也是香港一般國際外商年終長假的開始，茱莉春風滿面，精神奕奕，因爲今年的香港國際寶石的業績破表，盈餘空前成長，我與佐佐木都對茱莉倍加稱讚，準備嘉獎，回台的前三夜，我邀請茱莉至半島酒店共度聖誕，與慶賀歲終，一爲嘉勉及感謝茱莉領導香港國際寶石的傑出表現，告訴她我與佐佐木已同意向董事會提案，香港國際寶石公司今年業績如破五十億美金時，即增撥百分之一獎金給總經理，百分之一給管理幹部，五十億美金的百分之一，即五千萬美金，相當於新台幣二十億，茱莉聽後，非常激動與高興，抱著我熱吻說，太好了，Boss！我愛你！二為敘情，茱莉是我一生難得一見的天生穎慧、知恩必報的美麗知己，她是我第一次出獄後，生命中所遇的第一位聰慧能幹的美麗情婦，第一位心思細密、凡事總替我設想的貼身秘書，是第一個我發掘的、可以完全信任的紅粉知己。這個楚楚動人、美麗又聰穎的女人，是我生命中的三大至愛美女，第一位是我一生深愛的高貴美麗妻子，我的女王，她不離不棄，在我為自由而戰的艱辛痛苦歲月，勇敢而堅強地熬過我二次的政治煉獄，二次被判二十年徒刑，忍受絕望與折磨，以及長達十年的孤寂與辛酸歲月，堅強培育三個兒女健康成人，並在獄外為我孤身投入台灣獨立運動，經歷我歷史性的高等法院判刑，經歷無數街頭遊行的衝突與抗爭，經歷偉大戰友鄭南榕的可歌可泣的壯烈自焚犧牲，及丈夫的十年徒刑而無懼，是人間難得相遇的一位奇女子。其次，則是我一生創業的一位忠誠夥伴與異性知己，美麗動人的聰慧茱莉，這個女人，秉性異常誠摯與忠誠，精明強幹，是男人一生可遇而不可求的偉大知音與美麗情婦。而我生命中最動人的奇遇，則是我的初戀情人，一代風情萬種的傳奇美人哈路，我十五歲時曾在水中救美，因而相戀，締下一生不解之戀。我們相戀時，她是台北當代最美艷的紅牌酒女，花名Sylsy (西施)，是台北大商巨賈追逐與包養的一代絕色美人。哈路命運坎坷，遭遇悲慘，父因抗議二二八事件及參與遊行而遭特務友人陷害逮捕，而慘死於監獄，財產遭特務奪取，哈路復遭七位外省特務無情的輪姦與強暴，她爲扶養失去父母的弟妹，毅然犧牲自己，淪落風塵，由於美艷絕倫，成爲一代名妓，艷名遠播，後爲小蔣的獵艷特務手下發現，強迫哈路獻身爲洩慾情婦，哈路求救於日本後藤未婚夫，即父親生前好友後藤岩介，獲救後攜帶弟妹投奔日本，嫁入後藤家族，成爲後藤父子不倫之妻，不僅爲後藤父子生下子嗣，更協助後藤岩介成爲日本戰後的第一財團，哈路遂成日本戰後商界有名之美艷「後藤夫人」，風情萬種，艷絕當代日本商界及高層社會，傾倒當代日本無數財閥巨子與上層精英。後藤夫人才華橫溢，展現雄才大略，成就後藤集團不可一世之日本柔性商業大財閥，成爲富可敵國之美麗女王，其一生之曲折偉大傳奇，與我糾葛難解，共譜生死之戀的瑰麗傳奇。最終，她竟是我的美麗初戀情人與「日本妻子」。我與哈路的傳奇歷史，可參閱本回憶錄的最後一章。

在半島酒店的超級豪華總統大套房，我擁著精神奕奕、容光煥發、散發特殊美麗與自信的迷人茱莉，因香港國際公司的輝煌成功與驚人業績而驕傲與激動的美麗茱莉，散發無比的性感與嬌媚，兩人舉杯一飲而盡，我們互擁凝視，深吻及互相激烈撫愛，而後，款款深情的茱莉說，Boss，我愛你！今宵歲末，感謝Boss對茱莉的深情厚愛，我也要讓你歲末同感快樂與銷魂，我們遂整夜一邊俯瞰璀璨美麗的香港維多里亞灣夜景，一邊瘋狂挑情與互相深吻與做愛，而與茱莉性愛交媾時的另種纏綿悱惻與性感動人，有些地方，甚至比她的老同學Xixi，一代風情萬種的美艷X星更大膽與放浪形骸，更用情與動人心弦，更富感情！她比Xixi更了解男人的心理與深邃渴望，懂得欲擒故縱，教我放鬆一切，讓她溫柔施展女人的勾魂攝魄的激情口交，徹夜對我做美麗無比的舔吮及刻骨銘心的挑逗，讓人無法不徹底極樂與臣服，魂飛魄散與快樂哀號，與蝕骨地美麗呻吟，讓人完全銷魂酥麻，飄飄忘懷！我們於半島酒店縱情歡悅兩天後，始一起飛返台灣。茱莉回去永和老家與老母親共度新曆年。

回台一看，全島正籠罩在追捕政治江洋大盜施明德的風聲鶴唳與低氣壓中，施一夜之間成爲台灣人的反抗英雄，了不起的民主鬥士。大家希望他躲得愈久愈好，最好國民黨抓不到他！但國民黨情治系統的天羅地網，不久即將施明德及協助逃亡的人士一網成擒，蔣經國爲了降低國內外人權團體對軍事審判的黑箱批評，故示開明與公開，宣布軍事審判庭全程電視直播(Live Broadcasting)，這個決定，意外而深刻地影響了台灣歷史，因爲，美麗島事件的被告諸君及一群挺身而出的人權律師在軍事法庭的傑出表現，及對民主與自由社會的政治理念之精彩闡釋與辯護，以及美麗島政團諸君在法庭呈現的民主鬥士之英勇形象，都因審判過程的全程播放而深植廣大台灣人民內心，因而激發、啓蒙與促成此後台灣人民走向認同民主與自由社會，等於爲台灣全民勾勒出有別於獨裁體制的未來美麗社會遠景。因此，美麗島事件是促使台灣走向民主自由歷史的第一道黎明之光。但美麗島事件也暴露了美麗島精英諸君的罩門，此即，面對軍事法庭的「台獨」指控，不但無人起而勇敢辯護，或勇敢自稱台獨份子，或能毫無退縮、敢於慷慨赴義自稱主張台灣獨立，反而面對台獨指控，人人發抖，人人拒絕承認主張台獨，個個恐懼與戰慄，避之惟恐不及，不僅大家矢口否認，且集體聲言，強調他們「絕不認同台獨」，「而是認同與擁護中華民國」，且誓言他們是在追求「中華民國」的獨立及她的民主與自由，而非台灣獨立，或台灣獨立的民主與自由。他們之所以集體否認台獨，其中道理，施明德應是最心知肚明的人，因爲，此時承認主張台獨，就是「槍斃」，就是「死」。國民黨是以懲治叛亂條例的第二條第一項，即所謂的二條一「唯一死刑」侍候及判處美麗島事件的被告諸君，而美麗島政團諸君之中，面臨唯一死刑最有可能的人犯，即是施明德本人！因爲，從國民黨的觀點看，他不但是美麗島事件的首謀份子，而且是前科累累的「台獨份子」，因爲，他早在一九六一年即因台獨案被捕而遭二條一判處「無期」，其同案尚有一人因而槍斃。爲此，如果此次施明德再被控「台獨」，可能將是第一個遭槍斃的人，因此他及各美麗島諸公必須堅決否認台獨，而且主張他們的民主與自由政見，是中華民國獨立之下的民主與自由的奮鬥，而不是台獨，他們顯然集體恐懼，如承認台獨，則大家的生命危矣！保命要緊啦！因此，我對美麗島事件的歷史評價是：民主有功，台獨有罪。此後，他們主張的台獨，轉爲「借殼上市」的「中華民國」獨立之說，因此，美麗島事件雖對台灣民主的推進有極大貢獻，但對形塑台灣人認同意識、台灣民族主義以及獨立建國的運動卻是倒退及傷害，給台獨運動造成集體恐懼、閃避與龜縮。因此，美麗島事件只有民主的英雄，而無眞正追求獨立的好漢。

爲了擊破國民黨這一外來政權對台人設下的生死罩門，包括二二八事件的歷史屠殺，美麗島事件的林宅滅門血案，主張台獨的死刑威嚇，我始於一九八七年打破歷史的恐怖鎮壓與威嚇，挺身撕破與掃除台人歷史的集體恐懼，勇敢地單槍匹馬，在政治受難會成立大會的那一天，公然挺身而出，主張「台灣應該獨立」，並將之一舉列入政難會的章程與政治綱領，遂掀起台灣歷史本土的眞正獨立運動，並產生一連串無懼判刑坐牢及慷慨赴義的獨立英雄與好漢。其中最可歌可泣的偉大獨立英雄即「鄭南榕」。當時的台獨四大寇是許曹德、蔡有全、鄭南榕及江蓋世。四大寇中，每一「寇」都強悍無比，無懼逮捕與入獄坐牢，無懼國民黨的死刑威脅，完全丟棄美麗島諸君面對台獨指控時的發抖、否認、閃避及求饒的卑躬屈膝歷史，寇寇都昂首挺胸，有勇敢一人進入街道宣揚台獨的獨行俠，如江蓋世；有衝破歷史禁忌，將台獨主張公然列入政治組織章程的台獨英雄領導者許曹德與組織者蔡有全，他們是帶頭引爆及掀起公開台獨運動的歷史英雄好漢，締造及開拓台灣獨立運動歷史的艱難初頁。隨後勇敢投入的台獨堅強鬥士，有領導新國家運動、帶領台獨兄弟姊妹環島行軍，將許蔡案的台獨理念環繞台灣數圈，徒步宣揚，推動台獨建國理念的黃華兄弟，及最後組成「台灣建國運動組織」，並於一九九二年參與李鎮源院士領導的廢除刑法一百條運動，完成台灣歷史從此無言論叛亂罪、無政治犯的自由言論國度，他就是我的勇敢台獨兄弟林永生。

因此，台灣的自由民主奮鬥歷史，應該這樣描述，一九七九年的美麗島事件，啓動了台灣的民主列車，而一九八七年的許蔡台獨案，才眞正啓動了台灣歷史的獨立運動，而台獨運動的最偉大英雄，是面對死亡、毫無恐懼、引火自焚的偉大鄭南榕同志，他打破了美麗島政團諸君的死亡恐懼，讓國民黨殖民統治集團親眼目睹台人為自由而戰的偉大戰神鄭南榕，視死如歸，寸土不讓，寧死不屈的千古英雄浩氣，震懾古今，為台灣歷史孕育眞正的自由英雄，誕生千古不朽的偉大靈魂與世界級的偉大精神巨人，傲視古今台外，讓台獨運動的歷史正當性、必然性、悲愴性暴露無遺，展現了台獨運動的反國民黨中國獨裁及反中國歷史統一的壓迫性及其腐朽文明，透露了反中奴役的歷史強度與深度。鄭南榕的偉大自焚犧牲與奉獻，預示了一個堅絕偉大自由的台灣民族即將誕生，鄭南榕就是我們追求自由歷史的摩西。終有一天，他們將在福爾摩沙這個美麗的島嶼，建立自己獨立的民主與自由國家！

自香港回台後，只要我有事出門，離開福德集團的總部大廈，即發現有人跟蹤，政治敏感的我立刻意識，恐與美麗島事件與施明德的被捕有關，我捐與美麗島雜雜誌社十萬美金的美國花旗銀行支票的入帳記錄或支票兌現的交換紀錄副本，均可能於搜索美麗島雜誌社總部或施明德個人辦公處時被發現，而今施已被捕，可能已搜出我的捐款證據，所以我才發現特務跟蹤，此一跟蹤一直持續到一九八〇年的農曆過年前，我攜家帶眷，帶著女王與三個活潑兒女，由司機開車環島旅遊一周時，被特務一路尾隨，直至車返台北。

果然，旅遊回來後不過一星期，我即接到警總的約談傳票，要求我本人於某日上午十點到總統府後面博愛路的警總約談，我被帶進警總地下室的特殊詢問室，由一位劉姓上校審問，果然沒錯，問的就是我何以會送予施明德一張花旗銀行的十萬美金支票，我的辯解是施氏為了創辦雜誌，缺欠資金，因此向我調借，由於施明德曾是我綠島獄中難友，獄中有病時承蒙相救，故投桃報李，當他創辦雜誌有所困難時，我當然伸出援手幫助，所以這是一種朋友的借貸關係。但這位上校並不相信我的說詞，他說辦一份雜雜誌並不需要如此大的資金，劉上校說，據他所知，當下十萬美金的黑市價值，至少四百萬新台幣，約可購下台北大馬路沿線四層樓房三棟有餘，尤其當時正逢美台斷交前夕，人人搶購美金，準備移民，逃亡美國，無數有錢人紛紛賤賣房產，準備逃離台灣，因此房價大跌，一棟四層樓房，不過一百多萬台幣而已，所以，我的十萬美金絕非借貸，應是政治獻金或金援美麗島反對勢力，陰謀推翻政府。鑒於我曾因主張台獨而被關十年，我一出手就是十萬美金，當然是政治獻金，因此，劉上校說，要等他們調查相關人士證明借貸後始能釋放我，否則我將負資助叛亂團體之罪，將以意圖顛覆政府的二條三起訴，因此，我被押進地下室的囚房，關了三天三夜，始被提出釋放，原來，我離家赴警總約談時，即將約談的警總副本影印一份交給女王，告訴她我赴警總約談，萬一到了晚上六點仍未回家，就請女王把我的約談傳票迅速轉給阿兄，請他設法保釋我出去。當我被關了三天三夜始被提出時，我心裡已覺悟，此劫恐難善了，回不去了，但卻發現劉姓上校對我出乎意外的客氣，說：許先生，你運氣好，虧你是一個大企業家，幸經總司令親自查明你沒事，否則你麻煩了，但請你出去後，務必好好發展自己的事業，少與黨外的狐群狗黨人物往來，少管政治，多與你眾多的美麗明星與美麗女友享受人生艷福，我們手中有太多您的美女與情婦資料，只要您少惹政治，不搞台獨，明哲保身，我們不會公開或破壞您的好事，切記啊，許老闆，現在，您可以回家啦！我除了向他道謝放行之外，並借電話一用，通知公司的司機開車到博愛路的警總接我回去。原來，我之被釋放的自由代價是一千萬美金（約當時台幣幣値四億）！

當我回到福德集團大樓，即返六樓住家，一進家門，女王看我安全返家，喜極而泣，立即緊緊擁抱我深吻，她說，看我三天三夜都沒有回來，擔心死啦，一直到昨夜，她始從大哥處得到我將被釋放的好消息。大哥說晚上才要約你相見，我即衝入浴室沐浴，因爲，我已三天沒有洗澡及好好睡眠，沐浴後我即蒙頭大睡，直到晚上九點兩兄弟始在大哥的董事長大辦公室見面，大哥見我踏進他的辦公室，不待我坐下，即朝著我大發雷霆，罵我魯莽、輕率、瘋狂，以我學識之高，政治判斷力之深，行事之謹愼小心，何以從事政治獻金竟然開出美金支票支付，自挖陷阱，不可思議，而且，這次事件完全暴露我個人的政治盲動與衝動，完全違背對兄弟及家族的不介入政治的承諾與矢言，簡直是置家族事業與兄弟共同利益於不顧的幼稚園行爲，非常不該與惡劣。家兄的暴怒與譴責，我當然承認錯誤，無言以對。確實，我這次實在太大意與輕率，未經深思熟慮即開出自己帳戶的美金支票，以致落入情治機關之手，百口莫辯，任人宰割。家兄說幸虧好友郭金塔認識總司令本人，親自介入請托與幫忙，以一千萬美金把您贖回，當然，一千萬美金相對於我們福德集團的財富，不過九牛之一毛，家兄當夜即從紐約的福德海洋帳戶抽調一千萬美金匯入警總高層指定的美國私人帳戶，因此，第二天我才能平安獲釋。

爲了保證我不會再糊塗，重犯政治錯誤，危及家族，家兄乘機要求我交出財產信托，即將福德集團在我名下的股票、土地、房地產及私人名義下的所有財產，總值約一百多億新台幣的資產與股份，通通正式過戶在家兄名下，「代爲托管」，以防我再次被捕，或政治危機時，家族同遭連累。我不得不信任家兄的善意安排，毫無猶疑，一口答應家兄別有心機的設計，全部移交家兄全權代管，以致一年之後，當家兄在新加坡被美艷的同居港星K星會同台灣黑道劉姓情夫綁架勒索五億美金時，我清查新加坡公司的資金，準備抽調贖回大哥的性命時，始發現家兄獨斷獨行，已將台灣移入新加坡的龐大資金，近三十億美金（約當時台幣一千二百億）的福德集團心血資產，投資印尼林少良的華人南洋集團，但因印尼爆發蘇哈托的右翼軍事政變，推翻印尼共產黨與蘇卡諾政權，遂使親蘇卡諾政權的印尼林氏大財團全軍覆沒，福德損失慘重，以致我爲了急救家兄性命，求救於佐佐木及香港鄭董協助，調度香港國際寶石的數億美金，救回家兄性命。不意家兄返台後，立刻翻臉無情，開始奪產，將我委任信託的兄弟財產完全歸屬及過戶於自己名下，因此，兄弟正式分裂。直至一九九一年我第二次政治監獄特赦勝利回家後，阿兄才視我爲台灣人的英雄，兄弟始重新見面，恢復手足之情。不久，家兄即不幸罹患末期肺癌，在醫院臨死時，身旁竟無一子半女或妻兒在旁照護，只有我這個親兄弟與弟媳婦女王整夜在旁守護他，安慰他，抱著他，鼓舞他勇敢面對生離死別。大哥臨終之前，嚎啕大哭，我也肝腸寸斷，熱淚盈眶，告訴阿兄，忘卻一切兄弟恩怨，來生再聚。在臨別的病床上，我把他緊緊抱在懷裡，親吻泣別，並請在旁一起照護阿兄的女王幫我背起阿兄，將臨近死亡的阿兄痛苦軀體，運回福德集團大樓的家中，悲戚送別這個我一生極端敬愛與尊敬的唯一骨肉親兄弟離開人世！阿兄死時，才六十六歲。

第五章　一九八七年震撼的「台獨案」

台獨運動的風起雲湧，民進黨的台獨化
台獨案引爆台獨運動

（一）一九八七年，「台獨案」打破恐怖的台獨歷史禁忌，導致台獨勢力的崛起及民進黨的台獨化。

台灣獨立運動是從「政難會」的政治綱領，更改爲歷史性的「台灣應該獨立」之修正案而爆發。一九八七年八月三十日，由一批老政治犯發起的一個關懷及自助的政治團體，訂於該日在台北國賓大飯店舉辦成立大會，當天早上十點左右，會員與國內外來賓共約二、三百餘人群聚於二樓國際廳，準備開會。這是一場頗爲特別的集會，因爲它是由一群政治受刑人組織而成的團體，因此當日出席者除會員與貴賓外，尚有一大票記者及情治特務人員，國民黨當局當然密切注意這批政治犯首度集結的眞正動機，其實，他們的原先計劃非常單純，就是將出獄後遭受種種歧視與打壓及難以維生的一群政治犯組成一個自助團體，選出一批理監事幹部及組織領導人，爭取出獄政治犯的社會公平正義。

查此次發起及組織的政治犯皆爲北部菁英，如：蔡有全、邱新德、林永生及林樹枝、鄭南榕等，但論政治犯的人數，則南部佔多數，因此，開會前南部菁英即動員投票，準備擊敗北部的佈局，奪取領導權，北部的想法是推薦「黨外聖人」魏廷朝當會長，以便易於控制此一組織，因爲組織的原始動機是主導掌握派遣一九八六年「黨外後援會」禮遇政治犯的候選人代表十位，爭取政治犯的權力與社會地位，以及民進黨禮遇政治犯的代表名額，尤其，民進黨是國民黨據台以後奮鬥四十一年始成功建立的政黨，比「政難會」約早一年誕生，是在一九八六年九月二十八日於圓山飯店宣佈成立與誕生，因此各派人馬心中，想的是如何成立及掌握此一政治犯組織，以便參與政黨時代來臨的政治利益分配，而非「政難會」的「奮鬥」目標，因此當我在大會進行討論章程時，突對章程的重大矛盾質疑，始把大會的「焦點」轉向組織「目標」的討論，因爲政難會起草的基本共識，其第三條第二項與第三項是矛盾的，其實所謂的第二項條文，原即照抄民進黨的黨綱：「台灣前途應由台灣全體人民共同決定」，政難會在起草章程時即知這個「台灣自決」主張是國民黨尚能容忍的政治底線，所以是安全的，大家知道最危險的政治主張是「台灣獨立」，當然避免碰觸，以免又被抓去坐牢，但現在，我卻把章程的兩項矛盾共識給挖了出來，變成如何解決章程共識的矛盾問題，因爲，問題出在政難會在台灣人民自決條款外，又在前面加了一條第二項：「台灣政治受難者與台灣人民的命運休戚相關，榮辱與共，台灣一旦遭受任何人或任何政黨之出賣或任何國家以任何形式之侵略，我們誓死捍衛之」，我當場即起立，指出二者的矛盾，我說共識的第二項其實就是人民自決，而自決原就是一種程序，經自決程序所得的結果可能是贊成獨立，也可能是自決走向統一，假使自決投票的結果竟然是統一於中國時，則此時的「政難會」是要遵守章程的第三共識或第二共識呢？是要誓死抵抗？還是服從統一的自決命令？因此，這種共識條文本身就自我矛盾，自打嘴巴或在開自己的玩笑！

當我點出共識條文的荒謬與不通時，大家始覺矛盾之存在，遂反問：該如何修改？主席蔡有全再度請我上台發表意見，此時我靈光一閃，認為此時正是千載難逢的一刻，應將我一生與無數台灣人民堅決奮鬥的夢想與政治理念，即「台灣應該獨立」的思想，設法列入台灣重要的政治組織，這樣才能影響社會與歷史發展，我就站起說，我的修正主張非常簡單，就是把第二項共識改為「台灣應該獨立」六個字即可。沒想到我的發言剛畢，全場即著魔般響起如雷掌聲，表示認同。大會主席遂徵詢是否有人反對或修正？此時柯旗化起而反對，認為「獨立」兩個字太過敏感，建議改為「自立」，以免觸犯當局，主席徵詢是否有人附議柯旗化的修正，結果無人附議，主席遂將我的提案徵詢有否附議，此時附議者此起彼落，主席蔡有全遂將此重大修正案付諸表決，結果以一百四十二票絕對多數通過，全場掌聲如雷，久久不息。

隨後，即是國際會議廳後排記者席的一陣大混亂與叫囂聲，有人高呼台灣獨立萬歲，有人高呼造反啦！不得了啦！造反了，造反啦！並衝出會場，顯然這是在場的國民黨記者群及眾多特務。當他們聽清楚是主張「台獨」的重大修正案獲得通過，全場愕然，叫囂、呼嘯，此起彼落。大會會議遂即進行下一項會長及執委會的激烈選舉。結果南部大勝，北部眞正的組織者蔡有全、林永生及邱新德等竟然落馬，柯旗化等南部政治犯則奪得副會長及多數執委席次，大爆冷門，但之前的台獨政綱之修正又震驚了剛當選的新執委，到了第二天清晨，一聽國民黨要抓人，會長與副會長皆紛紛閃辭，可以說整個政難會因「台獨綱領」的通過而翻天覆地，二樓國際廳傳來的驚叫聲與騷動聲，正震撼在場的所有會員與來賓，象徵要求台灣獨立的言論思想自由正式誕生，打破國民黨的統一神話，也宣告台灣迄二〇一六年，近三十年的內部統獨之爭於焉開始，台灣人民的意識型態與國家認同，從此即逐年傾向維持現狀的台灣獨立及台灣人意識，漸漸不再承認自己是中國人，而是台灣人！

特務與記者的驚叫聲，更象徵台灣歷史第一次出現一個政治組織膽敢將「台灣獨立」這個最敏感的政治主張，公然列入台灣最敏感的一個政治組織：「台灣政治受難者聯誼總會」的政治綱領，「政難會」的這一舉動，當然對國民黨在台灣長久實施一黨獨裁的統治構成晴天霹靂的挑戰及致命的顚覆作用，也公然挑戰國民黨的國安三法，且正式撕破國民黨鎭壓與嚴禁台灣人四十年不敢碰觸的最大禁忌：「台獨」。國民黨殖民統治集團最懼怕的，就是台灣人意識與台獨思想的覺醒與出現，爲此，五十年來國民黨不知關了多少人，殺了多少人，如今政治受難會竟一舉將此殺頭主張列入他們的「政治綱領」，無疑存心在國民黨的虎頭上拔鬍鬚，豈非意圖造反？尤其值得國民黨注意的是，「政難會」的政綱竟一舉超越了民進黨一九八六年成立時的「自決」（黨綱）底線，直接了當要求「獨立」，國民黨對此孰可忍孰不可忍？當然一目了然。因此，明眼人一看即知，此一政難會綱領，必將引爆國內翻天覆地的政治風暴及政治鬥爭，而我無可逃避，即將處於政治風暴的中心點，面臨殘酷的攻擊與圍剿命運，我將面臨被捕判刑與坐牢，乃意料中事，當然，在這歷史性的獨立主張出現，在大會獲壓倒性通過的那一刻，我心中已充分自覺，我比任何人都清楚，自己必將肩負台灣獨立運動前鋒所必面臨的殘酷考驗，包括：我能否展現台灣人「威武不屈」「富貴不淫」「臨危不亂」及「視死如歸」的決心與氣魄，能否在法庭展現政治犯的雄辯與歷史的對抗智慧，因爲這是台獨歷史性的第一次公開審判，如果呈現的是一九七九年美麗島事件時黨外諸公在法庭上所表現的「懦弱」、「否認」、「退縮」、「恐懼」或「下跪」的鏡頭，則台獨運動將不可能有未來，並將使台灣人民再度回到集體恐懼，台獨運動將不容易再前進。因此，到時我個人在法庭的歷史表現必須展露台灣人敢於犧牲與勇於面對的堅毅特質，並能發出撼動人心的政治語言，以鼓舞台灣人民敢於走向獨立的勇氣及激發歷史鬥爭的偉大能量，因此政治受難會的台獨共識政綱突然通過，不僅打亂了設計政難會者的計劃及爭奪政難會控制權的各派政治犯，因爲第二天當報紙大幅報導「政難會」通過台獨共識政綱，而引發朝野軒然大波及高檢署放話抓人的大消息後，魏廷朝會長立刻向報社發表辭去「政難會」會長的辭職聲明，副會長也逃之夭夭，遂使執委會頓時群龍無首，陷入癱瘓，因此乃由總幹事林永生假蘇治芬開的元禮茶藝館，緊急召開臨時執委會，看看能否推選新的臨時總召集人當領導者。

依理，當由現任執委中互推一人爲臨時召集人以遞補會長出缺，但任何人一旦被推舉爲召集人，也要面臨被捕的可能風險，因此勇敢的台獨戰友楊金海兄遂於此時挺身而出，自告奮勇願當「臨時總召集人」，金海仙之所以讓人特別敬仰，尤在於他不顧自身病體在身，且仍保外就醫之中，卻毅然挑起政難會的臨時總召的艱鉅任務，陳菊當場心疼，曾數度力勸他不要擔任，以免危及生命。隨後林樹枝亦勇敢表達願任副總召，就因爲兩位的臨危受命，遂使政難會重建領導中心，決定迅速成立「許蔡聲援會」，以因應許蔡兩位同志一旦被捕後之動員與對抗，會中並決定發函予各地民進黨黨部及各地友好團體，籲求支援獨立運動以對抗國民黨之司法迫害。「政難會」更決定在九月十七日晚七點，在台中市光復國小展開第一場聲援台獨案的大型演講會及室外群眾大遊行，當晚由蕭裕珍與陳明秋主持的聲援會聲勢浩大，參與的群眾超過萬人，會中大家高呼「台灣應該獨立，台灣獨立萬歲」！演講完畢，立刻帶領群眾上街遊行，並沿路高呼台獨萬歲，而台灣人之敢在大街小巷高呼台灣獨立萬歲，這是歷史上第一次。很多激動的台中弟兄在一九九〇年四月我釋放回來後告訴我，當他們畏懼地舉起雙手高呼台灣獨立萬歲後，心中遂即充滿無限的激奮與勇氣，心裡不再懼怕國民黨的任何恐嚇，政治受難會緊接著於次日，即九月十八日晚上，在高雄鳳山市，由民進黨高雄縣黨部主辦，在省議員余玲雅及縣議員楊雅雲聯合服務處舉辦，大家看到聯合服務處前的馬路安全島上高掛長長的大布條，上書如下動人的呼喚：

【這個時刻，是台灣人非戰鬥不可的時刻，為了脫離中國不義的歷史教訓，重演及可能的侵略與併吞，我們堅決主張台灣應該獨立，以確保台灣人的尊嚴與國際人格，這是光榮的歷史任務，有血性的台灣人，讓我們起而為獨立的台灣未來一戰吧。】

同樣，繼台中的萬人演講晚會及盛大遊行，高雄鳳山的一場也是人山人海，二次大戰後台灣不幸落入腐化無能的中國國民黨之手，因而爆發了恐怖的二二八事件，台灣的一代菁英因此幾乎被國民黨軍隊屠殺殆盡，台灣獨立意識遂潛入歷史，埋藏於恐懼之中，其後四十年，國民黨實施白色恐怖統治之奴化教育，嚴禁台語及台語歌曲傳播，並大力鎮壓台灣人意識與台獨思想，學校教育學生只能自稱我是中國人，不准自稱台灣人，有敢主張台獨或台獨意識者必捕而關之，甚至槍殺。但當台獨案爆發，後援會一成立，我們竟看到無數支持台獨理念的基層人民及群眾領袖紛紛挺身而出，非常勇敢！尤其，民進黨的各級公職人員如省議員、縣議員，其後又有立委、國大代表與縣市長，紛紛開始認同台獨理念並勇敢發聲，支持台獨言論自由，進而積極參與群眾的街頭遊行與抗議，此時，當台獨主張與言論自由的普世人權價值結合時，有利國際社會的同情氛圍，尤其來自美國與倫敦國際特赦組織的抗議壓力，使國民黨日漸感受來自國際的強大不滿，日益同情台灣的兩位政治異議份子（dissent），讓我們在國際宣傳上佔盡政治與道德反抗者的優勢，最後，即連歐盟議會副議長都寫信給李登輝，要求台灣當局無條件立刻釋放兩位政治犯。最後，更因台灣長老教會的世界動員，許多基督教的世界組織領袖人物也紛紛來台晉見李登輝總統，並呼籲釋放許蔡兩位政治犯，而李登輝本身也數度強調他是基督徒，故曾假惺惺對外表示，在其執政期間，他將尊重人權，不會再有政治犯。足見「台獨案」不但突破了台灣的言論自由，並使國民黨付出了慘重的政治代價，反使台獨的理念與政治勢力急速崛起，而言論自由的澈底突破，又象徵了台灣民主與自由的偉大時代即將眞正來臨，此中最偉大的自由獻身者與突破者，是我的英勇同志：台獨運動者鄭南榕先生。

我與南榕兄並無深交，起初，我只是時代雜誌熱誠的讀者及支持者，記得時代周刊雜誌似創刊於一九八四年前後，我因爲看他的雜誌言論大膽，動不動就被禁，但他往往不到一個星期又復刊，上面表記一行文字：本刊文字所有的法律責任均由本人鄭南榕負責。此一時期的黨外雜誌有如雨後春筍，但凡被查禁者，復刊的方法只有再申請一本，非常麻煩費時，但南榕卻別出心裁，一次就動員好幾十位朋友申請，充當不同雜誌的發行人，因此，國民黨每禁他一期，他即準備好新的遞補雜誌及新的發行人，時代雜誌因此從未因被禁而中斷發行，反而因被禁而洛陽紙貴，大發利市。南榕的策略是不斷挑戰國民黨的言論底線及言論禁忌，不斷揭發蔣家的歷史醜聞及家族糗事，在攻擊國民黨的內政或外交政策的錯誤上，鄭南榕的火力之強，當代雜誌無出其右，時代雜誌也是第一本報導海外台獨運動的雜誌，當政難會通過「台灣應該獨立」的政治綱領時，會場中第一個跑到我座位、向我致意的人就是鄭南榕，他毫不掩飾地對我說：曹德兄，你是台灣人的歷史英雄，敢把台灣人四百年的心底話公諸歷史與公開載入政治組織，我們的眞正戰鬥即將啓動！請你心底做好犧牲準備。其實，鄭南榕也是政難會的會員，在參與籌備期間，我曾多次問他有關美國獨盟的活動及台獨的內外發展情勢，他說他今年四月即在金華女中公開主張台灣獨立，我說，同樣，我也於今年的二二八「台文會」成立的當天晚上，我們在龍山寺的群眾演講會上，我也率先首度公開主張「台灣應該獨立」，我只不過比他金華女中的獨立主張早一個多月而已。二二八當晚在龍山寺，我還宣讀台文會的「台灣文化獨立宣言」，同時發佈台文會由我設計的「台語文字拼音系統」，準備近期開班授課，因此台獨的歷史性主張，都在關鍵性的一九八七這一年爆發！

但能夠讓國民黨抓狂與「起痟」（發瘋），從而引爆台獨運動的一句話，是我把那句「台灣應該獨立」的歷史性政綱與政治宣言，提案列入「政難會」的「行動綱領」中，使之通過政難會的組織章程，因而爆發了台獨案，由此才開始了台灣島上公開的台獨運動。其實「政難會」的通過台獨綱領與條款，最嚴重的恐不是台獨主張而已，而是主張的「主體」不再是一些「個人」的「單獨主張」，而是來自一個「集體」的「組織」之發聲，由一個台灣最具政治顚覆性的組織「政治受難者聯誼總會」所主張，這個組織是由一群被關押及羞辱過的政治犯所組成，具有最強的政治反叛性與不共戴天的濃厚仇恨色彩，也是最有可能於將來取代溫和主張「台灣人民自決」的「民進黨」勢力，直接挑戰國民黨政權，國民黨絕不會害怕那些搞選舉利益起家的民進黨份子，或走議會路線的政客們，但必須特別擔心政治犯中的台獨基本教義派的「理念型戰鬥人物」，如許曹德、鄭南榕、黃華或林永生等的革命份子，這些人絕對有能力起而組織及動員台灣人的共同意識或組織台灣人的民族主義，以及採用更激進的台灣民主改革，並徹底清算國民黨的歷史。否則，在「政難會」的台獨主張出現之前，不僅早已有「個人」身分的許曹德，與「個人」身分的鄭南榕，都曾「個別」於一九八七年二月及四月「公開主張台獨」，而且，除他們兩位之外，更有名且更讓人驚訝的，是出現一位自稱「甘地精神」的江蓋世青年人，巧妙而勇敢的單獨一個人，胸前掛著甘地精神綠背心，拿著「人民有權主張台灣獨立的自由」的海報。這種以言論自由，影射禁止台獨言論的個人抗議行爲，非常引人注目，江蓋世最大膽的一次是一個人舉著台獨言論自由的海報，靜坐立法院前，並率領群眾「進軍士林官邸」，直接挑戰國民黨最高當局蔣經國，令人矚目與佩服，讓人感覺台灣變了，是否不久或將出現變局的強烈「異象」與「癥兆」。江蓋世之勇敢行爲，與許鄭兩位個別的公開主張台獨，均爲個人的個別主張台獨，並未引起國民黨的強烈政治反應，可見只有當台獨成爲一個政治組織並致力最終目標時，國民黨始驚爲重大危機。

嚴格而論，從國民黨的觀點看，「政難會」如與民進黨的社會組成分子相比，政難會的成員只不過是坐過政治牢的「社會邊緣人」的微弱組織，民進黨才是眞正擁有社會經濟與政治實力的敵手，故國民黨怕的是民進黨將台獨政治主張列爲該黨黨綱，顚覆國民黨而宣佈獨立建國，因此國民黨之所以出重手打擊政難會，目的是在殺雞儆猴，嚇阻民進黨進一步碰觸台獨，民進黨一碰，國民黨就表示會抓人且依法解散民進黨，但沒想到，卻因抓許蔡兩位台獨份子的結果，本想壓制及控制台獨言論與思想的蔓延，如今卻火上加油，反而爆發成台獨運動，民進黨自己的黨員因憲法保障的言論自由而被捕，觸發極大不滿並刺激內部獨派勢力崛起，且延燒民進黨「黨綱」是否「有效」的激烈辯論，因為民進黨的黨綱主張「台灣的未來由全體台灣人民共同決定」，如未來台灣人民決定台獨，但國民黨的法律卻禁止台獨，這豈不是早已否定民進黨的人民自決黨綱為無效及廢話嗎？因此，這種矛盾與不滿，開始從民進黨的基層強烈反彈與憤怒，反而引發支持台獨言論的更加蔓延，幾乎由政黨的內部爭吵變成整個社會的熱門話題及政治菁英之間的統獨辯論，不僅進入街頭，進入國會，進入大學，進入每天的日報版面，爭論、相互叫囂，令人感覺政局動盪，山雨欲來。而國會中的立法院，民進黨的立委，尤其是我的首席辯護律師陳水扁，透過其妻吳淑珍立委的天天強力質詢台獨問題，天天要求放人，並與高舉言論自由大旗的國內外反對團體裡應外合，逼得執政的國民黨官員手腳大亂，窮於應付，但挺身支持台獨的各方人馬及團體卻愈來愈多，尤其來自全島民進黨的黨員與基層公職人員與支持者及抗議者。他們開始認為，民進黨的「人民自決黨綱」是台灣人民的「權力」，反之，政難會的台獨政治綱領：「台灣應該獨立」，才是台灣人民的「目標」！兩者唇亡齒寒，民進黨如不支持「台獨」主張，則自己的「自決黨綱」最後也是廢話一句，毫無意義。因此，民進黨遂從底層黨員燃起台獨之火，而後燃燒到它的上層黨領導者，最後更將黨內的統派領袖一一逼出民進黨，如朱高正、林正杰、費希平等都被迫退出民進黨。最後則於一九九一年黃信介當主席時，一舉通過「台獨黨綱」，成為名符其實的台獨黨，肩負推動台灣獨立的歷史使命，並將「政難會」掀起的「台灣獨立運動」的全部「政治能量」與「光環」吸納爲民進黨所有，「政難會」遂慢慢成爲民進黨的選舉動員花瓶及政治犯的餐會組織，自此而後，台灣內部始爆發長達二十五年的統獨戰爭，在此二十五中，主張台獨及維持現狀的選民，逐漸多於主張統一的選民，主張自己是台灣人的多於主張自己是中國人的比率，因此，台灣每逢政治大選，即清楚顯現統獨對決，所有台獨票必然集中投予民進黨，其理在此，而台獨運動的最大受益者，即是台獨案擔任我的首席辯護律師的陳水扁，他不僅承續了我的全部台獨理念與歷史使命正統，他也承繼了美麗島的民主遺產及光環，而一躍成爲台灣民主時代發軔期的熠熠巨星，採納我之相同民主及獨立理念，而崛起於台灣政壇。

陳水扁這一巨星，於一九九四年代表民進黨，擊敗國民黨，成爲黨外高玉樹之後首位登上首都市長，更於公元兩千年擊敗國民黨的連戰與宋楚瑜而成爲台灣總統，完成台灣歷史的首度政黨輪替。此時的陳水扁可稱之爲「台獨之子」或「台灣之子」，最後卻因家族腐化及被揭發將政治資金密存瑞士的醜聞而身陷囹圄，導致二〇〇八年總統大選民進黨謝長廷慘敗予國民黨馬英九。

公元一九八七年九月十八日，高檢署的傳票終於發出，命令我及蔡有全於九月二十九日出庭，律師以被告須處理私事爲由代爲申請改期，實爲拖延戰術，爲我及蔡有全爭取備戰時間。本來，出庭傳票已登在當期自由時代雜誌，全島獨派勢力均準備該日大規模集結於高檢署門口示威抗議，後知延期，才沒動員。

九月初起，我即積極處理公司的財產、個人所有的對外投資與股票，我將公司股權賤價售予江健智，他當然喜不自勝，我的出事就是他的獲益，但比諸當初投資，還是大賺了上億資產。我保留了土地廠房與民權商業大樓的辦公室資產，出清自己與兄弟分家後的經濟奮鬥成果，包括存於香港的二億五千萬美金，不包括茱莉的大飯店投資，我的資產達百餘億新台幣，銀行現金存有一億多，特留予女王日常之需，我寫好準備遺留的財產細目，告訴女王，如我被捕，當如何守護、運用與處理這些巨額財產的各種方案。只要守得住，不必亂投資，這些財產絕對足夠支付我萬一戰死於獄中，她仍有我遺留給她及兒女的成長與創業資金，三十年生活無虞。

十月初，高檢署的第二次傳票終於寄來，這次定於十月十二日出庭，我們都心知肚明，一旦進了高檢署大門，將有去無回。此時心境，頗有古代刺客勇士「風蕭蕭兮，易水寒，壯士一去兮，不復返」的蒼涼之感！

十月過後，我以爲已妥當安排好資產佈置並交代女王一切細節，始對女王說，我們一起到南部度假，玩到十月十二日出庭前幾天，才返回台北出庭，於是我便駕著我們那部閃閃發亮的、價值五百萬新台幣的蘋果綠豪華賓士轎車，帶著十天的替換衣物，挽著依然美麗動人、高貴雍容的女王，好似一對新婚夫妻，一路浪漫地往南奔馳而去，我也忘了超速罰單這碼事，多以時速二百公里高速疾馳，一路上女王的長長美髮隨風飄飛，楚楚動人的一代美人的美麗倩影，如渡新婚蜜月之遊的一對新人，其實，這是我即將入獄的夫妻吻別之旅，這也是我這一生為台灣這塊土地及人民，為民主自由與獨立命運而戰的第二度入獄，並預期，在我被判重刑後，我們夫妻勢必再度長期分離，女王一路眼帶淚光，期盼我會很快平安歸來，她仍毅然以深情的微笑代替傷悲，而溫柔依偎於我駕駛座位的身旁，看我握緊方向盤，臉上充滿自信地往南飛馳與超車，我頻頻轉眼凝望著美麗妻子，說我們要追上南台灣墾丁今天黃昏的美麗晚霞，一起在南國的金色沙灘上共進豐盛的晚餐。

當夜，我們在墾丁的一家海邊豪華大旅館度過了南國浪漫的一夜，夫妻瘋狂擁吻與熱情纏綿，宛如初戀，女王頻頻問我台灣有可能獨立嗎？我說，當然有，同時也要看我們對台獨做何「定義」？但最終的國際法下的永遠獨立，恐需很長的時間，必須等待世界權力的變化，及中國有否可能變成自由及民主的國家，與無數後代台灣人的堅持與努力、奮鬥與犧牲始能成功。台灣人的獨立，必須戰勝內外兩道敵人，都與中國有關，一是盤踞及殖民台灣的中國國民黨的勢力，願否台灣化，共同成為台灣人，在二次世界大戰，它曾是美國的親密戰友，開羅會議時美國曾一度同意日本投降後將台灣贈與蔣介石，所以日本投降後，盟軍最高統帥麥克阿瑟才命蔣介石軍隊進入台灣，代表盟軍接受日軍投降，是為軍事占領與託管，但蔣介石卻未待國際對日和約之領土主權移轉正式簽約與同意，即將台灣視為「中華民國」領土，將台人未經國際法上的選擇國籍權之原則與手續，即強制島上的所有居民一律歸屬中華民國。

一九四九年，蔣介石在內戰中戰敗，帶了一百餘萬軍民流亡台灣，遂據地為王，高壓統治我們台灣至今，因此，我們台灣人欲求獨立的第一道難關是，以武力壓迫我們的國民黨獨裁政權如何避免內部的武力革命，及避免第二次二二八的殘殺，形成一代代移民互相砍殺的仇恨，如何成功把它民主、自由與獨立化，如何將中國人意識成功化爲台灣人意識，走向「台灣命運共同體」的台灣人意識的國家。這就是我們的神聖歷史任務，現在，我們不過是打破它的歷史禁忌而已，統治者就暴跳如雷，準備抓人，可見台獨對國民黨威脅之大，老實說，只要台灣政治民主及言論自由化，島上的住民百分之九十以上恐都會舉雙手贊成台灣獨立，但台灣是東亞及世界強權爭相奪取之地，歐洲的西班牙與荷蘭都曾先後統治過台灣，後來鄭成功又打敗荷蘭人，把台灣變成東寧國，大清帝國又於一六八三年滅掉鄭氏王朝，統治與欺壓了台灣二百餘年。公元一八九五年，大清帝國又因與日本爭奪朝鮮而發生甲午戰爭，大清敗，遂又割讓台灣予日本，做了五十年的日本臣民。二次大戰，美國又戰勝了日本，日本雖於一九五二年舊金山和約明載「放棄台灣主權」，但並未指定給那一個國家，因此決定台灣未來的，如依舊金山和約，理當應由台灣全體住民共同決定，台灣絕不是中國片面自稱的是中國領土的一部分，台灣更不是國民黨自吹自擂的是中華民國的一部分。國民黨是承接二次大戰後亞洲戰場最高統帥麥克阿瑟將軍的命令，依開羅會議代表盟軍到台灣接受日軍投降而已，是一種暫時的軍事佔領與托管，有待國際正式的和約與決定。而一九五二年的舊金山和約，日本只在和約上申言放棄台灣主權，並未指定給予哪一個特定國家，故合理的國際推論是，應交予島上住民自決。國際法上，並未將台灣主權交予中華民國。因此，台灣主權歸屬的正式國際條約，是一九五二年的舊金山和約，由對日作戰的四十八國簽署，日本於合約中聲明同意放棄台灣及澎湖的所有權，但並未明白指定給誰，既然並未指定給誰，當然是由現住於台灣島上的全體居民共同決定未來，但一九四五年日本投降時，亞洲盟軍最高統帥麥克阿瑟卻又臨時命令蔣介石暫代盟軍入台受降，接收台灣，蔣介石聲稱是根據開羅宣言，台灣應歸中華民國所有。其後，蔣介石又因於一九四九年中國內戰中的徹底戰敗，逃亡台灣，以中華民國國號佔地為國，而擊敗蔣介石的毛澤東，則於一九四九年於北京宣布成立中華人民共和國，雙方皆宣稱台灣主權是他們的，這就是二次戰後糾纏不清的台灣問題。因此，台人欲求獨立的第二難關，是如何抵抗控制中國大陸的中國共產黨的侵台野心，中共一天到晚高唱中國統一，強欲吞併台灣，台灣如何對抗與化解，是一大問題。

左右台灣的最大強權是美國，其次是中國，我們這代台灣人，既要努力使台灣民主與自由化，又要經濟現代化，並能處理二次戰後，美國縱容國民黨占領台灣留下的複雜中國問題，以及清理與擺脫國民黨與共產黨因中國內戰留下的政治恩怨情仇，及二者把台灣牽拖其間的歷史垃圾問題。

因此「台灣獨立」必然牽涉美中兩強的國家利益，除非中國民主化，正式的獨立恐不是短期可以預期的。台灣人恐需幾代人的奮鬥始有可能，但台灣人起碼已脫離歷史的奴役地位，取得了民主與自由的偉大政治成就與現狀的實質獨立。台灣的現狀(State quo)是獨立於中國或任何國家統治之外的政治實體，因此我們現在的地位是一種國際法上的事實獨立(de factor)，仍非法律上(de jure)的獨立，所謂法律上的獨立，是指獲得諸如聯合國或世界各主要國家的承認之意。台灣之獨立現狀，當然是拜美國訂定「台灣關係法」之賜。

我們在墾丁過了一夜，一大早，便開車繞經南迴公路，慢慢駛進充滿歷史回憶的美麗台東，車子繞過我住過的八一四軍醫院，一九七五年，我就是從這裡被釋放回家的，猶憶女王每星期千里迢迢從台北繞經南迴公路，孤自一人到軍醫院照料我，一住四、五天的辛苦往事，如今仍然歷歷在目。黃昏時，我們特地把車開到富岡碼頭，坐在車內，靜靜眺望前面太平洋碧波萬頃之中，夕陽餘暉下的遠處美麗綠島，徜徉在波濤洶湧的東太平洋的美麗福爾摩沙之濱，有如掛在台灣母親胸前的一顆眞珠。看到綠島，女王不禁悲從中來，就在十五年前的一九七二年，她曾每年都冒險乘船前往綠島監獄探監與會面我一次，其中一年，幾乎沉船喪命！如今，這個台灣歷史的惡魔島，說不定又要再度關押我這個倔強的政治叛徒，女王悲淒地望著我，同時又一次凝望那黃昏時的惡魔島，也許，過了明天，我將再一次被關進綠島監獄的牢房，也許我的宿命就是最終死於此地。而女王的最後悲慟，是再度回到這個惡魔島抱回丈夫的最後遺體！我看著女王悲淒而動人地不斷滴下夫妻可能永遠別離的傷心淚滴，突感心碎與不忍，傷心欲絕，因而忽感身不由己，把她擁入懷裡深吻，溫柔擦乾她臉上的美麗淚滴，告訴她，這次，請相信我，我一定會很快回到她的懷抱，應該不會超過二、三年，我們必會勝利而歸！此後，我將永遠陪在她的身邊，歸隱山林，做一個富有而快樂的商人，永遠不再離開她！晚上，我們在台東過了一夜，而後我們沿著壯巍的花東縱谷，駛向美麗的花蓮，隔天，我們再度開車到太魯閣，觀賞鬼斧神工的奇岩峭壁。

記得今年的新春過年，女王曾大方破例，邀約小維一起做了一次環島妻妾三人的浪漫同遊與共房，這種現代人已很少見的嬌妻美妾的同遊與共衾同枕，當代世間男人，其艷福如我之多與之奇者，我恐是少數中之少數，艷福之奇而竟至能讓妻妾同歡共寢，同衾共枕，不興醋意，此眞人間美譚與奇聞。美麗小維此時芳齡二十八歲，小我二十二歲，小維是在一九八二年，我剛從香港寶石事業第一次卸下董事長職位回台，在台北某一特殊交際場合結識，此女誠一奇女子，美麗溫柔而多情，非常愛我，女王知道並見面後，認爲此女單純無害，容我繼續與她往來五年，我每天幾乎都會與這個美麗情婦做愛一、二次，她非常乾淨與潔癖，讓人非常舒服，是美人之中難得一見的眞正「香妃」，全身肉體經常不斷散發激動男性性慾的強烈奇香異味，非常動人。當然，從女王觀點看，小維不算我的什麼大美人，只能是我的許多無名小美女之一，但可愛、隨和，令我喜愛。這次我將入獄，女王說，不必讓她知道，她會嚇死的，由她轉告與安慰就好了，自此即無她的音訊。

入獄前我特地到薩奇大飯店與茱莉吻別，茱莉一邊給我離別的瘋狂情愛，希望我勝利並平安歸來，一邊告訴我說，X星看到我驚人的新聞與報紙的報導，對我的政治理念非常震驚與敬佩，說你是台灣人的了不起英雄，希望我入獄之前與她吻別，我遂當夜住在薩奇的美麗大套房，與此一代美麗艷星做一次離別的激情與相愛，我已忘記兩人究竟性愛了幾次，只記得她瘋狂的美麗嘶喊，不斷高喊愛我，高潮之後，又要性交，瘋狂如一條美麗的母狗，我請茱莉動用隱藏錄影設備，把我們兩人的偉大歷史性愛鏡頭全程錄下，但願他日我出獄之後，兩人可以再度共賞與回憶，如我死於監獄，請茱莉記得銷毀它們，不可流傳。

我又交代茱莉試圖找到小維，因爲，此次政治入獄，重判之後，不知何時能回，也許從此一去不返或死於牢中，所以我叫茱莉設法找到小維，由茱莉代我致送二千萬新台幣給她，感謝這個有情女對我的五年之愛，但卻忘了小維的地址，茱莉後來也找不到她，自此失聯，到了二〇〇八年，即我們分開後的二十年，女王始從保險箱中，找出小維於一九八七年十月十三日所寫的一封情書給我，句眞字切，充滿當時的眞情：

老公，你好！當我在電視上見到你被人押走的時候，知不知道你的小維有多痛心多難過！好捨不得你，我不要人家對你那樣，我不要！在你背後，我不知道自己哭過幾次，心都哭碎了，但是，每當想起你曾告訴我的話，放心，我很快會回來的，心裡就感到很欣慰，也感到踏實多了，我也深信，你一定會回來的，而且很快就會回來，對不對？因爲，你並沒有犯錯。

遺憾的是，在這段期間，你不能讓我去看你，眞的很抱歉，我也不知道我能爲你做什麼，不過我要告訴你的是，老公，我好想你，好想你，如果你願意的話，小維會等你回來，望你早歸。老公，那你想不想我呢？沒有你，我的人生沒有意義了，我眞的會不回來，只有爲了你，我才會想回來，信不信由你。

保重！

想你的小維 筆　一九八七年十月十三日

這張留言，讓我感動，我把它附在回憶錄，以表懷念。

茉莉又問我，美麗的V星前幾天才從美國回來，這兩天一直來電，聽到你即將入獄的消息，流下眼淚，希望與你吻別，我說，把她約在後天中午，我們一起吃飯，飯後我們才相聚吻別與共度最後一夜。我遂交代茉莉，我如死於監獄，你我兩人投資共有的薩奇大飯店百億投資，除了留予小維二千萬新台幣外，請再留予韓國的女兒「朴香愛」一百萬美金的成年教育基金，其他所有遺產（應有五十億以上），請以我母親許莊石妹之名贈予慈濟。因爲，茉莉是虔誠的慈濟志工與佛教徒，我把寫好的遺囑交予茉莉保管。

遊完太魯閣美景後，我們即驅車繞經驚險的蘇花公路返回台北，但見一望無際的死寂太平洋，碧波無垠，白浪滔滔，巨浪一波緊接一波，疊起千堆雪，啊！恰似人間的無常歷史，生起死滅，讓人望景生悲，嘆人世之無常，與生離死別之無奈！

一九八七年十月十二日清晨八點，我穿著準備入獄的夾克便裝，背著入獄所需的衣褲與生活盥洗用具的背包，挽著女王，從我們吉林路的台北寓所，乘一部計程車直抵台北高等法院檢察署的門前，此時，高等法院的門口廣場及沿街大馬路早已黑鴉鴉一片，人山人海，顯然，這是支持台獨運動的全島兄弟姐妹的大集結，我與女王遂於人行道旁下車，一起走向高檢署大門，群眾之中此時突有人大喊，許曹德萬歲！台灣獨立萬歲！之後，記者的鎂光燈即此起彼落，朝我照個不停，大家擁著我走向高檢署大門的臺階，與群眾領袖及早已抵達的蔡有全會合，準備與沸騰的抗議及示威群眾見面，並做入獄前的告別演說，我遂拿起手持麥克風，對著百千圍繞於法院門外的台獨兄弟姐妹們演講：

親愛的台灣全島兄弟姊妹們，大家平安！大家知道，所謂「台獨」，就是要求已做四百年奴隸的我們台灣人民，從此決心，憤然而起，要求做主人，要求建立自己的獨立國家，我們決不會因爲統治者的司法迫害而懼怕、退卻或放棄。我們決心不惜犧牲，不計代價，追求當家做主，追求台灣之獨立與自由，宣揚台灣應該獨立，直至建立我們自己的獨立國家爲止。

兄弟們，讓我們手牽手，心連心，一起擺脫四百年來被殖民統治及欺凌的悲慘歷史，獨立才是我們的唯一希望，讓我們爲台灣人的最後自由而戰，台灣人萬歲！台灣獨立萬歲！

講畢，群眾舉旗揮舞，同聲高喊台灣人萬歲，台灣獨立萬歲！許曹德萬歲！隨後，由蔡有全做長篇而激烈的演說，直到我與有全及律師團均進入高檢署，外面仍持續由各地政治領袖不斷進行台獨理念闡釋的街頭演講，黃華、鄭南榕、林永生、紀萬生、蕭裕珍、田爸爸與田媽媽、顏錦福等無數民主運動知名人士均紛紛到場，接力演說與率眾唱歌。之後我們準備進入法院大樓應訊，人聲沸騰，抗議群眾要求進入旁聽，法警則列隊阻擋，雙方爆發激烈扭打，互控傷害，我與有全與律師團全體被引進二樓候偵室，等候檢察官傳訊，預計第一個傳訊的應是我，李勝雄律師遂代表律師團意見，對我說，我們為防被告口誤，遭檢察官抓到把柄，所以可以依據被告緘默權，對檢察官的所有提問一律拒答，但是我心中則認為，將如此重大的台灣獨立政治議題導入法律審判，本身就是政治荒謬劇，法律絕無可能公正明辯台獨的歷史是非曲直，台獨是政治問題，不是法律問題，台獨到了法院，就是統治者與我們的政治鬥爭，我們在法庭絕不可能贏過他們設定的迫害法條，因此我們之所以上法庭與國民黨鬥爭，打的是台灣獨立理念戰，打的是台灣獨立運動戰，打的是不惜為理念而死的壯烈犧牲精神，打的是激發台灣人意識，激發建立新國家的台灣民族主義的歷史正義之戰，讓台灣人民看清「法院」是他們用來鎮壓我們的政治工具。因此，法律的辯論不是一般律師強調的如何為被告想辦法脫罪或閃避法網的伎倆，而是政治鬥爭的正面決鬥場、宣揚台獨的正義戰場！我與南榕兄弟約好，法庭就是我們追求台灣獨立的政治「演講台」，監獄就是我們獨立運動的「神聖戰場」！我們只有二條路，勝利的走出去，或者壯烈死在這裡！因此，我拒絕了李勝雄律師的建議，逕自與檢察官的訊問對幹，果然，洪金寶檢察官第一個問的就是我，他看我一無懼色，有問必答，還對檢察官反唇相譏，他遂憤而問我，什麼是「台獨」，我回答，「台獨就是獨立於中國統治之外！」這句名言，第二天被聯合報等視為台獨的正面定義，其後被廣泛引用二十年以上。繼我之後訊問的是蔡有全，有全態度強硬，根據緘默權，一概拒答。洪金寶假惺大怒，下令收押兩名被告，我與有全遂即被法警當場押著，解送至法庭後院早就等候的警車，他們粗暴的將我們兩人塞進警車，快速駛離法院，開往土城監獄，我回頭一瞥，看到群眾瘋狂爬上高院後院的鐵柵門上，集體叫囂與怒罵，女王掩面流淚，周慧瑛跳腳痛哭，田媽媽在旁，一起嚎啕大哭……。

約下午一點多，我們被押進土城看守所，經過監獄的標準入監檢查手續，我與有全被分發到孝字棟監舍，據說，孝棟關的都是重犯與名人，難怪當我們進入孝棟監房時，引發一陣騷動，聽到門內犯人大聲對話說，是許曹德與蔡有全，都進來了！這是我一生第二度爲「自由而戰」而被關進的第七個監獄，依序是，一九六八年關在調查局六張犁看守所，其次，是短暫寄押於新店軍人監獄，再來是借押，關在西寧南路的東本願寺，及最後押入新蓋的新店政治犯監獄，一九七一年國民黨被趕出聯合國前，則又被集體移監到綠島監獄，而後關在台東八一四軍醫院治療心臟病，一九七五年四月蔣介石死亡，我即從軍醫院釋放回家。

我第二次爲「獨立而戰」而再度入獄，一共關過兩個地方，即土城看守所及龜山監獄，土城看守所也是監獄，同時也是擔負槍決死刑犯的刑場所在，所以是最複雜的羈押犯人的地方，因此，毛病也特別多，有錢與沒錢的犯人之待遇，可謂天壤之別，就以犯人家屬到監會面而論，有政治力與無政治力，差別更大，一般會面，是雙方隔著玻璃，手持電話對談，無法直接面對面談話，且規定如麻，時間有限，大概十分鐘左右，其他則難以通融。但在這裡，立委可以申請特見，政治犯反而受到特別尊重。台灣的政治犯，在我之前，都依戒嚴令關在全屬軍事機關管轄下的新店監獄，或綠島監獄，可說毫無人權與尊嚴可言，但這一次，我與有全被抓時，是所謂解除戒嚴之後的「第一件叛亂犯」，解嚴之後的所有叛亂案件，依法一概交予高等法院審理，不再軍事審判，因而我與有全是解嚴之後，最高法院審理的第一件「叛亂案」，因此，就土城看守所而言，我與有全是歷史上第一次關押有名政治犯與人物的首例，當時，我們兩人的大名天天上報，如雷貫耳，土城看守所內幾乎無人不知，所方對我們的要求，如英文書籍、中外雜誌、報紙，這些過去新店軍事監獄絕對禁止的東西，土城看守所反而統統不管，准我帶入或郵寄進來，而最讓我快樂的是，我與有全都享有民進黨立委每天申請「特見」的快樂待遇。

所謂「特見」，即由具立法委員資格的立委向土城看守所申請與某位羈押人犯的特別禮遇的見面安排，即排除一般與羈押人犯會面，必集中到一特殊會客的錄音室，雙方隔著大玻璃窗的兩邊，只能各持電話筒對話而不能面對面，而且一次會面只能一人的嚴格限制，「特見」則是安排在一間客廳式的會客室，有桌椅，有沙發，有茶杯，可以如賓客一般對話，雖有獄卒在旁監視，檢查訪客帶進與攜出的物品，但一般均不嚴苛，這就是我為何能把每晚寫就的一段段「許曹德回憶錄」草稿，即時交予當天前來特見的女王攜出監獄，轉予胡慧玲整理出版。我恐是台灣監獄史上第一位人在牢中，卻仍能在被監視之下，將獄中完成的作品未經檢查而偷攜出獄外出版的歷史第一人，它是一部宣揚及闡述一個台灣知識份子，如何在國民黨的大中國洗腦教育底下，竟會萌生強烈台灣人意識及台獨思想的至性之作，相信百年之後閱之，仍會讓人感動。

特見並無硬性規定，有多少立委申請，就准多少次特見。我就曾有一天特見五次的記錄，民進黨主席江鵬堅本身即是立委，又是主席，他交代黨的所有立委都加入協助我與有全的台獨案的每天特見申請。因爲，我們被捕的初期，國內外想見我們的人太多了，我幾乎每天特見，猶見不完，所以，連主席江鵬堅也參與申請特見，協助帶進各方有名人士與我及有全會面，一星期有時超過十次以上。

爲了法庭大審辯論，我請女王把我近年來收藏的有關台獨的一切重要資料都送進我的牢房。我也請女王天天給我買進五份重要的日報與反對派的重要週刊雜誌，甚至每星期出版的美國時代週刊。因此，我雖然人被關在牢房，但資訊卻源源不絕，非常靈通。所以，我在土城看守所內，想見何人就能見到何人，我每天精神抖擻，戰志昂揚。我的第二次入獄，才眞正享有台灣政治犯前所未有的空前尊嚴與對待。

由於國際著名媒體的報導，以及我與有全係因和平主張台灣獨立而被捕入獄，遂被擁有百萬會員的「倫敦國際特赦組織」(Ammnesty International)採認爲世界「良心犯」(Prisonner Of Conscience)，復受如美國紐約時報及時代週刊的介紹與政治分析，我似乎一夕之間變得非常出名(Famouse)，躍上國際媒體。台灣高等法院對台獨案的審理與發展，各報每天都在追蹤、爭論、謾罵、恐嚇，每天都有消息，議論紛紛。無數海內外的政治領袖、宗教領袖、智識精神領袖，也從世界各個角落紛紛來函致意，大量湧入土城看守所，對我表達關切與敬意，大多稱我爲一位「勇氣十足的自由戰士」(A Freedom Fighter Full of Courage)。

這次，我與有全進住的牢房都是單人房，房內除了一張單人床外，還有一張破桌子與椅子，讓我非常滿意，認爲是對我坐牢的最大敬意，讓我從此可以執筆寫作，就在這張小而破舊的桌子上，我寫出了有名的高等法院台獨辯護狀，寫出了眞情流露、一氣呵成的《許曹德回憶錄》，尤其是回憶錄，長達二十五萬字，我竟能以一百天的淚水與汗水寫成，寫作的時間從晚上十二點到清晨六點，時値炎夏，寫時汗流浹背，我常寫到人生至情與至悲時，滿臉淚水。

這本回憶錄，是我一生前半段的堅毅眞情奮鬥史，充滿理念與是非曲直，洋溢一股視死如歸的勇邁與理想，及一股悲天憫人的豪氣與天地一搏的勇氣。我之所以寫下回憶錄，起因於鄭南榕的堅持，當他讀畢我寫出的法庭台獨辯論狀後，認爲我的一生絕非簡單，請女王到監獄見我時，務必說動我，寫出我的一生故事，愈快愈好，他計畫爲我出版《許曹德回憶錄》，也可藉機傳播台獨理念，推動台灣獨立運動，我遂以短短百日，不顧牢房濡熱，心臟陣陣劇痛的干擾與襲擊，將沾滿汗滴與淚水的原稿，藉不斷訪客的無數隔天「特見」之便，將回憶錄的原稿偷偷交予女王攜帶出獄。當鄭南榕閱畢《許曹德回憶錄》的初稿後，他說，許曹德是「台灣的一代奇男子」，理念清晰，果決勇敢，一個了不起的企業家，雖擁億萬豪富之身，卻棄之如敝履，二度爲台灣的民主自由與獨立而戰，不惜再次犧牲入獄！他是台灣人的獨立英雄！台灣的一代奇男子！

（二）紀念一位「不自由，毋寧死」，爲自由而慷慨自焚的「偉大獻身者」——鄭南榕同志

鄭南榕是台灣四百年歷史的「巨人」與「偉大獻身者」，是台灣四百年歷史的「第一勇士」與「曠世奇男子」。鄭南榕也是「台灣一代奇男子」與「台灣獨立運動第一英雄」！

南榕眼光敏銳，他說我的平凡外表底下，必定蘊藏一個偉大生命的不凡經歷，所以請女王每次到看守所特見時，逼我一定刻日寫出《許曹德回憶錄》，自由時代雜誌將迅速推出，同時也爲如火如荼的台獨運動及時加溫。我遂從五六月寫到母親忌日的九月九號完稿，共一百天完成，我利用女王幾乎每天來所特見的機會，分批由她夾帶原稿出獄，交予鄭南榕，南榕大喜，請編輯部大美人胡慧玲整理出版，除部分精彩篇章於時代週刊雜誌連載外，全書於一九八九年一月出版，但出版翌日即遭國民黨查禁，視爲宣揚台獨的禁書，更因遭禁，而洛陽紙貴，銷路更好，但《許曹德回憶錄》出版後不過三個月的四月七日，鄭南榕卻因繼續推動台灣獨立，刊登許世楷的「台灣共和國憲法草案」而被控叛亂，南榕因爲拒絕出庭，爲捍衛言論自由與獨立運動，他斷然悍拒國民黨刑警的任何非法逮捕，遂於一九八九年四月七日於國民黨刑警企圖攻堅逮捕時，引火自焚於雜誌社總編輯室內，死時肉身雙臂燒成高舉勝利的V形手勢，勇敢與無懼之英姿讓人千古欽歎，膜拜與萬古敬仰！肅然起敬！鄭南榕不惜爲獨立與自由理念，乾坤一擲，不僅台灣歷史前無古人，世界歷史亦所罕見！鄭南榕的壯烈犧牲與無私奉獻，留給世界與台灣

人民一個偉大的不朽靈魂與偉大的精神遺產！女王告訴我，南榕爲對抗國民黨告他叛亂罪名以便逮捕他入獄，聲稱國民黨只能抓到他的「屍體」，不可能抓到他的「人」。要抓，就Over My Dead Body！國民黨不信邪，企圖對他攻堅與逮捕時，始知錯誤，警察還未攻進雜誌社的大門，南榕已於自己辦公室內，命社內同仁帶離自己的愛女竹梅後，即引爆汽油自焚犧牲，誠是台灣歷史不惜奉獻珍貴生命爲自由與獨立而戰的第一勇士！

就在南榕自囚於自由時代雜誌社總編輯辦公室的七十二天，日夜與汽油桶同眠共睡期間，女王爲了拯救南榕寶貴生命，每天中午，必親自下廚烹調南榕最愛吃的各種台灣美食，親自從吉林路台北寓所步行至民權東路巷內的時代雜誌社總編輯室，給南榕品嘗解饞，陪他說話，希望解除南榕的決死意志，女王說南榕的個性與喜好非常像我，她希望以姐姐美麗的柔情與眼淚，融解他的鋼鐵意志，不時偷偷奪走汽油與打火機，但均無效，所有好友、同志、至親、兄弟、美麗的妻子葉菊蘭與可愛的女兒鄭竹梅，南榕均置諸腦後，但爲自由之絕對價值與理念做千古之一訣！台灣歷史第一奇男子與第一勇士，南榕自囚七十二天中，女王每天下午獨自一人陪他吃飯，看他從容品嘗及讚賞女王烹煮的美食六十八天，仍留不住這個偉大的獨立英雄與並肩而戰的不朽同志。

我在龜山監獄的獨居房內，爲南榕悲劇英雄之死而滴血灑淚，淚流三天不止，生前，他爲我出版《許曹德回憶錄》時，曾謬譽我爲「台灣一代奇男子」，不對，他才是我們台灣歷史的第一奇男子！一個不折不扣的台灣反抗哲學行動革命家，言行一致，敢說敢爲，義無反顧，是百年難得一見的偉大靈魂與自由鬥士！爲台灣的歷史留下獨立與建國運動最了不起的偉大巨靈。有了鄭南榕，台灣人與台灣歷史將如以色列的猶太民族，即使被中國再奴役二千年，台灣人仍然會實現獨立建國的夢想。因爲，鄭南榕的偉大自由精神與心靈，提供了台灣歷史無限的運動能量與不屈不撓的精神內涵，這就是：即使這一代獨立失敗，台灣人仍將一代接一代「爲自由而戰」！他死時英年不過四十二歲。他生於一九四七年，國民黨佔據台灣而發生二二八大屠殺的那一年，鄭南榕莫非是二二八事件慘死的英靈之含悲投胎，在他生後四十年，始由他打破禁忌，發動紀念二二八和平運動，並發動與支援台灣獨立運動，與我併肩於同年分別公開主張台獨，由我在「政難會」首先發難通過「台灣應該獨立」的「台獨政綱」，正式鳴槍啓動台灣歷史性的獨立運動，留下震撼的一九八七台獨事件，而這一年，我正五十歲。

一九八七年十月十二日，我與有全被高檢署收押後，律師團當天下午即對外公開舉行記者會，譴責高檢署違反人權，充當政治迫害及鎮壓台灣人民言論自由的司法工具，誓言成立「許蔡後援會」，發動全國大規模群眾演講及街頭大遊行，堅決要求無罪釋放許曹德與蔡有全。在台獨案爆發後，台獨勢力似雨後春筍，以個人與團體名義出現各種聲援會，但以政治犯爲骨幹的，這是初期最大的動員組織，其後面的推手則是鄭南榕，地點設在自由時代雜誌社，以鄭南榕爲首，與黃華、林永生等政難會兄弟籌劃數波名爲救援許蔡二位同志，實爲推動台灣獨立運動，並設計主題，決定全國演講的遊行日期與路線，第一波是喚醒台灣人意識，激勵台灣人當家做主的獨立意志，高喊「我們是台灣人，不是中國人」。

國民黨抓許曹德與蔡有全，眞正目的是恐嚇全體台灣人，嚇阻台獨勢力的蔓延，警告誰再敢如許蔡二人站出來高喊台灣獨立，誰就會被抓入監獄。結果，恐嚇完全失敗，聲援會從我與有全入獄後的十月中旬開始，第一波就發動四十場的各地群眾演講與街頭大遊行，人人高呼台灣獨立萬歲，看你高檢署抓得完還是抓不完？聲援會由北向南一場場舉辦，強調誓把許蔡二位兄弟救出，號召台灣人當家做主，推動台灣的獨立、民主與自由。聲援會的推手還包括政難會的同志楊金海、林永生、蔡金鏗與林樹枝等。他們都是勇敢的台獨戰士，參與獨立運動的歷史之戰。第一波四十場聲援會的演講與遊行活動結束於十月三十一日的台北萬華老松國小，當晚老松國小操場湧進萬千沸騰群眾，人山人海，水洩不通，政治名嘴都還演講未畢，群眾即紛紛要求遊行，沿街數萬群眾高呼「台灣獨立萬歲」，「釋放許曹德」，「釋放蔡有全」。民進黨的台獨名嘴炮聲隆隆，轟擊國民黨是殘殺台灣人民的二二八事件劊子手，是殖民獨裁統治台灣四十年的流亡政權，因此「台灣應該獨立」，台北街頭第一次出現如此規模的台獨大遊行，聲勢極爲驚人，震驚了國民黨內部及高層，遊行中，發生國民黨抓扒仔被群眾當場抓住，逃進遊行指揮車，受顏錦福與鄭南榕總指揮保護的插曲，但二人事後反而被控。

第二波聲援會是台獨案在高等法院大審判後，由黃華與鄭南榕承續我掀起的獨立運動，構思不同主題的「新國家運動」，舉辦全國台獨行軍，由黃華率領女王與周慧瑛二位受難者家屬，深入台灣窮鄉僻壤，如苦行僧一般，行走全島兩圈，宣揚台獨，並打出新國家、新國號、新憲法與新國會運動。

十二月十日是世界人權紀念日，出乎大家意料之外，高檢署卻故意選擇這一天起訴我與有全，民進黨與台權會立即發表聲明，譴責國民黨操控司法，故意藐視世界人權，將人民的和平言論與政治主張視同叛亂罪起訴，並蓄意挑戰文明世界的人權價值，故意選擇十二月十日世界人權紀念日的崇高日子，挑戰及起訴許蔡二位和平的政治主張者，是當今世界除了國際共產主義國家外，最無恥與最踐踏人權價值的野蠻政權之一。我與有全遭起訴之後不久，倫敦的「國際特赦組織」(AI)即發表聲明，譴責台灣政府，違反人權，要求立即釋放許蔡兩位政治良心犯。而台灣基督教長老教會，一個最關心本土的宗教組織，在高俊明牧師的領導下，也宣布全力投入救援許蔡台獨案。長老教會是台灣獨立運動中最令人尊敬、最強有力的本土化宗教團體，一九七七年，足足早我十年，就曾發表「台灣人權宣言」，要求蔣經國將台灣建成一個新而獨立的國家，但國民黨這個頑固不靈的流亡政權，一再錯失歷史良機，自尋死路，拒絕本土化，不但無視長老教會的建立新國家籲求，且繼續對長老教會百般干擾與迫害，高俊明牧師即因掩護施明德逃亡而被判七年徒刑。此次台獨案爆發，台獨勢力日漸蔓延，長老教會亦揭竿而起，宣佈將於十二月十五日爲許蔡台獨案舉行牧師上街大遊行，支持與聲援台灣獨立運動，要求釋放許曹德與蔡友全，並遊行至總統府請願。

一九八七年十二月二十一日，我在土城看守所牢房接到台獨案起訴的開庭審理傳票，時間是一九八八年一月九日出庭應訊。

（三）「台獨」的歷史性大審判，及蔣經國的暴斃！

台獨案使蔣經國於我審判後第四天，即一九八八年一月十三日，七孔流血暴斃於七海官邸。很多人懷疑，他應該是被許曹德的「台獨」主張活活氣死！蔣家父子殘暴統治台灣長達四十三年(1945-1988)，留下難以磨滅的歷史傷痛，包括二二八事件的數萬無辜冤魂，無數人家破人亡，迄今仍然眞相未明！關押過的政治犯，超過二萬八千人以上。但蔣家的殖民統治政策，壓制台灣人意識，卻反而孕育台人的反抗意識，產生強烈的台灣人意識，逼迫台人邁向獨立，遠離中國，並從殘酷的社會、文化與政治的壓迫中，發展與孕育亞洲首屈一指的民主政治及成熟的自由社會，超越日本；並於二〇一六年，選出華人社會的第一位傑出女性總統，超越美國！二〇一六年，台灣被世界「自由之家」評定爲世界最自由之「國度」！

小妾王小維同遊花蓮

女王與小維同遊同攝於花蓮（1987年春天）

1987年8月30日，「台灣政治受難者聯誼總會」於台北國賓飯店舉行成立大會，討論組織章程時，許曹德提出「台灣應該獨立」而震驚全場。（邱萬興攝影）

1987年出席「政難會」，提案列入「台灣應該獨立」，遂爆發台灣歷史首次「台獨運動」。

1987年10月12日，許曹德前往台灣高檢處出庭時，向全島聲援群眾揮手致意。（邱萬興攝影）

1987年10月12日，蔡有全、許曹德二人被台灣高檢處依叛亂罪收押。出庭前，來自全國各地群眾聲援。右起蔡有全、徐秀蘭（中間後，許曹德的太太）、許曹德（左二，手持麥克風）等人出庭應訊前留影。（邱萬興攝影）

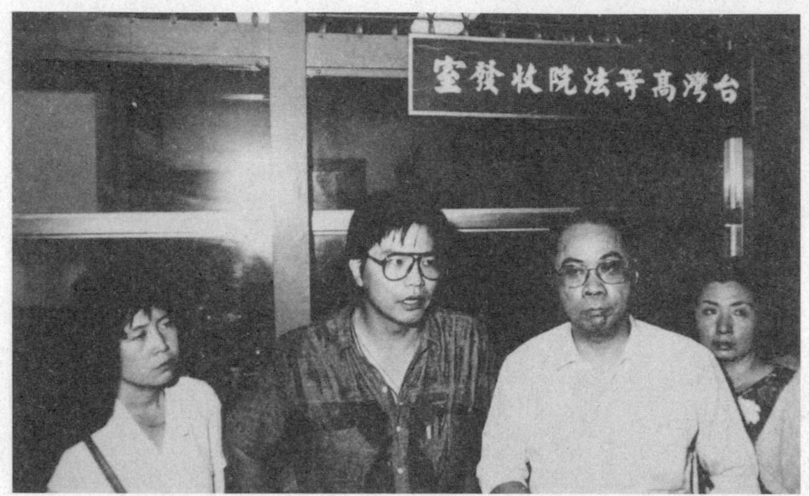

1987年10月12日，蔡有全、許曹德二人被台灣高檢處依叛亂罪收押。出庭前，來自全國各地群眾聲援。左起周慧瑛（蔡有全的太太）、蔡有全、許曹德、徐秀蘭（許曹德的太太），蔡許出庭應訊前留影。（邱萬興攝影）

1987年10月12日，台獨案進台北地檢署前之堅強身影。進去即坐牢，至1990年4月出獄。「兄弟免驚，我一定會回來。」

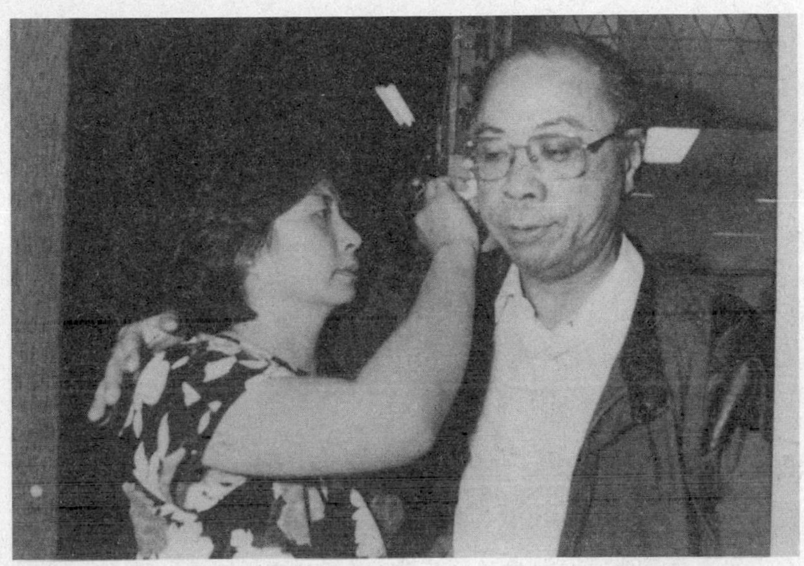

1987年台獨案入獄前一刻。「不放人就不報到，老尪我給你擦汗。」

1987年台灣全島各地群眾聲援。兩位受難家屬全島奔波，展開救援行動。徐秀蘭（右前）與周慧瑛（左前）走在第一線。（邱萬興攝影）

台獨定案後部分關心同學合影。圖中有公論報羅福全、毛清芬夫婦（第一次回台同學會世台會）、台大政治系校友、台灣電視公司總經理及廖蒼松先生。

蔡許台獨案聲援會在台北市舉辦大遊行。（邱萬興攝影）

新國家運動全島行軍，許曹德與蔡有全妻子。

1989年獨立運動抗議，在台北龜山監獄門前。

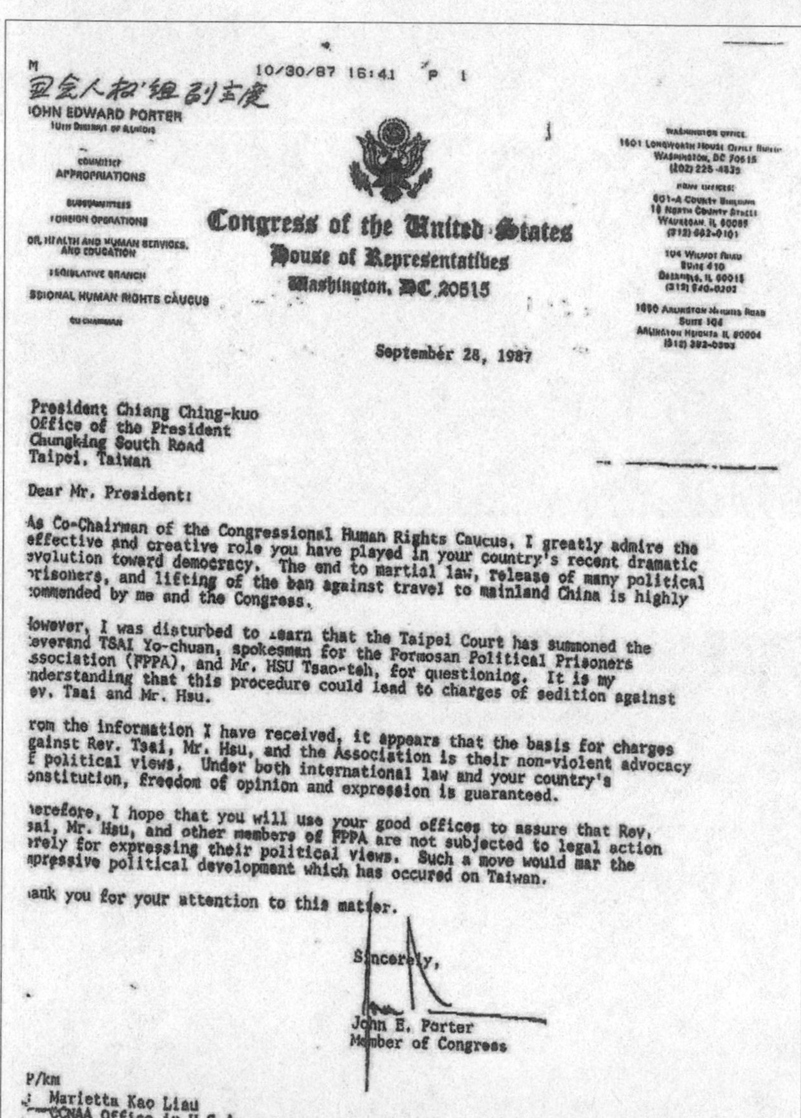

M 10/30/87 16:41 P 1

国会人权组副主席

JOHN EDWARD PORTER
10TH DISTRICT OF ILLINOIS

COMMITTEE
APPROPRIATIONS

SUBCOMMITTEES
FOREIGN OPERATIONS
OR, HEALTH AND HUMAN SERVICES, AND EDUCATION
LEGISLATIVE BRANCH

SSIONAL HUMAN RIGHTS CAUCUS
CO-CHAIRMAN

Congress of the United States
House of Representatives
Washington, DC 20515

WASHINGTON OFFICE:
1601 LONGWORTH HOUSE OFFICE BUILDING
WASHINGTON, DC 20515
(202) 225-4835

HOME OFFICES:
601-A COUNTY BUILDING
18 NORTH COUNTY STREET
WAUKEGAN, IL 60085
(312) 662-0101

104 WILMOT ROAD
SUITE 410
DEERFIELD, IL 60015
(312) 940-0202

1650 ARLINGTON HEIGHTS ROAD
SUITE 104
ARLINGTON HEIGHTS IL 60004
(312) 392-0303

September 28, 1987

President Chiang Ching-kuo
Office of the President
Chungking South Road
Taipei, Taiwan

Dear Mr. President:

As Co-Chairman of the Congressional Human Rights Caucus, I greatly admire the effective and creative role you have played in your country's recent dramatic evolution toward democracy. The end to martial law, release of many political prisoners, and lifting of the ban against travel to mainland China is highly commended by me and the Congress.

However, I was disturbed to learn that the Taipei Court has summoned the Reverend TSAI Yo-chuan, spokesman for the Formosan Political Prisoners Association (FPPA), and Mr. HSU Tsao-teh, for questioning. It is my understanding that this procedure could lead to charges of sedition against Rev. Tsai and Mr. Hsu.

From the information I have received, it appears that the basis for charges against Rev. Tsai, Mr. Hsu, and the Association is their non-violent advocacy of political views. Under both international law and your country's Constitution, freedom of opinion and expression is guaranteed.

Therefore, I hope that you will use your good offices to assure that Rev. Tsai, Mr. Hsu, and other members of FPPA are not subjected to legal action merely for expressing their political views. Such a move would mar the impressive political development which has occured on Taiwan.

Thank you for your attention to this matter.

Sincerely,

John E. Porter
Member of Congress

P/km
c: Marietta Kao Liau
CCNAA Office in U.S.A.

1987年9月28日美國國會人權小組副主席波特致函蔣經國。

CONGRESSIONAL FRIENDS · OF · HUMAN RIGHTS MONITORS

March 7, 1988

The Hon.
Representative Dr. Fredrick Chien
Coordination Council for North American Affairs
4201 Wisconsin Ave. NW
Washington, DC 20016

Dear Dr. Chien:

We write to express our regret at the sentencing on January 16th of Reverend Tsai Yo-chuan and Mr. Hsu Tsao-teh, leading members of the Formosan Political Prisoners Association. It is our understanding that the two received eleven and ten year prison terms because the organization included in its charter support for the independence of Taiwan.

The Congressional Friends of Human Rights Monitors is a bi-partisan group of 29 Senators and 133 Members of the House of Representatives which was formed to support the work of human rights monitors and advocates around the world. The Congressional Friends of Human Rights Monitors takes no position on the issue of Taiwan's independence, but we regret the harsh sentences given to Rev. Tsai and Mr. Hsu for the peaceful expression of their views. We support the right of the members of the Formosan Political Prisoners Association to peacefully promulgate their views, and respectfully urge that as prisoners of conscience, Rev. Tsai and Mr. Hsu be released without condition.

Sincerely,

Rep. Tony Hall　　Sen. Dave Durenberger

Sen. Daniel Patrick Moynihan　　Rep. James Jeffords

[Barbara] Boxer
[Member] of Congress

James H. Scheuer
Member of Congress

Dr. Frederick Chien, Representative, CCNAA Office in Washington, D.C.
Mr. Yao-tung Chen, Ministry of Justice

1988年3月7日美國國會人權小組致函聲援。

amnesty international

TAIWAN

TRIAL OF TWO PRISONERS OF CONSCIENCE

MARCH 1988 SUMMARY AI INDEX ASA 38/05/88

DISTR: SC/CO/GR/PG

Two former prisoners of conscience, Hsu Tsao-teh and Tsai Yu-chuan, were sentenced to 10 and 11 years imprisonment on 16 January 1988 for supporting the independence of Taiwan from main and China Amnesty International has adopted them again as prisoners of conscience

Their trial took place on 9 January 1988 before the Taiwan High Court in Taipei Some of the procedures followed at their trial appear to have been prejudicial to the defendants In particular, the court had apparently decided in advance to hold only one trial hearing The hearing, on 9 January, lasted over 12 hours, resulting in many of those involved becoming exhausted One of the defendants, Hsu Tsao-teh, was too ill to present his trial statement The defence was reported not to have been allowed to present relevant evidence and important witnesses

This summarizes a four-page document, Taiwan Trial of Two Prisoners of Conscience AI Index ASA 38/05/88 issued by Amnesty International in March, 1987 Anyone who wants further details or intends to take action on this issue should consult the full document

1988年3月10日國際人權救援組織（A.I.）倫敦總會致函聲援。

No mercy

AS A TEAM OF DOCTORS BATtled to save the ebbing life of President Chiang Ching-kuo on the afternoon of Wednesday, January 13, two women, dressed in black, were in silent protest with other members of their families outside the Prime Minister's office in downtown Taipei. They were wearing white headbands with black writing which read: 'Give me back my husband.'

The following Saturday, the two men, Tsai Yu-chuan, a 36-year-old Presbyterian minister and human rights activist, and Hsu Tsao-teh, a 48-year-old businessman, made a brief appearance in the nearby High Court, where a judge handed down jail sentences of 11 and 10 years respectively. The two men had been convicted in a trial the previous week of "preparing to commit sedition"

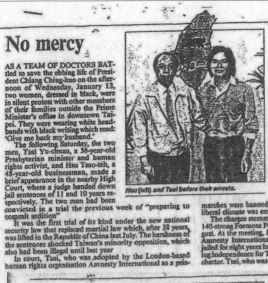

Hsu (left) and Tsai before their arrests.

It was the first trial of its kind under the new national security law that replaced martial law which, after 38 years, was lifted in the Republic of China last July. The harshness of the sentences shocked Taiwan's minority opposition, which also had been illegal until last year

In court, Tsai, who was adopted by the London-based human rights organisation Amnesty International as a prisoner of conscience during a previous detention from 1980-84 for his involvement with the opposition magazine *Formosa*, raised his hand in defiance and shouted: "This verdict will destroy Taiwan."

The arrest of the two men in October sparked a wave of defiant protests across Taiwan which ended in an unprecedented march through Taipei in December when thousands of protesters chanted "Independence will save Taiwan". It was the first time that the opposition had dared to raise the issue publicly, the idea being political dynamite in both Taipei and Beijing, both of which maintain that Taiwan is a province of China and must be reunited with the mainland.

The sentencing of the men only three days into the official 30-day period of mourning for the late president, during which all protest marches were banned, surprised many who hoped a more liberal climate was emerging.

The charges stemmed from the inaugural meeting of the 140-strong Formosa Political Prisoners' Association last August. At the meeting, Hsu, who has also been adopted as an Amnesty International prisoner of conscience after being jailed for eight years in 1967, proposed that a clause advocating Independence for Taiwan be included in the association's charter. Tsai, who was chairing the meeting, called for a vote,

David Thurston

Faces of protest: Dissidents' wives, Hsu Shiu-lan (left) and Ingrid Tsai.

n which he took no further part, and the motion was adopted. Both were later charged with sedition.

"I cannot understand why such a good person as my husband should be imprisoned again and again," said Mrs Tsai, her face moist with tears. "He always cares more about others than himself and has devoted a large part of his life to the promotion of human rights and democracy on Taiwan."

Lawyers for the two men insisted that they were only exercising their rights of freedom of expression which, theoretically, is protected by the Constitution of the Republic of China. The prosecution claimed that they had supported "a movement intended for occupying the national territory by theft" and that by holding a meeting to raise funds for the association they had been engaged in "actions" towards the end of overthrowing the government.

"It was quite clearly a political case," said Tsai's lawyer Stephen Lee. "All the two men did was say that Taiwan should be independent in order to protect the island's future. The only way to do that is through independence. The republic can still keep its claim to the whole of China *and* be independent. We fear that the KMT might do a deal which will sell Taiwan down the river."

"The relationship with the mainland will go on and on. That's what worries me the most — the national goal," said KMT legislator, Jaw Shau-kong. "Some go for reunification, some for independence, some for the status quo. The debate will become more open, so long as we stick to the advantages and disadvantages of each policy. You can stop anything by putting people in jail."

Meanwhile, Amnesty International has called for the immediate and unconditional release of Tsai and Hsu and the men's lawyers have announced their intention to appeal.

1988年《時代周刊》報導許蔡案。

Why Taiwan Must Be Independent:
Hsu Tsao-teh's Written Plea to the Taiwanese High Court

January 8, 1988

On August 30, 1987, at the inaugural meeting of the Formosan Political Prisoners Association, Hsu Tsao-teh initiated a motion to include a clause favoring Taiwan's independence in the association's charter. Tsai Yu-chuan, who chaired the meeting, opened a discussion on the issue. The motion was adopted by an overwhelming majority. On October 12, 1987 they were taken into custody by the prosecution authorities and charged on December 10, 1987 with preparing to commit sedition, destroy the national entity and usurp national territory of the Republic of China. Hsu Tsao-teh was accused of advocating the independence of Taiwan from the Chinese mainland. The trial took place on January 9, 1988 before the Taiwanese High Court in Taipei. On January 16, 1988, Hsu Tsao-teh and Tsai Yu-chuan were sentenced to 10 and 11 years' imprisonment respectively. Amnesty International has adopted them as prisoners of conscience.

許曹德「台灣應該獨立」的法庭答辯狀被譯成英文，流傳於海外

Why Taiwan Must Be Independent: Hsu Tsao-teh's Written Plea to the Taiwanese High Court

Prologue

On August 30, 1987 at the Ambassador Hotel, an inaugural meeting was held by the Formosan Political Prisoners Association (FPPA). At that meeting, I proposed to amend Item 2, Article 3 of the FPPA charter from "the fūture of Taiwan should be determined by the full participation of Taiwanese people" to "Taiwan should be independent." The amendment was passed and adopted as a clause in the association's charter. For this action, I am accused of preparing to commit sedition, destroy the national entity and usurp national territory, and charged under Article 2, Item 3 of the Statute for the Punishment of Sedition. The prosecutor, in my view, purposely distorted the meaning of "Taiwan should be independent" for the sake of bringing me to stand trial. The true intent of these words is to emphasize that Taiwanese people, facing the territorial ambitions of Communist China, should unite to fight for Taiwan's survival. The prosecutor twisted the lawful advocacy of changing the political system and territory into a conspiracy to usurp and occupy the territory. Furthermore, seemingly secluded in an ivory tower, the prosecutor did not see how urgent the political issue of Taiwan's survival has become, especially after the expulsion from the U.N., when Taiwan's international status plummeted. Here, I shall argue my case in three areas to rebut the accusations by the prosecution.

Factual Arguments

The prosecution brings charges against the Taiwanese people in behalf of Communist China

During the discussion of the by-laws of the FPPA, we all agreed on Article 3, Item 1: "using peaceful means to promote democracy and ensure human rights in Taiwan." Then we came to Item 2: "The future of Taiwan should be determined by the full participation of Taiwanese people." And Item 3: "With the same fate and honor shared by the FPPA and the Taiwan people, we shall defend Taiwan with our own lives in case of betrayal by any political party or external aggression by any country." I saw a logical contradiction between Item 2 and Item 3. In the spirit of Item 2, there can be many possible outcomes, being taken over by Communist China is one of them; whereas in Item 3, we pledge to defend Taiwan with our own lives against foreign powers, Communist China included. The greatest potential threat to the future of Taiwan is Communist China. To prevent Communist China from proclaiming sovereignty over Taiwan, I reasoned, we should change Item 2 to "Taiwan should become independent" — independent of Communist rule — making Item 2 and Item 3 logically consistent. When I made a short speech before the end of the reception, I reiterated that Communist China had no right whatsoever to claim Taiwan and that her threat to use force against Taiwan with China's one billion people was despicable. We request that my every word or deed in that meeting recorded on tape be used to rebut the false charges of the prosecution. The content of my speech can also verify that my advocacy of Taiwan's independence is to guard against any conspiracy by Communist Chinese to overpower Taiwan.

There was not a single reference made to Communist China by the prosecution in its bloodthirsty indictment. The Communist Chinese regime, in the eyes of the prosecutor, is the same entity as the Chinese mainland; hence, our support for Taiwan's independence against Communist takeover was construed to be an advocacy for a separation from the Chinese mainland, which is not under the jurisdiction of the Republic of China. It is the Communist Chinese regime that currently rules the Chinese mainland. The nationalist government of the Republic of China has lost control over the Chinese mainland since its retreat in 1949 to the island of Taiwan. Our advocacy of Taiwan's independence against invasion from the Communist regime has nothing to do with severing the national territory of the government of Republic of China, which rules the island. But in the twisted logic of the prosecution, our advocacy of Taiwan's independence has become an issue of dividing national territory. The brazen accusation in essence is to persecute the Taiwanese people in the interest of the Communist Chinese regime; its purpose is to deny people the freedom of speech, insult the true meaning of Taiwan's independence, and destroy the people's hopes for their own future.

B. Constitutional Arguments

According to the Constitution, people have the right to advocate, by lawful and peaceful means, changes in the national entity and national territory.

The prosecutor paid little attention to the significance of the clause "Taiwan should become independent" and the circumstances of its adoption. Instead, he single-mindedly likened its majority approval by the FPPA to "an intent to destroy national entity and usurp national territory." Ignoring the threat from Communist China and the urgency of Taiwan's survival, the prosecutor said that Taiwan is part of the Republic of China, and thus to advocate Taiwan's independence was nothing less than severing Taiwan from the sacred land, thereby dividing the national territory. He alleged that adopting the said clause in the association's charter amounted to subversive actions. He further alleged that our consensus was an evidence of planning for seditious activity.

We recall the association's first consensus: promoting democracy by peaceful means. This corresponds to the notion that any change in the national entity and territorial sovereignty is to be conducted through the constitutional procedures, as follows:

1. Article 4: Otherwise proposed by the National Assembly, the territorial integrity of the Republic of China shall be preserved.
2. Article 174: Amendments to the Constitution may be (a) proposed by one-fifth of the National Assembly and ratified by three-fourths of its members in session; or, (b) proposed by one-fourth of the Legislature, ratified by three-fourths of its members in session and reaffirmed by the National Assembly.

It is clearly written in the Constitution that we the people may use our guaranteed freedom of speech, and freedom of assembly to campaign for a change in the constitutional polity; that we may appeal to our representatives in the congressional Houses for an amendment which redefines the national territory. The Defendant asks that the prosecutor exhibit sufficient evidence as to where and by what violent means the alleged offenses have been committed.

The prosecutor may argue that Article 3 of the National Security Law (NSL) states that "No person may advocate the division of national territory." But the Constitution is the supreme law of the land; any legislative act contrary to it shall be deemed null and void. The NSL, merely passed by ordinary legislation, shall never be compared to a constitutional law that must have gone through the more stringent confirmation process, as described. The NSL, short of a constitutional interpretation before the Grand Justices, may not be exercised by the Court. On further analysis, Article 1 of the NSL commands us to respect the authority of the Constitution. Well, then, imagine the scenario: We law-abiding citizens petition our Congressional members to .pass, in compliance with constitutional procedures, an amendment supporting Taiwan's independence; on its approval by both congressional Houses, the High Court prosecutor, armed with Article 3 of the NSL, jumps up to bring charges against the Congressmen for advocating the division of national territory. Evidently, in this scenario our Congressmen, who adhered to Article 1 of the NSL, can be indicted under Article 3 of the same law. Doubtless, an exact episode can also happen to the Tibetans' independence movement. I hereby point out that such an absurdity is the NSL that it not only contradicts the Constitution, it contradicts itself as well. Even if cleared of the contradiction, the NSL, which stands at a lower level in the legal hierarchy, claims no supremacy over the constitutional law.

Therefore, our advocacy of independence for Taiwan, based on peaceful, democratic principles, is to follow the letters of the Constitution, seeking our goal of a free, democratic, independent Taiwan. When the prosecutor fails to prove beyond a reasonable doubt that this Defendant espouses violence, and that the association is an embodiment of terrorists, then we ask the Court to acknowledge my innocence.

C. Political Arguments

Taiwanese should take the road that leads to independence

There has been a string of pretrial attacks from the KMT-controlled mass media, threats from the ranking government officials and slanders from the academic sycophants, all meant to preempt judicial judgment with public censure. This case is seen as a trial of political dissidents with a foregone conclusion by a judicial machinery that is openly mobilized by a political power. Its goal is to suppress the people's right to freedom of speech and block off the avenue through which the Taiwanese people can seek their own destiny and independence.

I. People have the right to freedom of speech

Therefore, today standing before this court to argue my case, I do not intend to refute the absurd charges in which legitimate nonviolent political views become seditious intent, because the prosecution fabricates evidence and misinterprets the law. Nor do I intend to beg for leniency and favor from this court, as I regard them pointless.

Appearing before this court, I want to make it clear to the Taiwanese people that we have uncompromised and inalienable right to advocate a nonviolent political view without fear of a mighty power, without fear of imprisonment, and without fear for one's life. The greatest freedom in a democratic society is the freedom of speech. There is no absolute truth in human affairs; tolerance of different opinions, encouragement of debates and the existence of opposition parties are all instrumental in keeping a nation from dictatorship and a society from upheaval, as a result of clinging to erroneous policies. A free society can learn from the famous words of the eighteenth century philosopher Voltaire: "I disagree with every word you utter. But I shall defend your right to speak out." For the past 40 years, the KMT's foreign policy is one agonizing result of its intransigence. The KMT party leaders consider themselves endowed with transcendental sagacity, thus allow no expression of opinions from the people; those who have ventured a word without exception have paid a heavy price — torture or imprisonment. As a result, under the party's ironclad rule, the Republic of China becomes ostracized in the world community, leaving in limbo the international status of Taiwan.

I want to let the Taiwanese people know that if we think the suppression of free speech will not interfere with our reach for personal financial gains, such myopia and ostrich-like mentality will leave the people in disarray within the next ten years when confronted with the struggle and choices for the future of Taiwan. I want to let my people know that this important issue will have a great influence on our lives and possessions, our happiness and freedom, our land and property, for generations to come. I am afraid that, if we do not face this issue with clear vision and proper handling, the current economic boom and societal stability we all cherish could turn into a mirage. And because we drift along, unable to take hold of our course and steer in unity toward our destination, we will soon become a part of the People's Republic of China, which has been a looming danger across the Taiwan Strait.

II. True belief seen as an evidence of sedition

That the KMT charges its opponents with "sedition" and ridicules people's constructive opinions is nothing new. Here I shall use my previous — some 20 years ago — "sedition" record cited in the indictment, to show the Taiwanese people that the KMT tolerates no freedom of speech and routinely brings people down with horrendous charges. On January 4, 1968, I was suddenly taken away by the KMT secret agents for no reason; many friends active in democratic movement were also detained, I later found out. Through endless torture and interrogation, they extracted from me my belief that because our U.N. seat would eventually be taken by Communist China, we should yield our seat in the Security Council and rejoin, by all means, the General Assembly of the U.N. under the name of Taiwan or Republic of China, in order not to leave the most important organization of the world's nations. This belief was regarded as advocating Taiwan's independence, damaging our international standing and being detrimental to the survival of the nation; thus, I was sentenced to a ten-year prison term. Today, 20 years later, we are saddened to have witnessed an avalanche of diplomatic failures: not only is our U.N. seat long lost, but we are also shunned by all the major nations of the world. The high-ranking KMT officials have never apologized and admitted their policy error. On the contrary, Chang Shiao-Yan, the KMT Undersecretary of Foreign Affairs, totally oblivious to the disaster of his party's erroneous policy of the past 40 years, appeared innocently on television last August to claim that the Ministry had left no stone unturned in its failed attempts to return to important international organizations. In the meantime, he dismissed as naive the proposal to rejoin these organizations as an independent Taiwan.

In truth, unacceptable in the international arena is the Nationalist government's claim to represent the whole of China. There is at least an important government-level organization in the world — the General Agreement on Tariff and Trade — that we can join under the name of Taiwan. The Ministry of Foreign Affairs dare not touch this stone for fear of confirming the feasibility of an independent Taiwan. Our international status would not have plunged so low, had the KMT in the past 40 years shown respect for democracy, allowed public opinions to be heard, refrained from fabricating sedition charges, and tolerated dissenting voices to avoid the pitfall of clinging to the wrong course. In recounting my personal history and sharing it with the Taiwanese people, I am not seeking retribution for those years spent languishing in the KMT prison cell. I am trying to say that dictatorship will turn around like a boomerang, hurting its originator. And with it will fall the interests and destinies of millions of people. History will tell that the belief of this soul, once condemned traitor, is truer than the belief of those who handed me a ten-year prison term.

I want to remind the Taiwanese people: If I, the subversive, held a belief that was true 20 years ago, what makes one think that today's KMT, resorting to its old "sedition" routine, would learn a lesson and not make yet another deadly mistake? I shall remind the Taiwanese people again and again that if the KMT continues its same old foreign policy, we will all be done for.

III. Taiwan must fight for her existence in the international community

The international community is a coldly pragmatic power system. In the 1950s and 1960s, thanks to the cold war between the United States and Russia, the KMT government was able to gain the support of the free world to maintain its status as the legitimate government of China. Since the KMT government on Taiwan did not control the immense population, land, and resources of the Chinese mainland, the KMT's claim as the legitimate government of all China lost its credibility and the Republic of China's permanent seat in the Security Council of the U.N. was challenged. In the 1960s, many people with foresight suggested that the KMT government should face reality and adopt a flexible policy. Before the KMT government was expelled from the U.N., the United States, Saudi Arabia and other allies had designed strategies to help Taiwan stay in the United Nations. Unfortunately, the policy of the KMT government was rigid, maintaining a "no coexistence with the bandit" stance — the bandit being the Chinese Communist regime. Alas, the bandit prevailed: the number of countries that recognize Republic of China has decreased from 130 to 22 minor countries. The international status of Taiwan has never been so fragile.

I want to tell my fellow Taiwanese that, because of the quixotic foreign policy of the KMT government, our international status faces the following terrible dilemma:

1. Communist China states, "I am the representative of China; Taiwan is part of China."
2. KMT states, "I am the representative of China; Taiwan is part of China."

As a result, Taiwan faces a dire consequence: After forty years of competition, Communist China is playing its role as the representative of China on the world stage, while few of the international organizations open their doors to the Republic of China. Appallingly, while Communist China is increasingly using her legal status as the representative of China to edge out the KMT delegation from the international circle, the KMT's assertion that Taiwan is part of China plays right into the hands of the Communist Chinese, who are more than willing to claim Taiwan. Since the 1971 U.N. expulsion, the Taiwanese people have been mercilessly submitted to waves of diplomatic desertions. For the sake of survival, should we let the wrecked foreign policy of the KMT government lead us to ruin? Should we let Communist China tighten its noose until one day Taiwan completely loses her status as an independent entity, becoming, so to speak, an orphan in the world, eventually taken over by Communist China?

My fellow Taiwanese people, it is the world political reality, not the Taiwanese people's rebellion, that disavows the existence of KMT's Republic of China. For the past forty years, through sacrifice, taxes, and military service, we have borne the burden of sustaining the KMT government in its vow to eradicate the bandit; yet the bandit is alive and well. Now, on September 3, 1987 Lee Hoan, KMT's general secretary, openly stated that the KMT government has no intention to depose the Communist regime on the Chinese mainland. This we don't quarrel with; we feel the KMT government has finally awakened. But the cold reality is that the Republic of China has now become "Taipei-China," and has to conduct quasi-diplomatic affairs through the channel of "Coordination Council of North America" or "Association for East Asia Relations." For Taiwanese, especially businessmen like me, to travel around the world is both vexing and demeaning, for we travel with passports not honored by most nations, totally at the mercy and according to the whim of the host countries. Although the made-in-Taiwan products are ubiquitous, the diplomacy of the KMT government has made us the businessman without a country. Because the KMT government insists on the title, Republic of China, instead of Taiwan, we have lost our memberships in the international organizations and diplomatic ties with many countries. Thus, the foreign policy of the KMT government has violated the law of survival, placing the Taiwanese people in jeopardy. Shouldn't we, the taxpayers, have the right to address this solemn matter? Shouldn't we have the right to change the official title of the nation, seeking ways to survive?

My fellow Taiwanese people, the shadow cast on the future of Taiwan is due to the decline of our legal status and the erosion of our legal rights in the international community. If we can not participate in world affairs as an independent entity with legitimacy, sooner or later, Taiwan will be claimed and taken over by some superpower. We mentioned earlier that the KMT's assertion that Taiwan is part of China plays into the hands of the Chinese Communists. As a result, internationally, the People's Republic of China has assumed the legal status as the government of China, while the KMT government on Taiwan represents "Taipei-China." Since the name Republic of China, has been rejected worldwide and the KMT government has refused to use the name Taiwan, our chances of joining the international circle as an independent Taiwan are gradually gone with the wind.

My fellow Taiwanese, is Taiwan really part of China as claimed by the Communist China? Of the more than 130 countries that recognized the People's Republic of China as the sole legitimate government of China, there are only six minor countries that also recognize Taiwan as part of China. The remaining countries either "acknowledge," or "take note of," or "understand and respect," or do not mention that Taiwan is part of China, as the condition for establishing diplomatic relations with the Communist regime. Thus, the issue of Taiwan's international status — whether Taiwan is part of China — remains unsettled. This can be seen from the fact that the United States uses the word "acknowledge" instead of "recognize" and Japan uses the phrase "understand and respect" in the normalization of relations with the Communist China. After Japan and Communist China established diplomatic relations in 1972, Japanese prime minister Ohira, speaking in the Diet, responded to the Taiwan issue:

"In regard to the issue of the territorial rights of Taiwan, China states that Taiwan is an inseparable part of the territory of the People's Republic of China. The Government of Japan fully understands and respects this stand of the Government of China. We didn't endorse the word 'recognize' because Japan renounced all rights and title to the island of Taiwan in accordance with the San Francisco Peace Treaty. The Allied Forces should have convened a meeting to decide the ownership of those territories abandoned by Japan. But the Allied Forces failed to do so, and the question has not been settled. Therefore, Japan is in no position to make any independent judgment on the legal status of Taiwan."

In 1979 the United States broke diplomatic relations with the Republic of China, but continued economic and security ties with Taiwan within the legal framework of the Taiwan Relations Act. When the United States recognized the People's Republic of China as the legitimate government of China in 1979, the United States only acknowledged, not recognized, the statement that Taiwan is part of China. Had she recognized that statement, the enactment of "Taiwan Relations Act" by U.S. domestic law legislation would have plainly constituted illegal intervention in Chinese affairs. In the Taiwan Relations Act, Taiwan is considered to be a political entity; the title, Republic of China, is thereby abandoned by its most staunched supporter, the United States.

My fellow Taiwanese, the hard international reality is that most nations do not recognize the Republic of China's sovereignty over Chinese mainland and they do not recognize that Taiwan is part of "People's Republic of China." The KMT government, as the current ruler of Taiwan, should take advantage of the present world opinion that still does not recognize the assertion that Taiwan is part of China, and use Taiwan as its official title to participate in international organizations, in order to secure an independent identity for Taiwan among the world's nations. If, instead, the KMT government with its limited ruling power keeps competing with the Communist Chinese regime as the sole representative of the "true" China and keeps imposing on the international community the aforesaid assertion, sooner or later, the international community will succumb to the growing power of Communist China and uniformly recognize that Taiwan is part of Communist China. That will be a nightmare come true! And that is where the KMT's quixotic foreign policy is leading us.

My fellow Taiwanese people, facing the inevitable, we must persuade or force the KMT government to change its tactics, making survival the first priority of its foreign policy. We must use the name Taiwan to join the international organizations. We must establish an independent entity of Taiwan before the conspiracy of Communist China succeeds in its drive to deny our right of existence in the international community. We should not be misled by the underground style of the so-called "substance diplomacy" currently conducted by the KMT government — trading with all but having diplomatic relations with few. We must seek legal recognition on a long-term basis and must become a sovereign nation as one of the members of the international community. This is why we embrace the cause of Taiwan's independence from the rule of Communist China. Taiwan's independence is the only road to survival; Taiwan's independence is the only gate to freedom.

IV. We shall be independent — we shall overcome

My fellow Taiwanese, our primary cause is to guard against the invasion and takeover of Taiwan by the People's Republic of China. As to the existing political system of the Republic of China on Taiwan, we propose reform through peaceful, democratic processes in which people's fundamental human rights are fully respected and guaranteed. We abhor killings between native-born Taiwanese and Chinese mainlanders who followed the KMT to Taiwan in 1949; we hope all those people settled here identify themselves as Taiwanese, for we all share a common destiny. We ask for the equal sharing of the social, economic, political and cultural resources, by rational means in a representative democracy. We oppose the tyranny of the KMT government; we oppose establishment of any Big Brother type of political system in the future. All should be able to compete on equal footing: we shall not discriminate against the minority mainlanders, who, like the indigenous Taiwanese, have the same undeniable right to economic, political equality.

The second cause is democracy on the island of Taiwan. To have long-term stability, we must establish a democratic society in which human rights are preserved and enhanced. I hope that the Taiwanese people will not be spellbound by the mystics of China's 5,000-year civilization. There has been no thriving democracy in its lengthy history; whenever there has been a change of dynasties, there has been bloodshed. With the exception of a small minority of non-Chinese aborigines, we are all ethnically of Chinese origin, immigrated to this island as recently as 40 years or as far back as 400 years ago. We shall build a new civilized society of democracy, living with peace and harmony. Unification or separation of territory is not the issue, for, historically speaking, the Chinese Empire, built on a succession of imperial dynasties, was not, all of the time, united into a centralized state. Of paramount importance is that unification or separation should reflect the people's will, letting the people's will lead the nation. Today we should unite to fight for our common cause, exercising democracy from within and seeking independence from without. If some day our descendents feel that there are political and economic reasons to unify with the Chinese mainland, they have every right to do so. At this historical juncture, however, we believe that the only way to be free of another form of tyrannical rule, Communist enslavement, is to have an independent Taiwan.

Now, I would like to address to the policy makers of the ruling party. Don't shout empty slogans about territorial unity or separation to incite hatred among people. Remember how many lives have been taken and how many prison terms the opponents have served. During the 50 years of Japanese occupation of Taiwan before the end of World War II, there were about 10,000 lives taken by the Japanese conquerors. For anti-Japan activities, the sentence seldom exceeded a ten-year prison term; the total number of Taiwanese jailed was no more than 100. But under the KMT rule, in the February 28th Incident alone, 20,000 to 30,000 human beings were massacred. And more than 10,000 people have been locked up for political reasons in the past 40 years. In this association of former political prisoners, numbering 140 persons, the total prison terms amounted to over 1,500 years collectively. Don't open the floodgates of hatred. The KMT government has been known to be reluctant to fight the foreign aggressors, yet eager to engage in civil wars. Forgiven was Japan's slaughter of millions of Chinese people during the war; yet atrocities have often been inflicted on the compatriots in the never-ending internal purge. Isn't it time to bury the hatchet, heal the wound? Let us cultivate a democratic society and peacefully discuss our common fate, giving the next generations a harmonious, splendid future. Only in a democratic society can we enjoy a fair, tolerant political system; only in a nation with guaranteed human rights can we be free of savagery.

第六章　龜山監獄的歷史對話

一九八七年八月三十日台獨案爆發，起因於該日成立「政治受難者聯誼總會」，我提議修改章程，將歷史性的「台灣應該獨立」主張，列入「政難會」的共識條款，引發了台灣高檢署的叛亂罪指控，同年十月十二日被高檢署檢察官洪金寶聲押，關進土城看守所，不久，我與蔡有全被控叛亂罪，台灣高等法院在國內外一片批評及抗議聲中，故意選在世界人權紀念日的十二月十日起訴我與蔡有全，並定一九八八年一月九日為審判日，當日高等法院大廈內外及四周，均處於高度警戒，周邊主要道路，警方均部署拒馬與鐵絲網，但仍爆發抗議群眾與鎮暴警察發生解嚴之後的最大規模的警民衝突，支持獨立的無數群眾與鎮暴警察在街頭互相追逐，互毆及扭打，同時審判庭內則發生蔡有全家屬抗議，周慧英自帶鐵練纏身蔡有全，對抗法庭審判，旁聽席上則群眾鼓噪，高喊台獨萬歲，秩序大亂，以致審判時間竟然長達十三小時，破台灣高等法院的審判記錄，審判後第四天，竟又發生蔣經國突然七孔流血暴斃於七海官邸的歷史巧合。我與有全分別被判十及十一年，台大歷史系的一位有名教授就常常戲稱，誰抓許曹德，誰就死，蔣介石抓，蔣介石死，蔣經國抓，蔣經國死。之後上訴，我由十年減為七年，蔡有全則故意維持原判十一年，製造兩個家屬的矛盾。此案再上訴，一樣再駁回，結束台獨案的法庭政治鬥爭，台獨運動遂進入街頭，進入各地議會，尤其是進入立法院，日夜炮轟行政院，每天強烈質詢行政首長，搞得俞國華院長痛苦萬分，結果，法律雖將兩人判處重刑，宣示「嚴禁」台獨，但全社會卻因此天天爭吵不休，到處都在議論台獨問題，公然主張者比比皆是，台獨的禁忌因此早已不是禁忌，法律已無能為力，台獨乃進入實質的言論自由。

台獨禁忌既已破除，鄭南榕與黃華遂在我與有全移監龜山監獄執行時，已籌畫好發動「新國家運動」，提升台獨運動的層次，黃華帶著慧瑛與女王兩位家屬，以及無數「街頭戰士」，準備從事環島宣傳，繞著台灣步行三圈行軍，宣揚台獨，雖然台獨案的司法戰逐漸沉寂，但台獨案的政治戰則不斷發酵與增強。台獨案的最重要發展，是促使民進黨由主張「人民自決」的守勢逐漸轉向「台獨」與建立「新國家」的攻勢。其中，尤其是第二任民進黨主席姚嘉文，更進一步提出台獨的新論述，宣稱「台灣主權獨立」的嶄新定義與看法，有利於解釋及論述台獨現狀，配合我在法庭的另一個有名的「台獨」論述，此即所謂「台獨」是指「獨立於中國統治之外」的看法，有利促使民進黨於一九九一年通過民進黨的台獨黨綱，一舉將「民進黨台獨化」，威脅國民黨政權至深且鉅，並掀起台灣內部迄今長達二十餘年的統獨之爭，台獨運動遂深入社會各層面，國民黨的「中國人」及「中國意識」開始逐年消退，「台灣」及「台灣人意識」則逐年上升。結果，形成台灣愈趨民主化，愈傾向「獨立」及「台灣人意識」。這是台獨案的歷史貢獻。

我與蔡有全總共關在土城看守所四百零八天，當時同被關在土城看守所的同志，尚有陳明仁、江蓋世與柯家聲等。

我與有全於二審判決定讞後，於一九八八年十一月二十八日移監龜山監獄。龜山監獄是專門關押判刑後的重刑受刑犯，據說有四千個犯人，我與有全進去時，顯然被視爲特殊受刑人，而與陳啓禮及吳敦兩位特殊犯人關在一棟兩層樓的獨立監舍，不必下放工廠做工。我與有全關在一棟二樓的獨居房，與陳啓禮及吳敦兩人的同棟大樓的二樓獨居房遙遙相對，但與陳啓禮押房眞正遙相對面的，應該是有全的押房，而非我的押房，可以說整棟監獄樓房，只關四個名人：陳啓禮、吳敦、許曹德與蔡有全。其後不久又增加了一位名人，即被禁止返回台灣，卻企圖從中國大陸的福建對岸乘漁船闖關回台的許信良，這五人，堪稱是八〇年代後半，台灣國內外最出名的受刑人。其中，介入江南案的陳啓禮與吳敦，一九八四年被情報局派往美國加州暗殺撰寫《蔣經國傳》的作家劉宜良，此案爲美國FBI破獲，形成台灣與美國的一件重大國際外交事件，非常有名。

蔣經國爲怕美國引渡陳啓禮與吳敦回美審判，洩漏蔣家與國民黨政府的情報機關派黑道殺手赴美非法秘密殺人的國際醜聞，下令軍法處以殺人罪嫌逮捕陳啓禮與吳敦，並迅速公開審判，各判無期徒刑，以便對美國交代，避免美國的引渡壓力。此案爆發於一九八四年，當時轟動國內外，也重傷了蔣家及國民黨政府，迫使蔣經國公開宣佈「蔣家人」此後絕不會再出任「總統」職位，而兩個被情報局利用的黑道傻瓜，自認「愛國殺人」，自認應受褒獎而未受褒獎，卻落得一個無期徒刑的殺人犯罪名，因此，「旱鴨子陳啓禮」這個有名的黑道一代梟雄，滿腹心酸，滿懷委曲，無處發洩，他一聽如雷貫耳的頭號台獨與二號台獨都關在對面，因爲整棟兩層監獄樓房空盪盪，除了吳敦跟他兩人以外，或許加上幾位外役，簡直是一座死城，如今可好，來了兩個比「劉宜良」叛徒更該殺的「台獨份子」，本應對這兩位「王八蛋台獨」隔房臭罵，千刀萬剮，但仔細一想，忠於黨國的他如今下場竟不如「台獨份子」，竟然被應該保護他的長官完全出賣，眞是嘔氣，眞是英雄氣短，因此，與對面的台獨份子一比，陳啓禮感到不如喊台獨，台獨份子被抓，還被成千上萬的台灣人支持者視爲「英雄」，受到歡呼愛戴，而吳敦跟他的「愛國殺敵」行爲，下場竟是判處「無期徒刑的殺人犯」！讓他大嘆及憤怒，孰可忍孰不可忍？

我們一進牢房，外役馬上丟進一包35外國香菸給我，說是陳啓禮向兩位致敬，請笑納「香菸」一包。各位讀者大人大概沒有機會住進監獄牢房，不知香菸的「貴重」，如關過，一定曉得「香菸」是非常「珍貴」的東西，如像35這種高級外國菸，一包更是起碼兩三千元新台幣，往往更是「有錢」都不一定買得到，而能在牢中有人一出手即送你「一包」的人，雙方都絕非等閒之輩。不久女王趕來龜山面會，適逢陳啓禮及吳敦家屬探監，送監東西無奇不有，女王是一位機靈及聰慧無比的美麗女人，一看陳吳家屬可以送進香菸、威士忌酒、餐廳的大菜及許多奇怪物品，馬上知覺這是一種特權，女王決定，下次她探監，也將比照辦理，送進香菸及報紙雜誌與一台小型收音機給我，果然，第二星期探監，女王開始也送一條香菸給我，不料竟遭拒絕，女王大怒，與獄方人員當場起爭執，女王遂揚言回台北開記者會，何以陳啓禮與吳敦可以，許曹德不行？獄方大驚，知道這些特權乃上級交代，用於安撫「愛國殺人犯」陳啓禮之用，但絕不能公諸於世，馬上與女王協調，答應每星期也照准送一條香菸給許先生，還請女王用報紙包好香菸，不要曝光，交獄中管理員轉交許先生即可，其他雜誌報紙及無害用品均可攜入。此外，也風聞爲了安撫陳啓禮，獄方特闢一棟監獄押區，白天不必關在牢房，可以走出在此區域自由活動，可以種菜、養雞養鴨及打球運動，也可自己煮東西，飲酒解悶，所以我們兩個政治犯在龜山監獄獲得的特殊待遇，並非來自我們政治犯的身分或什麼特殊禮遇，而是因爲剛好與「愛國殺人」的陳老大關在同一特權區域之故。

女王貼心，除了每星期爲我送進食品，傳遞獄外消息之外，她也替我設想獄中所需之物，讓我關得舒服一些，因此不久她就爲我送進一台最新型、日本製造的國際牌耳掛收音機，非常小巧，精緻悅耳，除了聽音樂及新聞，我也收聽一下中共的對台廣播，有一天下午我正巧收聽到一台自稱「海峽廣播電台」的對台廣播節目，其發聲地點顯然來自海峽對岸的福建，節目內容是在攻擊台灣島內出現的台獨聲浪，並對我指名道姓，稱我乃頭號「台獨份子」及「二號台獨份子」蔡有全。女王每星期都送進鄭南榕的時代周刊雜誌，看到國民黨透過司法之刀，砍下我與蔡有全的兩顆台獨腦袋後，以爲台獨的浪潮及氣燄必可壓下，不料台獨的火勢愈演愈烈，愈燒愈旺，而且更兇猛的火種就是鄭南榕，國民黨遂繼續掄起司法大刀，以高檢署偵辦叛亂嫌疑爲由，不斷傳訊Nylon（同志與友人對鄭南榕的暱稱），企圖依照逮捕許蔡模式，一再企圖傳訊Nylon，要逮捕Nylon歸案。

一九八九年二月一日鄭南榕坐鎭辦公室，督導《許曹德回憶錄》的出版事宜，但第三天即接到台北市政府的禁售通知，成爲「禁書」，鄭南榕又一次暗自高興，因爲時代周刊雜誌社自創立以來，就是專門出「禁書」及「黑書」而「致富」出名。現在又出了一部偉大的禁書《許曹德回憶錄》，當時，凡是禁書都暢銷與賺錢，至少不會虧本，鄭南榕眞是一位眼光獨到的「文化生意人」，知道闡述及宣揚台獨理念的《許曹德回憶錄》必然「被禁」而成「禁書」。當時的台灣，只要是被禁的書，都保證暢銷，Nylon竊喜，再度感謝國民黨高抬貴手，又賜《許曹德回憶錄》以「禁書」之「金字招牌」及「最高榮譽」，遂大力促銷本書及感謝國民黨的共同幫忙與推動台灣獨立運動！我請女王給我送進五本，一本贈與蔡有全，讓他放心，因爲他一直懷疑我所寫的回憶錄恐將寫進一些不利於他的流言蜚語。其實，我沒有寫他的任何壞事。他一拿到，一天一夜即讀畢，始透過牢房與牢房之間的窗戶空隙對我喊話，他說：曹德兄，您是以「文學的手法寫出回憶錄」，寫得不錯。褒中帶酸，不知其意。一本則送予陳啓禮，想讓他了解什麼是台獨與台灣人的悲慘歷史，什麼是民主與自由的價值。不久，陳啓禮讀完我的回憶錄，突然以紅筆及撕下的筆記簿紙張，寫了十幾頁的辛酸、「恨」與「怒」交織的個人成長史，陳啓禮說，他們是生於眷村的軍人子弟，自小喜愛拉幫結派，逞勇鬥狠，後結成有名的竹聯幫，稱霸黑道與武林，由於他個人的膽識過人，聰明才智無人能及，遂成竹聯幫的首領及幫主，招兵買馬，勢力日炙。他們自小即受忠黨愛國教育，只知捍衛蔣家及黨國，防止台獨份子爲害蔣家王朝，他們遂與情治單位結合，幫助警方打壓本省掛的黑道勢力，政治上敵視本省人，幫助國民黨壓制本省反對勢力或背叛之外省人，他們具有極強的省籍意識，自始懷疑本省人將把外省人趕進太平洋，他們認爲，繼蔣經國之後的蔣家繼承人必是蔣孝武，而孝武正出掌情治系統，遂令情報局處理準備出版不利於蔣家的劉宜良所寫的《蔣經國傳》，當時情報局處長陳虎門遂找忠誠愛國的陳啓禮，秘密赴美做掉筆名「江南」的劉宜良，此即轟動國內外的「江南暗殺案」，美國法律明文禁止外國人進入美國殺害美國公民，如是外國政府派人暗殺其公民，則涉及主權的侵犯，重則構成戰爭或嚴重之外交問題。蔣經國知道後，自然大怒，斥罵情報局這些大笨蛋，搞出了國際暗殺的大烏龍，下令立即逮捕陳啓禮、吳敦與陳虎門等，以防殺手被引渡，落入美方之手，洩漏蔣家及國家機密，因此將牽涉暗殺江南案之一干情報局官員與殺手交軍事法庭審理及判刑，以求迅速平息美方之怒。陳啓禮與吳敦被判無期徒刑後，始知被情報局利用與出賣了，案發後該保護他而不敢保護，寧願犧牲他這個黑道而成全他人，讓他看清被黨國利用的可悲下場，非常不值。幸虧他機靈與聰明，把派赴美國暗殺的秘密，口述錄音帶一捲留美保命，否則事發回台後，恐將被情報局消滅證據而幹掉老命，如此下場，亦未可知。當他讀畢我的回憶錄，發現主張台獨並非要排斥或殺光外省人，而是主張廢除省籍之別，凡認同台灣這塊土地的人，都是一家人，都是台灣人！陳啓禮因此寫道，許兄，您的回憶錄讓我感動及清醒，始知我們是一命運共同體的兄弟姐妹，應該獨立成爲一個自由與民主的國家。陳啓禮說，如果這就是「台獨」，則他也堅決主張「台獨」。他說，他永遠不會再相信黨國教育那一套騙人的宣傳，後來在我於一九九〇年四月釋放後沒幾年，陳啓禮亦獲減刑出獄。公元二千年五月，當我路過香港機場前往廈門時，竟與陳啓禮在香港國際機場不期而遇，他熱情地邀我訪問柬埔寨的首都金邊，他說，在那異國地方，他有個「新家」，將熱情招待我這位獨立的英雄，共飲一杯！幾年後，報紙突登出他因病去世的消息，這位一代黑道梟雄，終於結束他傳奇的一生，魂歸台灣。我特地到他的中和告別式場，捻一拄香，向這位台灣黑道的一代梟雄說，許曹德特地趕來向您道別，陳兄啊，您一生轟轟烈烈，請您一路好走！

一九九〇年四月二十五日早晨七點左右，我被獄方告知獲總統減刑與特赦，今晨將釋放回家，按照推算，蔡有全會慢我二、三個月出獄。我遂透過牢房外牆玻璃窗的空隙，向有全道別，說您不久也會釋放回家，請多保重自己身體。我也向對面關押的陳啓禮與吳敦道別，希望他們保重身體，等待獲釋良機。我係於一九八七年十二月十二日二審判刑確定後，移送龜山監獄執行刑期，至我被特赦出獄的一九九〇年四月二十五日止，前後關在龜山監獄的時間約一年五個多月，如加上關在土城看守所的一年一個月，兩者合計爲兩年六個月左右。這也就是說，我的第二次爲自由而戰的入獄刑期雖長達十年，但實際坐牢的時間卻只有二年六個月左右而已，可以說是「超神準」的達成了我曾「誇下海口」答應女王的，只離開她兩三年即可回到她懷抱的「大話」！你若問何以如斯大膽，敢斷言第二次的驚天動地的政治鬥爭與對抗，可以只付二三年的犧牲與代價即能勝利而歸，老實說，我自己也訝異自己竟能口出狂言，如此神準！我只能歸因於自己視死如歸的決鬥精神與非凡的勇氣及神秘的第六感。

清晨八點，我打理好自己牢房內所有該帶回家的東西，隨獄方管理人員離開押房，前往獄方的辦公室辦理出獄手續，由於獄方拿出一大堆文件，說是出獄手續，要我簽字，我則認爲這是侮辱性的犯人認罪手續，堅決拒絕簽字，獄方表示，我不簽字即無法釋放，會阻礙我出獄返家的時程，我一聽此話，突然暴怒，聲言決不在認罪的獄方釋放文件上簽字，我遂要求獄方，再把我送回牢房繼續坐牢，獄方也吃了一驚，他們從未遇過如此強硬的受刑人，寧可回去坐牢，也不承認有罪的釋放文件，雙方遂僵在那裡一個多小時，最後，獄方找來代表各方前來龜山監獄迎接我出獄的台灣人權協會會長陳菊，她進來辦公室協調，勸我說，那些只是出獄的一般形式文件，獄方只是遵循上級的一般規定辦理，沒有針對我個人做特別的侮辱手續。陳菊說，曹德兄，外面的社會各界，包括曹德嫂，都在等待我的勝利出獄！我遂聽從陳菊會長的勸告，答應獄方的簽字規定，釋放出獄，但我要求獄方打開監獄大門讓我走出監獄，不要讓我從小門溜出去，獄方同意。我遂於十一點多，步出龜山監獄大門，果然監獄大門口已擠滿一大堆中外記者及歡迎我出獄的親朋好友，有民進黨同志立委鄭寶清、獨派戰友黃華兄弟，以及美麗的女王，當我踏出龜山監獄大門，看到歡迎的群眾時，我激動地高舉勝利雙手，高呼「台灣獨立萬歲」！「台灣民主與自由萬歲」！女王與陳菊陪我同車返回台北的台灣人權協會召開記者會，晚間則在大餐廳與各界會餐，直至深夜始與美麗女王返回二年多不見的幽靜與美麗的新店花園新城。首度回家，我抱著女王甜蜜入眠！

第七章 第二次勝利的出獄

一九九〇年台獨案特赦出獄，同年，世界與台灣發生巨變。

（1）國際上，自由的資本主義制度終於戰勝共產主義，成爲世界唯一被認可與採行的經濟制度，蘇維埃共產帝國在列寧一手建立後七十八年，完全土崩瓦解，煙消雲散，令人驚嘆歷史發展之無情與白雲蒼狗。此外，二戰後長達四十五年的美蘇爭霸與恐怖互滅的核子冷戰對抗，也宣告結束。

（2）台灣，正式邁向自由與民主的偉大時代，同年爆發野百合學生運動，要求國會全面改選，總統直選，廢除刑法一百條，台灣歷史進入言論自由時代，廢除言論叛亂罪，台獨勢力與台灣人意識從此崛起，中國及中國人意識自此逐漸式微。

「台獨案」對國內政治局勢而言，是非常敏感的政治問題，蔣經國死於一九八八年一月十三日，剛好是台灣高等法院開庭審判我與有全的歷史性的「台獨叛亂案大審」後的第三天，國民黨之操控司法，全力鎮壓及迫害「台獨主張」，起因於一九八七年八月三十日，一群曾因熱愛台灣、充滿本土反抗意識，而先後被國民黨殖民政權的白色恐怖統治爪牙逮捕與關押，服完刑期的本土政治犯，人數近二百人，爲了爭取他們釋放後仍被剝奪的政治、經濟、法律及社會基本人權，經多年的秘密醞釀及努力，終於宣佈組成「政治受難者協會」，並於一九八七年年八月三十日在台北國賓大飯店二樓國際廳舉辦成立大會。此時，會員蔡有全被大會推薦爲臨時會議主席，但在進行政治犯草擬的政治組織綱領條款內容修正時，蔡有全主持並通過了我提出的「台灣應該獨立」的政難會綱領修正案，將「台灣應該獨立」的歷史性政治主張明白列入「政難會」的組織章程，一舉突破了台灣政治的最高禁忌，舉國震驚，國民黨氣急敗壞之餘，遂緊急透過操控的台灣高等法院最高檢查署長陳涵，以政治打手之司法傀儡身份，公開出面強烈恐嚇，指控「政難會」章程中的「台灣應該獨立」之政綱主張涉嫌「違法與叛亂」，而膽敢將這種「違法與叛亂」主張列入一個「政治團體」的「政難會」政綱中，無異構成顛覆國家與分裂國土的「台獨叛亂罪」，「政府」將依法強烈處置。不久即爆發轟動國內外的「許蔡台獨案」，爲了對抗國民黨假借司法鎮壓及迫害人民主張「台獨」的「言論自由」，台灣史上首次全國性的支持「台獨無罪」、「許曹德無罪」、「蔡有全無罪」及「台灣獨立萬歲」的法庭及街頭一連串遊行與抗爭，從而引爆台灣歷史性如火如荼的公開主張「台灣應該獨立」的台獨運動。

「台獨叛亂案」宣判後第三天，上天有眼，蔣經國一命歸天，其生前一手提拔的台人政治傀儡李登輝因禍得福，依法繼任總統，就像古今中外一切權力或財富的繼承戲碼，難免爆發權力鬥爭，此時國民黨內無疑也發生質疑李登輝此一「台人」是否適合繼任及維護國民黨外省殖民統治集團的最佳利益問題。因此，重要的國民黨「黨主席」是否仍由台人李登輝掌權接任，發生了第一次的權力鬥爭，外省第二代的大內高手宋楚瑜即因眼尖手快，擇木而棲，倒向李登輝而成功崛起，這種因權力繼承而出現的權力鬥爭現象，古今中外皆然，此時更因爆發台獨案，無疑讓李登輝心生恐懼，惴惴不安，懼怕台獨勢力突然崛起，對他而言，可能禍福難料。因爲，台獨案將使李登輝面臨兩種歷史情境，第一，即台灣人之要求「出頭天」的集體歷史悲憤情緒，是否因自己之被拔擢爲國家最高權位而降低？或台獨勢力之突然崛起，將危害自己顛覆國民黨政權？第二，台獨勢力之崛起，將造成國民黨內部的權力分裂與爭執，國民黨內並不是人人都擁護蔣經國這種以台制台、拔擢台人傀儡李登輝的危險策略，而是希望從外省強人中再起新強人，取代蔣家獨裁勢力，繼續統治台灣，蔣經國的設計，重點是利用李登輝之台人身份，企圖化解台人的歷史悲憤，防止台獨崛起，希望藉由提拔「台人」成爲「台灣總統」，降低台人的歷史不滿，借李登輝式的台人「出頭天」，讓台人集體同感「出頭天」，產生歷史的錯覺與情緒的宣洩，從而緩衝及抑制台灣走向獨立的嚴重內部對抗與認同分裂，消滅或降低台獨勢力崛起的歷史積怨與不滿火苗，澆熄歷史仇恨的爆發與燃燒，以免動搖國民黨蔣家王朝及其外省殖民集團的生死存亡。尤其，國民黨之統治台灣，單單二二八事件埋下的集體屠殺與仇恨，以及四十年白色恐怖統治留下的反人權與家破人亡的政治仇恨，如不設法安撫與收拾，拆除可能的爆炸引信，恐將遺下歷史大禍，這就是李登輝被推上歷史舞台的蔣經國設計。我在獄中曾以莎士比亞名劇描寫丹麥王朝「哈姆雷特」的家族兄弟奪權悲劇，形容國民黨蔣家王朝亦如殺兄奪嫂篡位的丹麥王（類似國民黨侵佔與殖民台灣，集體屠殺台人），又傳位與知悉殺父奪母篡位的當今丹麥王子（影射李登輝知悉自己族群被殺的歷史情境），哈姆雷特太子遂在「義」與「利」之間，「報父仇」與「接權位」兩者之間取捨，歷經內心的痛苦矛盾與掙扎，終於棄權位而報父仇，拔劍刺死丹麥王而自己亦毒死的歷史悲劇，分析並寫出一篇反諷李登輝繼承蔣家王朝的「哈姆雷特情結」，文章題爲「東方哈姆雷特」，影射東方哈姆雷特的李登輝，無視殺父之仇的歷史不義，但知一己的權位與利益。這是一篇極富權力哲學分析的有名文章，多少有助了解台灣歷史出現的李登輝情結與李登輝現象。蔣經國蓄意安排的「東方哈姆雷特」李登輝，的確發揮了減低二二八大屠殺的歷史仇恨強度，滑潤及緩衝了台灣歷史權力傾軋時，內部族群可能權力鬥爭的「歷史消炎」作用。李登輝則乘機充分運用手中的權力，藉台灣族群歷史的矛盾及國民黨內部的分歧，獲得了黨內權力鬥爭的節節勝利，轉而聰慧地「審時度勢」，將取得之權力及時搭上「自由與民主的歷史列車」，即時吸納所有黨外的民主與自由理念，成功推動台灣反對勢力幾十年來即不斷奮鬥與高倡的民主及自由社會的歷史工程。他善用手中權力，及時推動已達歷史臨界點的台灣民主、自由及獨立運動，但排除「台獨」的思想與路線，形成自己的所謂李登輝政治路線，打造其個人政治實力與功勳，但絕非許多無知台人盲目歌頌的所謂台灣「民主之父」或「台獨教父」之荒唐謬譽。因爲，所有台灣民主、自由與獨立理念的溯源，無一起源於李登輝個人的任何民主與自由的奮鬥理念，或奉獻犧牲於對抗外來殖民統治台灣的不義歷史，或倡導任何台灣民族主義的殖民解放運動或獨立運動，台灣的民主、自由與獨立運動，皆來自李登輝之外的無數民主及獨立運動前輩的無私奉獻與犧牲，貪生怕死的李登輝個人與家族並無絲毫犧牲或參與，他僅是台灣民主、自由與獨立運動趨近「成熟」之際的權力「收割者」及「獲利者」，完全接收無數民主鬥士與前輩們的血淚成果。台灣之前三十至五十年，曾有無數仁人志士堅持理念而英勇奮鬥犧牲，這些人才是台灣歷史眞正的「民主與獨立之父」。其中也應包括外省菁英自由主義大師殷海光教授、自由中國雜誌創辦人雷震、文壇怪傑李敖及爲民主理念播種的外省先驅者傅正等人的奮鬥與貢獻在內。（雖然，李敖是高等外省人的極端主義代表人，但在台灣民主與自由運動的發展史上，此人也有其不可磨滅的貢獻。）這些前人是台灣民主自由的貢獻者與奠基者，眞正播下了台灣民主及獨立的歷史種子。其實，李登輝的眞正成就，無非是「皇位權力鬥爭成功」的成就，而非「推動及倡導台灣民主理念的先驅者、犧牲者與奉獻者」的成就，李登輝是以一個「孤鳥」台人，被蔣氏意外相中，扮演台灣歷史權力換手的潤滑作用與歷史傀儡角色，但竟能意外假戲眞做，驚心動魄地利用國民黨內外的矛盾，及台獨勢力的崛起，戰勝黨內諸多外省權貴及實掌軍權的人物，傳奇奪得「權力大位」，因而在台人社會掀起一股盲目崇拜李登輝成功的偉大情結，錯認李登輝爲「民主之父」與「台獨教父」。

人們不妨回顧，自一九八七年我甘冒被關、被判殺頭之險的叛亂罪而打破國民黨的「台獨歷史禁忌」，將「台灣應該獨立」的歷史性「台獨」理念列入「政難會」章程而爆發震撼歷史的著名「台獨案」，因而拉開「引信」，引爆台灣歷史第一次眞正與公開的「獨立運動」以來，李登輝從未掩飾他「反台獨」的鮮明立場，即使到了主張獨立的陳水扁（按陳水扁乃台灣民主誕生、崛起的「美麗島事件」與台獨勢力誕生、崛起的「許蔡台獨案」兩大歷史事件的有名辯護律師與政治受益者。台獨案中，陳水扁是我的首席辯護律師），承繼我的全部台獨理念，成爲台獨運動的第一戰將，隨後投入台灣的民主與獨立運動，表現傑出，成爲政壇光芒萬丈的明日之星，公元二千年復代表民進黨競逐台灣總統大選，一戰成名，完成台灣歷史的首次政黨輪替。在民進黨已執政的公元二〇〇二年，李登輝仍在受「國獨統派」報紙的「聯合報」系訪問時，口沫橫飛，振振有詞，依舊大聲強調與揚言，他的一生從未說過或主張「台獨」，他一生只有主張「中華民國獨立」的「國獨」，這就是他繼承蔣經國「遺詔」的「獨立國家」，簡稱「國獨」，但絕非「台獨」，因此，迄二〇一六年台灣總統大選，國民黨慘敗，蔡英文及民進黨大勝時，台灣歷史縱然經歷第三次的政黨輪替，「維持現狀」的「國號」仍是「中華民國」的獨立「現狀」，顯然一大部分的中華民國獨立現狀的功勞，應歸功於李登輝不負「先皇」蔣經國生前託孤，要他忠心保衛「中華民國」的歷史承諾有關。足見李登輝繼承蔣家王朝爲「儲君」時，心中非常清楚，蔣家所賦予的歷史角色，是要他抵擋「台獨」，阻止建立「台灣共和國」，而非主張「台獨」或成爲「台獨教父」，以換取「中華民國」的「皇位」。因為，國民黨與蔣家也擔心看走了眼，馴服的老台狗李登輝是否也會半途倒向台獨？關於這點，李登輝頭腦非常清楚，打死都不承認自己曾主張過什麼「台獨」，李登輝深知蔣經國「先王」賦予自己的處境、義務與角色是什麼。因而他即位之後，立即選擇一九八八年繼位後的第一個二二八紀念日前夕，慷慨激昂，嚴正聲明，堅決反對及痛斥「台獨」！各位只要翻閱當時有關李登輝這段歷史的各報記載，即可讀到李登輝無比清楚地說：「台獨」是「我們」國家未來最大的「危機」。台灣社會顯然存在一批充滿移情作用、崇拜李登輝情結的盲目群眾，昏頭昏腦，歌頌李登輝為「台獨教父」及「民主之父」等荒謬的阿諛稱謂，台灣人民與蔣家及國民黨統治台灣的血海深仇，並非簡單可用李登輝一人得道，大家一同升天，所能簡單化解台灣歷史的恩怨情仇，與中國國族主義者的帝國主義本質矛盾。一旦爆發復仇式的台獨運動，如果走的是清算歷史血債，以牙還牙，則台灣可能走向毀滅，並非台灣之福。因此，吾人這一代的台獨運動者，頭腦也非常清楚，從不主張「盲目的歷史清算與報仇」，反而企圖努力消弭國民黨一手製造的「省籍情結」與「族群衝突」所留下的惡毒歷史錯誤，首先「推動與倡導族群和解」，重新建立「台灣命運共同體」，倡導所有居住且認同台灣的人均為台灣人的理念及意識，宣揚並呼籲建立獨立於「中華人民共和國」之外的民主與自由的「台灣共和國」，揚棄錯亂的李登輝式的短視「國獨」主張，揚棄曖昧不明與製造台灣未來混亂意識的「中華民國」國號。因此，台獨的基本價值與信仰是「自由」與「民主」，是人權的普世價值，不是盲目的報復與清算，而是正當的「轉型正義」。但國民黨及蔣家由於雙手沾滿血跡，寧可相信可能的歷史清算，才企圖以「東方哈姆雷特」的李登輝權力繼承模式，意欲解決台灣的歷史矛盾，這也解釋爲什麼蔣經國晚年選擇其繼承人時，不選黨內最具武力及實力的外省武夫郝柏村等，轉而尋找一位已無兒子、又是一位看似虔誠基督徒的忠實走狗式台籍高級知識份子「李登輝」，交予蔣家王朝權位，蔣經國心中之政治盤算，無疑是一手公開安撫台灣人，暗示不必訴諸台獨或走向台獨，「你們」台人，只要像李登輝之擁抱中華民國，實施自由民主，即能爬上權力最高峰的「總統」之位；一手則安撫蔣家帶來台灣的一百餘萬國民黨徒子徒孫，李登輝只是國民黨內不具實力的傀儡人物，只是安慰台人、阻擋「台獨」勢力崛起的權力過渡工具，不足危害國民黨及外省權貴在台的統治利益。蔣經國知道，像李登輝這種台人，其家族即曾卑躬屈膝，改名換姓臣服於日本；同理，如賜與更大之皇恩與意外巨大恩典，此人必匍匐於地，感恩戴德，轉而忠於「新朝」，由偉大的「日本人」改當偉大的「中國人」：即「中華民國人」是也。因此，這種善於求存圖榮的順民性格傾向的李登輝家族特性，其實都是怕死的台人，是「不會」也「不敢」造反的，而且，蔣家也不可能讓他造反。顯然，蔣經國的確有其深思熟慮及睿智佈局的一面，死前已知道，特別是發生江南案後，被迫宣佈蔣家人將不會再出任總統職位。小蔣已知，歷史已不可能逆轉，不可能再有第三個蔣家的獨裁王朝出現，只能放手要求以中華民國爲主體，順應歷史潮流，接受反對勢力早已不斷倡導及主張推動的民主自由社會，以及以人權價值爲核心的文明社會建構，因此，一九八六年九月民進黨人於圓山大飯店宣佈建黨時，小蔣已知不可違逆歷史，重蹈暴力政策，訴諸美麗島事件式的軍事鎮壓及軍事審判，不再企圖以武力打壓、解散或粉碎反對勢力，反而默認民進黨的建黨與成立，準備接受民主時代遲早會來臨的歷史潮流。隨後又於一九八七年七月十五日宣佈廢除三十八年的戒嚴統治，也解除報禁。而解嚴時的台灣，蔣經國無疑已盤算確信，他遺留下的中國殖民統治勢力，給予國民黨徒子徒孫的政治遺產，無論政治、經濟、國家武力、教育、媒體權力，和以「中國」及「中國人」爲「主體意識」的「國族統治意識型態」建構，皆已燦然大備，牢牢控制於國民黨外省殖民權力集團之手，國民黨在台灣，早已變成世界最具權勢與最富有的一個政黨，緊緊控制住台灣的一千八百萬人，蔣經國死前顯然以爲，挑選一個馴服的台人當象徵性的國家繼承人，有百利而無一害，可以兼顧外省人未來在台的政經控制力，以及台人「出頭天」的面子問題及一種當家做主的情緒。李登輝即是扮演「出頭天戲碼」的角色，及賦予這一歷史角色的傀儡，但對李登輝個人而言，這種意外得來的「天上掉下來的禮物」，是非同小可的一件大禮，絕非「假戲」，李登輝當然喜不自勝，自有一己之政治盤算。他非常清楚主人的「眞意」，必須小心翼翼遵循，好好接住這一千載難逢的權力大禮，緊盯老闆臉色，精準揣摩上意，就近窺視及學習蔣家主子的權力運作及統治技巧，因此我們目睹李登輝謙卑面對主子蔣經國時，椅子只坐一半的有名歷史鏡頭，其後，無論李登輝、宋楚瑜與馬英九，動不動均皆自稱是蔣經國學校的高材生，無非都在強調權力血統的正統性，以利權位之爭奪，即知這些人，骨子裡皆無民主思想，個個充滿宮廷權力鬥爭的封建細胞。

台人李登輝正因在國民黨內無權無勢，無從結黨營私，以及孤立無害的形象而被蔣經國「相中」，獲選爲繼承人，因此他繼位後，自然無人可以依賴諮詢，只有他自稱的回家「向上帝禱告」，靜待上帝指示之一途，但李登輝究竟有否眞的聽到上帝的任何指示，來解決治國的難題以及如何獲得與黨內政敵鬥爭的致勝方法，是歷史的最高機密，我們後世無從得知，恐也永遠聽不到李登輝老實告訴我們眞相，是否他眞與上帝對話及上帝有否眞正傳授他鬥倒壞人的秘訣。但我們確實知道，因爲上帝給予李登輝的，絕非是用嘴巴偷偷的交代，而是給予李登輝「人類與生俱來的權力鬥爭本能」(Instinct Of Power Struggle)，以及環境誘發的「人類生死鬥爭的存活智慧」(Wisdom Of Survial)，因此，李登輝的眞正上帝，其實是人類自古即有，及人人天賦本能所熟悉的「權力鬥爭」遊戲(Power Of Struggle)。「權力遊戲」的重要條件，當然是玩者必需適時佔據關鍵的權力位置，這就是李登輝有幸被蔣家納爲忠犬與權力義子，託孤守護中華民國（獨台）的權力承繼者，李登輝始搖身一變而成「生而爲台灣人的「幸福（不悲哀）」與「皇恩特別眷寵」之處，不像其他芸芸普羅眾生的「台灣人的悲哀」。這種異於一般普羅台人之「殖民悲哀」而「獨享獨具」李登輝式的「殖民僥倖與神賜的恩寵」，它之出現於歷史，且降臨於李登輝身上，恰恰證明竊取台灣的外來暴力統治集團，才會企圖及設計以象徵的權力繼承，意圖消弭台灣歷史的深仇大恨與可能報應，正因此種歷史背景，才讓李登輝得以一人免除「台灣人的悲哀」，僥倖獨獲「台灣歷史權力轉折的機遇」與「天上掉下來的禮物」，而意外獲選爲台灣權力繼承地位的歷史幸運，以及，包括台獨案適時爆發及「台獨勢力與台獨運動」的勃然崛起。沒有台獨勢力崛起的顧忌與台獨運動崛起的恐懼，蔣經國絕不會思考遴選一個馴服的台灣人，去當殖民王國的權力看門狗，台獨案爆發後，李登輝的反應當然極端錯愕與意外驚悚，以及無比強烈的反對，因爲，他正將自己準備代表台人「出頭天」，接受蔣家在台的「皇權」與「皇位」，登基爲王，創造李氏時代，不料此時竟有「混蛋」台人，無厘頭地，高倡什麼「台灣應該獨立」的叛逆主張，莫非存心破壞與干擾他代表台人「出頭天」的歷史盛事，存心擾亂他的歷史使命？特別是台獨案於高等法院大審後三天，意外氣死蔣經國，促成李登輝意外提早接位，手足無措的李登輝遂趕於該年次月的二二八紀念日前夕，立即發表慷慨激昂及瘋狂的反獨言論，清楚展示「反獨」的強烈姿態，公開聲言國家未來的最大危機就是所謂的「台獨」！李登輝強烈呼籲台人放下歷史仇恨，隨他向前看，不要往後看！顯然，這時李登輝口中的向前看的「國家」及所謂未來最大危機的「國家」，皆指蔣家殖民集團逃抵台灣後，重掛早於一九四九年敗亡的招牌中國：「流亡」於台灣的「中華民國」，吾人稱之爲「國獨」。「台獨」萬一取代「國獨」，讓「中華民國」被滅，則李登輝與蔣家流亡政權將面臨滅國、亡國或無國可當的光棍總統，當然口中高叫未來「最大危機」，當然斷然反對「台獨」。

我在獄中曾引用莎士比亞的名劇「哈姆雷特」，寫出一篇有名的「李登輝權力繼承」的分析與批評文章，名爲「東方哈姆雷特」，用於分析及理解「李登輝」之所以出現於台灣歷史的奇特現象。此時，李登輝的政治利益正與蔣經國留下的國民黨殖民集團的「國家利益一致」，象徵李登輝絕不會違反蔣經國的安排與遺囑，努力以台人身份抗拒台獨運動與台獨勢力的崛起，以免與國民黨一起滅國，因此必須全力保護蔣家殖民集團留下的「獨立國家」──「中華民國」，始有利於李登輝戰勝黨內的反李勢力，通過及取得李登輝接掌國民黨主席的重要權力鬥爭，掌控未來「皇權」之繼承、安排與權力鞏固，這是李登輝正因台獨勢力之崛起而反受益的一連串內鬥勝利的鮮活例証。台獨勢力崛起的最大作用，是嚴重威脅國民黨的保守派，造成擁護「以台制台」（前面的「台」，是指台人李登輝，後面的「台」，是指台人）的「多數共識」，「以台制台」勢力遂讓李登輝取得黨內權力鬥爭的首場勝利，因此，「以台制台」共識，其實正是蔣經國生前深思熟慮、選拔李登輝繼承蔣朝的主因之一。

當台獨勢力崛起，國民黨內部顯然分爲二派，一派是擁李的「以台制台派」，一派是「反對以台制台的反李派」，懷疑李登輝終將投向台獨，從而顛覆外省殖民統治集團勢力的「國獨」及其「中華民國」，其實，國民黨內正反兩種勢力的外省權貴都存在過，對李登輝的判斷都有正確與錯誤的一面，我們可以舉初期大力支持李登輝擊潰黨內保守派，而取得權力繼承鬥爭勝利的宋楚瑜，及後來成立新黨、痛罵李登輝爲「台獨」的趙少康爲兩派典型代表。當代人曾誇譽李登輝與宋楚瑜的關係乃「情同父子」，其實大錯特錯。趙少康罵李登輝爲台獨份子，也是大錯特錯，大家只要用心「追尋」及「查證」李登輝發表過的言論及其作爲，即一清二楚，李登輝曾一再對天發誓，他從來不曾公開宣稱過自己主張「台獨」，或自稱是為台灣建國的「台獨份子」，李登輝一生，不斷自稱自己是「中國人」，不斷揚言要「三民主義統一中國」，他心中認同的真正獨立國家，絕不是「台灣共和國」，而是他繼承蔣家權力與皇位的「獨立」於台灣的「中華民國」，換言之，「國獨」才是李登輝的真正「國家」，李登輝一向「否認」台灣內部有所謂的「統獨問題」，他曾公開痛斥「台獨」是一項不存在的「假議題」，斥罵台獨運動是野心份子與奪權者興風作浪的政治把戲，因此，當代人把李登輝譽為「台獨教父」，真不知所據何來，完全匪夷所思，竟對李登輝的公然反獨歷史視而不見，狗屁不通的奉承為獨立之父！而在台灣漫長與無數民主自由及人權鬥士犧牲與奉獻的民主與獨立運動歷史中，我們幾時聽過李登輝這個台人，從年輕到意外成為蔣經國繼承人之前，曾有過任何宣揚與倡導「台灣人」與「台灣人意識」，以及「民主」與「自由」的言論價值及主張台獨的歷史發聲？有何「台灣人」及「台灣意識」的主張與倡導？當代人對台灣的民主自由與自決啓蒙及思想引導，李登輝遠不如彭敏明教授的勇敢與遠見，兩人同時是台大著名教授，同是台人精英，但彭敏明卻冒生命之險，勇於啓蒙台人走向人民自決，走向民主、自由與獨立的美麗願景，成為極具時代智慧與犧牲奉獻的偉大先行者，李登輝則趨炎附勢，走「催台青」的走狗路線，投靠蔣家勢力，成為家臣與鷹犬，時人盲目稱讚李登輝為台灣「民主之父」或「獨立之父」，簡直莫名其妙，是無知之徒的權力阿諛之詞，不值識者一笑。所謂李登輝的民主改革，無一不是台灣前期無數民主及獨立運動者（包括我許曹德在內的二十年判刑與十年入獄的奮鬥犧牲），以血淚奉獻及抗爭而來的「歷史成果」！李登輝何功之有？其實，眞正置偉大的自由鬥士鄭南榕於死地的當代統治者及執行者與劊子手，正是李登輝本人及其治下的司法劊子手侯友宜。李登輝只不過是歷史權力的意外繼承者、持有者與操控者，其角色與功勞，僅限「適時」與「機敏」搭上歷史的民主列車，成功擅用所握之手中權力，鞏固國獨的中華民國，推動時代所趨之「民主憲政改革」，適時付諸實施，並知所攬功，推動與實施反對派早已奮鬥數十年的民主與自由理念與自由制度而集其大成者，何「民主之父」之有？

自古，台灣的普羅群眾均屬政治白癡，喜歡盲目的權力崇拜與權力阿諛，特別是台人從未造反成功，從未有人眞正稱王道帝，故李登輝之突然崛起，竟能稱王道帝，成一國之總統，自然使一大票只知權力崇拜的無知台人瘋狂膜拜，高呼偉大。台灣的四百年歷史，從未有人成功爲王，或從未成功取得國家最高權力，李登輝是台灣本土第一個借「中華民國」登基稱帝的台灣人，一般無知台人自然跪拜於地，崇拜權力者。吾人所以努力還原歷史眞相，去除媚俗及阿諛當權者剽竊的成就，是對台灣民主與獨立運動歷史的偉大奉獻與犧牲者，致上應有的最高敬意，而非故意對李登輝說三道四。

再舉宋楚瑜與李登輝的所謂「父子之情」，李宋的權力其實只有兩人利益互相利用及一致時，彼此才有「父子之情」可言，否則，宋李將因權力之矛盾與利益之衝突，必有走向翻臉無情的一天！由此，足見權力之本質乃刀光劍影，是爭權奪利者的刀劍與兇器，並無正義與是非對錯可言，一切取決於權力持有者或刀劍揹帶者的利害得失權衡，其本質乃盜匪之間的倫理與道德，是盜匪的邏輯與哲理而已！台灣歷史之所以會出現李登輝這種怪異的傳奇式矛盾人物，乃台人四百年歷史從未能眞正孕育出獨立與自主的政治文化，不斷受制於外來殖民統治權力的歷史矛盾與扭曲所產生之「歷史怪胎」。蔣經國如非憂慮台人遭受國民黨二二八歷史的大屠殺之深仇大恨與四十年白色恐怖統治遺留之恩怨情仇「顧慮」，絕不可能遴選一個已過六十歲、看似忠厚的政治老狗去充當安撫台人之用的傀儡王儲，以及用於安撫與消除未來台灣內部可能爆發的族群鬥爭與政治對決，以致意外出現一個權力決鬥勝利者的「歷史劍客」李登輝，寫下台灣權力歷史傳承的怪異傳奇。而從一九八七年台獨案的爆發及台獨勢力的崛起，到蔣經國的死亡與李登輝的權力接班，成功繼任一九九〇年由老賊選出的最後一屆總統，是由於台灣社會爆發台獨運動，公開主張國會全面改選，總統直接民選，全面反對由大陸遷台的老賊繼續選出國家領導人的荒謬制度，以及反對老賊霸佔國會的腐朽國家制度，因而引爆學生運動，台灣歷史第一次出現要求國家全面政治改革的歷史性的「野百合學生運動」，逼迫李登輝承諾，啓動老賊退出歷史的「國會全面改選」，及「總統直接民選」的歷史性變革，從而宣告台灣民主與自由時代的眞正來臨及誕生，而我也在台灣民主及自由即將呱呱墜地的一九九〇年四月四日被釋放。

就在這一年，世界歷史也同樣翻天覆地，蘇維埃共產大帝國的蘇聯突然宣告正式瓦解，世界爲之震撼，同時結束了世界共產主義運動，也使蘇聯的東歐衛星國一個個脫離蘇聯而獨立，與解體後的俄羅斯一起走向自由民主的資本主義社會，而中國則於一九八九年鄭南榕爲自由而死的同一年，爆發要求中國自由與民主的六四天安門事件，幾乎推翻了毛澤東與鄧小平建立的共產獨裁政權，幾乎讓中國走向民主與自由的歷史。可惜，中國的民主與自由卻亡於鄧小平殘酷的坦克鎮壓，徒留六四天安門事件爲中國自由歷史幻滅之墓誌銘與民主無緣的歷史浩嘆！

綜合此次入獄，我共坐了二年六個月的黑牢，但卻實現了入獄前對女王的「承諾」，我曾大膽預測，不出二至三年，歷史將還我公道，我們勢將「勝利回家」。歷史果然給足了我們面子，讓我及時返家，這眞謝天謝地！但更應感謝台灣歷史的偉大轉折，由無數爲民主、自由與獨立挺身而出的街頭獨立鬥士與在街頭英勇抗爭的台灣人民，他們及時挺身而戰，做出奉獻與犧牲。就像這次台獨言論的歷史突破，激發全島無數偉大的自由戰鬥者，勇敢挺身而出，進入法庭，衝入街頭，湧入全國各鄉鎮的大街小巷，高呼台灣獨立萬歲，終將受盡壓迫的台灣殖民統治歷史推向燦爛的自由時代，推向偉大與光輝璀璨的民主歷史新頁，終於讓我們這一代的台灣人敢於高舉雙手說，是我們這一代勇敢承續無數台灣先人的奉獻與犧牲，終將台灣推向自由與民主，推向獨立之國的偉大美夢，而讓我此次起動爲「自由而戰」的「戰果」，堪稱空前豐碩，我們眞正地，促使台灣歷史第一次出現，激怒的人民走向街頭與大街小巷，高聲要求台獨的言論自由，要求釋放主張獨立的許曹德、蔡有全。歷史首次在大街小巷公然高喊「台灣應該獨立」、「台獨萬歲」，「獨立」的聲音響徹雲霄。讀者如有興趣，又有電腦，可由雅虎入口網站鍵入綠色小組的「台灣歷史映像保存中心」，查看當代街頭攝影家甘冒生命危險所拍下的眞實及精彩的台灣歷史抗爭紀錄鏡頭，時間自一九八七年八月三十日，政難會通過歷史性的「台獨黨綱」歷史紀錄短片，至一九九〇年四月四日許曹德出獄之間的「台獨運動」歷史錄影帶，可以目睹當年排山倒海，怒火中燒，波濤洶湧，及成千上萬群眾示威遊行的壯觀歷史畫面！這些過去絕對殺頭與嚴禁的言論，首次掀起全民的高談台獨，政黨將之列入獨立政綱，國會則激烈辯論台獨的利弊，大學則舉行台灣前途大辯論，輿論及新聞則每天都出現「台獨」的口水戰！台灣歷史出現第一次公開的、由下而上的、全社會沸騰的「台灣獨立運動」，徹底擊潰國民黨殖民政權鎮壓「台獨」主張的四十年禁忌，讓台灣人民從此有權發聲及擁有選擇自己未來自由的權力，並使民進黨台獨化，變成肩負台灣獨立之歷史使命的第一個本土政黨，促使「台灣命運共同體」、「台灣人」及「台灣人意識」的全面崛起，迫使殖民意識的「中國人」及「中國人意識」認同的逐漸式微及全面消退。而台灣歷史開始邁向獨立自主的歷史意識，台灣的「民主」與「自由」，逐漸成爲台人的「政治文化基因」，台灣的民主歷史，從此又向前邁進了一大步。

　　晚上，我們夫妻回到寧逸、安祥、花木扶疏的花園新城老家過夜，離家二年多，始覺新城的山上老家百花齊放，群山翠綠，鳥語花香，洋溢溫馨，充滿美麗的景緻與氛圍，等待我們勝利歸來！而今夫妻兩人，再度爲自由而戰，堪稱勝利而歸、歷劫而回的美麗一天，女王不禁喜極而泣，這個美麗善良、一生堅信丈夫所爲、緊隨先生正義奮鬥腳步、餐風露宿、走入街頭的女人，是當代少見的勇敢的台灣客家女兒，敢於爲全體台灣人的民主自由與獨立而奉獻犧牲的勇敢一代，她是世間少有的、堅毅不拔的美麗妻子，我不斷對她擁抱與深吻，不斷感謝與不斷的撫愛！謝謝她與我生死與共，一起走過二十年風雨飄搖的白色恐怖歲月，無懼強權威嚇與迫害，緊隨丈夫的堅毅腳步，無怨無艾，奉獻與犧牲，堅持「爲自由而戰」！她不愧是台灣歷史稀有的、不容多見的美人，雖歷盡滄桑，而今依然風姿萬千，美麗如百合，高貴如深谷幽蘭，迎風亭亭而立，風姿綽約，風華依舊，氣質高貴的一代美女，感謝她對台灣的自由、民主及獨立運動的無私奉獻與犧牲。我告訴她，從今而後，我倆將海闊天空，不再遭受白色恐怖統治的陰影干擾與羈絆，重新恢復我們的自由心靈，重溫我們夫妻的浪漫生命與美麗激情，而這個勇敢的美麗女人，一生爲我堅強渡過了二次的政治黑牢與政治鬥爭的風暴，兩次長達十年的無限艱辛與寂寞之路，以及心酸無比的孤獨歲月，如今已成台灣民主與獨立歷史的美麗足跡，與不可磨滅的偉大與美麗樂章之一，我們共同目睹台灣的歷史天空，霍然開始飄飛自由與民主的美麗雲彩及絢爛奪目的美麗陽光，雲彩與陽光的下面，掛有我們夫妻倆爲自由、民主與獨立而戰的痛苦分離與歷史苦難，奉獻寶貴的青春歲月，犧牲夫妻之愛，忍受辛酸與孤寂的歷史淚水，我們爲美麗與自由的台灣未來而揮手歡欣鼓舞。從此，我們倆將逐漸脫離政治的殘酷鬥爭與台灣歷史的恩怨情仇，回歸我們倆喜愛的生命自由，回歸恬淡與自然，享受我們興之所至的美麗剩餘歲月，享受我們自己締造的巨大財富，雲遊世界，終老於我們曾經一起艱辛締造的自由之鄉，美麗之島。

許曹德與獄中戰友劉金獅、陳中統醫師。

第八章 支援台灣民主與獨立運動

一九九〇年四月出獄後，花園新城的家不時有反對運動的各路知名人士、台獨運動的兄弟姐妹們，及文化藝術界與媒體界的許多舊雨新知，紛紛前來造訪，不久，大家也都知道了我的「女王」是一個非常好客的美麗女主人，尤其她擅燒一手好菜，手藝高超，手腳又快，因此，多數來訪的各路人馬都知道不必客氣，留下吃飯就是，品嘗她的手藝。因此，新城的家有一段時期還眞熱鬧滾滾，高朋滿座。此眞人生一樂也。

此時，華視一位頗有名氣的陳大導演，透過民進黨的某位有名立委打電話來，希望與我相識，因此特別邀我與幾位朋友到他內湖的新購別墅喝咖啡，他說他看完我寫的《許曹德回憶錄》，誇獎我寫得既眞摯又動人，譽我是一位爲自由而戰的堅強勇士，說我的一生曲折動人，性格堅毅不拔，見義勇爲，充滿理想的色彩，是一個敢說敢爲的台獨英雄人物，他計畫把我的人生歷程寫成電視連續劇或電影劇本，希望我投資創造自己，我聽後即予婉拒。我非常謝謝他的誇獎與高抬美意，但我不以爲自己有何了不起的偉大事跡，足爲台灣人之偶像，受人膜拜，我說，我建議改拍鄭南榕視死如歸的偉大事跡，他才是一個比我偉大的世界級的獨立運動英雄，他的自由信仰，不惜乾坤一決的千古之死，不要說是台灣歷史絕無僅有，衡之古今中外，亦是鳳毛麟角的聖賢之輩，是台灣歷史的眞正一代奇男子。誰願意或有能力拍鄭南榕的電影或連續劇，我即投資新台幣一億，但不知道什麼原因，提及拍鄭南榕，他即轉變話題，不置可否。我遂集中精神問他，有關台灣媒體被全面控制的問題，他說，電子媒體最嚴重，幾乎完全遭受控制，其中，空中的廣播頻道應屬全民所有，卻爲國民黨的中廣霸佔百分之七十不放，他說，根據電信專家的說法，調頻電台即可擠出無數小功率的FM頻道供地方發展社區電台之用，這就是不久之後，反對勢力全力發展地下電台的原因，此中最有名的，莫過於許榮棋設立的「台灣之聲」，顛覆了傳統單線廣播方法，採用call-in的互動方式，直接讓聽眾打電話進來，質疑主持人或發表不同意見，許榮棋的此一創建（或首先自國外引進）風靡一時，大受歡迎，形成九十年代地下民主廣播電台的主流文化，影響深遠。

「台灣之聲」的創立，起因於我對許榮棋的鼓勵、建言與啓發。一九九二年夏，我將獨獨影視遷往三重湯城園區自購的廠房辦公室，不久，突然來了一位訪客，自稱許榮棋，是某位民進黨立委介紹與我認識的，此人臉大嘴寬，眼神炯炯，講話直接了當，單刀直入，顯示他的膽識過人，他開口即說聽說我與張俊宏是台大老同學，所以拜託我介紹與其夫人許榮淑立委認識，因爲他爲了傳播保險理念，想向她新近獲准新設的「全民之聲」廣播電台租用時段宣傳保險理念。後來，我始知許榮棋是賣保險的專家，其時，外國的大保險集團正進入台灣爭奪市場，而與台灣的本土保險大財團，比如國泰與新光集團火拚，競逐台灣保險市場利益，當時，本土的國泰或新光均以「保險即儲蓄」的虛僞行銷策略大量吸金，給予投保人更大回饋而奪取大部分市場，許榮棋則代表外商大保險集團的利益，宣揚「保險」即「保險」，絕非儲蓄的正確觀念，以傳銷方式快速席捲保險市場。故他急需廣播電台的好時段，用於發展他的保險事業。我遂義不容辭，介紹他與許榮淑立委認識，但過不了幾個月，許榮棋又跑來找我，抱怨張俊宏的電台時段既不好，費用也很貴。我遂建議，您不如向某人接洽，購買地下廣播設備，自行創立地下電台發聲。這就是許榮棋設立「台灣之聲」的起源。

許榮棋與「台灣之聲」的出現，對台灣媒體的自由化及台灣民主的貢獻具有重大意義，雖然其原始設立電台的動機是運用大眾媒體賣保險，但他促進台灣媒體的自由化與民主化，功不可沒。國民黨總以國家安全的理由，控制言論自由，拒不開放媒體，其目的都是統治台灣的一種自私與獨裁統治手段，是控制社會輿論的惡毒伎倆之一。在建設台灣邁向民主與自由社會的大工程中，我以爲下一個急迫的工程，即是建立台灣自由的媒體，因此，我們非打破黨國對媒體的控制不可，小至發行錄影帶，發展有線電視或所謂的第四台，都是台灣民主與自由社會所期待的下一步突破。我與華視那位陳導演交換台灣媒體生態看法的次年，即聘用陳導介紹的一位熟悉錄影帶製作及行銷的經理人李茂生先生，並從哈路透過其投資台灣的日本關係企業系統，秘密匯入日本的民主與獨立運動基金一億美金戶頭，約新台幣三十億中，抽調五千萬投入，創立「獨獨影視傳播股份有限公司」。由於日本進入的政治資金龐大，爲了避免國民黨追查及干擾，我遂把大部分資金轉存至茱莉的酒店帳戶，以避耳目。

爲了發行民進黨各政治名嘴的錄影帶，我找黃信介主席幫忙接洽授權，信介仙一口答應幫忙，還堅請我吃日本料理，目的是要我協助借錢，他說，聽說您是民進黨中的大企業家，借錢比我有辦法。因爲，自從他擔任民進黨主席以來，爲了籌募黨的每年開銷，到處彎腰募款，焦頭爛額，大企業都怕得罪國民黨，不敢捐錢給民進黨，所以都靠支持民進黨的中小企業，但中小企業主能有幾十萬或百萬捐贈，我們都要高興偷笑了，而且從今年開始到二千年，年年都有重要的大小選舉，大家以爲我家財萬貫，其實，我有的是土地，只能拿去暫時借款週轉，不然我再多的土地也會坐吃山空，最後還是要靠人民及社會各界的民進黨支持者捐款，始能讓黨生存，我們不像國民黨，有龐大的黨產可以花用，可以買票，可以支撐龐大的黨機器，而且，國民黨還可國庫通黨庫，要多少有多少，說眞的，我們與國民黨比，乞丐都不如。因此，這次想冒昧請我幫忙調度一下資金，他願以士林的一筆土地做抵押，請我設法暫借三、五千萬給黨喘口氣，至此，我始感覺信介仙的政治人格偉大，不惜以私產支援民進黨的開銷，當然不可能持久。我感覺此人是值得信賴的可敬政治前輩，因此決定答應他的要求，只要他簽名聲明是黨的借用款，我即答應在三天之內匯給他三千萬新台幣，至於他所提的土地抵押，若眞有必要，以後再說吧，這次，我信任主席就是。信介仙喜出望外，連連稱謝。信介仙並答應，我要發行任何一位民進黨的名嘴錄影帶，他都全力協調發行，打破國民黨媒體對本黨言論與主張的封鎖。因此，「獨獨」的政治名嘴錄影帶開始大量進入市場，轟動一時，台灣人民首度可以看到每一場街頭事件的眞相及眞實畫面。這些都是官方的三大電視台所不敢播出的眞實鏡頭，其實，「獨獨」發行的政治帶，不僅名嘴的演講帶，也有街頭或國會衝突及打架錄影帶，讓國會外的人民大眾了解，國會之所以打架，原因不是民進黨好打架，而是國會結構不合理，凸顯國會應全面改選，否則國會的架是打不完的，因此，「獨獨」的錄影帶爲反對黨發揮了政治認同效應，對反對勢力的成長幫助很大，更使反對勢力在媒體生態的絕對弱勢下打贏了宣傳戰。

一九九一年開始，許多原本放映日本色情片的各地第四台業者，開始將播放二至三個色情頻道的所謂第四台設備，擴大改成播放三十頻道的系統設備，首度將「獨獨」推薦發行的無數政治錄影帶，以政治頻道名稱二十四小時重播，一炮而響，變成除了日本色情頻道之外，最熱門及最受歡迎的第四台節目。因此，談到政治新聞，很多人多不看台視、華視或中視，轉而看家中的第四台，遂使九〇年代出現的第四台蓬勃發展，造成台灣有線電視台百花齊放，擊破國民黨的媒體壟斷，導引台灣媒體走向全面民主與自由化的時代，並強迫國民黨政府開放媒體，制定有線電視法及開放廣播頻道，釋放第四張無線電視頻道，這就是今天「民視電視台」誕生的歷史原因。

一九九二年後，全台灣的第四台開始大量採用「獨獨」供應的政治錄影帶，在第四台日夜播放，並廣受歡迎，其時，大家口中的第四台，即是除官方核准的三家無線電視台之外的所謂「非法」電視系統，統稱第四台，或非法第四台，其起源是，由於當時業者大量引進日本不付版稅的盜版色情錄影帶，以有線方式，鋪設輸送線路，接入每個家庭的電視機上，用戶每月只需付三至五百元，即可二十四小時看到飽。因此，台灣的有線電視台，原始的起源係濫觴於九〇年代初台灣人瘋狂愛看日本性愛色情片，由業者以光纖電纜線偷接進各用戶的電視機，形成所謂的非法第四台。而第四台的第二波熱潮，則起源於瘋狂愛看「獨獨」發行的政治抗爭錄影帶。一九九二年時，除了一般業者經營第四台外，全台各地的民進黨有力黨員也看出第四台政治與經濟上的潛在龐大價值，亦紛紛投入資金設立「民主台」，利用「民主台」擴張自己的政治勢力，既有利於選舉動員及政見宣傳，更有利於與國民黨的媒體優勢競爭。因此，凡由民進黨人士設立的第四台，均標明「民主台」名稱，以與一般業者作出區別。全島的有線「民主台」無不仰賴「獨獨」提供的政治錄影帶及豬哥亮的錄影帶，爭取新用戶，否則即難於與一般第四台競爭。

談到豬哥亮這個台灣一代本土天才諧星及其錄影帶，就不得不提起影視娛樂界的天王級人物「楊登魁」，當時發行豬哥亮錄影帶的版權公司是親國民黨的聯意公司，聯意拒絕供應給民進黨系統的「民主台」，嚴重威脅全島「民主台」的發展與生存，大家紛紛要求「獨獨」幫忙解決，我遂親訪剛自綠島釋放的楊登魁老大，請他幫忙發行豬哥亮錄影帶給全國民主台，楊登魁一聽我是許曹德，即非常客氣，稱我是台灣人的英雄，抱著我幾乎流淚，痛斥國民黨的獨裁、蠻橫與鴨霸，因為他投資侯孝賢導演拍攝的電影「悲情城市」榮獲威尼斯國際電影大獎，卻因觸及國民黨統治台灣的最大政治禁忌：嚴禁談論或挑起二二八議題，如今竟然有人膽敢把最高禁忌的二二八大屠殺歷史題材放進電影，而且獲獎，國民黨惱羞成怒，遂將楊大老闆打成台灣黑道，藉口楊登魁是流氓與黑道，把他逕送火燒島管訓數年，讓楊登魁痛不欲生，他說，他一生全力投注於影藝事業，不管政治，但政治卻管他，所以，曹德兄，我欽佩你，敢於公開說出我們台灣人的心聲，「台灣應該獨立」，是的，我們必須獨立與民主，你如有任何需要，請告訴我。至於，發行豬哥亮錄影帶一事，我會即刻交代聯意公司授權給您代理，發給全島「民主台」公開播放，我再也不怕國民黨，即使再抓我回綠島，我也要發給您及民進黨的「民主台」。果然，楊登魁說到做到，顯然，他在吃過國民黨的苦頭後，公開自稱「台灣人」，變成了一個地下台獨份子。之後不久，楊老闆又幫忙一次民進黨人，因為許榮淑的一家「民主台」無意間偷放了由楊登魁代理的美國版權帶，被台北縣檢察官起訴，許榮淑是立委，尤其緊張，每天打電話請我向楊登魁求救，因此，我又一次找楊登魁幫助，他二話不說，馬上叫他的律師設法解決，撤銷告訴。

一九九二年夏天，黃信介第二次到我公司拜訪我，他再次表示黨的財務非常困難，募款不易，請我調度一億資金，我遂告訴他，這樣調借不是長久之計，我就問他對台灣獨立的立場，他說，曹德，我當然百分之一百贊成，您可能仍然認為，我過去講過「台獨可說不可做」，是我在反對的話，其實，這是我自美麗島判刑後的恐懼反應，自您勇敢提出「台灣應該獨立」的主張，打破台獨禁忌，形成洶湧澎湃的獨立運動以來，台灣人意識一天天高漲，認同獨立的選民愈來愈多，因此最近黨內已有一股強大勢力，要求將台獨列入黨綱，我正想問問您的想法。我答道，主席，只要民進黨敢通過台獨黨綱，我願意負責提供每年二億政治獻金給黨運用，讓黨無後顧之憂，並於必要時，提供龐大資金給黨做選戰之用。我們的目的只有一個，即在選戰中擊敗國民黨，合法取得「政權」，取得國會絕對多數，我們始有可能邁向民主與獨立。我告訴黃信介，因為生意與事業成功，我在日本存有數百億資金可以支援台灣的民主與獨立運動。但我對信介仙說，我不能出名，以免形成黨內大金主及大派系，破壞黨內的權力均衡，影響民進黨的發展。我主張，我提供的政治獻金，未來還是透過及經由主席之手，以各中小企業支持者名義捐黨的秘密方式進入民進黨，直至黨贏得政權為止。一旦取得政權，我即停止獻金。信介仙聽後，大喜過望，對我讚揚不已，他說，他要代表台灣人民感謝我的無私與奉獻。我遂吩咐茉莉，匯入黃信介指定的帳戶二億新台幣。果然，正如信介仙所言，不久即由新潮流系的林濁水與陳水扁共同起草，提出主張台獨的黨綱條款，不久即通過有名的一九九一年「台獨黨綱」。該黨綱深刻凝聚台灣人意識，影響台灣歷史，但也掀起台灣內部長達二十五年的統獨之爭，政權三易其手，直至二〇一六年，由蔡英文主席領導的民進黨，始徹底擊跨國民黨政權。台灣出現第一位女總統，轟動世界。台灣的民主發展與尊重女權，超越日本，堪稱是亞洲第一的民主先進國，這是台灣人的偉大政治成就！

迄一九九一年年底，自一九八七年我在「政難會」大膽修改章程，台灣歷史上第一次有政治組織提出「台灣應該獨立」的公開主張，挑戰國民黨高壓獨裁戒嚴統治台灣四十年的最高政治禁忌，由於蔣經國的抓人判刑，同時引爆與掀起台灣內部追求「言論自由」的激烈抗爭，及波濤洶湧的一波波台獨運動。一九八九年鄭南榕的捨身取義，不惜自焚犧牲的偉大獻身，導致以新國家爲台獨訴求的政治勢力贏取國會席次，而台獨的新國家、新國會、新憲法、新國號政治訴求，引致國會老賊四十年不改選及國家必須改造的一九九〇年野百合學生運動，迫使國民黨及李登輝總統接見學生代表，答應與承諾改革，召開國是會議，改造國會，修憲，及總統直選，一九九一年，更促使民進黨通過「台獨黨綱」，尤其，同年引致學術界德高望重的李鎭源院士起而站出領導，號召反閱兵與廢除刑法一百條，要求人民單純的台獨言論不應構成叛亂罪的廢除惡法運動成功通過，終使台灣成爲言論自由的國家，不再有所謂的「政治犯」，綠島監獄與新店監獄終於成爲台灣國家人權運動紀念館。

一九九一年年底開始，全台的非法地下有線電視，無論第四台或民進黨勢力的民主台，可謂蓬勃發展，到處開花，以致某些區域出現兄弟台互相砍殺，形同水火，當時的三重市就是民主台最混亂的地區，一個曾任三重黨部主委的林姓黨員找我投資整頓，因當時混亂已達互相毀滅的程度，同時，我也感覺錄影帶的發行已達成階段性任務，應朝向有線電視的建立發展。因此，我遂決定介入民進黨人混戰又互相毀滅的三重區域民主台，逐台收購或合併，花了一年時間，投進數千萬，共併吞了二十幾台，始成立了北部最大的民主有線電視台，稱爲「大台北民主有線電視台」，總部設在三和路四段的一座白色大樓，有自己的攝影棚，及市民服務頻道，我親身出任董事長，教導一百八十幾位民進黨員股東如何組織董事會，如何選舉董事長，如何運作公司及有線電視台後，始盡拋股權，讓予三重當地的民進黨同志繼續經營與發展。同一時期，我還協助新店市民進黨兄弟成立「大新店民主有線電視台」，幫助女婿江瑞添召集桃園縣的民進黨有力人士成立「桃園民主有線電視台」與「中壢民主有線電視台」，擴張民進黨的政治影響力。

一九九二年，由梁榮茂教授召集的「客家協會」成立，女王也是客家人，我們夫婦都參與客協，我遂於會中力倡募款創立「地下客語電台」，保護與推廣客家文化，這是台灣歷史上第一個客語廣播電台，其後轉爲合法頻道的國家客語廣播電台。

87年到美國LA，謝聰敏（右二）來訪，在鑽石崗我家門口合影。左起爲女兒許淑枝、小兒子許萬敦。

台大校友、新加坡大學名教授洪鐮德；台獨運動支持者、企業家吳武夫先生。

楊青矗、陳芳明、林永豐醫師、許曹德夫婦、陳永興醫師合影。

台文會會長黃富支援台獨運動

林永豐致贈留念的相片

第九章 兩黨對決，新店市長之戰

——兼懷偉大戰友江鵬堅、黃信介二主席

一九九二年十二月，日本是雪花飄飄，台灣則是一陣陣的歲末寒流，我建議哈路，不如到南方看看太陽，因此，我們就一起飛往新加坡及馬來西亞，做了十天年終愛情渡假。但飛回台灣後沒幾天，新店的民進黨黨部主委高娗區就到花園新城找我，由於新店市長鄭貞德因癌症去世，必須補選。這本是台灣四級地方首長選舉，並非重要，也不會引起太大注意。但今年稍早，花蓮曾舉辦一場立委補選，黃信介御駕東征，把國民黨的鐵票區花蓮一席立委拿下，轟動全國，而選戰過程發生國民黨作票，被民進黨抓到，黃信介遂反敗為勝，造成政壇更大轟動。花蓮之外，民進黨的高植澎又於澎湖縣長補選一役拿下寶座，將國民黨的傳統勢力鐵票區擊敗，使二場不為人注意及看重的地方選戰成為政壇焦點，民進黨也由於一連串的勝利，引起全國關注及政局發展揣測。

一九九〇年以後，台灣歷史始眞正大步跨出威權統治時代的牢門，邁向民主與自由之路，台灣的街頭示威抗議頻

仍，社會運動及獨立運動一波接一波興起，風起雲湧，從廢止萬年國代、要求立委全面改選，到制憲及修憲、總統直選、省長民選，以及由學術地位德高望重的李鎭源院士帶頭發動的廢止刑法一〇〇條言論叛亂罪的運動，獲得了徹底成功及勝利，標記出吾人這一代爲言論自由價值奮鬥的偉大犧牲，包括鄭南榕兄弟歷史性犧牲生命的偉大奉獻，終於取得了空前的勝利。從此，台灣沒有所謂「台獨叛亂犯」或任何的所謂思想犯。因此，台灣歷史的下一步，是民主體制的建立及改革。不少過去躲在威權背後的學者及醫生，都紛紛勇敢的站出來，政局及社會因而呈現出不斷的動盪與不安，李登輝遂召開「國是會議」，同意改革。此時，連學生都進入民主歷史，興起大規模的野百合學運，像羅文嘉、鄭文燦、段宜康、李文忠等民進黨新生代，都出身於這段台灣民主轉型的學運世代。台灣自九〇年後，幾乎年年選舉：一九九一年國代改選、一九九二年立委選舉、一九九三年縣市長改選、一九九四年則有台北市長及省長民選，在這三、四年之間，我自日本調回一億以上美金（約三十多億新台幣），支援各類選戰及民進黨中央，並建立自由媒體。因爲，台灣的政治勢力消長，逐漸由街頭運動轉爲選戰，台灣的政治中心移至立法院的國會，國會未改選前，民進黨只是少數黨，但自九二年立委改選後，民進黨已有五十三席，愈來愈強悍，爲了改革體制，民進黨人幾乎天天翻桌打架。

因此，花蓮、澎湖及新店的地方選舉，一躍而成觀察及決定九三年底縣市長選戰的重大前哨戰，台灣政治勢力的變動，牽動台灣的統獨勢力，因爲，民進黨於一九九一年十月通過台獨黨綱，民進黨台獨化，是代表台獨勢力的唯一政黨。

當高炟區找我參選新店市長時，我並沒有答應。九二年立委全面改選時，黃信介力促我進國會，他說我在台北縣參選，他則東征花蓮。我如參選台北縣的任何一區，都會使民進黨參選的戰將落馬，不利團結。同時，我認爲自己不擔任公職，更有揮灑空間、更自由、更容易支援全島的反對勢力成長，並有時間建立自由媒體，支持民進黨及反對力量。而且我必須保留時間以便照顧二個深愛的女人，女王在我身邊，比較容易，哈路遠在日本，比較痲煩。一年之中，不是我飛日本，就是她飛台灣，而最近她飛台灣的時間比我飛日本多，而且三不五時還得飛其他國家纏綿做愛。所以，我如進入國會，一旦被選戰、國會問政及選民服務、選區政治經營所纏繞，將難於分身。這些公職，輕易可由民進黨其他同志擔任，理當培育政治新銳，而且我已五十六歲，寧選生命的自由，不選權力的爭奪。尤其，女王一聽到高炟區請我出馬參加新店市長選舉，就立刻反對。

女王是一個美人，其美不在她的風姿綽約及動人容貌，而在她的美麗性格及生活。她喜愛她周圍的一草一木，喜愛兒女及親朋好友，喜歡下廚做菜，喜愛營造美麗及浪漫的家庭；女王對人親善而貼心，不愛與人計較，但她喜愛我帶她遊山玩水，她對大自然之美及音樂的反應，比我敏銳十倍，她記憶超強，可以輕易說出這是誰作的西方古典音樂，誰唱的美國哪一年代的熱門流行歌曲；她可以進入樹林，對我說出百種以上花草及樹木的名字；可以從餐廳的任何一道菜，告訴我是什麼成份及配料組成的；她可以辨認咖啡、酒及茶的無數品種及味道，這樣一個愛好美及自然的女人，怎會喜歡政治？政治對她而言，是鬥爭、是入獄、是街頭示威、是到恐怖荒涼的火燒島探監、是失去丈夫及日夜不息的街頭演講。政治對她而言，是死亡，是她目睹丈夫的偉大戰友，一位她終生由衷敬仰的獨立英雄鄭南榕的悲壯死亡與焦黑屍體，爲了阻擋鄭南榕兄弟犧牲，她在鄭南榕自囚的七十二天中，以六十八天時間默默陪伴及全力阻擋南榕兄弟的犧牲，六十八天中，她企圖以一個姐姐的無限柔情，融化南榕的鋼鐵意志，留下珍貴生命，每天她從吉林路的台北寓所，攜帶親自烹調南榕愛吃的台灣美食，步行至二、三公里外的自由時代雜誌社，陪伴抗爭與自囚中的鄭南榕，苦勸他放棄犧牲，但還是失敗，因此，政治對女王而言，更是壯烈的犧牲及死亡，是強悍進入街頭示威，這種政治，如何要她喜歡爲權力而屈膝磕頭與拜票。這個天性自然的一代美人，更不喜歡政治的爾虞我詐。她說：你在台灣最悲慘與最黑暗的政治鬥爭時代，勇敢捨身而做別人不敢做的事，今天，這麼容易的和平選舉，還須要你去拚命嗎？你已邁向六十歲，你就回到我們的自由事業，海闊天空，陪陪我，也陪你喜歡的外面美麗女人，痛快人生。我每天爲你做好菜、泡好茶、煮咖啡，陪你聽音樂，賞好花，每年環遊世界，飽覽天下美景，人世間豈有比這更美的？因此，妄想丟下嬌妻美妾、只圖爭權奪利的人物，就是渺視與糟蹋自己價值的笨蛋。民進黨人才濟濟，英雄輩出，還需要你這條革命老狗去賣命嗎？女王說：讓我們擁抱自由，不要擁抱權力與虛幻聲名，把自己綁在爭名奪利的無盡選舉上，毫無意義。

女王是一個能言善道的美麗女人，雍容端莊，面對群眾，口齒清晰，能言善道，毫無懼色，而且記性強、人緣好、魅力十足，比我更具公眾性格。以前，無數的政治犯都由妻子代打，進入國會，當選立委，如許榮淑、周清玉、葉菊蘭、周慧瑛等等，女王比之她們，更無遜色，更動人，更美麗。她如想進政治圈，不僅是台灣政壇最美麗的政治動物，且無需我的政治犯及台獨光環，本身就能耀眼，發光發亮。但女王不喜歡政治，除了支持我歷史的獨立及民主運動，為我的入獄犧牲外，她喜歡的是自然與生命的美麗、生活多彩的美麗、愛情的美麗、朋友交往的美麗及照顧丈夫與兒女的美麗。她說：我寧可讓你與其他美麗女人浪漫，也不希望你與權力鬥爭做愛。權力不會給你快樂，權力是人類表面絢爛的春藥。當民主與自由誕生時，我們就享受民主與自由吧！不必犧牲的工作，由別人去代勞吧！

女王說：我再重覆對你第一次出獄後說的話，你只要給我不進監獄，你什麼都可以，包括女人。現在你第二次出獄，我再說一次，只要你不搞政治，你什麼都可以。如你非進政治不可，我將斷掉你的美麗，禁止你與任何美女往來。我的幸福與快樂，不在當市長夫人、立委夫人、院長夫人或總統夫人，我把你想當上這些職位的慾望，視為你第三次入獄，你若進入權力的牢籠，我等於掛上「夫人」的腳鐐手銬，我眞的寧願與海闊天空、自由的男人做愛，也不與表面偉大、裡面空洞無趣的政治男人談情。權力是春藥，發作時產生興奮與莫名偉大，被拿掉時，則萎靡不振。看看美國總統卡特，一個平庸政治人物，上台像一條龍，下台是一條蟲。一個男人，不靠權力而偉大，是眞偉大；不靠財富而富有，是眞富有。你不是常說，「持而不有，有而不持」嗎？

台灣歷史上最偉大的男人，是鄭南榕，爲自由與獨立而戰，不爲權力，這個男子的偉大意志，可以強到毫無眷戀人世的榮華富貴，足以把自己乾坤一燒，燒掉其他男人的虛幻偉大，當別人變灰燼時，他變不朽。我不願你成爲偉大不朽的鄭南榕，爲自由而亡，但你要成爲我心中初戀時崇拜的自由許曹德，爲自由而活。我願做你的美麗商人婦，隨你自由飛向東、飛向西，最後，我們自由地飛向生命終點，隨燦爛的夕陽而去。

說得眞好，這個女人的生命眞美，比她的美貌更美，她是我無數美麗女人中最美與最善良的自由女神，她是我生命中的女王。

因此，我婉拒高烶區的參選邀請。

過了一個禮拜，高烶區找來黃信介，約我在新店見面，一起吃飯。我首先恭喜他這次東征花蓮立委成功，信介仙說：更要謝你，虧你今年金援三億！他說：曹德，你更是民進黨的靈魂，有你才有台獨黨綱。黨不僅要感謝你對台獨的歷史貢獻，更感謝你不斷的金援，否則，去年及今年的國大及立委選戰，我們無法獲得如此勝利。尤其今年的立委，國民黨拿九十席，我們竟拿五十三席，使國民黨大驚失色。民進黨與國民黨比，他們是大鯊魚，我們是小蝦米，他們集黨政軍及黨庫通國庫的力量，只拿九十席，我們憑的是民主理念、勇敢及犧牲，爲台灣的未來而戰。再下來，明年底又有縣市長大戰，希望民進黨進一步拿下地方首長的更多席位，我們的力量就會更增強。剛好，新店要補選市長，高烶區又身體不好，黨實在找不到人出馬，尤其新店是國民黨鐵票中的鐵票區，民進黨大咖的不敢進來送死，小咖的沒有用，高娫區說請你，但你拒絕。所以，我看許信良主席著急，民進黨恐怕只有我有老臉出馬跟你商量，曹德，你是民進黨迄今猶未投入選戰的高知名度大咖，你在新店參選，不論成敗，沒有人敢說你不是。因爲新店比花蓮及澎湖更歹剃頭，你如能投入，全黨會士氣大振，帶領大家激發意志，險中求勝。因此，新店如由你擊敗國民黨，國民黨將兵敗如山倒，退守總統府。這就是我今天無論如何要跑一趟，請你出馬。你一宣佈參選，大家都知道，你絕對是爲黨犧牲，就好像我出馬攻打花蓮一樣，沒有人料到，卻勝利，才能擊垮國民黨這條大鯊魚。新店由你出馬，表示民進黨要與國民黨在此四級小鎮決戰，比我攻打花蓮更具政治意義。我會代表全黨，擔任你新店市長競選名譽總幹事，跟你並肩作戰。打選戰，我經驗比你豐富，但你的政治頭腦、膽識、經濟實力比我強，曹德，除了你，黨找不到比你更強的人出馬。

我聽完信介仙的話，當然知道有理，看來，民進黨找不到人攻打新店，將被國民黨看衰及竊笑，表示民進黨蜀中無大將，個個怯戰。但我雖有種種優點，對新店選區而言，卻是最不利的政治人物，我是頭號台獨份子，卻跑到國民黨最反獨的鐵票區叫陣，會不會反效果？黃信介說：正因它是國民黨的反獨大本營，頭號台獨如在新店戰勝，豈不代表統派勢力要崩潰？所以，無論我們輸贏，敢進來挑戰就贏，敢選就贏，輸也是贏！

我對信介仙說：給我幾天時間，我必須說服我的老妻，她一向反對我選舉。同時，我也請信介仙打一通電話給女王，替我說好話，表示黨急需借用她丈夫一下，請她幫忙台灣，因爲，我一參選，女王也同樣要一起出馬。

女王最後同意，但表示只此一戰。她要我遵守家規約定，約法三章，如這次市長戰勝，依約，我不許再與其他美女往來，但如戰敗，則無此限制，使我私下啼笑皆非，戰勝似戰敗，戰敗如戰勝。

新店是一個政治色彩特別藍的區域，鄰近台北，國民黨的公教人員、國大與立委、情報特務訓練基地、調查局，以及關押、審判及槍斃無數政治犯的法庭及監獄均在此，我與黃信介等均在這裡關過。國民黨的黨政權貴及名流、鑄幣廠及黃金儲藏地、軍人監獄、國史館，也都統統群集於此。我住的花園新城，一大半是外省人，新店也出台灣名人，王永慶的祖厝及出生地就在新店。新店的族群及人口結構，三分之一河佬，三分之一客家，三分之一外省，其餘爲泰雅族原住民。可以說，新店四十年來，從沒有出過一個國民黨以外的里長、市長或市代表，新店只有一個民進黨的公職代表，即陳金德省議員。至於世居新店的高焜區，是新店反國民黨勢力的地方大老，經營很久，備極辛苦，他出錢出力，連新店民進黨市黨部，座落於現在的捷運站對面，都是由他免費提供。而我更非新店人，與新店居民沒有地緣關係，基本上，我是新店的過客。不過，新店確是一個美麗的地方，山明水秀，有名的碧潭就是新店的代表。就以台北縣行政區域的面積而言，新店是台北縣管轄下面積最大的市鎮，高級別墅群集於此，如花園新城、大台北華城，但新店沒有大的產業聚落，只有一家國民黨以稅金豢養四十年猶造不出一台像樣汽車的裕隆汽車廠，及一處座落於政治監獄旁邊的電子工業區。新店的最大經濟區塊是炒地皮，財團及地方政治人物均是大咖地主。新店臥虎藏龍，大咖黑道天道盟羅福助的根據地就在新店，其勢力雄厚，幾乎左右新店的政治及房地產。我在新店的市長競選總部成立當天，他老兄就送花籃來，可見此人細心而海派，非簡單人物。新店更是外省政治菁英所居之地，李登輝時代，國民黨分裂，新黨不少要角就住新店。這次新店市長突然要補選，國民黨的外省菁英即首次企圖取代傳統的新店本省地方政治人物，因此，意外造成新店國民黨的大分裂。曾是玉女明星的Vivian，看了報紙報導民進黨將徵召我參選新店市長後，沒幾天，就透過茱莉約我，告訴我一個消息，她先生的一個新店政治好友姓鄭，正積極活動及動員國民黨中央，支持其代表新店參選。果然沒錯，就是此人，我請Vivian幫忙，再打聽進一步的消息。

一九九二年，許信良特聘我爲民進黨顧問，他知道黃信介已說服我參選新店市長，一九九三年年初，我們在新店之戰揭開序幕前，一起在建國北路民進黨黨部商議選戰策略。我這個顧問，竟首次顧自己的問，許主席對選舉當然是箇中老手，回想八〇年代美麗島事件發生前的桃園縣長之戰，火燒中壢警察局，是歷史有名的選戰經典。他問我這個顧問如何打新店之戰，如何擊敗國民黨這條盤踞台灣四十五年的大鯊魚，等於老鳥考菜鳥。

我們都心知肚明，新店是大鯊魚的主要巢穴，豈容輕取？我對主席說：我這個菜鳥的看法只有一個，就是把新店的地方小戰化爲全國性的大戰，舉民進黨全黨之力，逼國民黨在新店決戰。我說：我還得到一個大消息，新店的外省政治菁英正企圖取代本地傳統派系，奪取新店的政治資源，果眞如此，勢必造成國民黨新店的外省與本省勢力分裂，有利民進黨。否則，民進黨在新店的實力與國民黨差距如此之大，絕無贏的機會。

主席說：對，就是這個戰略！民進黨正好挾花蓮與澎湖勝戰餘威，逼膽顫心驚的國民黨自亂手腳，尤其，新店的國民黨內部如分裂，則我們有希望矣。

民進黨當年的黨中央，主席是許信良，秘書長是江鵬堅，文宣部是陳芳明。黨中央的選戰策略一旦決定，立刻全黨動員備戰，民進黨善於文宣，剛好陳芳明當文宣部主任，他是精於台灣文史的一流學者，也是將我回憶錄列入海外台灣文庫叢書的策畫人之一，去年在美國洛杉磯，他即到過鑽石崗的我家拜訪，早就認識。所以整個中央黨部很快進入備戰，陳芳明對國民黨開始聲東擊西，並對報紙放話，文宣一波接一波，全力爲我造勢，攪亂國民黨的陣腳。

民進黨的佈署是，黃信介擔任新店市長競選名譽總幹事，許信良爲競選總團長，江鵬堅指揮全黨公職人員，動員所有國大代表、立法委員、全國縣市地方首長 (全國二十一席已有十席)， 尤其是民進黨的政治明星及名嘴，全部進入新店，打一場政治的淝水之戰。進入新店輔選的，尙不止黨的中央菁英及公職人員，學術團體、婦女團體、台教會教授群、社團及外省人台灣獨立會等，都投入。

相對於民進黨全黨一致的團結，企圖挾花蓮及澎湖之勝，一舉再下一城，國民黨則出現上下分裂、士氣低沈，上層國民黨內部則發生主流及非主流的政爭，反李登輝的國民黨外省新銳趙少康等組成新國民黨連線，且於近日向內政部登記爲人民團體，意在成立黨中之黨，且對新店市長人選不斷放話，暗示新連線將不排除介入新店選舉，使國民黨腹背受敵。一九九二年立委選戰，趙少康曾在新店一地拿到二萬六千票，比民進黨還多，以新店的合格選民十六萬票計，單國民黨黨員即有三萬六千人，如投票率爲六成，投票數將是九萬六千票，贏取市長的票數致少須四萬八千票。但國民黨如在新店分裂，誠如後來四人同時參選，再加趙少康的攪局，則國民黨縱有新店八成選票的實力優勢，亦將岌岌可危！國民黨上層政爭，分主流及非主流；下層分裂，對民進黨當然有利，可謂天賜良機。

民進黨雖有天時之利，但卻有重大缺點，新店的選民結構，一向非常不利民進黨，二者實力懸殊，幾達八比二。尤其，民進黨在新店沒有眞正地方經營的戰將，主要對手鄭三元在地方紮根長達十餘年，當選過數屆新店市代，選過新店市長及國代，基層實力非常紮實。反觀我自己，雖住新店，卻非新店人，並無地方深厚淵源，對新店人而言，我是空降部隊，我雖具全國性的政治知名度，這種人在大選區容易當選，但選區越小越不利。

爲了瞭解地方基層，高烒區從一開始就陪我勤訪地方耆老，同時進行競選募款，不到一個月，我們即募到六、七百萬，這些都來自新店的民進黨堅定死忠，好幾個中小企業老闆一聽到我的名字，就支票一開，不是五十萬就是一佰萬。對我而言，我並不需要以募款籌措競選經費，新店這種小選區，選舉經費不過仟萬即可，但募款著眼在動員，並了解支持者的熱度及各種看法。就以民進黨的支持者而言，高烒區說這次非常熱情。我將募得的款項全數交予民進黨新店市黨部，做爲運作本次市長選舉之需，並與黨部約定，剩者歸黨部，不足則由我全數負責。一般民進黨人的常態做法，均由自己親信處理，選後節餘，納爲自己的政治資金。

爲了拿下新店，讓民進黨的年底縣市長席位躍增，民進黨全黨動員。國民黨一看，當然害怕新店繼澎湖而淪陷，亦全黨動員，組成中央助選團，擺出超級「卡司」，由國民黨行政院副院長徐立德擔任團長，成員包括馬英九、黃昆輝、祝基瀅、鍾榮吉、趙守博、蕭萬長、江丙坤、李鍾桂、謝深山等政務官，包括黨務主管以及中央、地方民代號稱六〇人，並動員藝文界人士，連當年剛獲獎的電影「囍宴」的導演及男女主角、電影、電視的著名明星及當紅歌星，都進新店助陣。助選團會議由文工會主任祝基瀅召集，黨副秘書長謝深山主持。

針對民進黨由中央高層及黨內名嘴組成民進黨中央助選團，宣佈在新店舉辦三十場演講及說明會，國民黨則決定舉辦六〇場更大的說明會，對抗民進黨。

這種空前二黨對決，是歷史的第一次，足見國民黨的恐懼之深。爲了對抗國民黨的雄厚資源，我也動員日本的龐大資金，年初即電告日本的哈路，我將投入新店市長選舉，爲了充分準備以防不時之需，請她緊急經由日本商社匯入美金伍仟萬元，約新台幣十五億進入台灣。我問黃信介，民進黨的財務狀況，信介仙說，愈多愈好，而且年底還有全國縣市長及議員選舉。我便一次撥予信介仙新台幣三億，包括打新店之戰，如還不足，也可再增三億，保證子彈充足。我更撥予政治人格者江鵬堅一億，讓他私下方便做各種動員，同時準備年底的縣市長選舉。

Vivian看到新店市長選舉竟成全國沸騰及注目的政治大事，各媒體每天都有專家、學者、新聞專業人員分析及預測二黨出線候選人的強弱及成敗，有的斷言，上下皆呈分裂的國民黨將繼澎湖之敗後，再敗新店；有的則認爲，只要國民黨最後能整合一人，國民黨仍能守住新店，畢竟內行看門道，外行看熱鬧，有情報最重要。Vivian 於是每星期與我會面，告訴我她所得到的國民黨內幕。她認識國民黨文工會及縣黨部重要黨工的妻子及情婦，所以消息多而正確，供我研判敵情。我應謝謝這個極美麗而動人的外省老情人，在選戰的烽火中，一面纏綿做愛，一面努力搜集情報。

根據Vivian的說法，鄭三元根本是趙少康、李勝峰造反集團的一員，此刻因係新店地區的外省地方政客志在選舉，不便公然表態反國民黨主流，影響他的選舉。國民黨主流對鄭三元的陽奉主流，隱爲非主流，又爲新店實力派人物，亦不敢不支持，否則將使鄭三元公然高舉新連線旗幟與趙少康一起造反，而使新店的國民黨內鬥更熾，分裂更深。Vivian的情報果然正確，鄭三元不久之後即成新黨人物，選舉立委。

Vivian 說，鄭三元老神在在，就等啞吧吃黃蓮的國民黨中央，因恐懼民進黨奪走新店，非舉全黨之力支持他這個國民黨非主流的隱性叛將不可。Vivian 說，這些非主流人物都是其先生的政治朋友，他們所共玩的一批美麗女人，以前都是崇拜Vivian的粉絲，這些男人在床上做愛時，私下會告訴

Vivian他們所愛吹的政治牛皮。

茱莉知道我投入新店市長選舉，問我是否要知道國民黨的內部消息？我說，當然。她說貴婦團最管用，裡面好多皆是國民黨黨政軍樞紐人物，及掌控黨政決策者的情婦及妻妾，尤其情婦，均爲茱莉的俱樂部秘密女貴賓。茱莉酒店的好幾位姿色出眾的小姐，恰是國民黨文工會幾位高幹的密友，每星期都要與她們秘密幽會。茱莉說，她會動員她們打聽新店選戰的國民黨做法，這些國民黨的高層黨工非常腐化，最愛在喜愛的女人面前臭蓋。

茱莉還提醒我，文工會的大頭頭豢養的美麗貴婦Shelly，去年曾介紹你秘密與這個絕色佳人有過一夜情，她還請我再安排與你會面，我曾代你送她一顆百萬鑽戒。她昨天打電話給我，想私下幫你打新店市長之戰。我吃了一驚，Shelly竟然是這個頭頭的密友，Shelly是一美麗紅歌星，由某台灣大企業家月付五十萬豢養，送予頭頭當秘密情婦，當政商利益交換的禮物。

果然，選戰正式開戰的三月三日前一星期，茱莉轉交一份文工會新店選戰擴大會報的秘密會議記錄，內容記載：調動國民黨北部近千黨工進入新店，分區分里動員黨員及支持者，最後票投予黨指定的鄭某某。爲了怕投票日投票率太低，更動員百輛遊覽車，於選舉日當天動員投票，發放走路工一仟元；並命令對新店的國民黨籍里長發放里民活動費伍拾萬元，加強宣傳投給黨指定的市長候選人。

這個密件，爲了避免傷及消息來源，沒有公佈，但我指令民進黨新店競選總部發佈一部分秘密內容，分裂國民黨四位候選人的消息，嘲諷國民黨黨中央開放國民黨新店四位候選人公平競選是一場騙局，指證國民黨上層早就暗中全力動員投予鄭某人。這個火爆指控，果然火上加油，引發新店市長選戰的巨浪，使早就懷疑被犧牲的本土派縣議員顏固傳火燒國民黨新店市黨部，差點讓國民黨選戰翻船。其時的各報民調都顯示民進黨將贏，國民黨將敗，股市因而大跌三天，股民害怕國民黨政權不久將因新店之敗而可能崩潰。爲了感謝Shelly這個出色美麗女人的義助，我叫茱莉從政治資金帳戶裡提一仟萬送她，如她因受懷疑而脫離那位頭頭，再送一仟萬給她。選後，Shelly愛我數年。一九九八年，我叫茱莉介紹，讓她嫁與一位台灣的電子企業家。

一九九三年二月十三日，是新店市長候選人登記的最後一天，投票日則是三月十三日，完成參選登記的人共有五位，四位是國民黨籍，顏固傳、鄭三元、孫德紀、高正義；我則一人代表民進黨。表面是五人混戰，其實是二黨對決。按常理，國民黨應推一人參選，但因內爭異常激烈，無法擺平，本土勢力與外省勢力相持不下，黨提名任何一人，皆得罪另一方，故國民黨不得不假裝開放競選，實則全力動員支持一人。民進黨縣黨部主委徐阿樹譏國民黨是放屎痛，放尿也痛，形容貼切，入木三分。

爲了符合黨的徵召及提名程序，在法定參選登記前十天，由民進黨新店市黨部遴選十人小組，正式提名我參選，再由縣黨部五人小組一致通過，最後由民進黨黨中央宣佈，徵召許曹德同志爲新店市市長候選人。

其實，二黨候選人早在一月初就各自動員及佈局，只是國民黨無法擺平內部，遲遲無法正式提名一人參選，只好公開宣佈自由競爭。

我把新店市長的競選總部設在現今捷運站對面的市黨部內，並徵調我的女婿江瑞添擔任競選總幹事，市黨部的主委林敏雄、總幹事黃林銘、高煋區總顧問以及十幾位幹部，全部投入支援競選，財務由高煋區負責。

江瑞添時任桃園縣黨部主委，曾經歷桃園地區的縣長、國代及立委輔選，經驗豐富，無論組織、指揮及協調力均極強，而且他擅於文宣及心戰，對國民黨的選戰策略觀察深入，相對於對手，可謂反應快速、制敵於先。他一進駐新店，很快即了解選戰情勢、敵我優劣，制定打贏選戰的策略；利用情勢發展及突發事件，創造議題；文宣一波接一波，非常犀利，張張文宣擊中新店國民黨要害，使對手誤以為民進黨選戰的精銳進駐新店，火力強大。江瑞添並兼任發言人，幾乎每天都開記者會，發佈新聞，對國民黨放話。所以選戰未開始，民進黨就站在攻勢，紊亂對手的判斷，江瑞添與黨中央文宣部的默契十足，互動順暢，使中央及地方的文宣及心戰立刻發揮政治效應，讓整個國民黨的中央及地方陷於被動及挨打。國民黨發覺內外受困，非常焦急。

我交待江瑞添，避免統獨爭議，降低我的強烈台獨色彩，強調族群和諧，集中議題於揭弊及重建新店的願景及藍圖，列出國民黨統治新店四十年的貪腐及濫權、債台高築、建設落伍、派系分贓、炒地皮，並攻擊國民黨市黨部濫權侵佔市產為黨產四十年，所以，江瑞添想出的一張最凌厲的文宣口號是：「打倒國民黨舊居，建設民進黨新店！」巧妙把新店地名喻為民進黨的新店，把國民黨盤踞新店四十年的破敗形象喻為舊店，非常傳神，使國民黨心驚肉跳，恐懼這種新店舊店的宣傳及破壞力，若不反擊，將導致選戰崩潰。由於新店民進黨的基層組織薄弱，人力不足，江瑞添便調動桃園的民進黨黨工進入新店協助，他們散發文宣，都是晝沒夜出，與國民黨的做法完全相反。相對於國民黨在新店的雄厚經營及人力物力，民進黨主打文宣及心戰，希望使新店民心四十年一變，並以國民黨的分裂來取得勝利。

新店是台北縣的最大行政區域，人口雖不滿二十萬，但跑遍整個轄區的鄰里，包括訪問支持者、選民及里長，也花了一個月。我每天坐上安坑支持者提供的吉普指揮車隊，辛苦進入基層拉票，新店的族群及人口結構特殊，三分之一外省，三分之一客家，三分之一河佬，其餘為泰雅原住民。我以三種語言與各族群對話，遇到外省講國語，遇到客家講客語，遇到河佬講台語。不錯，有競選過的人就知道，台灣的民主選舉，確實很辛苦。原本，民主政治的設計，就是主權在民，權力來自人民的授權。此次進入新店基層拉票，始知國民黨的四十年地方利益勢力非常綿密及堅固，這眞是一場不容易打的選戰，但不戰，焉知不勝。

我也毫不畏懼，全面進入外省區與外省選民對話，他們都會問台獨是否排斥外省人，我說：所謂台獨，就是獨立於中共統治之外。凡認同台灣這塊土地的人，都是台灣人，無所謂外省與本省之別。我說：我的姪女就嫁給外省青年，我的妻子就是客家人，我們主張族群融合，而非分裂。台獨的理念是將台灣建成一個民主及自由的獨立國家，不是別國的一部分，或所謂中國的一部分。

為了降低統獨疑慮，特由廖中山教授率領外省人台灣獨立促進會成員進入新店宣傳及演講，讓外省選民第一次驚訝的知道，外省人也主張台灣獨立。

我向新店選民闡述，民主的最基本原理就是競爭，說民主就像我們左鄰右舍的便利商店，新店四十年只有一家老K商號的K人便利商店，孤行獨市，服務不好，態度傲慢，貨架供應的商品都是老貨，品質不佳，價格又貴。所以，讓我們再開一家新店，跟它競爭，看它進步不進步。因此，請市民投與民進黨一票，就是為大家開一家新的便利商店，服務會更好，品質會更佳，價格會更便宜。有了「新店」，舊店就不敢吃定消費者，所以，另開一家新店，有競爭，就有選擇，就是民主。

新店是一處依山傍水的美麗地方，如果在日本或歐洲，這樣一個地方早已被規劃及建設成風景優美，集遊憩、觀光及高級住宅的美麗城鎮。尤其，新店有一條美麗的新店溪，碧潭就在其間，這一條溪，國民黨四十年從不思整治，若把它化為美麗的萊茵河，使二旁成為水上公園，可以划船。國民黨反使新店成為一雜亂無章、工不工、商不商，毫無特色的城市，而且道路狹窄，偌大的山林曠地沒有好好規劃，只讓建商炒地皮，到處亂蓋。國民黨的統治者也不了解本地美食文化，二○○四年周錫瑋當選縣長後，竟把碧潭兩岸幾近五十年才形成的河岸美食聚落視為違章，不思重建，竟將它拆毀及消滅，把碧潭化成人工水潭，毫無傳統及自然之美，就是一例。新店不如淡水，其實除美麗的高山及河流，新店更可以建成亞洲的人權及民主紀念觀光勝地，把關押及殺戮政治犯的新店監獄建成世界有名的人權紀念園區，成為觀光景點。

哈路得知我全力投入選舉，除了緊急匯款，年初便飛來台北看我，叫我這二、三個月不必理她，儘管全力投入選舉，她聽我解釋，明白這是一場台灣民主歷程的重要戰役，無論成敗，都值得一打。她也知道我的政治理念，志不在市長、立委或總統，而是志在台灣的民主及獨立運動。這個運動，企圖將台灣先民的壓迫、痛苦及犧牲，包括哈路的遭遇及父親的屠殺，化成美麗的自由民主及獨立。哈路近幾年每次回台，都會請我帶她重返她的舊居中山北路六條通，因為，她好想再看看她父親最後被押走的舊居，她在那裡被出賣她的台灣人及其所帶來的外省特務輪流姦淫；哈路請我帶她返回延平北路的三樓酒家舊址，現已改建成高樓大廈，看一看她傷心經歷的地方，不禁悲從中來，淚流滿面。她也叫我循她的記憶，開車經過仁愛路中廣附近的國防部建築，一九五二年，她就在那個地方，被豬頭蔣的部下帶去強迫獻身。這些父親及自身的歷史之痛，使哈路相信，我不是一個志在權力及財富的男人，我是一個追尋台灣歷史自由，不惜一切對抗壓迫的奇男子。哈路因此不斷對我提醒，我不必再辛苦去創什麼業，她的財富已足以讓我用不完。她希望我有一天逐漸脫離政治，與她享受財富及自由、快樂及美麗的生命，縱然我們餘生不多，熾烈的青春不再，但身體強健、心靈璀璨。我們仍能以一百八十公里時速，馳騁於日本東太平洋的美麗海岸及瀨戶內海；我們仍能遨遊世界，享用我們無盡的財富及自由歲月。哈路說，她看過多少男人，都不會勝過你，有你，勝過一切。哈路看起來，就像茱莉、Vivian或女王一般年齡，全身美豔動人如巨星。選戰期間，她不想干擾我，直接由茱莉接機，住進豪華美麗的俱樂部，不住圓山大飯店，要不是茱莉通知我，我還不知道她人已在台灣。

新店之戰，從年初就開始動員，到三月三日進入官方所規定的十天正式選戰。中間的六十多天，哈路隻身飛來台灣不下十次，把集團決策交予慶雄，幾乎每星期滯台二、三天，住在俱樂部，由茱莉陪伴，我無法全程陪她，只能抽空一次與她相會三、五個鐘頭。她關心並想知道選戰的狀況，她知道我的目的不在選一個小鎮市長，而是打敗國民黨的歷史勢力，讓主張獨立的民進黨勝利。我告訴哈路，從日本調回台灣的資金，未來都將用於打敗國民黨之用，她問調回的伍仟萬美金夠用嗎？我說，以新店之戰這種規模，當然不需大資金，因爲民進黨無法買票，也沒有國民黨的龐大基層及鄰里長可以賄選，民進黨打的是文宣戰及政治戰，所以，資金將用於支持及壯大民進黨勢力，打贏重要選戰，建立自由媒體。國民黨的錢，用得出去，我們的錢，用不出去，縱想買票，也會立刻被逮。我告訴哈路，不用那麼辛苦飛台灣，她說：「不，我知道你看到我，在你選戰激烈進行時仍在你身邊，會給你無限信心及愛的滋潤，你將會精神百倍，愈戰愈勇。」

哈路的話沒錯，每次與她的美麗纏綿與非凡之愛，任何男人都會精力百倍，勃發戰志。哈路在台，都用茱莉的一部賓士六〇〇及司機，不斷到新店觀看國民黨及民進黨的雙邊演講，觀看我的民主選戰，她比較日本的選戰經驗，給我新的點子參考。

所以，新店之戰，五個女人都介入。

女王從一月份起，與我並肩作戰，進入黨部協助佈局及籌劃動員後勤，爲黨部的工作人員安排伙食，她不但能幹，且是選戰最佳的美麗公關，有她在，政通人和，上下和諧，內外順暢。女王的口才及美麗形象，高烶區說：新店的選民對她都印象深刻，看她披著「許曹德之妻」的白字綠底彩帶，與我同車並肩沿途拜票，儀態動人，美麗親切。哈路進入新店，首次遠遠目睹女王向選民揮手，看她下車與支持的民眾優雅的握手及發出的美麗聲音，令人動容。哈路說，這是一個非常討人喜歡的美麗女人，她的表現比我更出色、更引人，這個女人有政治及公眾的魅力及氣質，口齒清晰伶俐，充滿親和力及自信。哈路說，難怪我這麼愛她，我眞是世界少見的幸福男人，討的儘是最好的女人，美麗動人，忠心耿耿，不離不棄。哈路說，像我這種傾倒無數男人的美人會愛上你，以及像女王這樣的美女會愛上你，似乎證明你的確不是普通的男人。哈路又說，女王應該進入政治。我回答，她不喜歡政治的虛矯及勾心鬥角，她愛的是美麗的自然、美麗的自由、美麗的生命。哈路認爲女王是一個凡事豁達、滿足、輕易就會快樂的女人，雖然她嫁了一個浪漫不羈的奇男子，仍然不失自信及開朗，非常不簡單。

新店之戰，三月三日正式開打。

任何研究台灣民主選舉歷史的人，有關新店之戰，只消翻閱當年的報紙，都能強烈感受那是一場非地方首長的選舉，而是一場二黨車拚的全國選戰。所有報紙的篇幅，焦點均集中於報導、分析、預測這場選戰，二黨的文宣、旗海、政治廣告，彼此的對罵、喊話、指控，恰似戰場的砲彈，火光四迸，連李登輝都以總統之位，公然喊話動員黨政軍力量進入新店。國民黨的副秘書長謝深山、文工會祝基瀅、台北縣黨部主委秦金生，每天都進入新店督陣，國民黨眼看自己陣營分裂，選戰處於被動及劣勢，可謂陣腳大亂，四分五裂，所以不得不組成龐大的中央助選團，以每天舉辦六場演講，企圖撐起新店的國民黨氣勢，縱然派出馬英九、蕭萬長等政務官及政治名嘴，但聽眾不多，來的多是動員的支持群眾。由於國民黨四十年從未在新店這個鐵票區與人競爭，早就忘記選戰是什麼玩藝兒，一般的新店百姓與國民黨人也都不習慣，而國民黨大牌的演講，主題既不新鮮，內容也空洞八股，都在爲自己辯護，但聞砲聲，沒有火力。反觀民進黨，對執政四十餘年的老店國民黨，批評起來火力四射，從新店財政的債台高築、建設的亂七八糟，國民黨市黨部的侵佔公產、地方派系的炒地皮、挖沙石，已故鄭市長就搜刮了一、二十億，到新店調查局的濫權及強暴婦女，堪稱題材豐富，罵也罵不完。我與民進黨的中央助選團，今天晚上才罵完，明天就被報紙轉載，變成選戰的全國性新聞，難怪國民黨膽戰心驚。但民進黨不僅只罵而已，我們也提出重大建設政見，要求開闢直達台北的環河快速道、打通中興路、整治新店溪爲美麗的萊茵河，使河的兩岸成爲水上公園、捷運直通新店、眷區改建、擴大及美化通往烏來的觀光公路、規劃新店爲美麗的觀光城鎮，民進黨的競選主張，後來均成爲新店二十年發展的藍圖。如無民進黨的猛烈批評，破舊的國民黨老店恐繼續原地踏步。我之能提出建設新店的具體主張，乃顯現我是企業家出身，能執政，而非政治空談，此外，這時的台北縣長是民進黨執政的尤清，新店市長如是同一政黨的候選人當選，必對新店的加速建設有利。

民進黨的中央助選團團長是主席許信良，召集人是江鵬堅，總聯絡人爲台建兄弟林永生及周順吉，黃信介則以東征元帥勝利班師新店的姿態，號召全黨菁英進入新店，並北調戰勝澎湖的高植澎縣長到新店，陪我沿街拜票。民進黨的所有縣市長，除新竹縣長范振宗外，均抵新店演講；民進黨的立委黨團也率領所有國會代表，輪番進入新店；民進黨的所有國大代表也分批進入新店。決戰的十天，民進黨每天舉辦二場大型競選演講，次數雖不如國民黨多，但聽講群眾遠遠超過國民黨，少者千人，多者達五千至一萬，顯然，外地湧進的支持群眾似乎多於新店市民。大家風聞新店的決戰大戲，吸引四鄰關心的群眾湧進，這十天之中的每場夜間演講，常講到深更半夜，我與女王都在演講結束時，並肩站在會場門口與離場的熱情群眾握手，我的雙手幾乎被握斷，始知選戰非如外人想像的輕鬆，不僅拚能力、拚政見、更拚體力。選戰中也深感，身旁有一位能幹而吸引人的妻子，幫助莫大。女王表現傑出。

十天之中的二十場晚間演說，有一場當群眾魚貫從會場離開，我與女王併立門口忙於握手與答謝時，突瞥見茱莉陪著哈路及秘書酒井，旁邊還跟隨七、八位茱莉的美麗姐妹淘，若無其事像聽講的一般離場民眾，趨前向我及女王握手，哈路以磁性的柔美聲音，輕聲爲我及女王預祝勝利，還好，夜燈不強，不然，突然出現一群異常的美麗女人，女王必覺奇怪，我雖驚訝，但面帶微笑，像對一切支持的群眾答謝一樣，謝謝她們。等她們走出場外時，我看到許多好奇眼光都紛紛投向這一群與眾不同、打扮入時的美麗女人，茱莉三部車子，就停在會場外，載她們離去，顯然，哈路這兩天必是帶著秘書酒井來台。此時選戰正熾，我也抽不出時間與哈路見面，只與她通一次電話，顯然她特地又來台灣為我打氣，但哈路在散場與我握手後，有心趨前與女王握手，並細細的端詳女王，親切的讚美她：「妳眞美麗！」女王不知道，這位與她握手的美麗女人，是我第一部回憶錄中的初戀情人。她並不知道那晚趨前向她讚美的女人，就是哈路。哈路身高一六八，女王只有一六〇，當晚我看到我一生最重要的兩個女人並肩而立時，心中一驚：哈路更高䠷，儀態動人，豔麗而性感，很少男人不為哈路的美豔所動；女王則是端莊大方，亭亭玉立，像古典美女。哈路看來，比女王更年輕，這個日本血統的絕色美女，天生麗質，非常善於保養。此時哈路已過六十，猶無一絲衰老，就像四十二、三歲的成熟美女，嫵媚動人，言談敏捷，精力充沛。哈路曾對我提起日本東大醫學院，她是最大的捐獻者，東大醫院中設有七大醫生的醫療小組，專門照護哈路健康，其中有一名抗老專家，就是哈路的妹婿，有名的岡田博士。

投票前一天，民進黨發動新店歷史上從未有過的首次大遊行，由東征元帥黃信介帶領，主席許信良、秘書長江鵬堅、重要的中央委員、所有民進黨的有名精英、立委、國代及各縣市長，全體動員遊行新店，向新店的市民群眾揮手，場面浩大，氣勢如虹。

由於Shelly的密件幫助，我設法故意將密件的副本傳眞鄭三元之外的其他國民黨候選人，國民黨遂爆發嚴重內訌，顏固傳陣營火燒國民黨新店市黨部，掀起選戰巨浪，全國注目，造成選戰前三天的民調預測，民進黨領先國民黨，股市巨幅回檔，代表國民黨將敗。

但事實是，選戰一開始，國民黨即欺騙鄭氏候選人以外的三位，派數千黨工進入新店基層，鎖定投給該黨的指定人，強烈激發新店深藍選民的危機意識，國民黨依密件操盤，動員黨的綿密組織及走路工，表面選戰處似劣勢，國民黨內訌、狗咬狗，實則基盤逐漸凝固，無懼民進黨的凌厲宣傳、人群沸騰的政治演講，及新店歷史第一次的民進黨全黨精英大遊行。

三月十三日投票，國民黨以一車車大巴士載送支持者投票，到下午六點計票完成。但不到六點，國民黨的候選人鄭三元就燃起鞭炮，宣佈當選。

民進黨的總得票數，雖達空前的近三萬票，仍不及國民黨鄭三元的一半，至於國民黨的其他三位，總加起來都未超過一萬票。我隨即宣佈失敗，並向勝利的對方道賀，這是基本的民主風範。

十三日晚上，我站在競選總部宣佈失敗，並向群集於總部前的大批支持者致謝，我目睹支持的群眾噙著淚水，他們高聲吶喊：再戰！再戰！令人深深感動。第二天起，我與女王更以吉普競選指揮車，沿著新店各主要街道及社區謝票。

此次只是市長補選，任期只有八個月，八個月後，將與全國的縣市長一起再選。年底的地方縣市長選舉，則是今年的政治重頭戲，全台共有二十一個縣市首長改選，民進黨希望能過半，新店市長之戰，則是二黨全力以赴的一場前哨戰。

選戰之後三天，重要媒體紛紛對新店市長之戰作評論，認爲國民黨驚魂甫定，幸虧守住新店，證明國民黨的鐵票區並未生銹。國民黨在新店之戰後，的確鬆了一口氣，李登輝如再敗，國民黨的新連線將有可能從內部分裂國民黨，造成台灣政治勢力重整。報紙並分析，民進黨長於宣傳及理念傳播，新店雖沒拿下，但民進黨的戰略及戰術、民進黨的選將及全黨的團結，國民黨不可小覷民進黨，有一天終將取代老朽的國民黨。報紙也評論，許曹德臨危受命，第一次投入選舉，雖未贏，但打了一場讓國民黨幾乎嚇破膽的新店市長之戰，其敗，非戰之罪，乃敗於新店的選民結構及地方利益的牢不可破。報紙預測，我這個政治人物，遲早將崛起政壇。報紙分析，許曹德極具實力，似乎財力非常雄厚，大家只知他是有名的政治犯，很少人知道他是台灣的大企業家，兼具政治及經濟實力，他是民進黨台獨黨綱的肇始者，台灣獨立運動的本土發動者。報紙說，許曹德爲人低調，不屬於民進黨任何派系，是一神秘、獨來獨往的人物。黃信介說，非常佩服許曹德，說他不爲名，不爲利，以一個台灣大企業家，敢爲台灣的民主及獨立犧牲坐牢，其勇氣及智慧，非一般政治人物。他選與不選，都是台灣歷史人物。他的歷史性台獨主張及突破，將影響台灣的未來。

選後第五天，黃信介邀我一起吃飯，我們這次選一家常去的日本料理店，我們都愛吃沙西米。信介仙劈頭就說，曹德，勝敗乃兵家常事，新店我們雖然沒有贏，但沒有人認爲是你戰敗，大家都說你雖敗猶榮，第一次出馬，就戰得轟轟烈烈。你也很有選戰頭腦，知道利用情報戰，竟能從國民黨內部拿到密件，差點把國民黨打垮，你的新店文宣，連中央黨部都佩服，有夠犀利。起碼，我們這次讓國民黨及李登輝褲底差點洩尿。我說，新店之戰證明，統治台灣四十餘年的國民黨恐非表面那麼不堪一擊，它是百虫之獸，死而不僵，打垮及削弱這個集特權及政經利益交織的龐大勢力，仍有一段漫長的路要走，還有不少的選戰要打。我也不認爲趙少康的極右外省勢力有能耐分裂國民黨。反而民進黨的這次強勢，似乎促成國民黨因恐懼喪失政權而集結在李登輝之下，以台制台，力阻民進黨的勢力擴張。黃信介說：曹德，你說的一點沒錯，除年底的地方縣市長選舉外，明年將有省長民選、台北及高雄市長民選，一九九六年更有台灣首次總統民選，每一場都很重要，每一場都不好打。新店之戰沒有把國民黨壓下去，民進黨的資源及人才又不及國民黨，我們還有硬仗要打。民進黨雖有派系之爭，但全黨意志堅強，弱在財力及基層組織與地方經營，所以，信介仙對我說，無論我選不選，都希望我大力支援黨的茁壯及最後勝利，擊敗國民黨。我說好，新店之敗也讓我非常刺激，我將不惜一切，支援黨的每次選戰，直至勝利爲止。我說，不必怕沒有資金，只要黨堅持台灣人的歷史美夢，台灣的民主與獨立，我將傾我所有，支援及打敗國民黨。我說，我在海外存有佰億以上資金，黨儘管打，必要時會源源入台支援，你說需要多少，我就支援多少。信介仙一聽，大爲興奮，他表示，以他的個人財富，縱然雄厚，亦恐無法長期對抗國民黨，有了我的力量，將不怕擊不垮國民黨。晚飯中，我仍請信介仙依以前約定，絕不透露資金來源，只能說，來自本土企業的許多秘密捐款。

當然，打敗國民黨絕非有錢一項就能奏功，金錢只是彈藥及糧草，最重要的仍是政治理念、政治意志以及培植傑出政治人材，否則，錢愈多，愈腐化。我對信介仙說，黨應對捐獻者的每一分錢珍惜及善用。每一分錢，都來之不易，代表無法說出的歷史悲痛及歷史期盼，民進黨是實現台灣人歷史期望的政治工具，不是目的。正常國家的政黨，黨只是社會利益及權力分配的組織，但台灣不是一個正常的國家，我們外部受國際強權制約，外交孤立；內部，受一個專制特權及政經利益結合的後殖民政治集團控制，非打破它不可，這個集團，充滿虛僞中國意識，宰制台灣，我們非擊垮不可。信介仙同意，民進黨一旦也變成權力及利益政黨，我們將摧毀之，另立政黨。

因此，哈路交予我手中的巨額美金，絕非單純是愛的贈予，我並不需要這些財富追求權力或幸福，我個人就擁有足夠的經濟力量追求這些，它代表哈路財富的歷史背面蘊藏一個亂世美人的一代悲劇，她身經的歷史仇恨，父親慘被屠殺、自己處女之身被輪暴、弟妹無依，賣身權貴的淒涼、羞辱及心酸歷史。所以，哈路的財富應該用於實現台灣最終自由的歷史鬥爭，用於推進台灣的民主與獨立，而非個人之用。

但我對信介仙說，新店之戰的最後幾天太激烈了，我身體感到非常疲勞，心臟出現問題，所以近期我將到日本做身體檢查，如緊急找我時，請與我的秘書茱莉聯絡，我把茱莉的電話給信介仙。

其實選後第二天，哈路就從茱莉處得知新店之戰的結果，她立刻從東京掛電話給我，叫我不必介意。我告訴她，當然不會，但心臟似乎有點毛病。她要我立刻飛往日本，她將安排東大醫院的最好醫生爲我檢查。

我當然知道，這是我身體的老毛病，它糾纏了我二十多年，所謂「狹心症」(Angina Pectoris)，是一種現代慢性疾病，我到美國治療時，才知道它是美國人的國病。所謂Heart Diseases，是美國死亡率的第一名，癌症是第二名。我從二十九歲第一次出現心臟劇痛，到爆發爲心肌梗塞，約九年。一九七四年那年，我幾乎死於綠島，昏迷七天七夜不知死活。這種疾病是一種恐怖症，發作時毫無預感，突然襲擊而來，但覺心臟強烈窒息，有即將死亡(Impending Death)之感，所以非常恐怖。如果每天發作一次，就是每天感覺死亡一次。二十多年來，我已習以爲常，與死爲伍，所以我把它的恐怖當飯吃。這種疾病只有一種解藥，稱爲「舌下片」或叫「硝酸甘油片」，發作時含於舌下，數秒鐘即能擴張心臟血管，藥到病除，但這種仙丹只是作用一時，無法根治。這種病，好發於西方的政治人物及企業家，六〇年代後，成爲美國富裕社會的頭號流行症，與糖尿病、癌症，並稱資本主義社會三大殺手。美國一路領先，隨後富裕的歐洲、日本、台灣，跟著大規模出現。

新店之戰後，我又發現這個老毛病陰魂不散，才開始想如何徹底克服。一九七五年第一次出獄時，我是帶病回家，經台大醫院檢查後，請二個留美的心臟醫生爲我診治及長期照護，但只能藥物控制。因此，我找到一種我喜愛的運動：美妙的羽毛球，鍛鍊我的身體。確實，運動比藥物更有幫助，逐漸控制了我的病情，我發現激烈的羽毛球不僅改善我的身體，更發現人類的運動世界非常快樂及美妙。幾乎與性愛一樣，讓肉體及精神進入均衡的高峰，觸及生命躍動的尖頂。醫生告誡我，你這種病不可激烈運動及做愛，否則，容易猝死。你這種病，必須避免過勞、日夜顛倒、緊張、美食，否則，它會日漸惡化，血管漸漸阻塞及硬化，最後只得開刀，但開刀也只是治標，只能延後死亡。醫生說，我還必須戒菸、戒酒。

一九七五年出獄後，我進入企業及金錢帝國的創建高峰，無法避免經濟活動的日夜高度應酬、行程緊湊、大宴小宴不斷，尤其環繞於金錢力量四周的無數美麗女人及動人明星。但我發現，我只會在休憩的深夜及早晨時段發生短暫的疼痛，激烈的運動及性愛則不會，如有，也是輕微的悶痛。我問醫生，醫生也覺不可思議。這個發現，見證我的病史，看出一項特殊現象，我三十一歲帶病入獄，歷經偵訊、折磨、審判、煎熬及長期監禁，因爲禁錮與異性的斷絕及反常的自慰，長達七年，但我的疼痛不停，最後引發心肌梗塞，爆發心臟病。但一九七五年出獄後，至一九八七年獨立運動爆發，而再度入獄的這段十二年，縱然創業令我南北奔波，飛遍日、韓、美、東南亞、香港、歐洲，遠至南非，但我平日運動激烈，只要在台灣，我必清晨六點，帶女王一起到圓山大飯店打二個小時的羽球，使肉體沉浸於美妙的運動世界。運動之美變成我的春藥，這種沒有權力及金錢算計的遊戲世界，只有賽球的輸贏，沒有利害的得失，堪稱人類最美的自由之一。因此運動使我歡愉及激動，肉體每天排出廢物，心臟轉強，肌肉堅實，反應敏銳，並且精力充沛，大大降低我日夜顚倒、菸酒不停及盛宴的危害，所以，照護醫生的備用藥愈用愈少。

由於經濟活動的滑潤作用，大商人與大商人之間互動的談判需要，及企業實力非炫耀不可的商場謀略，美麗的女人遂變成巨商的必需品及實力象徵，尤其，對掌握政治及經濟權力的大小官員，美麗的女人所向披靡。我看遍世界各國，莫不如此，愈落伍的國家愈如此。所以，我的商業帝國經濟力所到之處，最容易吸引最美麗的女人投懷送抱。財富與性，每天都在權力的高層交換，在豪華的別墅進行，在金碧輝煌的大飯店演出，在秘密的俱樂部完成。我似乎把性當運動，找出性的最美對手，在綺麗的肉體運動中，享受女人激情的千嬌百媚，神秘美感的萬千變化。當然，這種少數男人財富鬥爭成功的自由及特權，無公平可言，我只企圖自述我人生的眞實及男人的赤裸，不作道德掩飾，我與美麗的對手，僅有運動時的美麗，沒有激動生命的情愛。因此我與無數美麗女人的這段彩色歲月，我只覺精力泉湧，心臟病很少發作，球場的快樂，情場的歡悅，倒使我的用藥減量；反而，政治的投入及鬥爭，二次都惡化，大量用藥；到了第三次的政治投入，激烈的新店選戰之中又開始出現心臟問題。

因此，選戰打完後，我興起了企圖克服自己二十餘年纏身不斷的恐怖疾病。醫生說，這是現代日趨猖獗的慢性疾病之一，我遂開始警覺，想起我的母親就是死於糖尿病；我的大哥死於肺癌；我的戰友林永生，到新店爲我助選時，早就在台中監獄罹患癌症，一年多之後，省議員的競選未完，即離開塵世；新店的民進黨大老高烶區也因罹患大腸癌，而放棄市長之戰。我的獄中戰友林欽添，不久亦死於大腸癌，我的堂兄許曹源，前不久才因與我同罹狹心症而開刀死亡。我發現，最讓我不忍及心痛的是，女王竟也提早於一九八八年，為了救援丈夫與投入街頭獨立運動，檢查出罹患家族遺傳的糖尿疾病。我更聽女王說，她最要好的中學同學八個人中，七人的先生都因罹癌而先死！而最有名的例子，莫過於民進黨的優秀同志盧修一，在蘇貞昌台北縣長一役的競選最後一夜，站台驚天一跪，蘇貞昌同志是贏了，但盧修一同志卻死了，他死於癌症。我的總經理李勝彥，不過五十歲，就得嚴重的糖尿病。報紙不斷報導醫學如何進步，新藥不斷發明，但報紙也不斷揭露，婦女的乳癌、子宮癌，以及高血壓人口、肝病人口、糖尿病人口、腎臟病人口都不斷上昇，甚至流行洗腎。

如果我們期待的一個富裕而繁榮的民主時代降臨台灣，但同時降臨了一大堆的病夫公民，則這個時代將不是幸福的時代。如果我們以生命所換來的自由社會充滿的是痛苦及疾病，以致大家吃藥渡日，則這種自由是痛苦的自由。畢竟，健康才是民主及自由的基礎，人類的和平自由及幸福，必須建立在健康的人民身上，否則一切是空的。

縱然我毋須再選舉，但參與民主及獨立運動的完成，我也必須先解決自己這個恐怖的長年痼疾。我不能自以為，只要運動及性愛即可打敗疾病。

赴日檢查之前，我徵詢我的兩位家庭心臟醫生，並到亞東醫院找朱樹勳院長。他曾帶領五、六位台大各科醫師，義務爲我們大台北民主有線電視台開闢全民健康節目，是我們民主有線電視台尊敬的一位醫生；同時他也是台灣有名的心臟繞道手術開刀之父。我請他診斷我的病況，當然，他的建議是儘速開刀，沒有比這方法更徹底。他看了我的心臟，也奇怪我早在一九七四年就心肌梗塞一次的心臟竟強勁有力的復元，竟能在阻塞的冠狀動脈血管底部長出新的血管，但又有新的血管阻塞及狹化。

於是，我決定飛往日本。我告訴女王，必須赴日檢查一次心臟，女王當然非常關心我的健康，表示公司有她及李總在，電台有林總在，我不必牽掛，就速速飛往日本吧，希望日本有更好的治療方法。

飛日前，我到俱樂部看茱莉，選後的第二天，茱莉就轉述Shelly急著見我，Vivian更不斷問我何時有空。選後我有許多事情要善後，謝票、安頓選戰幹部、拜訪新店支持民進黨的重要地方大老，見見許信良主席及江鵬堅秘書長，檢討選戰的得失因素。大家的結論是，以全黨之力，氣勢如此之強，國民黨又分裂，我也證明非吳下阿蒙，不僅能坐牢，更能打選舉；有選戰的策略，也有選戰戰術；尤其我還有本領取得國民黨內部的秘密情資，幾乎讓國民黨翻盤。此戰可謂全國轟動，幾乎一戰成名，我可說是頭號台獨份子，到第一反獨的鐵票區去挑戰，拔虎鬚，他們盼望我再戰，但不必再戰新店，新店已不可能成爲新的決戰點。新店雖敗，但支持民進黨的選票卻有巨幅的成長，江鵬堅希望我下次選地方首長，或以全國知名度進入國會。江鵬堅以爲，我不僅是獨立運動英雄，也懂選舉，而且財力雄厚，民進黨之中恐找不到第二人，甚至說我應該出面領導民進黨，而非如此低調。

新店之戰，證明台灣的政經族群結構只能逐漸緩慢改變，政經力量的版塊分裂，似非短期所能激烈更動。果然，自我出戰新店拿下最高選票後，民進黨在新店從無一人能超越，也擊不垮國民黨的牢固地盤。

見了茱莉，我禁不住深深的吻她，嘉獎她這次全力以赴，日夜操心，動員幫打新店選戰，Shelly及Vivian都是她的功勞。哈路選戰期間來台，也都由她細心保護。茱莉說，不必吻她，我應親吻Shelly及Vivian，尤其Shelly，這次因幫你而離開了國民黨的高官，所以急於想見你。茱莉說，她已遵我指示，匯入Shelly的帳戶兩仟萬，她感激得哭了。茱莉說，你要謝我，就幫我做一件善事。她說，她是花蓮證嚴法師的信徒，慈濟正募款從事台灣社會救濟及世界救難的慈善工程，急需善人捐款，完成大德。茱莉請我政治之外，也幫助台灣社會。我說，沒問題。對這位證嚴法師，她跟我同年出生，我早聞其名，也知道她的事蹟，她是台灣本土誕生的偉大宗教家，她的佛教是出世的佛教，不是但求自己升天的佛教，值得捐獻。我的母親本就是佛教徒，我原想與兄弟建立基金會，幫助台灣社會弱勢的受難人，但家兄始終推拖，我想，與其建立自己的基金會，不如捐予慈濟更有效率、更了解如何幫助別人。我說，就以我母親的法名「眞覺」捐出。我問茱莉，戶頭內的政治資金還有多少？她說，尚有三十億左右。我說，就捐十億給慈濟，以我母親之名分二次，辦得好，再捐。茱莉非常高興，吻了我一下。她說，再等一個鐘頭，Shelly就要趕到俱樂部見你，你就好好愛她一下吧！

我之所以想重賞Shelly，因爲她一聽茱莉說我參選新店市長，想知道國民黨對手的消息，便主動冒險拿到文件拷貝。問題是，她爲何敢冒喪失每月數十萬的包養費，把密件交給我？我與她不過一夜情，次數頂多不超過十次，我只知道這個女人非常出色及美麗，是貴婦團中最動人的少婦，我知道她不過二十五歲，每次性愛，非常大膽及浪漫，但外表卻極端莊高貴，非常美麗。她如何知道爲我冒險，我會回報她什麼？正因這點，我交代茱莉，以重金謝她。

Shelly趕到後，我就在俱樂部的豪華房間等她，甫一見面，我就看她美麗眼淚奪眶而出，撲向我親吻。她的第一句美麗聲音就是感謝我竟對她那麼好，她急著來謝我。我說，不對，要感謝的是我。她端詳了我一下，發現我選後瘦了，似乎有點疲累。當做愛時，她叮嚀我全身放輕鬆，改而爲我做舒筋按摩，之後，她突然以ORAL SEX，從頭至腳親吻，那是一種女人的感情之吻。全身緩緩親吻之後，集中親吻男根，非常熱情及美妙，我經歷無數女人，一般都會，但除了哈路之外，我未曾見過如此深情及技巧美妙的口愛。我看到一張美麗嬌豔的臉及一口誘人的美麗香唇，有如觸電，一波接一波震顫男人的肉體與心靈，美感之深，震撼之美，再次證明人類的性愛，當女人對你有情時，會比肉體的單純結合更美，性的美麗深度、美麗強度、美麗力度，會登峰造極，難以形容。

我試圖以激烈性愛，測驗赴日之前的身體會否影響或惡化我的心臟，但結果只出現事後的輕輕悶塞，事中不會，表示我的身體毛病似與性愛無關。

與Shelly相會，我想問的是她爲什麼願意冒險？Shelly說，是因爲茱莉姐借她閱讀我的回憶錄，發現她的父親在她五歲時被捕，十歲時死於綠島，跟我一樣是台灣的民主與獨立鬥士，因爲母親無以爲生，帶淚攜弟妹投靠台北的親友，出賣肉體爲吧女，養育她們成人。她們是嘉義布袋人，母親因她自幼美麗聰慧、能歌善舞，送她進國立藝專，期望有一天成爲影視歌星。當她進國民黨營的中視做歌星訓練及擔任臨時演員時，爲拯救罹癌的母親，被黨營的這位電台高官挾制誘爲情婦，並爲黨官勾結的高雄一位鋼鐵大王做二輪包養，輪流當情婦。她被禁止不可上電視演出，她只好放縱自己，成爲貴婦，與茱莉爲友，因此認識我。她說，她是爲父親崇高的理想及犧牲而做，不是爲了報償。

聽了Shelly是獨立運動的遺孤，心中爲之心酸及震撼，我叫茱莉再追加一仟萬給她。我建議Shelly，由茱莉協助她到日本深造，獨立發展她的影視天份，她也可能是一顆台灣熠熠的美麗紅星。

次晨，我交待女王台灣諸事以後，直飛日本，並從機場打電話給茱莉，等我日本回來以後，再見Vivian，並請茱莉贈一仟萬給Vivian，她在新店之戰，是有情有義的美麗女人。

哈路請日本東大醫院的專屬醫療小組負責我的身體檢查，並請當時有名的日本心臟權威高崎博士主診。日本的醫學水準及技術自然比台灣更先進，我被送進特別看護病房，由特別護士負責照料，不僅檢查我心臟，也檢查我全身。

高崎博士說我的心臟很特別，曾經重傷一次的心肌竟強勁復元，冠狀末梢血管雖有再生跡象，也有不斷新堵的血管。高崎博士以為，非不得已不宜開刀，可先用藥物及飲食控制。在日本，心臟繞道手術的死亡率仍偏高，美國最進步，台灣更不如。日本的檢查認為我心臟以外的機能都很好，但我應該避免過勞，並戒掉香菸。高崎博士說，不可輕忽這種現代疾病，它很容易使人猝死。哈路每天都到醫院看我，日本醫生的結論是，我只需藥物、飲食控制、規律運動及休息。醫生說，快樂及自然達觀，非常有助心臟，正常的性愛，只要不痛，應該對心臟有益，不會有害。

日本的醫學有其更進步的一面，更強調身心自然和諧及身體再生能力，不輕言開刀。哈路將高崎醫生的食譜交待予官邸別墅的日本女僕主管，安排每天飲食及游泳。我使用高崎的藥物不到一星期，體力及精神快速復元，疼痛次數快速降低。

高崎博士雖說適當的性無妨，但為小心，哈路觀察了十幾天之後，仍不准我親近。因為哈路的身體不是一般女人，構造特別，性器天賦異常，短時間即能讓男人波濤洶湧，產生極度快感及美麗激情，鮮少男人能不為之瘋狂暈眩，力竭癱瘓。岩介社長生前，身體壯健，為日本經濟集團諸雄之一，女人無數，但獨拜倒哈路，岩介去世之前，常常為哈路之美昏厥。岩介死後，數不清仰慕哈路之美的日本男子追求入幕，但為哈路悅賞勝過岩介的並不太多。日本到八〇年代，繼美國之後成為世界第二大經濟體，同樣發生性革命，傳統與開放，多元並存，性同時也成為市場經濟的龐大產業。哈路告訴我，富裕的現代日本女人也同男人一樣，輕易可以覓得滿足女性的各種男人，金錢的或非金錢的，包括進入日本的白人、黑人，爲滿足性的視覺刺激及幻想，日本甚至崛起爲亞洲AV產業的最大生產國，愈來愈大膽，愈來愈低俗。一九九三年我在日本時，感覺與我在一九七六年進入的日本完全二樣。當年黑澤導演的精彩性愛表演，只敢在俱樂部秘密欣賞，今天已非如此。對於哈路而言，她身處日本政經社會頂尖，感情的與非感情的、金錢的與非金錢的異性，可謂輕而易舉，但哈路卻不是一般日本貴婦，她需要的是感情的性，找到體質匹配的情人，而非一般的男人。一九九〇年，我們重逢，對哈路而言，是人生的意外及奇蹟。分隔幾已四十年，二個體質異常的情人，竟在生命絢爛的黃昏重聚，難怪她對我的生死及健康非常敏感，要求高崎博士不惜代價，全面治好我的身體。

對哈路而言，我似乎不僅是她的情人，更像一位丈夫，我們留有愛的結晶，一個歸屬日本後藤父親的美麗女兒希美(Kimi)，尤其，自我們重逢再遇的三年以來，她始發現，我才是她一生最動人的情人。不但救過她的生命，也是她崇拜的政治英雄，一個敢爲台灣四百年被壓迫悲慘歷史，及爲民族追求解放、自由、民主與獨立的人。

所以，她非常焦慮我的病況。自醫院返回官邸別墅後，她就非常細心的照料，陪我運動、打球、游泳、散步；不管集團事務，陪我閒談日本的政經發展；駕車載我到富士山麓，觀賞日本的美麗櫻花，看東太平洋的無垠波濤；帶我到東京夜總會及劇院，欣賞日本的精緻演唱及表演，但就是不准我性愛，深怕傷害到我的心臟。

經過三個禮拜，日本正是櫻花盛開的四月，哈路看我精力再現，才准我第一次親近，首次讓我做愛。她非常高興，我沒有意外，但她依然謹慎及自制，不讓她的天賦美麗身體使我太刺激。

當我的身體逐漸正常，與哈路的愛就逐漸恢復激烈。回憶一生，我不曾與哈路單獨相處如此之久，也從未看她像這兩個月如此動人及快樂。每次相愛，她都不斷高潮，使我非常興奮、吃驚及訝異。她好像熱戀中的少女。

一九九一年，蘇聯全面崩潰，資本主義終於戰勝共產主義，成爲世界唯一的經濟制度，四十年的恐怖冷戰終於結束，美國一變成爲世界唯一的超級強權。因此，世界開始進入美國的超強和平，除了地區衝突外，世界各國都爭相朝向經濟發展，中國就是最明顯的轉型國家，中國正磁吸台灣的豐沛資金及先進技術，模仿台灣，輸出低廉產品，因此經濟獲得高速發展。相對於世界及中國，日本則在享受四十年的日本經濟奇蹟後，於一九八九年爆發「泡沫經濟」(Bubble Economy)，被美國人譽爲「日本第一」的八十年代日本經濟，不堪超強美國的壓力，日幣巨幅升値，從一美元三六〇日幣升至一二〇日幣，日本的超富，造成日本股市及房地產的狂飆及崩潰。後藤巨大財團即成型於岩介社長死後的哈路主導時期，一半主力在房地產及銀行（岩介社長及家族原就是崛起於九州的最大土地及地產開發商）。哈路說，幸虧她機警，八九年前後就拋售大量房地產及銀行股票，降低集團投資比重，因此，後藤集團在日本經濟的泡沫衰退中，受傷輕微，但也受傷了，主要在資產價値的巨幅縮水，估計減損五分之一，約達二佰餘億美金。但集團的高科技發展部門、傳統產業及海外投資收益，卻仍有成長。我在日本靜養的時候，哈路已不緊張，她說，已渡過最初的經濟震盪及衝擊，集團實力仍非常堅固。在這三年，她本想放手完全讓慶雄主導，栽培希美及後藤二兄弟，但看起來，仍難卸除她需一段時間的監國。哈路比較不放心的是後藤二兄弟，有缺陷，才資平庸，欠缺乃父之風；反而希美非常聰明，有乃母之聰慧堅強及美麗。

講到希美，哈路非常讚賞這個女兒，不但才華出眾，談到經營，更頭頭是道，遠遠勝過男人。一九九〇年，哈路派她進入集團的土地開發及房地產部門，始知希美非常有商業頭腦。哈路說，搞不好，將來恐是希美起而領導後藤集團，而非二個平庸兄弟。論及希美，哈路又不禁說，難不成台灣的許家血統命定繼承日本的後藤帝國？希美的個性及天資，似乎更像她的眞正父親。哈路一邊笑，一邊看著我。

我說，都是從妳美麗的肚子孕育出來的，栽培她成長爲今日的希美，主因是後藤的父愛及日本文化。

六月初，東大高崎博士再爲我診檢復元心臟，認爲非常良好，因此，我準備返台。離日前，哈路故意安排希美帶女婿岡田眾議員及所生的小孫兒到官邸會餐，讓我再見美麗的日本女兒。希美已三十八歲。

希美比上次見面時更穩重及練達，對我執禮甚恭及敬重。她看得出我與她母親關係絕非尋常，我在官邸一住二個月，好像男主人，與母親同進同出，至少，我是母親的至愛台灣情人，她看得出，母親對我既親暱又尊敬。哈路僅僅介紹我是救過母親的恩人，有名的台灣政治運動人物及台灣大企業家。希美知道，她的外祖母是日本九州人，戰前嫁與台灣外祖父。外祖母及外祖父均死於太平洋戰爭及二二八事件大屠殺；她知道母親於一九五四年返回日本，嫁與父親後藤一郎，她生於母親抵日之後的第二年。當然，哈路猶未揭露她的眞正父親是誰，不可能知道美麗的母親早年的台灣戀情，以及歷經悲哀出賣美麗肉體的Sylsy酒女歲月；至於母親嫁與後藤家族的父子亂倫關係，她更不可能知道。其實，她與二個弟弟分屬二個不同的父親血脈。或許，永遠不讓她知道，將使她的生命更單純及美麗。

看著美麗的希美及哈路就在自己眼前，母女親熱並肩而坐，我的回憶難免塞滿人類父愛斷裂的震撼及悲哀，我只有一種無奈的親情激動，想不斷以凝視收藏好眼前的美麗日本女兒。我幻想，有一天，或許她會以日語發出動人的字句：「多桑！您好！」而不是「歐吉桑」。

離日前的官邸家庭聚餐，我又忽然感覺並肩而坐的美麗哈路及希美，與其說是母女，不如說是姐妹。女兒希美之美，似接近台灣早年的電影紅星Vivian，但母親哈路之絕世美艷，比諸女兒之美，更風情萬種。母女年齡，看似只差六、七歲，但已屆六十之齡的哈路，舉手投足，依然洋溢抗拒歲月的閉月羞花之美，明豔奪目，肌膚白晰，毫無皺紋。哈路之美，誠人間少見之絕代尤物，男人而有如斯絕代美女爲妻，棄江山可也。

九十年代，我曾在台灣電視台看過一部由中國美麗女星劉曉慶飾演的武則天歷史連續劇：「一代女皇」。劉曉慶的精湛演技，演活一代女皇的權力及愛情，非常酷似哈路，不僅呈現絕代風華，其權力形成歷史類似，故事亦極雷同。武則天以其絕代美色，同時委身及迷惑住唐太宗及唐高宗父子，遂取大唐之天下而代之，爲中國歷史獨一無二之女中豪傑；哈路亦以其絕代美色，同時委身日本財團後藤父子二十五年，成爲日本的大財團女皇，富可敵國，控制仟億美金的產業。

哈路親送我到機場，臨別深情叮嚀：一定要記住醫生的交待，顧好自己身體，我們還要再愛二十年，不准我先她而去。她一再說，我的身體如不正常，不必親自介入台灣政治及選舉，以金錢支援民主及獨立運動即可，留下精力及時間，讓我們雲遊四海，享盡人間之美，讓我們珍惜美麗的剩餘生命。她建議我盡量利用日本的十億美金基金，不用害怕用光，如不夠，再增二十億、伍十億美金，都沒問題。哈路說日本的政治就是財閥政治，我們的女婿岡田眾議員及他的自民黨派系，後藤集團動輒一年的政治獻金就要數億美金。日本經濟雖然泡沫及衰退，但後藤的實力堅如磐石，支援台灣十億二十億，只是九牛之一毛。在機場臨別時，哈路忽然想起，後藤投資的野村證券金融公司是世界頂尖的證券投資公司，已進入台灣設立分公司。她說，後藤將透過它投資台灣股市，匯台的政治資金可藉著野村來轉付。

女王看我回台，臉色紅潤，精神奕奕，非常高興。我赴日療養期間，幾乎天天與她通話，知道我身體康復極快，早就安心。我對女王，只有守住一個秘密，就是重逢哈路的秘密。哈路不是我外面的花花草草或一夜情，對於再多的外頭美麗女人，女王均不以爲意，一律視爲我精力過盛的洩洪現象，只要我遠離政治，我即可以自由，她不怕任何女人的出現或會取她而代之，她深知我愛她。但哈路的出現，卻可能傷及天性豁達的女王，因爲，哈路觸及我生命初期的深情及愛戀，不是一夜情。這就是爲什麼新店選戰的演講晚會，哈路離場向女王握手致意時，我非常吃驚及畏懼，我不希望女王知道，回憶錄中的初戀情人仍在人間。所以，女王只知我赴日療養身體，是由日本朋友安排醫院及住宿，而非美麗的初戀情人哈路。

日本回來以後，我再度與信介仙會面，他分析給我聽，李登輝上台後，除了台獨主張，全面竊取民進黨戰後三十年的政治主張及奮鬥理念，你說老賊退休，他就老賊退休；你說國會全面改選，他就全面改選；你說台北市長民選，明年他就民選；你說省長不能官派，明年底就讓你直選；你說總統民選，三年之後就會直接民選；我們種樹，他乘涼；我們賣命搖了半天樹上的果子，他就在地上全部撿走，變成外國媒體眼中的「民主改革之父」。他以權力在手之便，化被動爲主動，以身爲台灣人之總統，分裂台灣人的國家認同與選票，以鞏固外省政經軍黨特權集團，盡吸外省族群選票，並吸走傳統依附外來勢力的客家族群，開始結合壟斷台灣政經利益之地方派系，以龐大的黨國資源，縱容地方買票，延續黨國腐敗勢力與特權餘緒，阻撓台灣邁向自由與獨立。新店之戰，典型代表國民黨的鐵票力量不是短期可以動搖。民進黨雖攻擊國民黨的腐敗，非常賣座，但腐敗與黨產正是國民黨的最大邪惡力量；民進黨不能腐敗，無法腐敗，也沒有權力可以腐敗，民進黨只有清廉、社會正義、國家獨立，保護弱小階級，建立社會安全制度、法治、族群融合，反對金權及黑道干涉政治。國民黨則是一個殖民權力集團，集台灣本土政經利益及黨政軍龐大外省權力的巨獸，新店之戰後，李登輝的主流權力逐漸確立，歷史威權的國民黨退場，代之以政經利益、金權政治及地方派系壟斷之手段掌控國家，且人才濟濟。

國民黨雖然龐大，但歷史的包袱也非常沉重，矛盾百出，內部權力鬥爭嚴重，國家體制混亂。李登輝的修憲，修成一部憲政怪胎：仍然以中國統一之虛假政治神話爲政治冒牌春藥，修「獨台」憲法，而非獨立憲法。依此修憲建立的政治制度及運作，必將扞格難行，問題重重，既非內閣制，又非總統制；尤其總統無解散國會之權力，當總統及國會分屬不同政黨時，不知如何化解矛盾及衝突。

新店之戰，預告崛起的本土民主及獨立勢力，無法如共產專制或第三世界獨裁政權，一旦轉型，即可使舊勢力徹底崩潰。尤其李登輝打著台灣人旗幟，收割反對黨的歷史民主革命，成就一人權力，分裂民進黨的台灣本土意識，制衡台獨勢力，抑制民進黨及台灣人的歷史成長，延續國民黨早該土崩瓦解的腐朽政權與殖民勢力。

因此，信介仙說，新店只是前哨戰，眞正的大戰在後面。我的看法，當然也差不多，事實上，新店之敗也激起我的政治戰志，無論我參選與否，決定支援這個黨邁向自由及台灣獨立，也支援後面的選戰，直至民進黨取得政權。

我請信介仙估計未來所需之金援數字，並以間接方式支持我們黨的未來運作，以及間接秘密援助黨的優秀候選人的選戰資金，使黨及候選人感覺除自己募款之外，不產生依賴之錯覺。黃信介也同意，我如公開爲黨的巨大資金來源，將成另一金權巨頭派系，無法中立，必將衍生利益導向的另一個權力結構及派系鬥爭，我如愈置身黨爭之外，不爲人知，愈有利於民進黨的自然發展。所以，最好我僅是資源的神秘提供者，而非參與者。而且，由於我身體健康因素不確定、女王的反對、陪伴哈路的需要，除非不得已，我將退居幕後，支援民主及獨立勢力，直到黨取得政權爲止，讓民進黨完成民主及獨立的最重要歷史使命。

與信介仙會面後，我又與江鵬堅在俱樂部見面深談，他是民進黨建黨的首位主席。一九八七年我把台獨主張列入政難會，爆發成台灣獨立運動時，他是第一位挺身而出，勇敢支持獨立運動的民進黨政治領袖；他甘冒與國民黨對抗的危險，組織後援會及律師團；發動街頭遊行及法庭抗爭，是使獨立運動得以崛起的關鍵人物。我對江鵬堅尊敬而信任，希望信介仙之外，他也同意擔負我金援民進黨及競選同志的秘密重任，並對所需資金的規模、對象及方法提供建言。我把金援爲什麼不公開的理由對江主席說明，他也與信介仙一樣完全贊成我的想法。江鵬堅非常欽佩我，說有一天當台灣實現民主與獨立時，應該講述這一段歷史，他仍希望我進入國會，公開領導民進黨。在民進黨內，江鵬堅沒有派系，將來經手金援同志的公平性，會更客觀、更公正。比諸信介仙，他將更無政治勢力的負擔及喜惡。我非常信任此人。

民進黨自新店之戰後，歷經一九九三年縣市首長之戰；一九九四年台北市長及高雄市長之戰、台灣省長民選之戰；一九九六，總統直選之戰、立委改選之戰、國代之戰；

一九九八，北高兩市長第二次改選，再戰，以及各種地方選舉之戰；最後，是二○○○年的總統大選之戰及同年立委之戰。我經由兩位主席之諮商及建議，分由二位經手，民進黨中除了少數投機政客之外，均以交由茱莉安排的無數酒店小姐人頭之名或匿名，大量捐款至全島各民進黨候選人的政治獻金帳戶，雖然難以記住細節及個別金額，但二○○一年我到日本，從哈路給我的一份十年匯台資金記錄，知道進入台灣的總金額是美金六億柒仟餘萬，約新台幣二百餘億。根據茱莉記錄，民進黨的總獻金約二百億上下；政治之外，捐與慈濟五次，約二十億；其他用途二○餘億。一九九九年，台灣發生九二一大地震，死傷慘重，我另請哈路從日本政治資金中，匯台匿名贈與台灣救災專戶一億美金，故日本資金，總計尚餘四億多美金。當時，哈路看到台灣故鄉的災難及悲情，另動用哈路成立的「國際救災基金」，再捐予台灣一億美金。

民進黨是一個無資源的政黨，不像國民黨黨庫通國庫，坐擁世界第一的黨產及特權黨營事業，以及政治利益共生的大企業無限捐助。國民黨的個別候選人皆爲財力雄厚的一方之霸，此外，尙有國民黨龐大黨產支援；反觀民進黨的黨中央運作經費、個別同志的參選經費，除少數財力雄厚外，都須向支持者募款。如爲政治明星，尙可募得巨大政治獻金，其他中小咖，則須各憑本事，以自己有限之資源及支持者的捐款，始能一戰。一九九○年底，信介仙找我尋求政治資金時，即是爲黨調頭寸，動用信介仙自己的私人資產挹注，極其艱苦，焦躁煩惱，可見黨的初期困難及窘困。當然，黨及候選人的政治募款不只是經費問題，更是一種政治動員，愈多捐款人表示愈強的社會基礎。但大型的選戰，如台北及高雄市長之戰、省長之戰、總統之戰、立委之戰、地方首長之戰，動輒五億十億，以陳定南的一九九四年省長之戰，帳面募款及開支即達七億以上。當時黃信介力主，必須對北高市長之戰、省長之戰，尤其總統之戰，傾注最大資源，寧可多，不可少，我之捐助動輒數十億。以我記憶所及，陳水扁的三次選戰：二次市長及一次總統之戰，挹注最大，達三十億以上；其次是彭明敏的九六年總統之戰及陳定南的省長之戰，挹注之數亦達數十億。

二〇〇〇年之後，我即停止動用存於日本的政治資金，一方面，民進黨已贏取政權，具有政治權力及大量支持者的樂意捐款；另一方面，信介仙竟在一九九九年民進黨總統的勝選前夕先走一步，離世長辭，他意外離開人世，讓我心痛及懷念不已，他是推薦及支持陳水扁參選的最關鍵人物。其後不久，二〇〇一年，繼盧修一死於癌症後，江主席也因癌症而英年早逝，讓人無限悲傷及歎息。民進黨既已執政，兩位同志亦不在人間，我認爲我的捐助可以結束了。

當然，選舉不是有錢就能勝選，現代選舉，國民黨的文宣、電視、報紙，所費不貲，非常巨大；動員的財力，爲民進黨所望塵莫及，據說二〇〇〇年的總統大選，國民黨的眞正開支是新台幣一〇〇億。民進黨憑藉的不是雄厚資金，而是人民的期望及認同，但如彈藥不足，則難以言戰矣！

我並不以爲民進黨的成長及壯大，及二〇〇〇年贏取政權的歷史性勝利，完全來自我的金援之故，金援只是糧草而已。決定勝利的原因另有多層因素：包括陳水扁的專注及聰明才智，「領袖魅力」(Charisma)，再加上國民黨分裂，及宋楚瑜的參選，就如九四年台北市長之戰的翻版，國民黨因分裂成黃大洲及趙少康，以致陳水扁漁翁得利，二千年的總統大選亦如是，我的金援，不過是選戰的必要之助力，非充分之決定因素。陳水扁是直接繼承我獨立主張的傑出人物，基本上，我是台灣的獨立運動者，黨及政權只是我政治理念的工具。民進黨之必須支持，是因爲這個黨是台灣歷史對抗壓迫、追求民主及獨立，集無數人的犧牲及奉獻，凝聚而成的政治力量，載有我畢生奮鬥與犧牲奉獻的獨立黨綱，非支持不可，別無選擇。以獨立運動者的眼光看，民進黨出現傑出人物，但也難免投機政客、假英雄、權力蛀蟲、機會主義者及倒耙份子。但選舉及政黨，是取得政治權力的民主制度，自然權力是多數政治人的唯一目的，依附在台獨理念的共同旗幟下，那面旗幟，飄揚我對台灣的奉獻及夢想。

一九九九年，民進黨通過〈台灣前途決議文〉，視現狀爲「台灣主權獨立」，其國號暫稱之爲「中華民國」，類似英國（大不列顛——Great Britain）是主權獨立國家，其國號則是「大不列顛聯合王國」UK (United Kingdom of Great Britain)，這是台獨運動發展階段性的妥協及轉型，利於凝聚及整合台灣共同體成爲台灣人的國家。但這個國名是一個無奈及投機性的選擇，容易混淆視聽，且是李登輝的東方哈姆雷特式權力承繼及短視的「獨台國」，恐將無法通過未來的慘酷歷史考驗，易被同名而日益強大的中共政權所統戰與吞噬。「台灣共和國」才是她的眞名，但這將是一條漫長而艱辛的未來歷程，我的天命，恐活不到看她眞正的改名。

陳水扁勝選的那一夜，競選總部附近眞是萬人空巷、水洩不通，群眾激奮，堆滿勝利笑容，沿街歡聲雷動，鞭炮之聲響徹台北夜空。台灣好像在改朝換代，迎接新王登基。我帶著女王，參與民進黨取得政權的勝利之夜。對我而言，這是我自新店之戰後的最後一戰，歷經七年，不下十數場選戰，傾注百億以上來自日本的力量，力量的後面是愛情，一個傳奇的亂世美人之愛。

民進黨執政之後，江鵬堅生前曾建議我接受陳水扁的國策顧問，我說謝謝，還是由其他台獨政治犯同志專職擔任為宜，他們比我更需要，鄭南榕及林永生，已經離開人世，就由蔡有全及黃華擔任吧，尤其我是商人，進出世界與中國，飛往世界各處，我必須保有自由之身。而且我一生對權力名位毫無留戀。

陳水扁執政八年，民進黨政權外遇中國政經勢力崛起，內遭反對黨控制國會席次過半的掣肘，舉步維艱，國政巨幅震盪，從「四不一沒有」，到「一邊一國」，外則美中牽制，內則藍綠對抗。但陳水扁仍不失為一個強勢總統，八年之中仍有一連串的改革及創建，雖然內部的轉型正義多無法完成，公投及入聯均失敗，但國家認同的統獨意識則發生重大的變化：認同現狀及獨立者超過百分之八十五；認同統一及走向統一者，不足百分之十五；台灣不再是一個地名，台灣是一個國家。

民進黨執政的八年，台灣的藍綠分裂及政黨對抗空前嚴重，這是台灣走向歷史融合的必然陣痛，但所謂外省與本省意識的歷史之分，經此鬥爭與融合，完全消弭於無形，除了新黨及李敖之類少數統派，自稱「中國人」之外，皆自稱

「台灣人」。所有名揚國際的台灣成就，無論政治的民主及自由、經濟、學術、科技、藝術、電影、運動、發明、人物、產品及縱橫世界的成功台商，稱譽時皆謂「台灣之光」。台灣內部已無外省人及本省人之分，只有「本國人」及「外國人」之別。見證一九八七年我在法庭的有名歷史辯論，所謂台獨，即民主於內，獨立於外，反對「外省」與「本省」之分，主張建立「命運共同體」，我們通通都應是「台灣人」。此篇有名的法庭言詞辯論狀，曾被譯成英文，刊登於海外，我將收錄於第二部回憶錄，印證獨立運動的精神，是民主、自由與獨立主權，是命運共同體的台灣人，我們應該獨立。

二〇〇七年，學者林媽利醫師發表台灣族群血統科學研究：二千三百萬台灣人中，七十三點五%是河佬族群，十七點五%是客家族群，七點五%是一九四五年後遷台的外省族群，一點五%是原住民。推估台灣的平埔後代有六〇〇萬人，河佬及客家族群的八十五%，均含原住民的DNA血統；台灣最大的河佬族群，更非中國的純北方漢人，其DNA，百分之八十五是中國南方原住民越族後代，台灣並無純種漢人，如有，則其數字應與台灣的原住民同樣稀少。台灣的河客二族，其族譜及墓碑均稱自己祖先是中國河南，這是文化及父系社會的歷史沙文主義。科學的DNA血統研究及鑑定，否定這種政治及文化歷史神話，所謂遙祭黃陵，乃政治統一及政治崇拜之神話。台灣是東方的小而美的國家，亞細亞的民族熔爐。

台灣人，與其追尋血統祖先的複雜源頭，不如追求及注入獨立與自由的基因，建立新的自由民族。近二十年來縱橫於世界的台商及男人，大量娶回東南亞及大陸新娘，娶進世界各國的美麗女人。台灣的電視頻道爲此出現一個特別的外國媳婦節目，把嫁入台灣的世界各國新娘邀上電視，以流利的國語及台語，笑談她們嫁入台灣的經過、奇聞怪談、文化衝突及她們母國的奇風異俗，甚至露骨的談到她們與台灣男人的性愛，妙趣橫生。這些新娘來自世界各地，就像世界種族大觀，其中有中國新娘、越南新娘、印尼新娘、緬甸新娘、菲律賓新娘、日本新娘、韓國新娘、阿拉伯新娘、中亞新娘、俄國新娘、法國新娘、英國新娘、義大利新娘、德國新娘、美國新娘、巴西新娘、智利新娘，更有非洲黑美人新娘、南非新娘、波蘭新娘、土耳其新娘、香港新娘、泰國新娘。我進出世界各國，除了美國，很少如此無種族歧視、多彩多姿而自由融合不同民族的社會，像台灣這樣喜愛與其他不同民族的美麗結合。當自由及多元成爲台灣的文化基因，台灣會成爲亞細亞獨特、多彩、活力、民主及自由的美麗新國度。文化多元、民族多元、思想多元、宗教多元、信仰多元、語言多元，而非李敖之流的中國腐化統一。我本人及家族就是多元，我兼具河佬、客家及原住民血統；我的女王是客家；我的兒子，娶的是美國媳婦及中國媳婦；我的長孫女Emmery，具西班牙及美洲原住民血統；我有日本血統的女兒希美。

談台灣的獨立，非談中國不可。民進黨的台獨黨綱於一九九一年底通過，台灣內部的統獨之戰，熾烈開打。第二年，我即以觀光名義，帶女王進入中國遊歷，在監視下，參觀破爛的上海、大連、天津及北京；第二次，一九九五年，我受投資於四川德陽的桃園林姓鋼鐵台商之邀，幫忙研究其投資受騙的問題；第三次則是一九九七年，我進入中國廈門投資設廠，成立中國歐爾康公司，台獨份子之了解及深入中國，非我莫屬。二〇〇〇年之後，我透過葉菊蘭及黃華，想向陳水扁總統建言中國政策，但勝利正沖昏腦袋的民進黨新貴冷淡以對，懷疑我是否為中國統戰台灣的馬前卒。此時信介仙已死，只有江鵬堅細聽我的中國經驗及建言，研究是否與中國建立黨與黨的對話，處理未來中國關係。但江主席身體已不佳，僅說，陳水扁表示，必須是政府與政府的對話，秘密接觸，可用國安系統，所以與我的會面，免了。不久，江鵬堅主席去世，死前他說，民進黨政府懷疑我的商人動機是否傾向中國。至此我始知，取得政權或許容易，但治國及外交尚有長路要走。當朝同志正在學習當家，個個都自以為是，我既然拒絕國策顧問，今又插嘴，莫非想當兩岸密使，謀求商業利益，為中國統戰開路。尤其，我受哈路建言，為提升故鄉台灣之產業發展水準及科技升級，願以後藤日本集團之力，協助台灣取得日本之高新科技產業造福台灣，利用高雄廣大港灣之腹地，由日本後藤集團投資美金百億，開闢特殊的世界先進科技園區。菊蘭當時正擔任交通部長，因此，我引薦哈路指派的後藤國際投資部部長野田明光陪同親見菊蘭，但菊蘭態度冷淡，表面客氣，只說請提日方計劃，並請我特別注意台灣安全，莫讓中國勢力假道日本侵入台灣。但我把野田計劃送交菊蘭後，即無下文。我知道民進黨的同志均已懷疑我投資中國，又以如此巨額資金投資台灣，莫非是中國侵台的馬前卒，因此計劃上去以後，遲遲不答。

此時，是二〇〇二年夏天，當我正準備再赴交通部商談投資計劃時，突然傳來哈路死亡的噩耗，她死於東京的一場意外交通事故，整個投資乃宣告中止。哈路之死，讓我極度悲痛，卻也免除我的尷尬，哈路一定懷疑，我們支持民進黨十年，挹注百億資金，目的即在獨立建國，壯大及鞏固台灣，協助獨立力量，而今我的處境卻適得其反，廟堂之上竟然無人願意傾聽商人許曹德的忠心建言與投資計劃。顯然，現實沒有政治實力之支撐，疑心生暗鬼，同志也是路人，而且，我已是過氣的政治人物，朝中無派系，已非重要人物，忽視可也。尤其民進黨執政之初，對中國普遍懷有高度警戒，杯弓蛇影，離如何對付崛起的中國尙遠。哈路死後，我乃以哈路之死，悲傷爲由，請慶雄停止援台的投資計劃，因此，佰億美金援助台灣的產業升級計畫，遂隨哈路之死而亡，永遠埋入歷史。

因此，我決心遠離台灣政治，重返商人及自由公民，推展美國罕克博士的健康事業，照顧身體不佳的女王，她有家族糖尿病遺傳，身體正一年年衰弱，我想保護及設法恢復她受損的腎臟，讓她康復及快樂，自此不再介入台灣的政治活動，僅剩期待、關心與祝福。直到二〇〇五年，有名的財訊雜誌刊登我的專訪，以三大頁介紹一個已七十高齡的老台獨，其動人的一生創業故事，並介紹我推動台灣的有機運動、有機農業，推動人類健康的自然醫學、產品及非凡的一生。

公元二〇〇六年七月十五日，民主運動的知名人物紀萬生老師與我見面，拿出證據及可靠傳聞，細敘吳淑珍違法斂財，干預朝政，介入財團，以致國民黨的邱毅及藍營電視台及報紙日夜猛攻陳水扁總統。紀老師的話可信，我遂參與吳乃德等一批學者的聯署，呼籲陳總統辭去總統職位，但呼籲毫無反應，我遂單獨發表談話，再度公開要求陳總統辭去職位，把權力交給呂秀蓮同志。我得知陳水扁家族腐化，第一個反應是，此事如爆發，將重創民進黨，甚至摧毀民進黨。民進黨並非一般民主國家的利益政黨，民進黨是肩負台灣歷史使命的政黨，集民主、獨立、社會正義、關懷弱勢、清廉而贏取政權。執政之後，陳水扁集黨政大權於一身，削平黨中群雄，定於一尊，同時身兼黨主席及國家元首，如家族出現貪腐，將給予反對黨摧毀總統、重創執政黨的機會。此時，朝廷百官、所有政治大老及菁英、領取薪俸的國策顧問，人人鴉雀無聲，沒有一人敢對陛下諫言，以退位解除政治危機。第二天，中國時報全文專篇刊載我的呼籲，但竄改標題，改為攻擊辭句；所有電視台全天播放我要求陳水扁總統退位的新聞。再過幾天，紀老師親上電視，破口大罵陳水扁，要求阿扁立刻下台謝罪。中時的專文，我力勸陳總統，自己雖無違法，但家族涉貪，應負政治責任，而辭去總統，俾留下政治生命，維護民進黨生機。否則，一旦爆發貪瀆之政治危機，民進黨必受重創，導致未來十年之內將難再起。當然，我的呼籲毫無反應，反而我的手機被塞爆。黨內同志紛紛請我撤回下台要求，三立電視台的鄭弘儀及名嘴陳立宏聽信扣應(call-in)的胡說八道指控，說許曹德是台商，有中國的利益糾葛及動機，因此造謠攻擊陳水扁總統，出賣台灣，讓我啼笑皆非。

因此，我的呼籲不但無效，反遭各方懷疑，民進黨可謂集體進入領袖迷信，使初嘗權力勝利的民進黨忠貞黨員及死忠支持者，完全無法接受「權力使人腐化，絕對權力使人絕對腐化」的人類政治鐵律。

四十五天以後，咬牙切齒的施明德退黨後找到修理與報復政敵陳水扁的歷史良機，遂假藍營群眾瘋狂反陳水扁之力，發動紅衫軍，包圍總統府，重創陳水扁及民進黨。以綠營昔日之革命英雄及民進黨主席之尊，摧毀腐化中之民進黨，可謂替天行道，藍營全體瘋狂大喜。

不出所料，二〇〇八年總統及立委大選，民進黨慘遭大敗，謝長廷狂輸馬英九達三百萬票。國民黨再度奪回政權後，毫不手軟，隨即下手逮捕陳水扁，志在摧毀民進黨及台獨勢力，台灣歷史第一次，民選的總統被捕入獄。

陳總統承認，家族確實違法洗錢海外，錢進瑞士銀行，約美金二仟餘萬。美金二仟餘萬，不過七、八億，陳水扁辯稱，係為台灣獨立建國基金之用，顯非眞話。當然，貪腐的藍營極懂以貪腐鬥垮陳水扁，動機是政治的，同時選戰屢戰屢敗的國民黨連戰，成功求助北京共產黨「聯中反獨」，摧毀陳水扁之外，徹底重傷民進黨及抑制台獨勢力，迎合中國利益，共產黨企圖假國民黨之手，全力摧毀民進黨，操控台灣，奪取台灣。

對於崛起的中國，台灣人非面對不可，民進黨的長期政策應是「結盟美國，聯日制中」，內則擊垮國民黨殖民勢力，同時也必須思考如何「聯中制美」，給予中國一定之某種政治利益，於二霸之間，確保台灣獨立。中國並不容易呑併或統治台灣，但如與國民黨結盟，操控台灣政局，則極有可能摧毀民進黨與台灣。

一九九七年，我以商人名義進入中國時，雙方正好藉經濟投資之名接觸，我與中國官員洽談投資的第一次，酒宴上他們即戲言：我們連台灣的頭號台獨份子都可拉來做朋友，政治並無永遠敵人，當然，政治亦無永遠朋友。公元二○○○年民進黨勝利，我曾透過葉菊蘭，轉達中國方面有意派專人與陳水扁接觸，菊蘭電話轉與陳水扁所倚重的國安助手某人，某人即以電話客氣謝絕接觸，他說，基於安全，我們另有管道。

民進黨剛剛上台，對中國高度警戒，無可厚非，但懷疑我有中國的政治及經濟動機，則完全輕忽及藐視我對台灣的歷史奉獻與犧牲，我是本土獨立運動的啓蒙者與戰鬥者，是打破台獨禁忌的頭號歷史人物。他們當然不知道（除非黃信介與江鵬堅再生），我曾以日本佰億以上巨額政治資金傾注於民進黨，讓黨贏取政權的珍貴歷史。事實上，我絲毫無需中國的任何經濟利益或市場，我本身早已是超富人物，只要我願意，隨時可以動用存放於茱莉全權管理的百億飯店資產，這是一九八二年佐佐木空難死亡後，清算香港國際寶石公司股權分得的剩餘資產，當時攜回台灣協助茱莉興建薩奇大飯店，飯店事業結束後所留之珍貴千坪東區菁華建地，由茱莉以三百五十億拋售給台北建商財團，或者，我也可以隨時動用日本哈路贈與的美金政治資金，公元二千年，哈路又把基金補回到十億美金，約當台幣三佰餘億，隨時待命，等我動用。我之所以進入中國，另有更深的政治考慮與佈局，而非經濟。投資是我的手段，了解中國，尋找中國弱點才是我的目的。民進黨菁英並不了解及如何制定對抗中國的政略，八年之後，國民黨聯共反獨及陳水扁的家族腐化，民進黨遂受致命一擊。

反之，如阿扁接受前輩之言，於二〇〇六年毅然去職，以退為進，或將逃過一劫。民進黨自執政之後，發生權力集中現象，龐大的募款大量進入皇后吳淑珍的私庫，而不進入民進黨的黨庫，以致黨及公職黨員必須仰賴后庫的施捨始能選舉，全黨走向唯唯諾諾，眾皆匍匐於主席的競選提名權及后庫的施捨，唯命是聽，陳總統的權力施捨及關愛眼神，使民進黨全黨奴婢化，化成一言堂，群雄無人敢逆當今聖上之錯。而阿扁恰恰又是一個懼內之總統，自認聰明才智不輸丈夫的吳淑珍，完全不懂權力刀刃的鋒利及危險；吳淑珍溺愛子女，可從陳致中的大學開車及婚禮的豪奢排場一葉知秋（當時婚禮集當朝權貴及財團獻禮於一身）。陳水扁本人其實並非「好財之徒」，但妻子的失控及掩飾，迷信權力，無法急流勇退，遂成權力鬥爭的階下囚，台灣之子竟成「台灣之恥」，實在可惜！

1993年國民黨與民進黨進行新店市長之決戰

1993年，新店市長之戰，二黨對決。許曹德代表民進黨決戰新店。

新店市長之戰，澎湖縣長高植澎到新店助戰。

1993年新店市長決戰，二黨對決。

1993年新店二黨市長決戰

新店之戰。與陳水扁、江鵬堅同台。

1993年新店選戰。民進黨全黨精英雲集新店參戰。圖爲黃信介、陳水扁、許信良、盧修一、陳景峻。

第十章 創立歐爾康國際健康事業

我從日本療病回台後，一切似已控制，心曠神怡，每月，我仍飛日本回診，並與哈路相聚，但三個月後，我便秘的體質突然嚴重，台灣與日本醫生一向以軟便劑克服，但這次通通失效，變成一星期只能解便一次，並發生嚴重失眠及疲勞現象，同時，心臟恢復疼痛，雖然日本藥物還能控制，但疼痛次數漸漸增多。看來，我似非開刀做「繞道手術」(Bypass Operation)不可，但日本醫生反對，台灣醫生卻堅持，心臟開刀畢竟不是小事，如非開刀不可，最好就飛美國。一九九三年九月，我決定飛美，女王陪同，同時順便探望留學美國的許萬敦(Peter)及可愛的小孫女。

洛杉磯的台灣鄉親朋友知道我抵美，熱情邀約，相聚會餐，其中包括行醫美國的醫生鄉親，他們問我病情，建議赴洛城的最佳醫院，不過，席間一位初識的鄭姓鄉親朋友說他就跟我一樣，罹患冠狀動脈疾病多年，幸有一位洛杉磯的猶太醫生以自然醫學的排毒法治好，他建議我開刀之前，何妨一試罕克博士的自然療法(Dr. HANKOK's Detoxification

Therapy)。

次日，鄭姓台灣鄉親帶我到洛城去見罕克博士(Dr. HANKOK)，這位猶太醫生爲人和藹可親、幽默而健談，詳細問我病史及職業、飲食習慣、嗜好、發作時間，除胸痛外是否還有其它不適症狀，例如：便秘、失眠、不明疲勞、過敏等等，並問我是否運動，胸痛發作形態及何種狀態最易引發。

罕克醫生說：你這種病，是典型的現代慢性病(Chronic Disease)，也是美國的「國病」，美國死亡率的第一名即是心臟病(Heart Disease)，第二名才是癌症(Cancer)，其次是高血壓、肝病等等。現代慢性病是人類工業化之後，才出現的大規模現代疾病。工業化以前的人類社會，是死於饑餓、營養不良、衛生無知，及不知如何對抗的病菌，如：瘟疫、瘧疾、流感、肺病等等。一九四二年，蘇格蘭生物學家弗萊明(Fleming)發明抗生素(Antibiotic)，雖然效果只有半年，但新的一代代抗生素研發誕生，起碼把病菌引起的疾病及死亡控制住，因此，所謂現代慢性病，其實是人類工業化後的「富貴症」，貪吃，無所不吃，發明劇毒農藥和蟲害爭奪糧食，結果，竟因大量使用農藥，雖然消滅了害蟲，卻同時也害死了人類，衍發人類的慢性疾病，其中，最有名的疾病即「癌症」及各種慢性疾病，這種疾病，人固然不會馬上死，卻會慢慢死。現代醫學是以藥物、開刀、化療控制來治療，但只能抑制，無法根除，因爲，現代醫學只是一種「症狀治療法」，集中於病理、藥物及外科開刀法，現代醫生及醫療系統的工作，主要是照顧人體的「失能」而非關心人體的「自我自癒能力」(Self-Healing Power)，這種醫學，把健康誤爲只是診斷及治病。但眞正的健康定義(The Meaning Of Health)，絕不僅指去除症狀(Symptoms)及抑制疾病(Sickness)，而是包括拔除「病源」，提供合宜的營養及食譜，告知充分的蔬果纖維膳食及各種植化營養原素(Phytonutrition-Elements)，以期幫助人體自然的自我治療(Self-Healing)，自我活化(Self-Revitalization)，及自我調整(Self-Regulation)。

強調以藥物、開刀及化療方法醫治及去除疾病症狀，而不去追問疾病之病源及成因，是所謂的「現代醫學」(Modern Medicine)。避免或反對以有毒藥物、開刀及化療處理疾病，強調對疾病成因及病原的去除，以無害的自然法達成人體的健康，促使人體的自我治癒、自我活化及自我調整，是所謂的「自然醫學」(Naturology)及自然療法(Naturopathy)。

罕克醫生說：「排毒」(Detoxification)就是自然醫學中最基本及著名的方法，尤其是去除現代慢性疾病的體內成因。

無論西方的現代醫學或自然醫學，二者皆起源於二千五百年前的古希臘的現代醫學之父希波(HIPOCRATES)。希波氏最有名的名言就是：「大自然治病，醫生只是大自然的助手而已。」

罕克醫生又說：人類疾病的成因是毒素(Toxin)，最有名的理論是二十世紀初俄國諾貝爾獎得主梅基尼可夫的自體中毒說，他說：「大腸積聚的食物腐敗後，便形成有害物質，引起自體中毒，於是發生種種疾病和人體的衰老。」六〇年代美國的名醫畢勒博士(Henry G. Bieler)專門診治好萊塢影星、名人、企業巨頭及政治人物，反對以有毒藥物長期治療疾病，反對動不動就輕易開刀，畢勒的有名說法是：「人類疾病的成因是體內毒素，疾病的名稱，是形容毒素所造成的損害。」畢勒博士是著名西醫，卻慣以排毒的蔬菜湯治好美國名人的身體。

罕克醫生解釋：「所謂『毒素』，是指人體對一切消耗及營養其體內的物質，爲維持健康而必須排出的一切有害廢物及非需要的東西；而非專指進入體內的有害化學物質。例如，脂肪、蛋白質、膽固醇等固爲人體所必須，但過量而排不出時，即爲毒素。人類雖能承受一定份量的化學毒、藥毒、煙毒、食物營養轉化後殘毒餘渣等等，但超過而排不出時，即是爲害身體之毒素。」

人體本就具有強大排毒功能及免疫系統，但卻遭遇現代生活方式的強大損害。我們賴以生存的一切，皆遭污染，我們呼吸的空氣、飲用的水、吃進的蔬果及肉類，以及所有加工生產的食物，無一不受有害化學的污染。

今天，我們人類面對的是，海中魚類遭受嚴重的海洋污染，養殖生產則以化學消毒，牲口則以有害飼料、抗生素等蓄養；牛羊豬雞鴨，則餵以成長激素及抗生素；蔬果食糧，則以劇毒農藥、殺虫劑、除草劑、人工肥料等殘害土地而種出；我們飲用的水，係以氯處理；我們呼吸的空氣，是汽車及工業的廢氣；我們加工的食物及飲料，充滿人工香料、添加劑、色素、防腐劑、膨脹劑、塑化劑；我們工業生產的大量劇毒廢物，則日夜流入河川、海洋及生存的土地；爲了對抗疾病，我們消耗大量的有毒藥物……，這些都是今天我們文明基礎及空前富裕時代所伴隨而至的毒害！這些有害物質，每天進入我們的身體，累積我們體內的毒素，產生我們的富貴症、癌症、高血壓、心臟病、肝病、糖尿、便秘……。因爲富裕，我們無所不吃，吃進過量又排不出的蛋白質、油脂、熱量、脂肪，當我們的身體無法處理這些吃進的食物時，自然產生毒素並累積在我們體內。

爲了富裕，我們人類又彼此相互競爭，所以空前緊張。學童爲課業、成人爲謀生、 政治人物爲權力、經濟人物爲財富、工人爲薪資、職業婦女爲上班。我們無暇運動及休憩，以致精神與肉體產生了空前壓力。壓力則產生精神及肉體的毒素，男人陽萎、女人不孕；男人失眠、女人便秘；陽萎靠威而鋼；不孕靠打動情素；失眠吃安眠藥；便秘找瀉劑；鬱卒找酒精；釋壓靠香菸；疲勞吞興奮劑；緊張用鎮定劑；腸胃炎吃胃藥；頭痛用止痛劑；肥胖用減肥藥；肝病用肝藥；高血壓用阻斷劑；糖尿病找胰島素；心臟病用舌下片；過敏用抗組織氨；感染用抗生素；腰閃用美國仙丹；肌肉僵硬用鬆弛劑；癌症用化療及開刀。所有藥物都含毒素，你永遠不知藥物的副作用產生何種疾病，藥廠和醫生都避而不談。德國藥廠於五〇年代推出的沙克利邁竇，造成全世界二萬畸型兒，至今不承認。現代人，是現代巨型藥廠無數新藥的試驗場，美國FDA是美國藥商利益集團的背書人。

人類的免疫力開始下降，人體自有的排毒功能普遍失效，現代慢性疾病遂逐漸猖獗。

罕克醫生說：許先生，您的心臟病、便秘、失眠、痛風等等，是台灣工業化及富裕美國的亞洲版，不久之後，你們台灣也會出現各種癌症，凡美國有的疾病，你們台灣遲早都會發生，甚至比美國更嚴重。因爲，我們正把污染的技術及有害的工業生產技術大量輸出亞洲，台灣已是塑化的生產王國，我聽鄭先生說，你們台灣的農藥及化肥使用量，是美國的十倍！

罕克博士幽默而風趣，侃侃而談，他說他的自然醫學並非排斥現代醫學的藥物及進步的科技，但主張盡量避開及少用，不可輕易開刀，他主張先排除體內毒素、精神毒素、心靈毒素。所謂自然醫學，是強調自然與人類身心靈健康與均衡的醫學，強調體內淨化、精神淨化，激發人體自癒力及抵抗力。爲對抗食物及環境的毒化，他主張有機觀念：有機環保、有機農業、有機生產和有機生活。因此，要健康，應先排毒。

接著，我用罕克配方，以博士的自然法排毒三個月，但疼痛發作時仍以藥物控制，改善之後才停藥，並依照罕克博士的方法，調整飲食，精神要樂觀，運動要堅持，心靈要開朗，多接觸大自然及陽光。

罕克博士對我的心臟病史竟有二十七年(1966-1993)之久頗覺好奇，他所知的心臟病人少有罹病如此之早，又如此之久「而死不了的」，不然早就開刀，他再問我二十七年的歷史，我說原是商人，講清楚一點，是台灣的大商人及大企業家，也是台灣獨立及民主運動的有名抗爭者及政治犯，先後被捕二次，被判二十年，關在獄中十年，三十七歲關在火燒島監獄時，曾發生「心肌梗塞」，幾乎死去，五十歲時又因公然主張「台灣獨立」而第二次被捕，在台灣高等法院的法庭審判時，曾爆發心臟疾病而暈倒，還被時代雜誌刊登於亞洲版的政治新聞。我也被「國際特赦組織」(AI)列爲二度世界良心犯(Prisoner of Conscience)，但在今年參加台灣一場激烈的市長選舉後，心臟又爆發劇烈疼痛，曾到日本東京大學醫院治療。

我的心臟疼痛似有一特徵，激烈打球及運動時很少胸痛，深夜及早上辦公時較會發作，疲勞及煩躁時較常出現，政治對抗時較多發作，經濟活動時較少出現。

博士聽完，似又與一般心臟醫生不同，問我性生活有沒有，多不多？一般醫生都叮嚀心臟疾病者不可激烈性愛，減緩次數，避免與妻子之外的婚外激情關係，降低危險。我說我不同，除非發病，我的性生活多而頻繁，美女與情婦一「拖拉庫」（台語，意謂一大堆），我的「性衝力」(Sexual Driving Force)特別異於常人，好似我的酷愛運動一樣，激烈而沉醉，特別是與美麗的女人常一夜數次，但與普通女人則會草草結束。我坦白回答博士，自我第一次出獄後，因長期獄中性桎梏的極端痛苦，導致獄中自我解放及自我殘酷的摧殘行爲，造成奇異的體質，在性關係中，我幾乎能控制自己的時間，可長可短， 一夜可以數次，同時可與數女激戰。如遇美麗的女性或美艷情人，我會精力充沛，很像我運動打球時，愈打體力愈好，奇怪的是，我很少在激烈的性交中發生胸痛、胸悶，或心臟不適。

罕克博士聽我敍述，眼睛睜大，露出猶太人特殊的微笑。他說，在他五十年的行醫經驗中，類似我的美國病人有好幾位，他治過一個美國有名的政治人物，與我非常類似，只是性次數沒那麼頻繁，女人沒那麼多，經過博士的自然排毒療法治療後，康復竟比常人快。博士說，性是人類生命力最敏感的代表，性衝力強勁的男人往往自癒力也強，創造力也強，政治人物與大企業家通常都是性衝力異於常人的一群，美國企業家川普(Donald Trunp)就是最好的例子（按，高齡已七十歲的川普，後來成爲2017年的美國第四十五任總統，前後擁有三位貌美如花的妻子，及無數香豔婚外情），美麗的性也是自然療法之一。博士說，希望你也不例外，成爲我成功治癒的病人，因此，我會問病人的性史，甚至細節，以便調整我的排毒配方。

回家次日開始，我遵照博士的規定，一天早中晚三次，飲用他的配方，每次以七公克粉劑，內含各種自然營養物質，配合六〇〇CC的溫冷開水，攪溶後立即飲下。每天我在鑽石崗(Diamond Bar，位於大洛杉磯)的美國家中，遠眺洛磯山脈的未溶雪景，欣賞崗下錯落的別墅式美國美麗住宅群，我們這棟別緻的美國房子，鋪滿綠茵，寬大而舒適，上種數十棵伸向天際的美麗棕櫚樹，有花圃，有游泳池，女王相伴而游，曬曬溫和的洛杉磯太陽，看看書，試試博士的排毒自然療法，如果無效，再進洛杉磯的美國醫院開刀。

飲用博士排毒配方的第二天清晨，我上「大號」時，突然發現排出一大堆又黑又臭的糞便，塞滿美國的大馬桶，排出時又輕鬆又舒服，使一向解便不易的我大吃一驚，怎麼會如此舒暢又快速！

第三天及第四天的清晨，我上「大號」時，同樣排出大量的黑臭廢物，我驚訝何以腹中囤積這麼多的奇臭糞便？但覺全身舒暢，走路都覺飄飄然。第五天，即飲用排毒配方的三天後，我發現馬桶裡開始排出一條條金黃色的香蕉條狀大便，不臭，而身體卻突然感覺非常輕鬆，我一生似乎未曾排出如此漂亮的大便。自此以後，二十多年都是如此。

不到一個星期，我感覺睡眠開始非常深沉，不易夜醒，因此早上醒來之際，竟覺體力充沛，精神飽滿，一反以前醒後似睡未睡的感覺，而且口臭消失不見。由於排毒配方，一次須配喝六〇〇CC的溫冷開水，一天二〇〇〇CC，因此，小便清澈，量大而有力，而且，胃腸舒暢無比，飯後不再鬱塞或消化不良。

不到半個月，我發現以前在起床後一遇冷空氣即發作的鼻塞及流鼻水的過敏現象突然不見，晚上常有的不定時皮膚搔癢也愈來愈少。女王說，我的氣色愈來愈紅潤，講話有力，精神更開朗，不像有病之人。

不到一個月，我以前蹲下時膝蓋會僵硬及疼痛的現象，不藥而癒了，四肢靈活，背脊直挺有力。我慢慢覺得，來美時的胸悶及胸痛開始減輕及日漸舒暢，疼痛的次數下降，我每天游泳時感覺體力更佳，游後通體暢快，感覺體內氣血通暢，感覺較前敏銳，早晨到庭院散步時，感覺自己身體可以聞出空氣的新鮮，花草的香氣，洛杉磯的日出及日落，感覺比以前更美，顯現我的身體及健康確有變化。晚上性的慾求增強，體力更佳，性的感覺更敏銳，高潮時，更興奮、更美麗。

我第一次發覺，博士的排毒療法是使身體全面活化，是自然醫學強調的自我調整及自癒能力的激發。一旦體內的廢物及毒素自腸道掃除，進入肝的毒素減少，肝即強化；進入腎的毒素減少，腎功能即增強；所有器官的毒素負擔都減少，器官就有能力自我活化、自我調整及自我治療。當免疫力增強，過敏就降低，人就不易感冒；當腸胃正常，養份就能充分被人體吸收，並排出該排掉的廢物。人的新陳代謝正常時，身體就正常。

我的心臟病是冠狀動脈阻塞症，阻止血管堵塞的原因及惡化是治本，心臟繞道手術乃是治標，體內毒素如不排除，將來還是再塞。因此，排毒才是根本之道。

博士說，排毒是人體恢復及保持健康的最基本方法，但非萬能，人體各器官功能如受毒素損害至一定程度，無法自我修補時，排毒只能幫助，而無法復原器官功能，例如一旦洗腎，排毒也無法恢復其作用及功能。

排毒並非專門針對治療心臟病之用，排毒的作用其實擴及體內一切的器官。排毒是防止現代汙染及毒素聚積體內危害健康，形成現代各種慢性疾病的有效防治法，小至便秘、腸胃疾病、肝病、腎病、高血壓、尿酸及高脂肪、糖尿病、過敏、痛風、肥胖至各種癌症的出現等等。它是比藥物事後治療更根本的防治法。癌症的形成，並非一朝一夕，常經二十年以上的毒素催化才形成，我們如能提早體內排毒，癌症就不會如此猖獗。

我一個禮拜就回罕克診所一次，向他報告身體的排毒變化，他愈來愈滿意，建議我改良食譜，盡量採食無毒的有機蔬菜，多喝好水，減少爭權奪利的思想，轉向藝術及生命價值的關懷、樂觀及快樂。我說，我只能呆在洛杉磯二、三個月，必須返台，他說我的狀況很好，可以回台自我治療，他爲我準備一年份、十二大罐的排毒營養配方粉劑，並送我一本他寫的自然醫學小冊“The Best Way To Health：Detoxification”（走向健康的最佳途徑：排毒）。

這本小冊子啓迪我對自然醫學的濃厚興趣，返台時交待留美的小兒子萬敦，代購美國其它自然療法的排毒著作。博士說：斷食，也是自然排毒療法的一種，無毒的天然草藥，美國九〇年代大量發現的植化物(Phytochemical Elements)，如紅蘿蔔素、葉綠素、精氨酸、O-MEGA3等健康補充劑(Dietory Supplement)對我都有幫助。現代人應該盡量避開藥物，除非不得已。藥物常在醫生及藥商濫用下，成爲現代人毒素累積的另一種重大原因，常有害而不爲人所知。

一九九四年初我返台，遵循罕克博士的交待，繼續飲用他的神奇配方，不到半年，我的胸悶不見，胸痛逐漸停止，只偶而出現一下。不到九個月，我的狹心症消失，不再發作。我非常高興及驚喜，罕克博士的自然排毒配方竟然治癒我二十七年的痼疾，自此，我恐怖的心臟胸痛消失，舌下片及日本醫生的心臟藥變成紀念品。

自一九九四年迄今，我不僅創立「美國歐爾康健康公司」，「台灣歐爾康健康公司」，致力將罕克博士的配方轉化成世界健康產品，嘉惠無數被現代疾病困擾的人們，我自己仍每天飲用罕克的配方二、三次，並保持我清晨六點愛好的圓山激烈羽球運動。自此，我幾乎不曾進過醫院，但我在獄中養成的嗜菸壞習慣並未戒除，我幾乎一天要抽三包香菸，除激烈打球受傷的腰閃，十八年來，我極少進醫院見醫生，我是現代人中少數沒有現代疾病的老傢伙，但恢復抽菸，每天三包——這是我自監獄學到的壞習慣，導至二〇一五年三月，七十八歲，在一次台中神岡之旅時，因抽菸引起的高血壓而發生輕度中風。我違反罕克博士的教導，自食惡果。

一九九四年六月，我思考以自己的經濟長才，把罕克博士的偉大配方化成健康產品，幫助更多爲現代疾病所苦的人們，因此，我決定飛美，企圖說服博士，讓我把他行醫五十年的偉大「配方」(RECIPE)，以現代企業推廣於世，或能幫助更多人獲得健康。

爲了說服這個猶太醫生，我把自己的一些歷史資料攜帶在身，因爲我第一次見他時，就知道他是猶太人自由及復國主義者，他聽過鄭先生的介紹，也知道我是台灣的民主及獨立運動者，國際著名的台灣政治犯。我把英文版的法庭台灣獨立辯論狀、倫敦國際特赦組織AI宣佈我爲1987年二度世界良心犯的十頁官方文件、美國國會一九八八年兩百多個參眾議員共同連署要求對我釋放的信件，及時代周刊與美國紐約時報的報導，都交給他。罕克博士看畢我的資料，又看我完全痊癒，遂露出他猶太人的開朗笑容，一口答應。博士說：我免費贈送你配方，你及你們台灣人與我們猶太人同爲人類「自由的戰鬥者」，你是我欽佩的東方自由戰士，我無條件讓你自由使用我的配方，我還要教你如何製造！

我堅持一定要對他有所答謝與回饋，他遂以象徵性的十萬美金，簽署轉讓文件給我。此時的罕克博士已八十二歲，望之猶似六十多歲的美國人，非常健壯，毫無老態。罕克博士於二〇〇一年不幸意外死於一場洛杉磯的大車禍，死時八十四歲。我除了以產品命名紀念這位自然療法先驅，每經洛杉磯，都會到其墓前致敬。

那年自美返台時，我改經東京與哈路相會，她到成田機場接我。我甫出機門，她一看到我，其美豔的容貌露出極大的驚訝，與去年八月飛東京給高崎博士複診時的我判若兩人，她說我的臉色出奇紅潤，全身精力充沛，完全不像一個五十七歲的男人。她說，我健壯似四十歲的紳士，與她望似四十餘歲的楚楚美婦，年齡彷彿不相上下，我們兩個看起來如非情人即爲夫妻。她只知我赴美治病，沒有開刀，改由一位美國自然醫學醫生治療，只知我長達九個月的美國醫治非常成功。因此這次分離九個月，她只以電話問我何時健康回來？何時可以見面？從機場返抵官邸別墅，我才講述赴美治療的成功經過，並告訴她，我買下罕克博士的配方，準備將其製造成健康產品，銷售世界，幫助遭受現代疾病所苦的人們。

哈路爲了證實我心臟醫治結果，特別在第二天連絡東大醫院的高崎博士爲我檢查一次身體。我請哈路不要對日本醫生提起我曾赴美治療，高崎爲我檢查後，高興的對我說：你的冠狀動脈原有舊傷處成功長出新血管，原堵之處不再堵塞，如今血流暢通，你的心臟現在已是一顆健康的心臟，證明去年給我的治療方式有效，恭喜我身體成功復元。哈路爲我深深感謝醫生。

至此，哈路完全相信，是美國罕克博士的自然療法把我治好，不是高崎醫生。不但心臟康復如新，心跳有力，身體的其它毛病也一併消失，全身氣血暢通，紅潤健壯。我整個人好似年輕了十幾歲，哈路感覺不可思議，美國竟有如此的自然醫學。

我對哈路講述罕克博士的自然醫學原理及現代慢性疾病所以流行的原因。我說：相對於地球的環保，人體的環保即是排毒，保護地球與保護人體健康，同一原理。

罕克的排毒並非專門針對心臟血管疾病，而是作用於全身。如毒素在身體的某器官累積爲害，即出現某一器官的疾病及病名，西醫是針對疾病症狀以藥物控制，罕克排毒則是從根拔除致病的元凶及源頭。我對哈路繼續解釋，排毒也不是生病的時候才排，而是要提早預防。因爲，整個世界在急速全球化，繁榮富裕的全球化後面就是污染及毒化。水、空氣、食物、家屋建材、應用器皿、土地、汽車及工廠排放的廢氣、藥物的使用，每天都侵入我們人體。譬如癌症，並非一朝一夕突然發作，而是經一、二十年致毒及成長。所以，罕克配方應該習慣每天飲用，當茶喝，防止毒素累積。

成功取得罕克博士的配方後，我隨機帶回十二罐的罕克院內醫用成品，不料進入日本成田機場時，日本海關對外國營養藥品的管制非常嚴格，只准我帶進二罐自用，雖然罐上的英文說明是營養及體內淨化。我原想送給哈路六罐，讓她保養身體。

由於長達九個月未見，心中非常懷念這個「日本妻子」，其實我已於年初返台，但爲保護及觀察復元中的心臟及身體，電話中我只告訴她在美的治療及復元情形，不告知她我已返台，而且返台後的六個月，我也忙於整合有線電視台，並結束「獨獨影視公司」，因爲它已完成媒體的突破，現在台灣各地有線電視台已無必要供給這種政治錄影帶，各電視台已可從立法院現場錄影及轉播。

我之所以避免與哈路見面，目的是暫時避開激烈的性愛，哈路不是一般的美麗女人，而是絕代美色，非常刺激性慾，非常傷身。我返台三個月，成功治癒心臟疾病，而且身體空前健壯，我從每天清晨的球賽已可看出自己的體能，強勁有力，球場天天打贏，迥異往昔。球友們都驚訝我的身體似四十多歲男子，可以連打一、二小時球賽，滿頭大汗也毫無倦容。但測試我的心臟及身體，打球之外，性才是我的最大指標。女王是一大美人，但三十年的婚姻，已失去浪漫與美麗的衝動。因此，我測試的是青春美艷的台灣情婦Shelley、Vivian及茱莉等情人，尤其Shelley，正當雙十年華，非常漂亮性感，艷麗動人，容易激發瘋狂交媾，一夜纏綿常達數次。因此，包括女王，都驚訝於我的年輕化，體能強勁有力，不易疲勞，顯然，持續罕克的排毒及均衡營養，規律生活及運動，及對生命和台灣這塊土地及其人民的偉大夢想，使我精神及心靈邁向平和及飽滿，慢慢漸行漸遠的政治鬥爭，使我轉向關懷人類的健康價值，畢竟，健康是自由與快樂的一切基礎。

但測試自己身體的健康及性愛深度，不是Shelley、Vivian或茱莉不時安排的俱樂部美麗女人，以及新認識的成打影視紅星，而是日本的美麗「妻子」哈路。

我曾無數次細述這個日本妻子與初戀情人的絕代風華及美豔動人，無論美貌及肉體，都是人間難得一見的美麗尤物及一代妖姬。雖然年華老去，但成熟欲滴的楚楚動人與高貴風範，充滿神秘的魅力，我從不曾見過任何美人具有哈路的特殊美麗及媚力、性感及高貴。尤其身體的特異天賦，傾倒台灣及日本當代無數權貴男人。

抵達東京官邸的第一夜，二人顯然把九個月未見的思念集於一夕。哈路知道我的心臟已無危險，更無顧忌，當夜就在她美侖美奐的奢華寢宮，比一九九〇年我抵日，集四十年未見的第一次，更纏綿及動人，更激烈與無忌。我們幾乎從深夜戰至天亮，哈路的連續潮吹及不停高潮，見證我康復的身體讓她空前無比快樂。我的性反應則因身體的強勁而更敏銳，非常享受她的美妙肉體構造及高潮不止的瘋狂嘶叫。

哈路說，她會試用我帶回的美國排毒配方，希望能爲我留住多幾年的美麗，陪我到生命的黃昏。

第二天，哈路希望我留在日本兩個星期，她想帶我到鹿兒島渡假，看一看原田墓園中父親及母親的紀念碑，陪我遊覽九州風光及美景，再從四國沿途回東京，欣賞美麗的南方日本，我們就像去渡蜜月。

南日本確實風光明媚，美麗迷人，尤其從原田家族的海邊別墅及墓園遠眺鹿兒島的美麗港灣，比台灣的北海岸更引人入勝。我們二人一看到海就激動與興奮，我們的初戀及中斷的美麗愛情來自於海。每次到日本，只要聆聽到美麗的哈路或女兒希美唱出那首日本情歌「浜の戀」，我的心靈就震顫不已，感情洶湧。

一九九五年，我創立「台灣歐爾康國際股份有限公司」(J&P International Corp.)，這是我一生最動人及最後的事業。不是因爲它有何巨大，或創造多少財富，而是把罕克博士的偉大健康理念：自然醫學排毒原理、觀念及配方化爲成功產品，同時宣揚有機觀念(Organic Idea)，推動台灣有機運動(Organic Movement)，將數萬歐爾康的傳銷會員組成「台灣有機運動協會」，推廣與宣揚有機農耕，鼓勵有機飲食，改吃有機蔬菜、有機農產品，教育台灣人民反對污染工業，重視環保。台灣首家有機商店的出現，即由歐爾康公司的重要會員投資千萬開設，努力降低及防止現代慢性疾病的蔓延，協助無數人重獲健康，可以說，近年來，風起雲湧的有機風潮，其起源、倡導、宣揚、推動，均可溯源自我創立台灣歐爾康健康公司的有機產品，及大力宣揚有機觀念與有機運動，使我人生的最後一里路，感到激動、驕傲及快樂。只有曾經喪失過健康的人，始知健康的可貴，同樣，只有喪失過自由的人，始知自由的無價。

健康並無國境，這個有機產品及有機理念，不久從台灣推向亞洲，包括進入中國，影響深遠！

一九九四年夏，我以鉅資終結二十餘家大三重民進黨員的電視戰國亂局，整併為北台灣最大的大台北民主有線電視台，台址在三和路的一棟現代大樓，設備完整，兼俱自製節目及新聞，準備不久後依立法院最新通過的有線電視法：資金二億、光纖設備、頻道一〇〇個，申請為合法的有線電視台。此時，李登輝又宣佈釋放一張無線電視台執照給反對勢力，民視的誕生即始於當時的媒體抗爭。所以，電子媒體的自由化、言論自由的進一步促進，我具有先驅者的歷史角色，包括當時鼓動地下電台的設立，如許榮棋的台灣之聲及客家電台的出現，均有我的歷史身影。我的動機並非建立電視媒體王國，而是出於強烈的政治動機，企圖打破國民黨的媒體壟斷，削弱國民黨的大中國意識、反本土的語言文化政策及中國文化優越感。其時，李登輝被迫釋放的那張無線電視台執照非常重要，如民進黨人無力或無人申請，我即準備動用日本政治基金，以美金一億元或新台幣三十億申請設立。不久，以蔡同榮及張俊宏二位為首的民進黨立委分別各自成立公司，發動籌措電視台的認股活動，各募二十億，展開競取無線電視台執照。最後二家公司攜手合作，設立今之「民視電視台」。這種發展，使我感覺無需插手，既然同志已募得支持者投資，是好事。事實上，有線電視只是系統的經營者，反而頻道及無線電視台才是電子媒體的主體。我認爲類如大台北民主電視台只是區域性電視收費戶的系統平台，除控制權的意義及商業利益外，並無發揮大眾影響力的節目製作及輿論塑造的功能。我認爲，我已打破媒體的壟斷，並無必要再發展這種商業性濃厚的電視系統平台企業，我的目的不在商業利益，而是企圖打破國民黨的媒體壟斷勢力，建立自由與民主的社會。而且我認爲，未來的有線電視系統，很有可能淪爲大財團的商業印鈔機，台灣購物頻道的發展、崛起及掌控，後來均落入大財團之手即其明證。與其投資這種潛存未來鉅大商業利益的電視企業，不如發展更具意義的健康事業。

我自美取得罕克博士的排毒配方後，即多方研究，如何開展這種健康事業。恰巧，電視台有一位年輕李姓顧問非常有才華，聽聞我獲有美國對抗慢性疾病的排毒配方與製造技術，建議我採用美國安麗(AMWAY)公司的傳銷經營法，我曾風聞有這種經營制度，但不清楚是什麼東西。

李顧問於是送我一本介紹傳銷歷史及制度建立的英文著作，我才開始了解這種集經營者、傳銷者及消費者於一體的經濟組織。李顧問並介紹及引我參觀幾家外商設立的傳銷機構，了解他們的OPP產品及制度說明會。這種吸引會員及磁吸參與人潮的群眾經營模式，我這個研究政治的人一看即知，這是「經濟的群眾運動」，與政治的群眾運動型塑狂熱的本質相同，但狂熱的目的不同。前者爲財富追求，後者爲政治或宗教信仰。人類歷史的最大群眾運動當推基督教運動，其次是回教運動，這是宗教的群眾運動，信仰產生神聖，誕生聖主、聖徒、聖眾，早期的基督教徒不畏羅馬帝國的集體迫害，面臨餵食獅子而無懼；或回教的「開達組織」身綁自殺炸彈攻擊西方，身駕劫持的美國民航客機攻擊帝國大廈，均屬極端的宗教信仰，而歷史上最大的政治群眾運動，卻是共產主義運動，馬克斯是聖主，資本論是聖經，史達林及毛澤東是建立共產主義社會的兩大聖王，影響及控制十億以上的黨徒及人民，超過基督教，達十五億人口。而民族主義及民族解放運動也是現代最有力的政治群眾運動，本質是民族集體的反壓迫及追求自由，台灣獨立運動即是。無論宗教或政治的群眾運動，均有「聖」及「俗」的歷史驅動元素，「聖」，即超越一己利益的信仰及理想，「俗」，即爲一己或一黨之利而追求名位、財富及權力。所有群眾運動的勃發初期，無不「聖」多於「俗」，爲此犧牲、被殺、被捕、坐牢，毫無畏懼。以台獨運動五十年爲例，民進黨未取政權之前，是「聖」多於「俗」，無數人犧牲、流亡海外、被捕、被殺、被關、街頭流血，也出現不顧一己生命的暗殺行動，如黃文雄、鄭自才的槍擊蔣經國、王幸男的郵包攻擊，出現美麗島的施明德，出現本土獨立運動的許曹德，出現爲自由而不惜自焚的偉大鄭南榕及詹益樺，出現領軍新國家運動的黃華及台建組織的林永生等無數政治鬥士及英雄，均是「聖」勝於「俗」。但贏得政權之後的民進黨，則「俗」多於「聖」，出現爭名奪利、貪污腐化，阿扁家族即是。無論國民黨及共產黨，未得政權之前的革命志士均是如此。群眾運動之生，因「聖」而崛起，爆發偉大英雄與勇敢的自由鬥士，群眾運動之死，因「俗」而亡。

與共產主義的崛起相反的，資本主義的成功動力，完全奠基於最「俗」的財富追求，其最「聖」之理念是民主、自由及人權。因此，傳銷制度是最「俗」的群眾運動。OPP說明會上的吶喊，是相信產品及制度能快速致富的狂熱。除非「產品」眞有功能，「制度」可以如魔術般帶給會員源源不絕的獎金，否則狂熱將很快消失。

資本主義的傳銷制度之所以類似群眾運動，是公司的領導人如教主、傳銷講師如聖徒、會員群眾的上下線如領袖及追隨者(Leader & Follower)，以複製而成功創造及累進獎金及財富，傳銷制度是結合資本、技術、產品及組織「無產階級」群眾的行銷制度，只要找到幾位參與的朋友，即可依制度不斷下傳及複制成功，坐享下線無限擴張的傳銷成果，是滋吸群眾追逐一己之利的最有力組織。

因此，傳銷是一種經濟的群眾運動，它的驅動力同於資本主義的自我利益(Self-Interest)，是最「俗」的價値。反之，所有的宗教、政治或社會運動，其興起都根源於「神聖」的追求，若非追求信仰，即追求壓迫的解放、社會的正義、自由的美夢。因此，資本主義的傳銷運動不可能有聖徒或英雄，只有比賽百萬收入或千萬收入的傳銷領袖。

這也說明，傳銷公司何以不易成功，多數潰敗。只有少數產品精良及功能持久並具有利益之外的集體傳銷文化精神、排斥投機的創建人，始能屹立與成功。在傳銷的世界，充滿制度的欺詐、產品的不實、虛僞及誇大，因此傳銷年年都產生大量的失敗難民，親友一次受騙，再次便斷交，情誼斷裂。傳銷靠親朋好友的人脈，人脈潰散，傳銷即滅。

因此我研究傳銷制度，企圖溶入傳播罕克的有機理念及自然醫學，將健康及排毒的體內環保化成有機健康運動。「有機」(Organic) 及「無毒世界」(Zero-Toxin World)，是當今世界的環保大運動之一。罕克博士的排毒，正是體內環保，罕克強調：「對抗現代疾病，預防勝於治療。」

我希望將社會運動植入傳銷。

一九九四年九月，獨立運動的一位戰友張明彰自美返台。他經黃富前輩告知，知道我創立民主有線電視台。張明彰是我一九六七年被捕時的同案同志，被判十二年，一九七五年蔣介石死亡時，與我一起釋放。出獄後張氏經商，發展蘆筍汁的生意，但美麗島事件爆發時，所有出獄的老政治犯都被警總數次拘押及拷問，讓他驚恐萬分，遂決心離台赴美，遠走他鄉。走時，我尚略爲資助。張氏曾於一九八八年，我關在土城監獄受審時，返台順道看我這個掀起台灣獨立運動的同志。張氏已歸化美籍，滿口英文，以歸化美國人爲榮。這次返台找我，距上次土城之會已六年。同志再見，當然份外高興。尤其聽他自吹自擂，敘述赴美十四年的成功故事，顯示張氏亦非簡單之輩，尤其當他提及他之所以返台找我，是因他在美研讀「自然醫學」，獲自然醫學學位，並成功發展有機產品，且設有有機產品公司，他回台，是想找我合作在台發展有機健康事業，並有「淨體素」(Internal Cleanser)的健康產品。我一聽，天下竟有如此巧合，顯然美國自然醫學的發展不止一門一派，起源於相同的排毒理念，發展不同的排毒配方。細問他的自然醫學、有機排毒理論及產品，發現他走的是與罕克博士同樣的自然療法，同樣提倡排毒及有機觀念。我當然高興，說曹操，曹操到，如能在台合作發展自然醫學的健康事業，當然正中下懷。他說他找我，因爲我是同志之中唯一有經營鬼才，也是唯一有雄厚財力的人。我請他留台期間到電視台做專訪節目，宣揚及講述美國有機運動、自然醫學及現代慢性病的防治，並將之播出。張氏對我有能力創立有線電視台非常佩服，他說，這是他人生第一次上電視，非常激動。

因此，我們商談合作，他負責在美生產，我負責在台成立推廣公司，總代理其淨體素。但同志合作前，我也需試用他的有機產品功能，所以，我請其提供一〇〇罐樣品，以三個月的試用期，我將找一百人試用。我從張明彰強調「淨體素」是他的美國獨家配方，凡有美國同類產品皆是仿冒品這一點，推斷他是防止我們合作後，轉向美國其它同類產品進口，把他遺棄，我遂不提我曾到美國治療心臟病，也有罕克博士的自然醫學與獨家排毒配方，我認爲張明彰是想返台創業，是在尋找有力合作對象，助其建立亞洲自然醫學聲望及個人財富，他並非是一個理念型的人物。因此，讓他知悉我接觸的罕克博士擁有排毒配方，必將產生敵對及競爭，我想，如果張明彰的配方具有同樣的功能，與其競爭，不如合作。事實上，我之想推廣罕克博士的自然醫學及排毒配方，近似我推動台灣的民主及獨立運動，「聖」的成份多，「俗」的成份少，基本而言，我已是成功的大商人與企業家，就財富而言，我無需再創什麼業。而且女王與我都崇尚自然及簡樸，除非商場及政治聚會、或社交等正式場合，我們不喜盛裝華服，我們也不喜名車華廈，以一個台灣大商人的活動領域及見識巨富與奢華之深，我最喜愛的反是女王的天賦手藝及自家美食。我與女王，喜歡坐在路邊小攤，悠然自在享受台灣的各種小吃及美味。

我一生追求的自由是不爲貧窮所困，不爲壓迫所辱，不做權力逐鹿之徒，也不做金錢追求與財富累積之奴婢。我想我所想的，求我所求的，愛我所愛的，看我想看的，夢我所夢的。金錢與美色，我一生無缺，我不喜歡權力。

一九九五年三月，我辭去大台北民主有線電視台的董事長職位，將股權轉讓給其他股東與同志，以一億資金成立「歐爾康國際健康公司」。籌建之前，我把張明彰的成品樣本送至美國，請罕克博士分析及確定它的成份及效果，並告訴他我的計劃。測試三個月後，博士答覆我，張明彰的配方是美國自然醫學學院派的一般配方，可用，但沒有罕克配方的完整精華。博士建議，添加我們的數種天然秘方，即可進入市場，原料可從罕克博士往來的一家美國大藥草商取得，這種奇特成份，份量不必很大，微量即可產生功效。罕克博士仍建議，最好自己生產完整的罕克配方，營養更佳，品質更可靠，原料更好。眞正的罕克配方，在一九九九年與張明彰的合作停止後，二〇〇〇年在美自己生產，並在美國成立J&P總部。

一九九五年六月，台灣一家以本地酵素爲原料的大傳銷公司，因涉及不法使用動物用酵素而遭取締停業，大批成員因改用歐爾康的有機排毒產品，發現美國維康素的排毒功效更強大，營養更豐富，觀念及理論更進步，所以，重要的幹部及傳銷領袖紛紛改而投入歐爾康公司。不到半年，歐爾康的會員急速成長至一萬人。美國的原料大批進入台灣，配合罕克博士的追加秘方，以「維康素」爲品牌，很快傳遍市場，不到一年六個月，成員湧進四、五萬人。

組織公司，遴選幹部，建立誠信及公正的傳銷分享制度，歐爾康並每週舉辦消費者的見證大會，因此竟使歐爾康公司只憑單一產品，以有機觀念運動及傳播自然健康原理，迅速竄起而成爲台灣一家中大型傳銷公司。一般傳銷公司，無論國內或國外，均生產多樣產品，琳瑯滿目，但台灣卻有一家公司只賣一罐有機排毒產品。我們的最有名口號是：歐爾康只賣健康，不賣產品，不滿意，保證退貨。

同時，我組織「台灣有機運動聯盟」，以數萬會員爲推動骨幹，宣揚有機理念。台灣市場的第一家有機商店，其成立及出現，就是歐爾康的會員所首度開設。此後，台灣有機商店的第一排毒產品即是歐爾康的品牌，凡使用過的人莫不稱讚：它是讓人身體走向健康的頭號產品。

台灣有機產品及健康風潮的興起、流行、蔓延，與歐爾康的罕克排毒產品及觀念的宣揚息息相關。歐爾康每個月都有一場張明彰博士的大型演講，介紹美國有機農業、排毒及自然醫學，對台灣有機運動的推廣及流行，貢獻至鉅。我並把張明彰的《有機生活》英文書翻成中文發行，列爲公司附贈會員的健康著作。

爲了使消費者更了解何謂排毒及自然醫學，我寫了一本產品的理論小冊，介紹人體體內無負擔的自然健康法，講述「自然醫學」的起源、理論、應用及功能。

張明彰看我竟能寫出排毒產品的應用、反應、處理及理論起源，顯然吃了一驚。事實上，他對排毒配方的反應及處理方法並不全然了解。譬如，最讓多數消費者不解的一個現象是，何以我們這種世界第一、排除腸道毒素、二十四小時即可解除長年便秘的產品，有人常數天都解不出大便？張博士只會解答多多喝水就是，但沒有一個人能在多喝水後解決問題。這個問題只有罕克博士能解答及解決。此外，還有許多是張明彰無法解答的問題。因為，眞正了解這種排毒配方的博士是罕克醫生，不是張明彰。寫出它的理論、功能、反應及處理，是罕克博士提供的寶貴資料。

一九九九年，我與張明彰因故停止合作關係，他遂在二〇〇〇年後進入馬來西亞發展，我們在馬來西亞的總代理商將張明彰的產品宣傳資料寄回台灣，竟發現所有排毒理論及產品應用說明，一字不漏，完全抄襲台灣歐爾康的智慧財產，張明彰自譽是亞洲的「有機之父」，他還攻擊台灣歐爾康產品的創立人許曹德是台獨份子，是台灣一位有名的叛徒，其產品是仿冒品。

我一生與人好聚好散，斷交從不出惡言，但卻首次看到與自己同爲台灣民主及獨立運動奮鬥的昔日同志，僅僅爲一己的商業利益，惡毒攻擊自己的同志爲叛徒，指我爲「台獨份子」，而他不是。早知如此，我眞想對這位昔日的同志說，我願把歐爾康公司免費送給你，請停止攻擊台獨，歐爾康公司的價値不過台幣幾億而已，我每年對民進黨、同志及反對勢力團體的私下支援都超過十億以上，就金錢及經濟的利益而言，歐爾康公司對我幾乎毫無價値。

公元二〇〇二年，我到馬來西亞演講，因此把一九八八年世界人權組織：倫敦的AI發佈我為二度世界良心犯的官方文件，以及我與張明彰在一九六八年同被國民黨軍事法庭判刑的判決書全文，交由馬來西亞律師公佈及聲明，他始默然無言。我也公佈與美國罕克博士的配方購買合約，併同公佈我支付的美國銀行支票副本。

張明彰在馬來西亞的發展也不錯，我也祝福這位昔日同志成功。其實以世界之大，多幾家宣揚及推展自然醫學健康的公司及產品，是好事，不是壞事，所以不必忌恨及攻擊他人。如果眞要攻擊及鬥爭，無論經濟的或政治的實力，他都不是我的對手。我可以輕易將其殲滅，我只須將產品在各地市場價格降到成本以下，他就得回美國去喝西北風，當不成自吹自擂的所謂亞洲「有機之父」。

但這個昔日的老戰友猶不死心，心中嫉恨之深，難於想像。二〇〇五年初，他竟返台收買二位台灣女會員，以重金勾結歐爾康的重慶北路門市部周經理，將門市部懸掛的美國J&P公司（美國加州政府發照）的英文「有機生產證書」偷偷卸下，改掛電腦塗改的英文僞造證書，將其拍照後，持向台北地檢署舉發歐爾康公司僞造文書，販售美國僞冒品，並以二女為在場見證人。台北地檢署不查，逕行認定張氏是美商，美商檢舉另一假美商在海外觸法有理，因此將台灣歐爾康公司及負責人許曹德起訴。奇怪的是，起訴的第二天，中央社的一位記者即知，並馬上發出一則政治新聞，表示知名台獨人物許曹德販售美國健康僞品及私造美國僞證，已遭台北地檢署提起公訴。其新聞用辭，極不友善。

我遂把美國J&P公司的合法證明及有機生產證件，交予我的律師洪貴叁處理。洪貴參是我一九八七年的政治辯護律師，洪律師認為張明彰非常拙劣，忘記這種誣告方式極容易被拆穿，法庭只要透過外交部，逕向美國加州政府查證，即可水落石出。洪大律師說，這位張明彰說是台灣中興大學法律系畢業，何以不懂法律至此，此人復於法庭辯論時態度惡劣，語無倫次，對他與二位證人的關係，忽言朋友，忽言為其所雇職員。法官指其有矛盾時，在無法應答之餘，改為攻擊被告是叛亂犯，所以素行不良，偽造美國證書及販售美國偽品當然可能。法官聽後當庭冷笑，把美國加州政府的回函交予原告張明彰過目，文件載明：J&P公司是美國合法登記的美商，其有機生產證明正本亦屬加州政府合法證件。張明彰當庭愣住，惱羞成怒，當庭發飆，竟脫口以英文開罵，繼而以中文怒罵被告許曹德是騙子，是假美商，是台獨份子，豈知生產美國有機產品？法官一聽大怒，指原告答非所問，不准再發言。法官諷刺張明彰：在你歸化為美國人之前，刑事記錄上也登載原告是「台獨叛亂犯」，原告有何資格攻擊你的同志是叛亂犯，而你不是？我國已不稱你們為叛亂犯，我國稱你們為政治犯。副總統呂秀蓮就是政治犯。張明彰當場呆若木雞，漲紅脖子，無言以對。他的二位辯護律師趕緊代答，法官又轉而對二位張明彰的辯護律師指斥：何以身為律師，不知現行刑事辯論之詰問程序？二位女律師也與張明彰一樣，當庭呆若木雞，面紅耳赤。洪大律師最後起而辯護，指被告擁有美國合法證件，無動機造假，美國的合法廠商所生產的產品，當然是合法產品。原告是故意誣賴。不久，刑事法庭宣告判決：被告許曹德無罪。判決書後又補一句，原告不得上訴。判決之後，洪律師立刻為我去函中央社，要求發出許曹德無罪的新聞。

洪律師查有張明彰雙重國籍身份，問我要不要對這個民主運動的政治垃圾提出刑事誣告罪之訴。我說，放他去吧！他雖是垃圾，畢竟他也曾是台灣的民主及獨立運動人物，曾爲了台灣做牢十二年，算了！

一九九六年夏，歐爾康的傳銷會員將產品維康素攻進香港市場，繼而又攻進中國廣州。公司因此不得不於香港設立歐爾康香港公司，把產品運入中國大陸。公司遂派台灣的傳銷首領莫凡先生進入廣州，並派副總許萬瀚進入香港負責行政，支援中國市場運作。

歐爾康的產品開始大量進入香港，但未經申請不易進入中國。香港是自由港，中國不是。因此，莫凡先生遂介紹一位專門負責爲中國仙妮雷德公司私運的涂恩光先生處理。此人遂將歐爾康香港公司的台灣產品整櫃走私進入廣州。此時的中國海關，只要有紅包，可以一整櫃一整櫃通過羅浮進入廣州。沒有想到歐爾康的產品竟比仙妮雷德的更有效，更受歡迎。莫凡即在仙妮雷德廣州分公司的附近租一間辦公室，與進入廣州的副總許萬瀚二人，成功從仙妮雷德的中國傳銷人員中徵選一位上海的女傳銷員，她在改用台灣進口的美國排毒產品後，身體反應非常滿意，所以，遂由這位上海小姐首開九條線，展開中國市場的蓬勃發展。所謂九條線，即這位中國上海小姐之下，找到九位全國各地的傳銷首領，分頭向內地往下發展。等我九月進香港視察，再進中國廣州時，歐爾康已在廣州成功發展數千人的中國會員，整個行政、電腦、財務及出貨，均由香港公司負責。台灣歐爾康的產品，遂源源不絕由中國各地的傳銷會員以幾何級數急速擴張。當我進入廣州時，每天加入的會員數以千計，我在廣州的一家大飯店接見中國傳銷代表，他們都一致稱贊歐爾康的美國排毒產品是好產品，勝過中國仙妮雷德。仙妮雷德是由一位台灣人陳德福創立的美國健康公司，再由美國轉投資中國。仙妮雷德建有廣州廠及山東青島廠，供貨中國南北市場。仙妮雷德在中國投資已數年，其中國傳銷會員已達百萬人，是一家合法的有名中國傳銷公司。在我進廣州時，會員中不乏是仙妮雷德的會員，大家見到歐爾康的台灣董事長均非常熱情及興奮，一致要求公司儘快合法在中國投資及設廠，中國市場非常需要歐爾康的美國排毒產品，如能在中國設廠供應，將是中國第一保健產品，無可匹敵，嘉惠中國人民的健康。

但我只能在廣州七天，因為中國只准我停留七天。我雖以台灣商人進入，但我顯然在中國具有極敏感的政治身份，以中國對台政治情況，當然對我瞭若指掌。

來鑽石崗美國家中訪問的陳芳明與林衡哲醫師（1991年）

許曹德與女兒許淑枝攝於美國洛杉磯家（1992年）

位於洛杉磯鑽石崗的許家美國別墅，許曹德與孫女艾美麗(Emmery)。

1996年，成立歐爾康國際健康公司，台灣員工合照。

許曹德酷愛羽球運動，在圓山球場打球25年，身強力壯。

圓山與球場球友

第十一章 頭號台獨份子進中國

我以商人身份三次進入中國觀光、投資，親身觀察中國的歷史社會、經濟與政治發展。

歐爾康的創立，來自我對美國罕克醫生的感激與尊敬。這個產品在台灣發展不過二年，每天都可聽到會員及消費者的讚美。他們感謝這個產品及其理念帶給他們身體健康，也感謝這家公司帶給他們創業的機會。對於這些眾多會員及消費者，我常喜歡說：請把產品及其偉大理念傳予更多需要的人，就是感謝。讓這個世界更多人得到健康，就是對罕克博士的最深與最高致敬。這個產品是沒有國界的。

沒有想到這個產品的發展如此迅速，竟然快速進入香港及中國，出乎我的意料之外。讓我不得不進入廣州和中國傳銷代表見面，聆聽自台灣進入中國的傳銷首腦莫凡先生對中國市場的觀察心得及建議，我當然知道中國市場的潛力，但涉及進入中國的投資及設廠，對我恐是一個大問題與挑戰。對中國而言，我是政治人物，不僅僅是一位單純商人，我在台灣雖無公職，卻是發動台灣本土獨立運動的著名人物。中國之反獨，無人不知，不過我卻三度進入中國，沒有遭拒，似乎鄧小平是一個很實際的中國政治領袖，集中精神於經濟發展，而非政治龜毛。我前二次是到中國觀光，這次的廣州之行則是商務。

一九九一年，台北某家旅行社的朋友招募遊歷中國的觀光團，把我與女王的簽證資料也送進香港，雖比別人慢了一個月拿到台胞證，但也拿到。因此第一次與女王隨團觀光上海、天津、大連及北京四個景點。旅遊團的團員共有二十多位，彼此均不認識，但部分團員一見我的臉，就說在電視上看過我，我開玩笑說大家認錯了，但中國「地陪」及「全陪」卻沒有認錯，一路注意及特別親近照顧。所謂「地陪」，是中國派出的當地導遊，「全陪」則是中國派出的全程導遊。這些「地陪」和「全陪」，當然不是一般的導遊，個個都負有特殊政治任務。因此，一路對我們夫妻二人表現特別親和及親近，並特別對我介紹上海的投資環境，介紹「祖國」的偉大建設。當時的上海正在興建浦東大橋，在黃浦江對岸的浦東，舉目所及，還是一大片一望無際的農田。到了北京，全團住進北京飯店時，我們夫妻倆竟與其他團員分開，被一位飯店的美麗公關小姐特別安置在飯店的最頂層，似乎是第十八層的一間大套房，面對天安門廣場。我心中有數，知道這恐是中國方面的刻意安排，共產黨顯然在我證件送進香港申請時，花了一個月時間，似有某種請君參訪之意。二位「地陪」因此特別有禮及照顧，連飯店房間都特別安排。共產黨人搞統戰，確有細膩的一面。不像國民黨，雞腸鳥肚。

對一個主張台灣獨立的人，當然非了解中國不可。台灣的過去及未來，都無法避免中國的影響及糾纏。無論我們高興與否，中國就在海峽的對岸，遙相凝視。我們與其懼怕，不如放膽了解。台灣歷史於戰後被中國腐化的國民黨勢力佔領與殺戮，肆無忌憚、高壓殘酷統治了五十年，台灣人懼怕國民黨，但對擊敗國民黨的共產黨似更恐懼，但我並不如此想。我們應該放膽知己知彼，始知戰勝之道，尤其自一九七九年鄧小平上台改革開放後，中國歷史正經歷翻天覆地的劇烈變化。

不談政治的對立或偏見，中國都值得吾人深入研究。尤其，自一八四〇年被西方勢力擊敗以後，激烈動盪了一五〇年，中國歷經革命、帝國瓦解，外敵侵犯、血腥內戰及共產主義革命，如今又急速右轉資本主義，歷史的劇烈激盪及巨變如斯，令人極端好奇，眼花撩亂。中國堪稱是人類社會與歷史演化中最大的政治實驗場，我們很想親眼看看，所謂共產權力造成的社會是什麼模樣。其實從一九四九年以後的中國，非僅經歷一次大革命，而是二次：一次是一九四九至一九七九年，是毛澤東的所謂「共產主義革命」；另一次則是一九七九至今天，是由鄧小平發動的「資本主義革命」。回顧人類歷史，企圖以政治的赤裸權力改造人類社會，中國是人類歷史以來，所有政治野心家與烏托邦政治空想家搞出來的最殘酷的實驗場，其代價之高、劇烈及殘忍之程度，非中國莫屬。其間，中國尚發生一九八九年企圖轉向民主與自由社會的六四天安門流產革命，如此驚人的巨大歷史震盪及巨變的中國，當然非常值得吾人進入觀察。我之躍躍欲試，企圖進入中國，政治的動機遠大於經濟，事實上，無論中國的市場有多大，我都沒有興趣，因爲，我毫無必要靠它發什麼財或致甚麼富，我個人及家族經商成功累積的財富，早已是鉅商與超富之人，歐爾康之進入中國，與其說是企圖創業致富，不如說是借推廣自然醫學，促進人類健康，及宣揚世界有機運動之便，希望深入了解中國，爲台灣的獨立與自由尋找解答。

一九九二年的第一次短暫中國之旅，當然是走馬看花，但印象非常深刻，雖然所經之地不過是四個樣板城市：上海、天津、大連及北京，但已可一窺其豹。看看上海的古蹟名勝，目睹戰前猶存的黃浦江外灘的壯觀建築群及老舊遺蹟，老舊的上海並無現代高樓大廈，亦無東京、台北或香港的現代汽車，但見滿坑滿谷的人潮，騎的是自行車，跑的是老舊卡車及汽車，人民衣著樸素單調，但上海到處是繁忙的工地及建築鷹架，非常類似二十年前經濟起飛前的台灣，或一九七六年我路過的經濟起飛中的漢城。

上海的外灘，看得到乞丐及遊民向大批外來觀光客乞討，壯觀的外灘舊建築的後面是櫛比鱗次的舊高樓，到處掛滿住戶飄飛的萬國旗，殘留的共產社會的政治標語到處可見。上海的街道雖然乾淨，但共產社會的呆板及紀律、落伍及貧窮，觸目皆是。虹橋機場更是一座擁擠不堪的老舊機場，因此上海的「地陪」一路推薦，歡迎台灣同胞到「祖國」投資。我們在上海吃不到眞正美味的上海菜，上海菜的特殊鹵香與美味，早在一九四九年隨國民黨逃亡台灣而流亡台北，恐怕只有在台北才吃得到道地的上海料理。

在中國，規定所有外客得用「外匯券」，以國際價格在中國消費。我們乘坐的是中國鐵路的軟舖車廂，當地人則是硬鋪。所見之天津，好看的都是戰前留下的洋樓，滿街商店皆屬國營店鋪，沒有半間是私營的。中國的店員服務時，一律眼神呆板，神情冷漠，不理不睬，但一見台灣遊客，則爭相好奇站起，聽見她們說：他們是台灣來的！我們的外貌與衣著，顯然與她們有極大差距及不同。在天津，狗不理的招牌破舊不堪；天津的飯店菜餚只有少數可口，菜量雖大，但味鹹難吃；飯店的碗盤破舊不堪，桌椅簡陋。對外客之招待尚且如此，對當地百姓，可以想像。此亦證明共產主義之破產，無效率與不可行。

飯店的一位高級接待，後來始知是中國外事單位派來的公關小姐，向導遊問我的大名，她極有禮貌的引領我們兩夫妻住進飯店的高層大套房，我們台灣的導遊頗覺訝異，以爲我們在北京有高層友人招待。但我的政治神經卻很快明白，這是北京的政治反應，畢竟，我是台灣民主運動人物，一位踏進中國的有名台獨份子。這位自稱崔姓的美麗外事公關，表示上級交待向台灣貴賓致意，歡迎我到北京參訪，希望我在中國旅遊一路愉快。我因參與台灣旅遊觀光團，因此不便特別招待，如有特別要求，她將隨時待命。我遂請她連絡在中國擔任中共政協的張春男，說我想看看他。我與張春男並無私交，但我很想見見這位投奔中國的民主運動人物。張春男其實是位很理想性的人，似乎並無統派思想，與黃順興的左傾思想血統並不相同。經由她，我果然見到張春男，我利用北京旅遊的一段空檔，帶一件台灣禮物，前往北京一處高幹居住的高樓官邸，短暫探訪了這位台灣政協。張春男當然驚訝及意外，竟有素昧平生的台獨份子到了北京敢去看他。

張春男因此言談顯現極大拘束不安，所以我只簡單問他在北京近年的生活、政協待遇，問問中國經濟發展，不談政治。但聽他言談，他在北京似乎位高言輕，諸事似不順遂，雖然國家配有政協官舍，有汽車及司機，但相較於台灣的國代或立委，實在寒酸。官舍雖是高樓大廈，但其居住空間狹小，設備也很簡樸，似不如台灣的小公務員。中國政協，當然是中共的重要政治花瓶及統戰組織，但地位及權力皆不如人代。

我們在北京五天，參觀了北京的故宮、天壇、北海、長城、明十三陵及地宮，吃北京烤鴨，觀賞北京雜技，進北京茶樓，逛北京著名四合院。

以前，我們所了解的中國，是國民黨在學校教導我們的政治夢幻中國，是台灣報紙及外國雜誌描寫的表面中國，現在則是親眼目睹的中國。所見雖是中國的極小一塊，但感觸卻非常深刻，雖然是走馬看花、浮光掠影，但以我對中國歷史及文化研究之深，我並非台灣的一般觀光客。看中國，我戴的是歷史的眼鏡，而非政治眼鏡；看歷史，焦點不在偉大的長城、壯麗的帝王宮殿及皇城，或象徵權力的巨大北京城樓，也不是她的無數古蹟名勝，我要看的是她的人民。

因此，當第二天看故宮時，除了觀光團的中國旅遊地陪，我就特請崔姓外事公關做我的私人特別嚮導。她本就待命，因此欣然爲我導覽故宮及北京。這位北京大學外語系畢業的美麗外事，氣質高雅，豔麗動人又高眺，口齒非常伶俐，活潑而親善。她對台灣的一切非常好奇，我則對中國及她非常好奇。因此，她與北京地陪一齊爲我們台灣旅遊團導遊故宮、天安門及天壇一整天時，地陪是爲大家服務，崔公關則爲我一人娓娓介紹故宮典故及北京歷史。我問她現狀的中國及她個人一切，她也侃侃而談；她反問我台灣是否如外傳的富裕及進步。我說，台灣的經濟發展，現在是人均所得一萬美金，中國則是八佰左右，二者差距約十幾倍，但台灣與中國的最大不同，卻是台灣是民主與自由的社會，可以選舉自己的國家領導人，可以隨意自由批評自己的政府官員。中國則否，但中國也正在發展，我一路都聽到招商及投資中國的宣傳。

她說現在北京的一般工人收入不到八佰元人民幣，她的收入則是一仟伍佰元，如遇外賓加賞，則會倍增，她算是超高收入的人。但她不是一般地陪，也不是飯店的公關，而是北京中國外事單位的外賓接待人員，屬公務人員。這種職位，必須才貌兼備，學歷要高，外語要好。這位美麗外事公關，名叫崔敏，二十二歲，北京人，父爲車間工人，父母之外尙有一弟弟。爲感謝她的熱忱服務，回飯店時，我賞她一千美元，以當時中國北京的黑市高兌換率，約爲一萬人民幣。她睜大眼睛，非常激動驚訝，不敢接受，我說，我很想跟妳做個朋友，妳收下，表示您願意有我這個台灣朋友。

崔敏因此成爲我首次進入中國的第一位美麗女人。外事單位給她的資料，只知我是知名的台灣政治人物，接待之後，必須報告我在中國的言行，並負招商引資的任務。由於認識崔敏，我始更深入了解中國社會及人民生活狀況，並明白共產黨對我訪問中國的反應。顯然，中國對台灣的注意力集中於經濟，並感覺共產黨的政治統戰手段比我們想像的更靈活。結識崔敏，原想了解我不知道的中國，卻意外成為我首位中國的情人，非常類似一九七六年我經過漢城時，意外認識了美麗的朝鮮絕色美女朴金姬。

旅遊團中有一位五股商人洪石一，與北京有名的張氣功師父為好友。我們在北京的第四天是遊長城，回來後，女王與洪姓朋友一票人七、八位，到釣魚臺賓館接受張大師的宴請，見識這位奇人如何發功。因此，我請陪我一天的崔敏在飯店吃飯，崔敏表示非常嚮往台灣，夢想有一天能到美國留學，我說：日本較近，日本也非常進步，如果喜歡，我就幫妳安排日本留學。崔敏瞪大她漂亮的大眼睛，問我：眞的嗎？有可能嗎？我說：有，十萬美金就可在日本留學數年。我請日本朋友為妳安排，我也會常去日本，看得到妳。

餐後，她隨我回到北京飯店的漂亮大套房，心中好感及情意萌芽，這個流著滿州血統的中國北方佳人，遂含情脈脈、溫柔投入我的懷抱。中國北方的美女豪邁奔放，性愛時充滿另種神秘風情與魅力。脫卸制服後的崔敏，肉體非常健美及動人，冰肌玉膚。第一次，我們連續做愛二次。

次年，一九九三年，我匯了一萬美金到北京，讓崔敏成功赴日留學。我請哈路以日本基金援助，先進日本語言學校，後進慶應大學念經濟，哈路非常喜歡這個聰慧的中國美女，將其納為集團幹部，負責對中國的投資及貿易之研究與談判。

崔敏後來告訴我，她是共產黨員；我也告訴她，我是「台獨份子」。她說：你到北京時，我受命接待，已知道你是「台獨份子」，我負責監視，但卻不敵「台獨份子」的自由號召。之後，無論在日本或中國，每次二人熱情擁抱做愛時，她都喜歡調侃地問我，是讓共產黨在上面，還是讓台獨份子在上面？

崔敏到日本後，變成熱愛民主及自由生活。她說：我現在才知道，你爲什麼是台獨份子，「台獨」，原來就是「民主」與「自由」。她說，與她同代的無數中國人，無不希望脫離貧窮，討厭共產黨統治，也嚮往民主與自由。她曾細細告訴我，一九八九年中國天安門事件的詳細血腥經過。天安門事件，類似台灣的二二八大屠殺，這種屠殺對人民的威嚇及恐怖效應，大概會有三十年的鎮壓統治效果，換言之，中國在三十年之內恐難再出現民主運動。

一九九五年，我有機會再一次進中國訪問，因爲八〇年代在印尼，我曾認識一位木材台商林三雄，後成朋友。他與桃園的一家鋼鐵大廠老闆陳董，二人挾帶五佰萬美金投資中國四川的德陽市，企圖利用四川豐富的竹材生產精美的地板建材，外銷日本，卻因天眞、輕率，糊塗與德陽的中國國企合資而陷入困境，後被吃掉，他請我進川幫忙研究解套。我遂再進中國，趁便遊歷四川。

中部的四川顯然更落後。成都機場非常簡陋，望似一片荒郊，蘇聯的長程老舊噴射客機讓人坐起來眞是不安。成都看起來才剛要發展，其市中心新舊並呈。進中國，就是人多，但四川男人不好看，女人卻很漂亮。德陽似在成都的東北方，是很美的一個城市，但這個城市只有二家巨型國營企業，據說，每家工人都超過好幾萬人，從家庭用品到大砲都生產。德陽人顯然都靠這二個單位爲生，因爲，社會主義的國營企業包養一切，從工人的生管到死。這種共產經濟，當然技術落後，效率不彰，全都暮氣沉沉，盼望的是有外資進去收購或投資。德陽當局因此也跟中國沿海城鎮一樣，拚命吸引台商。爲了吸引台商，德陽當局就在市府的對面興建一棟樓高七層、美侖美奐的新穎觀光大飯店，專供台商、外客、國企高幹、共產官員的接待及玩樂之用。這家飯店的設備幾乎是外面世界的翻版，外面一有什麼，它就有什麼，出入均由武警管制，只有外商及德陽黨政人士可以進出，而飯店內女侍之多，衣著之漂亮，幾乎好像台灣的酒店。德陽大街上的一般女孩其實已經夠漂亮，但飯店之內的四川美女更美，簡直是萬中挑一，非常吸引台商。

三雄及桃園陳董專程驅車到成都機場接我，他們陪我進成都，共嚐四川美食，辣香四溢。而後，驅車觀賞成都幾處名勝，便一夥載我前往德陽。晚上，我就與他們住在德陽這家令人陶醉的政府大飯店，享受官方提供的醇酒與美人。第一夜我就大吃一驚。飯店內七、八位台商笙歌達旦，徹夜歡樂暢飲，德陽美女要多少有多少，婆娑起舞，仙樂陶陶。飯店外，則是樸素及寂靜的德陽及簡樸的人民。晚上，每位台商各擁二位妖冶美女，陳董身邊更擁有一對四川姐妹花，無比美豔，羨煞其他台商。

德陽的第一夜，我就聞到這批瘋狂的台商朋友爲什麼會瘋狂失敗的原因。

三雄他們一年前到德陽洽商投資時，就在這家豪華飯店簽約。對手的德陽官員及國營企業的共黨高幹就在這裡招待他們，台商要土地，送土地，要廠房，蓋廠房與你們合作，保證台商在德陽生活，要什麼有什麼，出入安全，待如佳賓。我的這些朋友不看中國的投資法令，對中國公司法的組織解釋全不研究，以為與台灣一樣，醇酒美女一夜之後就簽約。台商投入五〇〇萬美金，帶進機器設備與先進生產技術，以及日本外銷市場，與中方採平分股權、共同管理；台方為董事長，中方為總經理；台方負責外銷，中方掌控生產及原料。不到一年，中方原料愈買愈貴，資金花用揮金如土，成本激增，利益大減。台方一看，始知中方總經理總攬原料採購回扣。但依中國公司法，總經理與董事長權限一樣大，大家平等合作，台方無法以董事會開除總經理，此時始知不妙。尤其，對手是德陽國營企業所指派的共黨高幹，企業盈虧向來與他們無關，與台商投資的合資公司利益當然也與他無關。他代表中方權力的高幹，一抓到經營權，代表的共黨高幹當然是謀自己的利益，但他代表中方與你合作，你無法撤換他，除非中方同意，而中方就是他。

其後幾天，我陪三雄及陳董到這家合資大工廠視察，細心研究合同，思考如何解套，但是，一個頭兩個大，實在不知如何解決。

德陽的台商有二、三十家，即使是距離中國沿海如此遙遠的內陸四川德陽，都有台商足跡，可見台商正如潮水一般湧進中國。中國工資如此低廉，土地如此便宜，人口如此眾多，市場如此巨大，語言相通，習俗相近，台灣過剩的資本正一波接一波瘋狂進入中國，如水銀洩地。

無疑，鄧小平的中國正廢棄毛澤東的共產革命，改為資本主義的市場經濟，全力邁向所謂的「中國特色的資本主義社會」，其實乃一種新型的國家資本主義，土地全歸國有，但把資本主義的土地「所有權」巧妙改為「使用權」，化成市場可以交換的商品。鄧小平把國家化成一家大企業，檯面CEO則是江澤民，中國的各省市書記則是負責經營的各地大小分公司經理，執行全國各地的經濟發展計劃，全力吸引台資或外商投資，出口創匯，累積國家發展資本，效率極佳。證明共產主義照樣可以走向資本主義，特別是走向集權式的有力「國家資本主義」。雖然共黨幹部普遍極端貪污與腐化，但是，貪污與腐化正是「國家資本主義」經濟發展的最好潤滑劑，台商正是國民黨貪污政權在台訓練如何送賄及官商勾結的高才生與一代精明商人，而今「反攻大陸」到中國與共產黨合作，眞是如魚得水。當然，中國利益爾虞我詐，台商難免一波波陣亡，三雄及陳董即屬赴中陣亡的痛苦例子。

即將被中方共黨勒死的台商，猶在德陽美麗的飯店與美麗的川妹日夜笙歌，飯店中的德陽美女猶不夠，國營企業員工的美麗妻女更在晚上馳援供應台商的淫樂。我在飯店的十幾天，正事幫不上，端看歪事，中方招商官員的妻子恰似台灣酒店的媽媽桑，錯把我當成新到的投資台商，每天找我挑肥揀瘦，介紹國營企業中姿色非凡的美麗妻女，爭相前來飯店獻身與賣淫，一次十幾位，好像列隊選秀，眞讓我大開眼界，親眼目睹到這種世紀式共產主義社會的崩潰，道德與人倫的徹底土崩瓦解，化爲金錢買賣的一幕。同時，發現中國經濟之所以快速崛起，中國婦女之犧牲與貢獻恐亦功不可沒。

此時德陽的工資，男工每月大概不過四、五佰塊人民幣，德陽國營企業的美麗妻女，一夜不過一、二佰塊。共產主義，可謂完全在中國崩潰。無論道德社會與經濟結構，皆土崩瓦解！

一九九五年的台灣，茱莉告訴我，台北酒店的生意正逐年急速下降，顯然，一批批離開台灣的實力商人正大量越過台灣海峽，進入中國投資與淘金。投資中國內陸的德陽如此，中國沿海更甚。商人一批批離開台灣，投資中國，台灣酒店當然流失重大客源而被迫一家家關門！

兩岸歷史的浪潮，正發生反向逆轉的劇烈變化。

一九四九年時，中國發生了共產革命，歷史目睹國民黨政權被推翻時的山崩地裂，國民黨的數百萬大軍被毛澤東殲滅，一佰餘萬戰敗的國民黨軍民隨蔣介石狼狽越過台灣海峽，逃入台灣。但到一九八九年，四十年後的海峽兩岸，歷史卻反轉，二次戰後隨日本經濟起飛而創業成功的百萬台灣商人，正越過台灣海峽，挾千億美金的雄厚資本及技術，登陸經濟破滅、國家衰敗的中國投資，從而開始影響及徹底改變中國。

一九九六年八月，我第三度再進中國，並從廣州經香港回台灣，腦筋正想如何解決歐爾康的罕克健康產品，從香港大量流入中國市場的問題。恰巧老同學何希淳邀我聚餐，會面後我才得知，他已從新竹科學園區副局長被其老長官黃昆輝調升爲陸委會主任秘書。總統大選勝利後，李登輝任命黃昆輝爲陸委會主委。所謂陸委會，是類似中國國台辦對口的台灣對陸正式官方機構，處理中國事務，而其白手套組織則爲「海基會」。何希淳問我近況，我說前天剛從廣州視察業務回台，廣州的生意太好了，要求大陸設廠，我正不知如何解決。由於我的身份敏感，每次進去中國，只簽二個禮拜。何希淳一聽就說，老兄何不早說，老弟替你解決算了。他當場就拿起手機，打給中國廈門對岸他的二弟何希浩，交代其二弟，打電話給北京的統戰部部長，問他知不知台灣有許曹德這號人物。

晚上我回新城，就接到希淳的電話，說希浩回電，北京統戰部部長說，他們當然知道許曹德，他是台灣頭號的台獨份子，但北京表示非常歡迎他參訪中國。希浩告訴北京，不涉政治，許曹德是台灣的一位大企業家。

希浩數年前即投資福建漳州雲霄，生產電子用的電容器，供應中國的台商及輸出世界。這種電子零件非常耗工，因此需要大量人力，故移到中國生產。何希淳上任陸委會主任秘書後，即用其弟為中介，方便與北京做非正式連繫，處理台灣與中國來往問題。台灣與中國，自辜汪會談後即私下秘密談判兩岸問題，尤其台商大量進到中國，衍生許多非官方無法解決的困擾。政治問題當然難說，但經濟往來產生的無數問題終須解決，以免影響吸引台商投資，阻礙中國經濟發展。

為了解中國，何希淳請我星期六及星期天到他公務人員居住的中央新村找他，參閱他提供的中國政經情資。這些從中國蒐集的大量情資，每天彙成簡要消息，專供政府高層情報之用。

陸委會內部的中國情資，對我了解中國現狀非常有幫助。我前兩次進中國的所見所聞，僅是遊客的一種表面觀察，難免浮光掠影，走馬看花。希淳研判，正因我的政治敏感，中共反會表示歡迎，此為統戰。如我進去大陸投資，恐有特殊禮遇，不談政治，只談經濟。何希淳分析，談投資，我也不必表態，由希浩表態邀你投資，豈不更妙。當前中共對台政策，其實是經濟統戰，破產後的共產主義經濟，堪稱千瘡百孔，百廢待舉，嗷嗷待哺，急需外援及投資，此時對台最重要的是笑臉攻勢，謙卑迎接台商投資，而非政治鬥爭。有希浩在大陸，我的安全容易確保，中共不致對你造次，除非我跟中共在政治上公開對幹。基本上，當下中國的經濟非常需要台灣，而非台灣需要中國。

果然，旅行社爲我辦理進中國簽證時，竟然三天完成，希浩並電傳對岸的參訪邀請函，我遂決定赴中行程，準備九月初進廈門。但啓程前夕，希浩突來電，問我飛抵廈門的班機時間及航次，他說，中國海協會會長汪道涵準備前往廈門機場接我，我一聽，大吃一驚，告訴希浩，不可讓汪會長到廈門機場，一旦接機，將成兩岸政治重大事件，將被解讀成台灣重要的台獨份子「回歸」祖國，嚴重影響民進黨及打擊台灣的獨立勢力。因爲，任何與汪道涵的正式見面，或與中國官員的正式會面，見諸報端時都有重大統戰意義，必須迴避。否則，我將即刻停止中國之行。因此，我請希浩務必轉告汪會長，千萬不可勞動他老人家到廈門機場，我將找機會親自到上海拜訪他老人家。我怕希浩不了解政治，請希淳解釋及制止。

我只能以商人身份拜會中國官員，且拒絕任何將我名字見諸中國報端的動作，不然，我將不進中國，也不投資對岸。

身爲陸委會官員，何希淳當然充滿政治神經，同意我的政治判斷，立刻交代希浩不可張揚。

我搭華航班機經香港轉廈航進入中國，下午二點飛抵廈門。廈門機場非常新穎漂亮，堪稱對台的統戰機場，造型奇特，美侖美奐。希浩及廈門政府的接待人員早在機場等候。廈門確是一個乾淨而美麗的城市，天候非常近似台中，清爽宜人，我被接待在一家官方安排的三十層大飯店，希浩說，這是台灣人蓋的。晚上接受廈門的經貿官員招待，宴畢，希浩邀請一批廈門的實力派台商相識，共赴一家廈門的豪華酒店歡聚暢飲。希浩說，這個酒店也是台灣人開的，酒店的美麗小姐、酒店的媽媽桑、酒店的卡拉OK、酒店的炫麗裝潢、酒店的台灣歌曲，除了酒店美麗女人是大陸小姐之外，幾與台灣相同，讓我錯覺好像身處台北茱莉開設的紅磨大酒店。經希浩介紹，廈門台商始知我是許曹德，一個他們只聞其名但不知其人的有名台灣反對運動人物。他們笑說，原來我也是台灣大商人。但他們最想聽的是台灣的政治及故鄉的新聞。

廈門酒店的小姐小費是人民幣一〇〇元，希浩給二〇〇。酒店美麗的小姐，晚上一夜是八〇〇元人民幣。希浩叫媽媽桑徵召酒店最美的安徽及湖南美女，今夜相陪。

次日，希浩陪我拜訪廈門市長及書記，表示歡迎我到中國廈門參訪及投資。稍後，並特別安排我與剛抵廈門視察的福建省副書記習近平見面，此人身材魁偉高大，講話柔和清晰有力，似對台灣一切及台商瞭若指掌，他祝我到訪一切愉快，希望以投資促進兩岸和平繁榮，他說：「共產黨不怕與意見不同的人做朋友，投資就是朋友。」所謂意見不同，當指政治立場互異。習近平的所謂投資即朋友，入木三分的點出中共此刻對台經濟統戰的核心思想。

此人，十六年後，竟然繼胡錦濤之後，竄升為中共第五代國家領導人。

共產黨的所謂書記，其功能相當於一家現代公司組織的董事長。省長、市長、縣長，則等於總經理及分支機構的經理。共產黨的眞正權力是在「書記」，不在行政首長。不過，今天所謂的共產黨，其實只剩其名，但保留列寧式的共黨集權統治組織，共產主義在中國則實際已死亡。早在一九九二年江澤民還在位時，就已開放「資本家」入黨參加共產黨，所謂共產黨，其實質已成中國最大的資本家及社會精英集團。當全國的土地屬於國家，而國家屬於共產黨時，它是世上權力最大及最富有的政黨組織，黨徒高達七〇〇〇萬人，集政治權力與國家資本於一身，幾乎萬能。中國經濟發展所以如此快速，證明共產黨是很有效率的組織，非常善於利用情勢，化弱為強，以前它致力於打倒資本家及推動世界無產階級革命，現在則變成「寡頭權力集團統治的國家資本主義政黨組織」。人類權力歷史還眞找不到第二個例子能像中共之善變，不斷成功「變臉」，忽吶喊共產主義，忽主張資本主義。難怪習近平書記說：「投資就是朋友」。中共已成英國政治學家霍布斯(Thomas Hobbes)理論的國家巨靈「利維坦」(Leviathan)，中國政治的舊神話是社會平等及無產階級專政，以及「國家萎亡論」；而其新神話則是「偉大中國民族主義」，致富及「國家強大論」。無論是舊神話或新神話，神話的目的都在包裝神聖的「一黨權力」，這種一黨專政權力，雖然遲早必定腐化，但用於推動中國變革及世界爭霸，倒非常有效率。不久之後，亞洲周圍的國家及全世界，都會感受到這個「中國權力怪獸」的強大威脅。

習近平的「投資就是朋友」，用於形容中國的對台政策，堪稱妙不可言。鄧小平的開放政策能否成功，其實繫於有否外來投資。唯有成功吸引外來投資，才有辦法促進中國一潭死水的共產主義經濟。這個一窮二白，已完全破敗的共產主義經濟，豈有能力獨自轉型爲「市場經濟」？因此，此時繁榮進步的香港及經濟崛起的台灣，無疑是中國經濟的救命丹，深圳之所以被選爲「經濟特區」，以鐵絲網把它圍起，目的就在全力吸引港資；把廈門海島化爲「中國東南經濟特區」，目的就在吸引台資。論經濟實力，美國與日本更有資格投資中國，但美日豈會輕易把技術及資金慷慨大方移入中國？環顧世界，舉目所及，此時只有台灣及香港才是經濟衰敗中國的眞正「金主及援兵」。中共的地方官員就曾私下坦白對我表示，「幸虧毛澤東沒有能力解放台灣，不然，今天還有台商這隻東亞肥滋滋的金雞母嗎？」這隻金雞母把資金的蛋、技術的蛋、世界市場的蛋，統統帶入中國，孵出中國經濟力。我開玩笑地反問，我是台獨，難道國民黨不是台獨嗎？正因爲台灣「獨立」於中國統治之外的資本主義成功發展，始有台灣經濟與台商的崛起，把學自美日的三十年先進技術、累積的資本及世界市場網絡轉移給中國發展。所以認眞地說，中國應該深深感謝「台灣獨立」，始有戰後的台灣經濟崛起。因此，發射飛彈恐嚇台灣，叫囂解放台灣，無疑是狂徒治國，自斷生路，殺雞取卵，自我斬斷經濟活路的自滅政策。而當中國飛彈碰到美國的航空母艦時，飛彈也只是煙火彈，證明中國才是一隻紙老虎。

所以，反獨是中共的政治戰略神話之一，作用是增強及虛張中國民族主義，以利對內凝聚及對台統戰，而非當下中國的眞正政策，當下中國的眞正政策是：「投資就是朋友」。所以，中共對我這個台灣頭號台獨份子，絕口不提政治，只論是不是朋友，投資就是朋友。吸引投資，才是中國的活路，眞正的政策。

共產黨人其實非常實際，我會見習近平時就有這種感覺。台商堪稱是中共地方官員升官發財的最重要衣食父母，誰執政的區域，成功吸引台商最多，誰就升官發財，而台商最多投資之地，不僅促進當地繁榮，更爲中國官商勾結、謀取土地審批大利及出讓經濟特權的發財捷徑。因此，中共各級書記及官員無不以結交台商爲急中之急，重中之重。透過台商，再吸台商；透過台商，累積個人政績及財富。何希浩在中國漳州就是扮演這個非常角色，漳州市的二十年經濟發展脫不開他。因此，漳州台商說，希浩是漳州的眞正地下市長。希浩也是漳州永遠的台商會長，不當會長時，他也是地下會長。其影響力，甚至能左右中央及地方官員的升遷。

因此，希浩陪我拜訪廈門書記及市長，只是應付我參訪中國廈門的禮貌，並不希望我投資廈門，希浩的目的是要我在漳州投資。漳州是他的勢力範圍，因此，在參訪廈門之後，他就急急陪我進漳州。

中國的行政劃分是省大於市，市大於縣，而一個市往往下轄許多的縣。廈門則是「特別市」，其位階等同福建省。漳州位於廈門西南方七、八十公里，是一個內陸港，約管轄五、六百萬人口，漳州市本身人口不過五、六十萬，是一樸素的農業城，由於引進大批台商投資，而日趨繁榮，從廈門到漳州，一路幾乎佈滿一、二千家的台商。所以漳州的經濟發展，完全依賴台商，台商不僅投資工業，也投資農業，舉凡農牧、花卉、養殖、洋菇栽培，應有盡有。同樣，泉州位於廈門的東北方百公里處，也佈滿台商一、二千家，泉州的繁榮，同樣來自台商投資，泉州管轄的人口則大約七、八百萬。

這個由廈門、漳州、泉州構成的閩南三角區域，是中國河佬民族的發源地，也是台灣與東南亞河佬人的原鄉。福建的閩南河佬民族應有一千五百萬人，廈門便是它的首都。因此，中國的改革開放，第一個吸引一大批台商的，就是這個語言相同、習俗相近的閩南民族文化區域，其次才是廣東的東莞、深圳、珠海，以及幅員廣大、人口眾多的長江流域，上海與江蘇。但論經濟實力及幅員規模，廣東及江蘇才是台商的最大投資重心。香港帶動近億人口的廣東，上海則連接江浙二億人口的長江流域，最後，台商遍及全中國。

因為歐爾康的保健產品及會員擴及半個中國，而我足跡所到之處，都有台商，北至哈爾濱，南至貴陽，西至寧夏、成都與西安。台商如水銀瀉地，佈滿中國各地，所以，所到之處，均有國台辦及台商協會。因此，中國天空的飛機航班上，沒有一架飛機沒有搭載台商及台灣旅客，到處都聽得到台語及台灣國語。台灣人及中國人非常容易辨別，無論衣著、言談、行動、舉止，都能區分，彼此的文化差異及經濟貧富也相距很遠。

當然，中國的迅速發展，台灣就是中國追趕、模仿及學習的對象，台商就是中國經濟發展的最大觸媒。

漳州最大的一條馬路叫勝利路，漳州市政府及漳州大飯店就在勝利路上相鄰而立。我們到了漳州，進了飯店，希浩很快便帶我晉見漳州市長及書記，官方接待之熱情，猶勝廈門，也顯示希浩在漳州的勢力非同小可。爲了表現他的引資成功，他甚至代我宣佈投資漳州，我說投資一佰萬美金，他則說乾脆二佰萬美金。因此，市長、書記及漳州大小工商官員連續設宴招待。漳州市政府在我還沒離開漳州前，就發下歐爾康的設廠准照給我。

但投資漳州，我則與漳州官方有三項約定：一、中方答應絕不登報及宣傳我投資中國；二、只是投資，無關政治；三、同意歐爾康公司在中國以傳銷經營。最後一項，當然超出漳州地方官員權限，但書記保證，請我儘管經營，他會報備中央，設法發出一張全國傳銷證照。顯然，這是政治。一九九六年，中國全國有二十五家合法的傳銷公司，而非法的地下傳銷公司則有二百家以上。

爲了我的設廠，漳州工商官員特派專員帶我參觀各種建廠用地，一畝三萬元人民幣。中國的一畝，等於台灣的二〇〇坪，十五畝，等於台灣的一甲。以當時廈門黑市匯率計算，一塊人民幣等於四塊新台幣，漳州的一甲建地約爲台幣一二〇萬，當然便宜。但歐爾康公司爲應付大陸急速成長的市場，此時購地建廠，緩不濟急，希浩建議我先租廠房生產，之後再考慮購地建廠事宜，他說雲霄他的廠房很大，隨便挑一棟先拿來生產再講，因此，我隨希浩進入雲霄視察。

從廈門到廣東深圳，中國建有一條寬四十米的快速國道，經漳州、雲霄、汕頭，再沿中國東南海岸線，直通到廣東的深圳。雲霄距離漳州八十公里，是一農漁小鎮，但卻頗富有，因爲雲霄是中國最有名的私菸生產基地，無論美國的名牌香菸、台灣的長壽、日本的七星，都敢仿造。中國政府愛抓不抓，推說沒有證據，美國就以人造衛星空拍雲霄，將僞造的香菸箱相片送給中國政府。在雲霄這種地方，除了希浩的二千人大廠外，尚有十幾家台商，連台灣的保齡球都有台商經營。雲霄的地價及工資，當然比漳州更低廉，女工只有四佰元人民幣，跟四川的德陽差不多。

希浩所以設廠雲霄，原來因爲何家就是雲霄人，雲霄人講一種特殊的閩南語，有別於廈門、泉州、漳州腔以外的少數河佬語族方言，有些地方聽不懂。但十九世紀英國人進入廈門時，英國的航海圖及世界地圖，稱呼廈門的英文拼音並非「廈門」的官方發音，而是稱作「阿莫依」(AMOY)，顯然，古時的廈門別稱是雲霄人的講法，叫廈門爲「阿莫依」。雲霄人說「錢」是RUI，跟新加坡人的說「錢」是RUI一樣。

爲了趕緊生產及應市，我租下一棟蕭姓台商所有的廠房，並聘請這位殷實的蕭姓台商爲廠長，負責中國生產。我從台灣運進機械設備及原料，不到二個月即投入生產。

一九九六年十一月，我在廈門成立中國歐爾康國際公司總部，將指揮中國市場的香港幹部移入廈門，許萬瀚副總是我的長子，將他從香港派至廈門訓練，負責協助中國市場，此時歐爾康的全中國會員多達十萬人，在漳州雲霄廠猶未開工前，仍由香港供應產品。

從雲霄回漳州後，希浩介紹漳州的許多重要台商和我相識，這些台商，同時也是漳州台商協會的理監事。陳會長即是中國鋁罐生產的最大供應商，美國可口可樂的中國鋁罐即由陳董供應。我參觀他自己設計的全自動生產設備，爲之佩服。漳州的台商，各種投資皆有，絕大部分均兢兢業業，不像四川德陽的台商朋友輕怠事業，生活糜爛，以致慘敗回台。

台商協會是中國政府唯一准許設立的台商組織，協會的總幹事規定由中方共黨幹部出任。協會連繫政府及台商，解決台商的各種問題，包括進出中國的簽證、政府法令改善、商務糾紛、車禍、女人問題、政府建言，無所不包。會長通常由當地台商實力派龍頭擔任。擔任會長當然要花錢及費時，但地位崇高，隨時可見中國當地官員不時私下飲宴，共玩中國美女。台商與中國官員，可謂利益共同體，利益均霑，魚水交融，互相勾搭。台商協會是中國控制台商的組織，但並非所有投資中國的台商都會參加協會，有的人就是不參加。

台商在中國，白天拚死拚活，隻身奮鬥異鄉，晚上孤零一人，當然寂寞難熬，所以，台商最原始的消遣是相聚飲酒、共唱台灣卡拉OK，以及無盡的中國女人。凡台商所聚之地，尤其中國沿海，台灣的酒店文化全部移入中國。我初抵漳州的五天，就看到不輸廈門的數家豪華大酒店，妙齡少女動輒一、二百位。供應台商的是中國各省內陸美女，但極少福建當地女人，全都來自中國各地，特別是來自經濟落後及貧困的省份，如四川、湖南、湖北、安徽、河南、江西及中國北方。漳州雖然不大，但台商的多金非常有名，漳州的夜總會天天都看得到來自中國各地的著名歌舞團及各式表演。

從雲霄回漳州，官方繼續招待，工商局長對希浩說：台灣許董到我們漳州投資，沒什麼好讓貴賓高興的，上星期寧夏銀川的一支美麗歌舞團申請到漳州表演，我准了。前天我去看了一下，確實不賴。西夏少數民族的出眾才藝及美貌，中國無出其右，我請團長在表演之後陪貴賓跳跳舞。我就不便公開去夜總會，由高科長安排你們觀賞。果然，希浩與我一起到夜總會一看，簡直目瞪口呆，這支少數民族的歌舞表演，曼妙無比，豪放激情，十幾位西夏少女組成的表演團，演出不但多姿多采，而且少女演員個個美麗絕倫，充滿西北民族的風情及特質，讓人驚豔。

表演甫畢，高科長就請女團長過來，介紹希浩及我是漳州最大台商何董及台灣企業家許董，麻煩她介紹二位最美的團員給二位貴賓認識，不久，團長就召來明珠及藍玉二位美麗團員到貴賓席。這二位西夏少女實在嬌美，身高均一七〇公分以上，輪廓亮麗，棕色眼睛，明眸皓齒，非常迷人。她們是非漢系的中亞及西夏回族混種後裔，是漢系中國秀麗美女之外的另種美豔。高䠷健美，明豔動人，性感挑逗，充滿西域少數民族才具有的特殊美。非常美麗，非常動人。

想讓團長准許西夏的美少女晚上外出，似不容易，但權在團長。因此，趁我邀請美麗的明珠跳舞時，經驗豐富的希浩就把團長叫到外面，重金收拾團長，以三萬人民幣帶出最美的六位西夏豔麗少女，約好每晚在歌舞表演後，由團長親自秘密護送到漳州大酒店過夜，連續三晚，每夜二位。高科長代局長保證安全，漳州公安禁止進入飯店臨檢，官方保護台商至此，由此可見。

我聽團長敘述，西夏民族歌舞團團員的每月薪資約爲人民幣二仟元，表演收入好時，外加獎金。我不知道三萬人民幣，六位美少女分到多少，但至少可拿一半，餘歸團長。團長堅決保證，這些西夏美女除表演外，從不准外出，她們是寧夏藝術學院所栽培的傑出少數民族學生，年齡介於十八至二十，非常艷麗，舞藝精湛，身材婀娜，動人心弦！

浪漫無比的三夜，每夜各有二位蒞臨飯店，希浩及我各擁一位，這些才貌雙全的西夏混血美女，肉體之美，體態之窈窕動人，實在出乎想像。我見過無數最美的台灣明星美女、香港明星美女、朝鮮美女、日本美女、歐洲美女、東南亞各國美女、俄羅斯美女、南非黑白混血美女，獨未見這種風情萬種的西夏美女，又羞澀，又奔放，調情做愛時，性愛美姿如舞蹈表演，令人激情及賞心悅目。此外，每至半夜，希浩猶感不足，要求二邊美女互換。因此，六位西夏美女，均一一見過其個別獨特之美。西夏美女，擅長口交，總讓男人為之魂飛魄散，快樂嘶叫。

完成漳州投資簽約五天後，我經廈門飛經香港返台。

一九九六年底，歐爾康在廈門正式成立中國總部，公司地址設在廈禾路圓環，是一棟台商所建的二十五層大樓，雇用中國幹部及員工二十幾位。至一九九八年，中國會員達三十萬人，區域從南方廣東，一路往北發展，包括：上海、江蘇、河南、山東、北京、大連、瀋陽、長春，最北達哈爾濱；西南則達貴州的貴陽，部分進入四川重慶及成都；西至西安、寧夏及內蒙呼和浩特。中國歐爾康的會員蹤跡遍及半個中國，這個罕克博士的偉大健康產品，深受中國消費者喜愛，中國年營業額逼進十億人民幣。

一九九七年，我六十歲，遵循罕克博士的醫學原理，堅持服用自家罕克的排毒產品保養，一身健康，沒有疾病，全身精力充沛，臉色紅潤，健康與體能均宛如四十歲男人。從九七年開始，中國市場勃發，我每個月幾有二、三星期長駐廈門，每二個月一次，我會從南飛北，在中國的各大城市舉行自然醫學及產品演講會。歐爾康在各大中國城市均有傳銷領袖及組織，最大的演講會是北京及瀋陽，會場動輒一、二千人，在北京飯店的演講甚至動員武警及公安維持秩序，台下聽講人員包括北京官員，他們在聆聽美國的有機運動及觀念後，數年之間即比台灣更進步及前瞻，吸取美國的先進做法，制定「中國有機法」。

在北京飯店的幾次演講會，印象最深刻的莫如演講大會開始，會員一、二千人蜂擁而至北京大飯店集合，當全體肅立站起時，我以爲他們是要唱中國國歌，一如台灣，但卻出乎我的意料之外，他們是在司儀帶領之下，齊聲合唱台灣葉啓田的一首勵志流行歌：「愛拚才會贏！」且是以腔正語清的台語發音唱出，非常嘹亮動人，令我大吃一驚！歐爾康在中國各地的傳銷組織，基本均由當地的中國五星領袖組織，由台灣傳銷幹部訓練，在中國各地負責發貨及收款，並定期舉辦產品說明會及演講會。他們竟能串聯全國各地傳銷領袖，集合二千會員，共唱台灣人的奮鬥歌曲，顯示台灣的經濟及文化影響力，正深入及刺激中國人民學習與企圖邁向富裕的未來。

有一天，當富裕對富裕，二岸就能容易相處；反之，貧窮對貧窮，恐難爲鄰。富裕，始能促使中國有走向民主及自由的一天；反之，貧窮將是中國繼續獨裁及專制的溫床。

台商以世界罕見的規模及速度進入中國，幫助中國人民站起來，有利於共同邁向繁榮與和平。也許，對兩岸人民的幸福、和平及友善，具有重大的歷史意義。

台灣獨立及兩岸和平共存，歷史或將證明，對中國有百利而無一害。但只有等中國人民富裕、自由及民主的時候，始有可能。而一個權力獨裁及貧窮的中國，民族主義只會高漲，民主社會將無從誕生。我們無法臆測歷史發展，只能播下民主和平的種籽，期待未來開花結果！

中國在幻滅的共產革命及貧窮之後，我們目擊小民贏得第一桶小金的喜悅。在我進中國投資時，他們正流行萬元戶。我第一次令許萬瀚從公司樓下的廈門銀行領出一百萬人民幣，因為中國境內，銀行對銀行的互相匯款非常不便及落後，許萬瀚只好以大布袋裝滿佰萬人民幣的現金，親自揹在身上，跟我一起搭機飛廣州，再轉飛貴州的貴陽市，準備次日在貴陽的最大飯店演講及發放當月獎金。次日在貴陽大飯店，有數百會員群眾，連貴陽市的工商局長都蒞臨，在台灣的二位講師演講後，我親自點名對會員發放獎金，竟有四十位平生第一次拿到一萬人民幣，都淚流滿面，場面非常感人。

十五年後，當中國經濟越過人均四仟美元，成為世界第二大經濟體時，中國人或許已很難體會，一萬人民幣有何值得哭泣的？今天，上海與北京的高級飯店與飯館的大餐，一桌何只一萬人民幣？

這種喜極而泣的感人場面，當時不只發生於西南貴陽，北至東北瀋陽，大如上海與北京，莫不如此。

一萬人民幣，是中國底層人民脫離貧窮，邁向富裕的第一步。

歐爾康在中國有數十萬會員，我不可能一一見到，但每到一地一城，在當地最大飯店的最大房間，我常在上午演講後，從下午坐到深夜，不斷接見當地的傳銷領袖及傳銷代表。歐爾康的中國會員，六成是女性，四成是男性。他們與我見面時，就一批批與我合照，他們經常對我敘述的是健康獲得重大改善，長年痼疾不藥而癒，以及產品的許多好轉反應。我常問他們是哪一省人？漢族抑或少數民族？父母職業及收入？有無兄弟姐妹？有否經過文革的動亂及痛苦？或聽過文革？獎金有否拿過一萬人民幣？他們參加歐爾康有否學到新東西？以及對自己及中國的未來希望？他們對台灣、台灣人及台商觀感如何？台灣迄今沒有「回歸」，關心嗎？台灣與中國，會不會戰爭？

歐爾康的會員來自全中國各地，有新疆人、內蒙古人，除西藏及特殊少數民族，各省都有，他們的普通話口音，南腔北調，有時聽不懂。大致而言，他們是中國工農出身的基層人民，善良、熱忱，急於致富，非常羨慕進步的台灣及外面世界，希望自己能趕快發財。這些會員及家族，過去日子都非常苦，而四、五十歲的會員，都經過中國文革的動亂及饑荒。其中一位四川傳銷領袖帶我去見他的父親，是興建長江葛洲壩的副工程師，年已七十，看到我是台灣來的客人，激動而老淚縱橫，訴說他在文革時如何被殘酷鬥爭的經過，多少人失蹤及死亡，我都不忍再聽。因此，我從歐爾康的會員聽到過去四十年無數的痛苦悲慘故事，使我對中國人民及歷史的遭遇及苦難，比在台灣隔岸觀火更深刻與更同情。所以，與其說中國的革命是所謂「解放」，不如說是災禍苦難。我一直認爲，無論是孫文的共和革命或毛澤東的共產革命，都是一場歷史大失敗及大災難。孫文的所謂革命，帶來中國三十七年的軍閥混戰及外患，死傷何止五千萬；毛澤東的所謂共產革命，帶來的更是三十年共產主義的烏托邦幻滅，貧窮、鬥爭、道德瓦解與文化淪喪，帶來共產的極權專制獨裁，人民饑饉及不斷的政治鬥爭，死亡何只三千萬。反而滿清帝國如不崩潰，採用康有爲的「維新變法」，一如日本之「明治維新」，讓中國和平發展六十年，逃過孫氏、毛氏、蔣氏的內鬥及革命，也許中國早已富強。因此，國民黨厚顏吹牛的辛亥革命，或共產黨神化的偉大毛澤東的無產階級革命，都不過是政治美化自己政權的世紀大謊言。當然，歷史無法逆轉，但歷史是一面鏡子，映照出偉大的革命人物往往是偉大的政治騙徒。中國近代如有頭腦清楚的了不起人物，或許是鄧小平，他的偉大名言：「不管白貓黑貓，能抓耗子的就是好貓。」可以總結百年災難的中國發展歷史之所以失敗的秘密。

我想，沒有一個台商像我這樣跑遍大半個中國，與萬千中國人民接觸及對話，好像民意調查，企圖深入了解他們。

比較蘇聯與中國，同樣在共產主義崩解後轉型，一個邁向成功，一個蹣跚不前。我認爲關鍵在於，中國有一個經濟成功及獨立民主的台灣，而蘇聯沒有。台商把台灣資本主義成功的經驗、技術、資金、生產及經營模式、出口世界市場的國際通路帶進中國。中國的經濟成長一大半來自出口，而中國的三分之二出口來自台商。台商將台灣發展的外銷通路及生產技術整個移植中國，造就中國成爲世界工廠，而蘇聯則無。

歐爾康的中國總部在廈門，生產在雲霄，後移漳州，由於，初期的生產供不應求，須由台灣一整櫃一整櫃經深圳運進中國，但關稅高昂，進關手續繁瑣，常滯留於廣東海關。我問希浩有否其它解決方法，他就介紹福建的軍方與我認識，由人民解放軍負責派軍車，從深圳海關直接運進福建的雲霄工廠，一個貨櫃索價五萬塊人民幣，我始知中國的軍方也搞經濟，當然是搞特權經濟，據說無所不包。中國的軍人一旦也搞錢，這還了得，數年之後即被禁止。

我每月有一半時間在廈門，行政管理及市場支援，則訓練長子許萬瀚爲總經理負責。至九八年後，更調回留美十五年的次子許萬敦到中國市場訓練及協助。這二個在美麗母親教養及富裕家境長大的孩子，個性均溫良謙恭，或許他們可承續家族的經商之道，起碼，承續罕克博士的醫學理念及產品，發揚健康事業。

台商在中國，是一個特殊經濟族群及外來階級，因爲經濟優勢，容易炫富，也常招忌，台商之被殺或被套，不斷的發生。對一般中國人而言，台商代表富有、高高在上，所以易被羡慕；對中國歹徒，台商則是一頭肥羊，伺機而宰殺。對中國女人，台商是追求富裕幸福的好目標，尤其歡場的中國女子，台商是大金主；但對官員，台商則是必須結交的對象及爭取投資的來源，因此想盡一切辦法，禮遇之、籠絡之、利用之，無奇不有。反之，台商之對中國當地官員，亦復如此。

廈門是對台吸資的首要經濟特區。我到廈門時，約有五萬台灣人在廈門，整個廈門早已充滿台味。街上商店播的是台灣歌曲，餐廳、百貨、咖啡廳、台式飲茶、牛排館、酒店、台灣小吃、各種台灣名店及時尚品牌，都在廈門出現。所有新式高樓及大廈，不是港商就是台商所建，尤其台商，各種新式商城、別墅群、商店街，初看還眞令人懷疑，彷彿人在台灣。所有廈門新闢的工業區，百分之八十是台商投資；街上跑的最新汽車，絕大部分是台商所有；機場國際線的進出旅客，八成是台商；台灣人的穿著衣飾，與廈門當地人的樸素及老舊，形成強烈對比。廈門商店及公司行號的招牌，規定須用中國簡體字，但台商例外，台商用繁體漢字，中國官方亦不禁止。因此，凡看到繁體漢字的公司、商店、飯店、工廠、商品，必爲台商。

進入廈門的台灣人，並非個個都是商人，台灣的黑道、罪犯及流氓也進入，舉凡圍事、介入台商糾紛、走私、販毒，皆有。廈門的色情行業、大酒店、大酒樓、大餐廳、大飯店，八成是台灣人的新式經營模式。來自內地、姿色美麗的各省年輕少女，成千上萬湧入廈門。台灣人的酒店，女人動輒數百人，台商夜晚進出廈門豪華酒店，構成廈門的不夜城。廈門是沒有宵禁的城市，治安還算良好，台商在廈門，常群聚徹夜歡飲及唱歌。喝完了酒，台商汽車載走的是酒店的各式大陸美女。

希浩是台商的典型人物。這個希淳的二弟，爲人聰明豪爽，能言善道，非常善於爲台商排難解紛。此人的酒量又奇佳，很有女人緣，且出手闊綽、日擲千金。他常自豪每月要花二十萬人民幣以上，貢獻酒店及酒店的美女。他極像台灣的地方政治人物，穿梭於台商及漳廈中國官員之間。漳州的台商巨型投資，大半是希浩的傑作。所以，漳州官員的政績及未來仕途，常繫於希浩。漳州的官員，有些上調廈門市長或書記，有些升至福建副省長，有些高升中央，構成希浩的中國政治人脈。尤其他大哥希淳在台又是陸委會主秘，兼具二岸某種政治中介及傳遞，所以，希浩是似商非商，其政治立場是中間偏左，親中，傾向國民黨。此人無疑是台商的傳奇人物之一，足以代表台商在中國的另類典型，他的成功不在事業，而是在做爲台商領袖，能爲中國成功招商引資。

因此，我進入中國投資，無疑也是他重大的「政績」之一。無論是與中國官員的筵席，與漳廈無數台商的酒宴，只要聽到我人在廈門，他就派專車請我一起同歡共飲。有我在場，無論是與官員或與台商，對他都有光彩。正因我的政治立場與中國是對立的，益增希浩對台引資的能耐及發揚中國「投資是朋友」的政策。因此，很多台商一聽我大名，或經希浩介紹，都驚訝我怎會進中國，人在大陸，但均表敬意。每次宴席，不待他們問我政治的大道理，我只講最淺顯簡單的一句話：「如果沒有獨立的台灣，我們還有台商嗎？香港即將併入中國，不久，香港就不會有港商。」絕大多數台商均點頭同意我的觀點。我們投資大陸，正如習近平書記所言：「投資就是朋友」，一面是幫助中國人民的富裕及進步，一面也在幫助彼此未來的和平及友善。

台商都很好奇我投資什麼？我說我投資健康，不僅台灣人現在的健康不好，大陸人的健康更差，台商的健康尤其糟糕：白天是拚老命爲事業，晚上則拚老命爲女人。大家夜夜春宵，山珍海味吃得進去，排不出來。我簡述自然醫學及排毒原理，現代疾病如高血壓、心臟血管疾病、肝病、糖尿及癌症出現的原因。而進大陸的台商，年齡都在男人精力成熟的四、五十歲，除了少數，都開始出現症狀及毛病。我再說明如何保護自己的健康，男人的身體好壞，其實從「性愛」就看得出來。講到性與女人，希浩最愛舉漳州的寧夏少女歌舞團故事：連續三夜與六位美麗西夏少女徹夜鏖戰。希浩說，半夜我還與大哥互換伴侶，等於三天，我們每人一夜二位，到了第三夜，希浩說他的兩條腿都快趴軟，雙眼直冒金星，但問半夜掉換過來的西夏美女，她們都說，你的朋友「行」，「眞行」！我始知我的大哥雖已六十歲，不僅「行」，還「眞行」，不輸我這四十歲的男人！希浩在大陸，習慣以「大哥」稱呼我。（所謂「行」或「眞行」，是中國大陸慣用口頭語，表示能或不能。）

因此，不少漳廈的官員及台商紛紛吃起歐爾康的排毒產品，包括希浩，都開始知道保養身體，尤其漳廈的中國大小官員，都透過希浩索取，對腹大腦肥、毛病百出的中國官員還眞管用，「眞行」。每個月我都得贈送十數箱，希浩更將其當健康禮物，上贈中國高層。

談到這個著名的歐爾康產品，我的非凡健康身體似乎是最能服人的廣告。二〇一〇年，我已七十三歲，九〇年代即已進入中國的台商陳景生醫生，後從瀋陽移居廣東深圳，他從一九九八年就不斷推廣歐爾康產品。此人非常聰明，在中國硬是通過大陸的專業考試，從「醫生」考到「律師」，無考不贏，眞是天才。他到了廣東，仍繼續代理及推廣這個產品及自然醫學原理。二〇一二那年，我已屆七十五歲，他請我到深圳及東莞度假，當天他邀了四十幾位投資深圳與東莞頗有成就的台商朋友，一起在東莞的豪華「會館」請我，大家熱烈歡迎我到東莞。而東莞所謂的「會館」，其實就是台灣或廈門的「酒店」。但東莞的「會館」比台灣或廈門的「酒店」規模更宏偉巨大，裝潢更豪華奢侈，酒店之中均附設台灣酒店絕對沒有的美麗休憩房間，專供客人與小姐就地顛鸞倒鳳，巫山雲雨。

當地台商據說高達二十萬人，工廠有一萬家，由於中國工資開始高漲，台商開始部分內移，或關閉或轉進東南亞。我們喝到十二點，大家喜聽我講述台灣政治的自由及民主抗爭時代，與獨立運動時的黑牢經過，他們好奇問我，如何渡過漫漫十年的關押與痛苦，也好奇我的產品。又聽說我的身體非常好，所以在酒宴快結束時，希望我帶一位酒店美麗的廣東小姐，證明一下我這位七十五歲的老名人是否「還行」？尤其陳醫生正努力推荐他們使用歐爾康的有名產品保養，我遂勉爲其難，證明一下什麼是健康的男人，我在現場就地再挑一位，加上那位廣東美媚，一個小時之後，我帶二位少女返回酒店的廂房與大家見面，二位美麗的廣東小姐對大家笑嬉嬉地說：台灣來的許董不但「行」，還「眞行」！東莞台商當場一陣驚奇，七十五歲的高齡，仍如五、六十歲強健的男子，「性」福如常，不僅「行」，還「眞行」！不少東莞台商吃驚，當場就請陳醫生送歐爾康的產品給他們。

我當然要解釋，罕克博士的偉大產品並非「壯陽藥」，而是現代人健康的必要排毒寶物。大家應該自我保養及排毒，每天讓自己的體內廢物淨化無負擔，天天保持運動，常保身體健康，性功能自然不易衰退；我們人類不可能不老或不死，但如何減少不必要的病痛，讓生命美好、「好生」與

「好死」，是自然醫學的崇高哲理及目標。疾病無疑是生命的一種壓迫，就像我們反抗人類社會及政治權力的壓迫。追求不受壓迫的自由及幸福，反抗疾病對我們的壓迫與凌虐，就是人類追求「自由」的一種。

台商在漳泉廈的蓬勃及成功投資，當然引起中國其餘省份官員的羨慕及學習，紛紛找漳州台商協會及希浩幫忙及取經，希望組團前往各省參訪投資，各地官員均以各種優惠全力吸引台商。希浩常戲謔中共的招商引「資」，乃招商引「妓」，即左手號召台商，右手提供中國各地美色，共創中國的繁華及進步。我在廈門，幾乎每月都接到希浩或協會總幹事的邀請，或一、二十位，或三、五十位，組團前往江西、湖南、安徽、江蘇、浙江、山東、河南、遼寧，做三、四天的投資訪問及招待。台商的投資團一到當地，均由市長或副市長帶領一班官員親臨機場迎接，並由官方警車開道，進當地的豪華大飯店招待。常常一聽完簡報，就帶台商去看待售的國營企業，好像拍賣破銅爛鐵，包括巨大的落伍設備、龐大的老工廠建築及落伍的產品，他們都希望台商買下。他們也安排參觀新建的工商開發區，介紹當地的各種投資優勢。晚上，則是招待台商的盛宴及講話，他們絞盡腦汁，晚上安排當地的美女與台商徹夜共舞，集體陪睡。

我印象最深的一次是海門。據說海門是中國唯一可以每年擴張領土的城市，因爲海門位處長江入海口，長江入海時挾帶大量泥沙，沖積海門，故海門的領土每年都會增長數百公頃。海門給我的最深印象是它的副市長，他能言善道、活力充沛，簡直是台灣及歐美日的企業家。他與台商稱兄道弟；介紹海門，鉅細靡遺；分析海門，如數家珍；招待台商，就像台灣人一樣貼心；與你一起喝、一起唱、一起玩。晚上並一起睡在飯店，一起與你共玩江蘇各種美女。他說，江蘇美女不祇一種，有無錫美女、蘇州美女、南京美女等等。江蘇的吳語有十幾種，上海話與海門話就有不同，江蘇有多少的吳語方言，就有多少的吳語美女。你喜歡那一種江蘇美女，海門都爲各位準備。我們到海門的第一天晚上，每個台商房間，半夜都由海門政府的女招待員負責帶進一位美麗的江蘇美女，連續四夜，直到我們訪問結束。希浩謂之「招商引妓」，形容逼眞，乾脆俐落。

其他邀約漳州台商的中國各地政府，引資秘訣大同小異，不外動之以利，誘之以美色。台商把台灣的成功經濟模式及精神植入中國土地，他們教導及中介現代經營及生產，啓動中國出口，訓練中國勞工，爲中國大量創匯，帶動中國的經濟成長。我們如稱台商爲中國現代經濟崛起之母，並不爲過。中國的成功，應感謝「台灣獨立」。

我有一次受邀到江西的首府柳州做投資訪問，回程經過南昌時，在南昌的台資巨型大酒店邂逅一位剛至南昌求職的四川重慶大學畢業生章希。此女小巧玲瓏，貌美、個性溫馴，出生重慶，畢業即隨同學至南昌尋求出路。這是內陸漂亮及聰明女孩群冒險向沿海富裕台商投資區移動的無數故事之一。我正想找一位大學程度、會聽話、個性溫靜的中國女性爲秘書，處理廈門公司的瑣碎事務及連絡事宜。我請她吃飯、跳舞，看她的畢業證件，問她的身世及志趣，她說：覺得我與其他台商不同，談吐正派，非常風趣。她希望當我的秘書，也一定會讓我滿意。我說，秘書的工作包括我在廈門的私人起居及生活，她開始有點害羞，遲疑了一下，但很快反應說，她聽懂我的意思，一切聽我的。因此，當晚她即與同學道別，把行李搬進我住的飯店，隔天即隨我與台商投資團從南昌飛回廈門。章希遂成我在中國公司的私人秘書。這個貌美溫馴的重慶大學美女，嬌小玲瓏，白天是秘書，晚上則為美麗情婦，長達三、四年。我教她如何儲蓄，為自己及父母在重慶購置第一棟房子，脫離貧窮。

這個四川美女在南昌的第一夜即溫馴獻身。我所遇見的四川女人，皮膚無不白皙柔嫩，但章希的皮膚更美，更纖細、更柔滑、更細緻。我一生見過難以細數的美麗女人，但論皮膚之細嫩、手腳之柔美、容貌之纖麗嬌媚、乳房之尖美誘人、私處之驚人巧小，圓潤柔軟與美麗精緻及色澤之白裡透紅與柔韌可愛，此女眞乃人間稀有之佳麗，其美麗性器之外型有如誘人欲滴的小饅頭，但卻緊密如處女，男人欲進入之時常有難言之美，非常刺激，非常快樂，非常動人。章希是中國極少見的一種美女。此女並非美豔撩人，只是秀麗如中國的古繪美女，嘴小唇紅有如美人魚，生性馴良忠厚，非常惹人憐愛。因此在南昌的第一次，有如處女破身，非常動人。對於我，她事後說有點吃驚，未料我身體竟如斯之強，比她大學時相愛的中國男同學更強勁有力，她誤以為我只不過是四十歲左右的台灣老闆。此時章希二十四歲，我已六十，身強力壯仍如三十歲男子，我每次一到廈門就非常喜歡與章希做愛，幾乎每晚都要三到四次，她又非常喜歡以各式口交取悅我，讓人欲仙欲死，其技巧之淋漓盡致，更是我一生從未體驗的極致美麗經驗，章希誠乃中國稀有之美女，堪稱天生麗質，我與這個來自四川的美麗情婦，前後於廈門同居了四年，如今回憶，仍覺如夢似幻，餘香猶存。

歐爾康公司在廈門總部成立時，中國市場正急速擴張，台灣市場也進入頂峰。因此，兩邊都設有總經理及各級幹部，日常運作非常順暢，無論台北或廈門，總部都人潮熱絡，營運日增。每月我必挪出十五天的時間坐鎮廈門，因此，我特別選住港商興建的廈門高級湖邊大廈，不僅設備現代，進出管制也嚴格，我把台灣的幹部都集中在這棟豪華大廈。當章希從南昌跟我回廈門後，她即陪我同住於此，白天隨我進公司當秘書，下班則照顧我在廈門的起居。廈門歐爾康中國公司的薪資，我採高過廈門平均水準的二倍，廈門此時的一般工資，約爲八佰至一仟人民幣，歐爾康的中國員工起薪即爲一仟伍佰人民幣。

管理一家企業，無論大小，首要重點即在建立會計制度，一般台商均不了解會計，連看會計報表都不懂，我是例外。我徵募了一位廈門大學會計系畢業的朱氏當會計主管，訓練他如何建立傳銷公司的複雜會計系統及每月獎金計算方法，設立中國業績的日統計、月統計。尤其，廈門總部的女業務員多達一、二十位，負責中國各省、各市、各區會員代表業務，所有業績均經會計部彙總至秘書，轉呈總經理及董事長。秘書的工作因此較雜，上呈資料，下轉命令，橫向對外聯絡，處理董事長交待事項，代接董事長的電話。因此，我在廈門時，章秘書較忙，我不在時，則較空閒，但仍須對台不斷與我連絡，把資料匯到台灣。章希的薪資屬一級主管，月薪二仟伍佰元人民幣，我則私下補她伍仟元，所以，她的收入是一個月七仟伍佰元人民幣。當時重慶的新蓋住房，以一〇〇平方米計算，大約十萬人民幣，章希因此非常高興，她在第二年就爲父母在重慶買下一棟住房。爲此，這個溫馴的四川美女非常忠誠，我每次到廈門，她就想如何使董事長白天工作順遂，晚上享受她的溫柔獻身與美麗性愛。

這個美女秘書，因爲每天必須代接及代轉我在中國的電話，不久就知悉，董事長的女人似不祇她一個，她接過來自日本的哈路電話，接過台灣女王的電話、茉莉的電話、Shelly的電話，也接過來自上海的崔敏電話。崔敏於一九九三年赴日本留學後，即進入後藤集團，九六年被派駐上海，擔任後藤集團在中國的投資及高科技電子元件的輸出。她知道我在廈門，就常飛廈門與我敘情。章希曾到廈門機場接崔敏到她安排的廈門大飯店，所以見過崔敏，她感到非常驚訝，董事長的中國女友何以如此的高眺與艷麗。崔敏留日後，穿著即非常東洋與西風，氣質高雅，異於一般中國美女，充滿性的挑逗媚力與撩人風采，非常動人。章希也接過常飛廈門看我的哈路，不，是美艷動人的日本後藤夫人，發現董事長的日本女人更明艷動人，更美麗，雖然望似四、五十歲，但其美豔勝過日本的電影巨星，風姿萬種，高貴豔麗逼人。當哈路離開後，她就問我：董事長，你怎會有如此絕代美麗的日本美人？台灣有嗎？由於茱莉知道我在廈門，常會安排Shelly、Vivian或俱樂部美媚，以及十幾位美麗貴婦團，輪流到廈門遊玩，與我在廈門幽會與敘情，我派章希安排及接待。所以，她又看到來自台灣的美麗女人。尤其Shelly、Vivian及十數位台灣美麗貴婦，章希見後，始知董事長的台灣美麗女人非大陸美女可比，個個衣飾華麗，風姿綽約，非常嬌媚動人。章希知道，每位到廈門的台灣美人都與董事長有關係，她只有台灣的女王沒見過，女王從不到廈門。但章希常聽駐廈的台灣幹部及台灣傳銷老師提起，董事長的台灣夫人是一代美女，非常美麗動人。

章希常問：有這麼多美人，你最愛哪一位？我說：妳猜猜看？她說：應該是日本的那一位。這位日本美人，傾國傾城，堪稱絕代風華，章希說：比我看過的中外電影明星更美麗、更動人，令人印象深刻，站在她旁邊，我簡直是一小丫頭。上海的那一位，則眞是中國北方的大美人，光豔迷人，眞讓男人爲之傾倒。台灣來的二位美人，她想，應該是台灣明星，實在眞美！誰看了都喜歡。章希問：台灣的女人難道都這樣美麗嗎？至於其他，我到機場曾接待過的，沒有一個不美，就像百花，各展其妍。

我對她說：妳眼光不錯。確是日本的那一位，每次她到廈門，我必定是萬事擱置，陪她四、五天，不上班，甚至同飛中國其他大城或景點遊玩。她除了有傾城之美外，還是我一生的初戀情人，幾乎也是我的日本妻子，她是日本的傳奇女人，富可敵國。

我問章希：妳猜她是幾歲的日本美人？她說：不會超過五十歲，頂多四十幾。我說：錯了！她今年已六十七歲，不要說妳不相信，連我也不相信，迄今仍如百花之后，有如一株豔冠群倫的玫瑰，盛開不謝！我們相戀時，我十五歲，她二十二歲。

章希聽完一算，原來我已六十歲，幾乎驚叫，她說她絕不相信，我是在唬她，亂說。她表示：董事長在廈門與她一起，每夜做愛豈止一次，常是二次三次，甚至四次，我絕不可能是六十歲的男人。至於日本的那位美人，更不可能是超過五十歲的美女。章希說：我幾次近看她時，連魚尾紋都沒有，體態輕盈，雍容華貴，連聲音都非常悅耳年輕。

我說：好了！我是在測驗妳的觀察力，唬妳一下。我們就如妳猜的，四、五十歲而已。

章希是一位性好交友的四川美女，重慶的許多大學同學、四川女友，一聽她在廈門，紛紛跑來找她。我租下的港商河邊大廈套房有一廳三房，設備齊全，她的朋友一到廈門，就請我准她們暫住。她們與章希一樣，都想到中國沿海台商聚集投資的繁榮之地尋找美夢及未來。一般而言，敢向沿海台商之地前進的內陸女孩都非常聰慧，屬於膽識及姿色美麗的一群。章希的女友都是四川大學女生，不少比章希更美麗，更聰明，更大膽。當她到廈門當秘書不過二個月，就來了三位美麗川妹，章希不但供住，還供吃，幫助她們等待機會。這些四川少女，都是重慶或成都大學的美麗女生，各有所學。廈門的晚餐，我習慣下班後帶章希到台灣人開的一家豪客來餐廳，她的朋友，我當然也一併請吃，顯然，她們第一個到沿海碰見的台商就是我。這些受高等教育的川妹，最愛問中國以外的世界，她們聽說台灣非常的富裕及進步，我說美、日及歐洲更進步。台灣的進步，不祇經濟，還有民主及自由。台灣的國家領導人及國會必須經由人民以選票直接選出。她們看我這個台商似乎智識豐富，水準很高，以為所有台商都是如此。我提醒她們，要多看、多認識，但章希告訴她們，要認識台商，先認識我們了不起的董事長。我笑問章希，董事長什麼地方了不起？她說，事業大、美人多、知識豐富，做人慷慨，還有，董事長有講不完的進步世界信息。因此，章希的這些美麗朋友，一批來，一批去，都對我非常好奇，其實我也對她們好奇，想問問她們這一代的中國人的想法與觀念，她們對生活、出身、思想、家庭及對自己國家及社會的反應。顯然，她們最在意的是如何使自己達成富裕，最快的方式似乎是嫁給台商。

爲此，她們非常好奇章希與我的關係。

我說，妳們不大可能嫁台商，頂多只能是小三。所謂台商，成功的都已四、五十歲，在台灣早有妻子兒女。當然，也有例外。因此，思考如何創業、發揮自己所長，及成就自己，才是根本。我一開始就告訴章希，我們只是「慾海情緣」，這種緣份頂多只有幾年而已，我請她當秘書，對她是學習技能，奠基未來，並學懂得經濟及儲蓄，知道爲自己留下發展的本錢。青春與美麗，當然容易換到財富與快樂，但不會長久，也很脆弱。妳們都受過高等教育，應該想更深一點。章希最喜歡問的是愛情，問我何以會有那麼多美麗女人。談愛情，應從性談起，但講性，大家都害羞，不好啓口。當然，性不等於愛情，但沒有美麗的性，會有美麗的愛情嗎？如果妳們不覺害羞，我就講性。

我問章希：妳大學時曾有愛情，所以跟所愛的男生發生性愛，但妳與董事長並無所謂的愛情，也發生性愛。那麼，妳覺得這兩種男人，妳會喜歡那一種？

章希有點害羞說：「眞的，我喜歡董事長，跟董事長一起，我覺得，太美了！」在旁的三位美麗川妹禁不住也臉紅，一起笑說：難怪前晚半夜，章希的房門忘了關，就意外聽到章希與董事長做愛時的嘶喊及呻吟，長達一個鐘頭，把她們都嚇壞了。章希羞紅臉，承認跟董事長每次都來高潮，而且不衹一次，常常好幾次。她說，以前跟大學的幾個愛人很少如此，但跟董事長，眞美！

我說：章希的經驗，可以解答我何以有那麼多美麗女人，並非完全來自我的富有與否。所謂性這種東西，表面看似乎非常簡單，無非大自然或神爲延續物種生命而設計的。物種的個體生命是短暫的，物種的整體生命則是永恆的；神爲了維繫物種的永恆生命，就設計男與女二性的互悅與交歡，所有動物，包括人類，皆無例外。所以雌雄二性的結合，其本質是生命對永恆的渴望與追求。性的最美詮釋，來自古希臘的神話：古希臘的天上諸神發現世上有一種不死的怪物，力大無窮，諸神無法制伏，世界無法和平。由於這頭怪物有二個頭，四隻手，四隻腳。爲了徹底解決這頭怪物的不死之身免再作怪，諸神遂將其剖成二半，並讓其一半爲了想與分離的另一半合體以求不死，必須耗盡它們一切的精力，始能獲得短暫的「性結合」及「交媾喜悅」，此即人類的「兩性性交」。希臘的美麗神話同時透露，人類的兩性一再渴望及追求合體，是神爲生命不死火燄的永恆存續而設計的，是欺騙人類而保衛永恆物種的某種蜜糖。人類性的美麗及喜悅，是掛在人類分成兩半的生存痛苦及互相鬥爭的死亡馬車上。人類兩性的性歷史因此充滿禁忌及限制，宗教的、政治的、經濟的、道德的、法律的、觀念及偏見的，層層綑綁，人類的性從來不是自由的，而是壓迫的，它與人類的政治權力、思想權力、經濟權力、宗教權力、道德權力等等的壓迫一樣，是人類追求自由及反抗的一種。人類的性革命出現在二十世紀六〇年代的美國，隨避孕藥的科技發明，及政治、經濟、思想的自由化而誕生。性的自由雖然已開始，但性的美麗及文明本質，我們並未眞正了解。想了解，或許三天三夜也講不清，性並非談談男女的性交那麼簡單。大部分的人迄今只達喝白開水，離喝人類的愛情醇酒尚有一大段距離。而且，性是非常個體的，個體與個體的性共鳴產生，有審美及藝術的深淺難度，欲達性的美麗關係，沒有公式，但性的思想及社會禁忌一旦解放，將留給人類兩性多采多姿的發展空間，自我創造。

希臘的美麗神話啓迪我們，應把性視爲回歸二頭四手四腳的不死祖靈及巨獸的神聖戰鬥。人類性愛時的二頭四手四腳互擁形狀，及發出的美麗呻吟、吶喊及狂喜，應是對諸神將我們切成兩半的反抗聲音；祈求永恆及不死的性交復合，是生命悲劇的戰鬥；人類性交時的高潮及美麗噴出，象徵對生命的不死呼叫及永恆的吶喊。

因此，我們不斷希望選擇合適與美麗的另一半，組成匹配的二頭四手四腳怪獸，做生命必死的不死努力與反抗，以高潮噴出，呼喚對永恆的祈求與性愛的不息渴望，及對諸神的死亡抗拒。性雖然短暫，但將留下生命再生的種籽。人類兩半的性交，是抗拒人類個體被迫走向死亡的狂歡。

因此，完美的性是兩人合奏，不是獨唱，一方愈想使對方快樂，你自己則愈快樂。

切成兩半的男女二性，功能不同，反應有異，男人是剛強，女人是柔美；剛是攻擊，燃起愛火，柔是守護，保住永恆。古中國的道教太極圖，男女陰陽互抱，是希臘神話怪獸及巨靈追求合體的東方美麗圖像，是人類性愛與肉體交媾的偉大圖騰。男人似極強，實弱；女人似極弱，實強。男人攜帶生命的火種，女人攜帶生命的火爐；他們似飛蛾撲火，以美麗的高潮孕育巨獸的永恆生命與再生，但自己死亡；以斷叫及吶喊的快樂顫動，呼喚巨獸不朽的生命，但兩半的命運，還是死亡。

所以，性是人類不死的祈禱，兩半追求不死的醉祭，對永恆的喜悅呼喚及悲鳴，企圖以美麗的生命火花，死亡之前的美麗躍踊及兩半必然分離的悲劇，做死亡之前的熱吻及美麗性交。

章希聽得兩眼瞪大，直說好有意思。三位美麗川女既興奮又迷惑，覺得董事長所言，聞所未聞，充滿性的神秘及性的哲思，深奧但又美麗，竟然是將生命的死亡與性愛的嘶叫合而爲一，眞是動人。

她們說，董事長一點都不像是一個商人，起碼絕不是一個簡單的台商，董事長會有那麼多美麗的女人，必有情愛存焉。所以她們想問，什麼是情愛與性。

我說，當我與一個女人做愛時，吶喊的不僅是肉體，連心靈都嘶叫，那是愛。如果，吶喊的只是肉體，則是情。我與我美麗的妻子，是愛；與美豔的日本情人，是愛；但與所有其他的美麗女人，則是情。

所有眞正美麗的性愛，都是事前充滿美麗的思慕，事中充滿美麗的呼喊，事後遺留無限的美麗懷念。

性，來自天賦與學習，男人應知道如何使自己強壯，學習了解女人，學習愛她們，學習性的美妙技巧。反之，女人亦然。偉大的性愛，來自偉大的體驗，學習如何合奏，合奏愛的藝術。性是藝術。

二〇〇〇年前印度的偉大性經典Karma Surtra，即有一〇八種性愛方法，詳述人類如何做愛。西藏密宗中的反派更有美麗及神秘的性愛教義，以聖詩歌頌性，由性入佛。性就是佛。

我是一位響往人類生命自由的偉大門徒，反對所有對人類自由價值的限制及壓迫。性只是其中的一項。我曾不惜以生命對抗歷史及權力對人的壓迫。因此，我一生也在追求偉大的、美麗的自由性愛。

章希聽完，突然對她的三位美麗朋友說，與其聽董事長的滔滔論述，不如放膽與董事長相愛一次，見證什麼是美麗的性愛。

這些奔向沿海的高教育動人川女，果然鼓起勇氣，勇於嘗試，但不同於章希，她們竟然都是人生第一次。看她們的羞澀與退卻，但又鼓勇欲迎的眼神，我還是深怕刺痛她們。破瓜總讓女人恐懼與戰慄，幸好，第一夜是川大畢業的莫薇薇，輕騎破瓜而過之後，長驅直入，處女一破，薇薇的第二次便很快直接噴出高潮，反應之美，令我意外。薇薇之後，第二夜便是姜豔獻身，她與薇薇同校，但不同系。姜豔最美，但非常不易衝破，經數次之強力插入及擠壓之後，始慢慢出現愉悅反應，但一個月後，此女做愛卻最美，不斷連續高潮，她的眼淚常隨美麗的反應奔流不止。第三夜則是盧美岱，她是慶大外語系畢業，此女的英文能力極佳，外貌非常文靜秀麗，聲音甜美，體態動人。此女似非處女，但她堅稱，我是她的第一個男人。美岱第一次做愛，即落落大方，非常熱情，其快樂高潮時的瘋狂嘶叫聲，比章希的聲音更甜美動人。不久，我把美岱介紹給廈門的台商劉董，擔任電子產品輸美的英文秘書。二年後，成爲他的大陸夫人。此女非常懷舊，在我進出中國最忙的幾年，她都問章希，我是否到廈門，期盼與我幽會。姜豔則介紹給廈門生產化妝品的簡董，他是歐爾康產品的愛好者，有次請我吃飯時，姜豔代章希把產品帶到餐廳，簡董非常喜歡這個美麗的姜豔，遂成其秘書夫人。姜豔又介紹薇薇給廈門愉大酒店的李董，成爲李董的中國情婦，掌理廈門酒店事業，非常能幹。薇薇與姜豔皆是重情的川女，我每次進出廈門，她們都不忘想見見董事長，章希說，她的三位美麗知己都非常崇拜我，長達三、四年之久，她們縱然爲他人婦，仍是我在中國廈門的美麗女人，常常每月輪流見面。

其實，廈門的中國美麗情人不止這四位川女，她們的很多大學女友均風聞沿海台商的故事，結伴到廈門。我在廈門的公寓，當我不在時，即成爲章希接待她們暫住的豪華別館。三位川女出去後，不久便有他省女友進來。四年之中，多達六、七十位，我難以記住每人的姓名，她們多爲湖南、湖北、安徽、江西、四川諸省的大畢女生，其中不乏非常優秀及美麗的，到了廈門，經由我的幫助，及先到的幫助後到的，若非進入台商，就進入外商，否則，就短期進入薇薇的酒店。我與她們都有美麗關係。

公元二〇〇〇年後，我不再每月進中國。章希返川結婚，在重慶成家，並開店創業。

歐爾康公司是廈門台商最有錢的公司，每天都從中國的各地會員代理商匯進巨額的現金貨款，中國的經濟雖急速發展，但銀行及信用制度非常落伍，台商普遍缺乏流動資金，所以廈門的幾家大台商常向我調借現金。方法是，對方把商借的金額換算台幣，在台灣存入我方銀行戶頭，然後我方始在廈門以人民幣支付對方。幸虧，台商是一群非常聰黠及勤奮的世界商人，台灣政府與世界各主要國家均無外交關係，在中國投資更無母國的保護，因此，凡事只有自己想辦法。台商在中國投資，最頭痛的是資金的進出，二邊皆管制，進入的資金不敢正式匯出，中國賺的資金無法匯回，因為中國匯出要申請。所以，台灣商人只好自求多福，建立自己的地下銀行，仿照台北博愛路銀樓的地下外幣匯兌模式，由有力台商自己在海峽二邊分設地下金融互匯機構。雖然非法，但效率及信用奇佳，比正式的銀行更快捷，信用亦不錯，極少發生欺騙。因此，凡台商大規模投資的地方，如廈門、上海及深圳，皆有台商經營的地下匯兌銀行，非常方便。但實際上，這種只憑紙條就交付現金的方法，存有極大的風險。以歐爾康為例，常每天由廈門匯回台灣仟萬台幣，如果當天下午三點半，台灣的銀行帳戶看不到廈門匯出金額，則該批匯款將凶多吉少。因此，為安全起見，總是分批匯出，一仟萬就分成五次匯出，減少風險。但台商的地下銀行風險雖大，卻從未出錯，表示這些搞地下金融匯兌的台商眞的非常守信，幾與正式銀行無異，令人欽佩。

中國社會，從共產主義體系轉型為資本主義的過程中，民間的交易迄無所謂的信用工具，凡事端賴現金。因此，倒帳、賴帳、欺詐，無日無之。台灣早期的社會，講究童叟無欺，信用至上，我們甚至發展以支票做為短中期信用支付及清算的工具，中國社會則無。而中國疆域又大，倒帳後逃之夭夭，從這省竄逃到另一省，難以找人。中國司法，法條不全，法官又蠻悍。歐爾康公司曾在遼寧法院打官司，有證據都沒用，還得靠找控制司法體系的共產黨關係人員當黃牛，送錢才打贏。而收錢的中間人漫天要價，與國民黨統治台灣的貪婪非常類似，簡直是一丘之貉。

中國尤其是人治國家，不是法治國家。統治中國的共黨官僚體系是總人口的百分之五，此即，控制國家機器的共黨官僚高達七千萬人。國家機器之外，又有共產黨員七千萬人，因此，中國的統治階級是一億四千萬人，控制了十三億人口，其人數比率約為一比十。此與台灣民主化之前的國民黨統治結構並無不同。過去的國民黨即宣稱軍公教人員一百萬，國民黨員一百萬。此即所謂黨國體制，這種一黨專政國家皆是人治在上，法治在下。凡事依靠關係，關係好，事事通暢；關係不好，寸步難行，此即中國社會流行的順口溜：「有關係就是沒關係，沒關係就是有關係。」而所謂的關係，即是台灣的紅包及人脈，或中國的送禮。中國官僚體系，從海關、稅務、機關、醫院到警察，甚至連共黨內部官員的升遷，皆由關係決定。因此，所謂權力使人腐化，絕對權力使人絕對腐化，共產黨與國民黨都是難兄與難弟。歐爾康公司在中國大陸，也與其他台商一樣，遭遇同樣的困擾，但台商比之中國本國國民，則又是天之驕子，台商在中國的地位，是政策，政策則由政治因素決定。

歐爾康投資時，我即明言經營的方式是傳銷，中方當場答應，此即政策決定，這就是典型的政策在上，法律在下，因為中國法律規定，傳銷需經特准，當時全中國只有二十五張執照，餘皆非法。我進去時即聽說，這二十五張執照的申請取得，每張都是關係，一張關係最少值一仟萬人民幣。此即，為籠絡台獨份子進來，政策的價值是一仟萬人民幣。

一九九八年六月，漳州官員請我正式提出傳銷申請，由福建省政府轉呈北京中央，他們私下對我表示，明年全國將准發二十五家傳銷執照，中央說，歐爾康公司將是二十五家的第一位。

他們對我這個台獨份子，如習近平所言：投資就是朋友。但一手是歡迎，另一手則是監視，美其名曰「保護」。

廈門大學畢業的朱會計是一個中國好會計，我教他如何設計傳銷會計制度，他均做得有條不紊。朱會計到歐爾康廈門公司之前，曾爲數家台商負責主會計，他驚訝的問我，何以他碰到的台商老闆連他做的資產負債表及損益表都看不懂，但我不但懂，還能教他如何設計特殊行業的會計？他看我管理公司，駁繁化簡，井井有條，命令清晰，賞罰分明，高薪善待中國員工，感到非常佩服。因爲擔任主會計，他當然知道這家台商的經營績效非常傑出，他以爲我在台灣一定掌管過很多大企業，否則，一般中小企業主不可能懂這麼多。就在他到公司的半年左右，有一天，他突然進入我的董事長辦公室，有禮而客氣的問我說：董事長，您在台灣除了經營事業外，是否也是什麼政治人物？我說是。但我反問他，爲什麼會問這個問題？他說，您對我們都很好，是一個少見的好台商老闆，但我不懂，何以上級會叫我對您做安全的保護及政治追蹤，我每月都報告說，您是一位正派台商，不談政治，不批評國家，非常會做生意，因此，中國業績很大。每月，您只在廈門待十幾天，而且漂亮女人很多。我一聽，謝謝他的好意。我說，因爲我在台灣社會的政治立場與政治身份，難怪你們特別注意，我除了是商人之外，也是台灣有名的一位民主及獨立運動人物。我主張台灣獨立，獨立並不是要與中國人民爲敵，我進中國投資，就代表對中國人民的善意，希望以投資促進兩岸和平及繁榮，減少政治歧見。我進來與你們官員會見時，雙方即同意不涉政治，只論投資。我就是你們官方及報紙常罵的所謂「台獨份子」。朱會計一聽，始知原來如此。他說，您一定是一個不簡單的人物，廈門的安全上級說，想直接與您見面，做朋友。他說，依他所知，上級其實並無敵意，目的只在保護您在中國的安全。他們怕您這種台灣有名人物萬一在中國出現意外，廈門的國家安全人員擔當不起。

次日，朱會計帶我去廈門的一家餐廳與其上級見面。這位鄭姓人員四十多歲，非常有禮。他說，我們是負責您安全的國安人員，特別請朱會計代轉見面，與您認識做朋友，更好了解及做好安全保護工作，您如有任何問題，請不必客氣，把我們當朋友。我與您見面，主要是安排您與國家東南局的負責上司見面，他久聞您大名。下午二點，如您方便，就請跟我一起，將帶您與上司會面。

當天下午，我在廈門臨港的一棟別墅見到這位中國東南局的安全首長。一位接近五十、身材俊拔、風度翩翩的陳姓首長。他自稱留學法國三年，山東人，派駐廈門已有二年。他說，中央非常重視你到大陸投資，我們都視你為朋友，希望你在中國一切順利，也希望你在大陸生意愈做愈大。晚上他想請我吃飯，我們做朋友。

這位陳姓首長頗為健談，或許受過西方教育，作風與我所見的中國官員不同，沒有土氣。他的談話很輕鬆、自然，似乎沒有顧忌。他選一家大陸人經營的廈門酒店，包廂可以吃飯、喝酒、唱歌、跳舞，包廂外面，他則安排二位安全隨扈，因此，廂裡只有我們二人及服務小姐。他說，我們在這裡，可以什麼都談，不必有任何顧忌，包括敏感的台獨政治問題及批評共產黨。但在外面，則萬萬不可。於是，我們一邊吃飯喝酒，一邊從海峽兩岸各自的不同社會成長、教育、生活及歷史背景開始閒聊，從國際政局、世界經濟談到台灣與中國的分裂及統一，以及兩邊不同的政治及經濟發展。當然，彼此觀點互異，雖然此人開通，坦承中國革命、文化大革命的浩劫及挫敗，台灣則進步富裕及民主，他盛讚鄧小平的改革開放，將帶領中國富強，台灣如與中國統一，則可共享富強的中國。我說：我的看法恐怕正好相反，正因一九四九年台灣沒有統一於中國，才有獨立發展的台灣，才有今日台商，才能逃過中國革命三十年的浩劫及挫敗，共產主義因爲證明失敗，才有鄧小平的偉大「白貓與黑貓理論」，引導中國走向改革開放。但經濟的改革開放，資金與技術從何而來？顯然，美日是不會慷慨提供的，眞正提供的是成功的台灣及台商，如無一〇〇萬的台商及二仟億美金投入中國，我們很難想像中國如何能快速發展。譬如一九八九年中國發生六四天安門事件，全世界都對中國經濟抵制，只有台商沒有，我們繼續投資中國。此正證明，獨立的台灣是中國之福，而非中國之禍。以我這投資中國的小小台商而言，起碼便協助三十萬以上的中國人民就業，這種「台獨份子」是朋友、兄弟，而非敵人。但我們不解，何以中國對台灣不斷文攻武嚇，架設飛彈，瞄準台灣。武力眞能解決台灣嗎？一九九六年，中國以飛彈對台灣發射，導致美國武力干涉，台灣人民反感，反讓李登輝高票當選總統。就歷史而言，台灣人民與中國人民並無仇恨，有仇恨的是國民黨與共產黨。

我繼續說：二次大戰，日本戰敗，國民黨軍隊代表聯軍接管台灣，但統治不足二年，即發生一九四七年二二八大屠殺，國民黨竟將一代台灣菁英三萬人，當日本仇敵般地無情殺戮，台灣人當然對所謂的祖國幻滅，當然產生台灣獨立思想。回溯台灣的三百年歷史，先民拓殖台灣，從未蒙受祖國眷愛或支援，滿清所以征服台灣，目的是消滅威脅清朝的鄭氏政權，鄭氏政權亦非有愛於台灣，此與二百八十年後蔣氏政權逃入台灣的目的相同，只想利用台灣爲復國根據地，爭霸中原。所以，自荷鄭滿清對台的歷史統治，均是台灣歷史的壓迫勢力。日清甲午戰爭，滿清戰敗，更把台灣當戰敗求和的籌碼，有如賭輸的賭徒父親將女兒以奴婢典當給對方，以便拯救自己。羞愧父親不但沒有感謝女兒犧牲，還嘲笑奚落台灣爲「男無情、女無義」之地，棄之不足惜。我生於日本的殖民統治時代，親身經歷日本的蹧蹋，等到國民黨統治台灣，又目睹這種腐敗落伍的中國人比日本人更兇殘。屠殺之後，又殘酷實施四十年的白色恐怖統治，台灣人目睹自己的這種命運，當然要求民主及獨立，要求建立自己的獨立國家。因此，台灣的獨立運動本質是一種民族解放運動，與中國的反帝民族獨立運動同一性質。我們這一代，經歷殖民統治，無論日本及國民黨，都是殖民統治者與壓迫者，我們歷經戰爭、貧窮、饑餓、屠殺、壓迫，當然要追求民主及自由價值。我們的民主與自由，並非國民黨所賜，而是無數人以死亡、被關、被刑、被打、街道示威抗議及海外流亡的四十年血淚，艱苦奮鬥而成。我個人就曾二次被關，每次被捕，至少判刑十年。我個人還是台灣富裕的大商人，家有嬌妻美妾，不缺豐衣美食，並無必要去犧牲對抗及革命。同樣，我的偉大戰友鄭南榕，更以美麗生命，爲獨立及自由，引火自焚對抗。台灣人爲自由而戰，何以常不惜一切，其來有自。

你或許以爲，要求台灣獨立，不過是一小撮台灣人的主張，但歷史上，首先倡議台灣應該獨立的，並非我許曹德，或其他台灣人。歷史首先主張台灣獨立的，是毛澤東及中國共產黨。

陳首長突然聽我把台獨扯上毛澤東及共產黨，似吃了一驚，對我瞪大眼睛，認爲不可能。我說：你到一九五〇年才出生，革命後的共產黨，不會把過去的歷史主張揭露。你聽過一位美國記者叫史諾(Edward Snow)嗎？他說：當然知道，他是一位偉大美國人。我說：他所以被中國人尊敬，因爲他在一九三七年進入延安，訪問毛澤東及二萬五千里長征歷史。這是第一本把毛澤東及他的中國蘇維埃政府介紹給西方的動人作品，當時造成美國轟動，書名爲“THE RED STAR OVER CHINA”（紅星在中國）。在這本英文版的第一〇〇頁前後，有一段史諾與毛澤東的對話。史諾問毛澤東，如果中國人民把日本帝國主義打敗，如何處理被日本侵佔的中國領土？毛澤東說：當然，無論是東北、華北、華南，所有被日本侵略佔領的中國領土皆須收回。但中國以前的屬國朝鮮，中國打敗日帝後，如果朝鮮人民主張獨立，中國人民將全力支持，這個原則也適用於台灣。我說：從一九三七年到一九四七年三月，除毛澤東之外，周恩來及所有共產黨的歷次對外宣言，都宣佈支持台灣獨立，把台灣民族獨立運動與朝鮮民族獨立運動、越南民族獨立運動、菲律賓民族獨立運動、印尼民族獨立運動、緬甸民族獨立運動、印度民族獨立運動，都相提並論。直到一九四七年三月，台灣發生二二八事件的往後幾日，中共的「解放日報」尙以社論發表聲明：全力支持台灣人民獨立，打敗國民黨，並對台灣人民提供二十條建議，教導如何擊敗國民黨。

陳首長聽完，仍然半信半疑，說他身爲共產黨員，怎會不知有此主張及歷史。

我說：一九四九年中國革命成功，蔣介石逃亡台灣，中共一看，當然不敢主張台灣獨立，主張台灣獨立，豈非救了蔣介石，無法殲滅國民黨。從此，中共改口解放台灣，血洗台灣，高唱統一，說台灣是中國的一部分。

我說：你當然不知道這種歷史，中共豈會把和現在的統一政策相反的歷史主張給中國人民了解。這些歷史談話、宣言及文獻，早已鎖進你們中共黨史的地窖。等我下月再來廈門，就把史諾的書及中共的歷史文獻，帶給你親眼見識歷史的眞相。

其實，不祇毛澤東及共產黨主張台灣獨立，孫中山的門徒戴季陶亦力言孫文生前的遺言，主張台灣獨立。一九三〇年代，蔣介石的「恢復高台自主，鞏固中華」，即主張高麗及台灣獨立，保衛中國。但到美國擊敗日本，中國內戰，毛澤東及共產黨取得天下，蔣介石及國民黨佔領及逃亡台灣，二者就翻臉不認帳。但歷史上，毛澤東及蔣介石都是台獨份子，是早我五十年的台獨老前輩。後生晚輩，勇敢追隨前輩，豈有錯哉？

我說：中國動盪百年，唯一眞正偉大的政治家是鄧小平，不管黑貓、白貓，能抓耗子就是好貓。二岸應拋棄各種無路用的什麼偉大鳥主義，和平合作及和平發展，中國就會富強。獨立於中國之外的台灣，能成功發展，就是一頭好貓。台灣成功，回頭協助中國富強，兩岸和平發展，就是好貓。鄧小平不像毛澤東，急什麼統一台灣，鄧小平知道，獨立的台灣有利於中國，是一頭好貓。

以現在的發展速度，中國早晚會像台灣一樣，快者二十年抵達，慢者三十年成功。說不定，到時中國亦與台灣一起，走向自由及民主。

我之投資大陸，是想證明台獨份子也是中國一頭好貓，不是敵人，當然就是朋友。雖然歷史證明，政治與權力充滿奸詐權謀，當中國今天有求於台灣時，或許有善意。但等到明天他們強大時，無求於你，隨時可以翻臉。就像中國革命前的毛澤東，高唱台灣民族獨立；革命成功之後，則像中國川劇的變臉，高唱武力統一台灣。研究中國歷史，我們當然非常了解中國二千年的天朝霸權本質，除非她走向民主自由。台灣必須形成獨立的國家意識，具備必要武力，以與世界其他強權共同抵禦中國的吞併，但台灣的長治久安，畢竟不可與中國長期為敵，睦鄰友好是最佳政策。我們必須堅持獨立，讓時間與歷史化解，但觀察中國的發展，似非短期可以解決，但若能達成和平發展，是第一步，最後設法使中國民主，是第二步。

陳首長聽完我論述毛澤東與共產黨也是「台獨份子」，面露尷尬笑容，他說，若我所言是歷史事實，則他雖感驚訝，但已可略為了解，何以台灣人民要求台灣獨立。不過他說，共產黨內部也有一大票強硬派牽制溫和派，慢慢要到了解對台武力恫嚇及高唱統一只會產生反效果時，才會由硬轉軟。大陸現正需要台灣的資金及技術，當然由硬變軟，漸漸走向和平及友善。至於官方堅持統一口號，聽聽就好，中國人死愛面子，需要一些時間「換臉」。

共產主義已死，變成政治的木乃伊，好像躺在北京天安門廣場的毛澤東不朽屍體，當終極之神。因此招牌不能卸下，因爲這具屍體仍有靈魂，靈魂就是「中國民族主義」，用以鞏固中國共產黨的統治權力。毛澤東被視爲中國民族英雄，是以中國的再崛起代替死亡的共產屍體。「資本主義」是好貓，但他們不稱這是「資本主義」，他們稱是「市場經濟」，是有「中國特色的社會主義」。此即換臉皮、改西裝、穿洋裙。如無法改變台灣獨立，中國亦將慢慢做權力的變臉。

與陳首長的一席晚餐，吃了三個鐘頭，此人畢竟留學歐洲，是中國革命之後的新世代，雖是特務頭子，但思想開放，非常了解西方世界的變化，他的父親且是鄧小平的部下，也在文革時被鬥爭與下放。他對台灣出現民主，聽我講完才知道，並非國民黨之功，而是無數台灣人民爲獨立及民主犧牲反抗才造成。陳首長說，他自一九九一年即見過不少以私人身份到中國訪問的民進黨人及台灣獨立主張者，如陳水扁、姚嘉文、謝長廷與統派朱高正等等，但從無一人敢在大陸與他談台獨與中國共產黨的問題，無一台灣人如我了解中國與台灣歷史如此之深，我竟可倒背中國歷朝帝王人名，還敢說毛澤東與蔣介石均爲台獨份子。他說，他只知台灣獨立運動眞正在島內點火及啓動者是你許曹德先生，因此我們稱你爲頭號台獨份子。我們並不知道，你原來也是一位台灣大企業家，富可敵國，而且膽識與見解過人，是我們所知，台灣非常少見的一種人物，不求公職，不上政治檯面，是一個特立獨行的政治運動人物。

他希望我在中國的事業成功，促進兩岸的繁榮及友善發展。他對台獨，當然不能表示贊同，但他可以理解，何以台灣人產生台獨及民主思想。台獨將是中國未來必須面對的問題，處理好，是好貓，處理不好，恐是兇貓。

最後他說，我在中國進出，如有任何問題，直接找他，他將是我的朋友。我遂請他幫忙，安排我與汪道涵先生見面。因爲在我進入中國時，我婉謝他到廈門機場接我，曾答應將私下前往上海拜會他老人家。他說，他一定安排。

次月我進廈門，把史諾著的"THE RED STAR OVER CHINA"及美國學者研究毛澤東與共產黨主張台灣獨立的歷史文獻、宣言、解放日報社論等資料送給這位首長，並附贈我的第一本《許曹德回憶錄》給他。之後，我每次從廈門返台，他都邀我餐敘。我曾問他，有否準備把兒女送去歐洲受教育？他說，已有一女在美國唸書。我說，我代你從日本的一個國際慈善基金申請一份研究獎學金，請他給我留美女兒的資料。我遂請哈路，從日本後藤基金會以援助第三世界留學生學術研究計劃項目中，撥二十五萬美金至美國。他非常感謝我對其女兒的助學安排與贊助，因此，此人成爲我的中國友人，對於了解中國內部，促進友善，此人非常重要。實際上，他非姓陳，我乃隱其名。公元二〇〇〇年，阿扁上台，此人建議中共派人與民進黨政權建立對話關係，我曾請葉菊蘭傳話，但被陳水扁負責國安之手下人員拒絕。顯然，國內獨統鬥爭正熾，民進黨人非常恐懼中國統戰，無法接觸。即連我這位老台獨，都不放心。

相反的，國民黨則於二〇〇四年後由連戰前往中國破冰，造成國共聯手的「聯共反獨」，二個中國歷史的死黨包圍民進黨，二〇〇八年總統大選，國民黨擊垮民進黨，並不全因阿扁家族的腐化案件而敗，亦有中國因素干涉台灣政局。所謂國共九二共識，即爲中國對台「換臉戰術」的開始，台獨勢力開始遭遇困局。

爲了答謝汪道涵，一九九八年初，經陳姓首長安排，我前往上海私下拜會這位中國海協會會長，我叫上海的崔敏陪我前往。汪氏已高齡八十，爲江澤民對台政策最高指導人物，他仍談話健朗，頭腦清晰，除表示非常歡迎我到中國投資，也關心我的發展，祝我成功，希望促進兩岸人民的友善及繁榮，並說海峽兩邊是兄弟，沒有不可化解的歧見，他表示知道我是台灣知名的台獨人物。我說，台獨並不敵視中國，與中國也是兄弟關係，正因台灣獨立發展，才產生台商。我投資中國，表示台獨亦是朋友與兄弟，非敵人。我順便提醒他，中國歷史上，毛澤東及共產黨從一九三七年起就以談話及宣言主張台灣民族獨立。汪老故顯驚訝，表示他從不知毛澤東有此主張。我私忖汪氏大我二十歲，豈會不知這段歷史。我說：我下月會請我的中國秘書崔敏轉送歷史資料給你參考。他望了一下崔敏說：你的中國秘書好美麗。他問崔敏是哪裡人？她說：是北京。汪老說：難怪妳滿口都是京片子，妳眞高眺美麗，是我們中國的大美人。汪道涵又強調兩岸的兄弟之情，再唸一次他的一首政治詩：「歷盡波濤兄弟在，相顧一笑泯恩仇」。他與辜振甫會面時，即吟此詩。

崔敏於二〇〇〇年與投資上海的日本企業家渡邊氏結婚，並定居日本，但常往返日本、上海與台灣之間。其夫婿事業亦擴及台灣，崔敏非常情深，每年必藉事業之便，不忘來台與我相聚三、五次，她總念念不忘我助其留學日本及北京之情。

一九九九年四月，中國出其不意，突然宣佈禁止傳銷。北京統戰部長還特地打電話給希浩找我，他在電話中語帶抱歉，說禁止會員活動是國家政策，非針對歐爾康公司，所有的國內外廠商，包括美國安麗在內，均須轉型爲一般商業模式，開店經營。

中國經濟自一九七九年改革開放，從農業、工業、商業、對外貿易、國企改革，逐步自由化。台商、港商及美日外商以巨大投資配合中國的大量基礎建設，構成中國的經濟起飛。中國內部的經濟活動及人民生活，基本上是不自由的，且管制很多，法令不全，政策不穩，說變即變，但其成長極迅速，有如台灣早期。我們研究現代經濟成長理論，有所謂「後進優勢說」，即後進國的發展比先進國更有利，條件更佳，少掉技術開發期，善用先進國的資本、市場、技術及完善的典章制度，藉而快速成長。中國的發展，即爲東亞戰後日本及亞洲四小龍成功模式的翻版。蘇聯崩潰後，世界冷戰結束，爲二次戰後最和平的時代。台商投資，移植世界市場的生產基地至中國，強勁帶動中國的外擴經濟，又由於中國勞動成本極度低廉，逐漸取代四小龍。而中國人口之龐大，世界第一，自成潛力巨大的內需市場。所以有人說，中國及印度，是世界資本主義最後的二塊處女地。台商對中國，是推動其成功的最重要因素。

台商的巨大投資，雖是幫助中國對台和平發展的力量，但中國對台，卻以政治力牽制台灣的國際地位，企圖以商圍政，因此，二者關係是經濟熱，政治冷。福建面對台灣，看似軍事前線，飛彈林立，實爲中國最重要的經濟前線，因此，廈門機場是中國對台最漂亮的經濟門戶，用以迎接台商。而其派駐福建的共黨高官，則是幹練務實的知台人物，正副書記賈慶林及習近平等皆是。我投資中國時，皆見過這二人，與台商杯觥交錯，樸素幹練，他們全力經建，吸收台商。目的：富國強兵，成爲世界一霸！

因此，中國對內是經濟學台灣，招商引資，社會生活開放，政治則高度壓制，控制人民集會，嚴格管制思想。中國傳銷制度即從台灣引進，初期當然歡迎，但中國不久發現，所謂傳銷，會員動輒數十萬人，集會做OPP，又常是百人千人萬人，訓練會員又激勵吶喊，中國政府遂認爲，這種動輒全國串聯的傳銷制度是一種群眾運動，觸犯共黨集權統治之忌，必須禁止。而歐爾康的傳銷制度，目的即在了解中國，快速及方便我分析及透視中國的底層民情，傳銷禁止，我即無意中國事業，返回台灣。

歐爾康公司的產品，是精良的健康產品，在中國的廣土眾民之地，以傳銷經營當然最適當及快速，若改爲傳統方式，難於管理，成本倍增，擴充力將大大減弱。因此，從一九九九年四月中國傳銷禁止後，會員停止擴張。我將中國市場的經營交由許萬瀚大兒子及新婚的中國媳婦袁曼洋去發展。自公元二千年初開始，我即不再進入中國。

我回台灣，計劃擴展世界市場及建立美國J&P歐爾康公司。但日本的哈路反對，她還是提醒我，你我所餘的生命其實不多，我們的財富，早已富可敵國，單日本即已超過一千億美金，「托固！我們悠遊山林，回歸自然吧！Your

Battle Is Over！」哈路的話言猶在耳，這位一代絕色美人，卻在公元二〇〇二年四月於東京的一條高速公路的一次慘不忍睹的大車禍中，不幸重傷身亡。絕世美人，一代風華，自此魂歸東瀛！

1992年遊歷中國

1992年遊歷中國

1992年，許曹德夫婦遊歷中國大連。

1992年遊歷中國

1992年遊歷中國北京

1992年於北京天壇

1992年遊歷中國，北京官方導遊陪遊。

成立中國歐爾康國際集團

歐爾康投資中國的雲霄工廠（位於福建漳州市）

1996年，投資中國廈門，位於廈門廈禾路的歐爾康總部大樓。

1997年於中國歐爾康公司

歐爾康中國漳州工廠

1997年於中國投資之時的許曹德

1997年在中國貴陽市的演講

1997年，歐爾康公司在中國貴州、貴陽市的會員集合與演講。

1999年，小學同學會餐。右一爲陸委會主任秘書何希淳先生（曾任新竹科學園區館長）

1998年，與中國東北歐爾康公司傳銷會員。

第十二章 永遠的戀人哈路

後藤春子(Madam Goto Haruko)，公元一九三〇生，二〇〇二年亡，享年七十二歲。

研究日本經濟及資本主義的誕生，有助我們了解後藤家族崛起的歷史背景。日本的近代經濟史，當從明治維新講起。

日本戰前的產業，以三井、三菱及住友三大家族財閥爲代表。三井是一個歷史悠久的老牌商業家族，綿延發展數百年；但三菱卻非常年輕，興起於明治維新（爆發於一八六〇年代）的歷史變革前後。想要了解三菱，非了解岩崎家族不可，三菱的眞正開創者，是岩崎彌次郎的長子岩崎彌太郎，他原是長崎土佐藩治下的一家公營商業機構主任及小吏（等於我們習稱的公營當鋪經理）。明治維新時，廢藩置縣，遂將公營當鋪標售給民間，彌太郎趁機聰明地標到這一隻金雞母，從此發跡。彌太郎是一個企業豪傑，以介入經營郵輪，削平群雄而崛起。他雄才大略，很早即懂得如何官商勾結及政治獻金，故與維新時代的重臣大官大久保立通、大隈重信等友好，因此從軍方的對台灣出兵，及對西南戰爭的造船及軍需供應中，獲取暴利。一八八五年，彌太郎重病死亡前，將三菱交給其弟彌之助繼承。彌之助接位後，又將三菱轉型為機械生產，在取得公營的「長崎造船所」後，更從造船發端，生產各種機械，後成為「三菱重工業」會社，專門生產戰艦、潛艦、大砲及飛機。日本二次大戰的無敵「零式戰機」及「大和戰艦」，均為三菱所造。三菱就像德國的克魯伯軍火集團，是日本對外戰爭的最大軍火製造商。彌之助雖無兄長的雄才大略，但也極具眼光，在發展造船及機械製造外，最有眼光的一次投資是於一八九二年，在明治政府財政不佳時，以一佰伍拾萬日元購下東京的廣大荒地「丸之內」。今日之「丸之內」區域，簡直可稱為日本的「華爾街」，地價之高，已達天文數字。

後藤岩介的祖父隆義，是鹿兒島薩摩藩武士後代，擁有貴族大片土地，是鹿兒島薩摩藩的大地主之一。他與三菱的岩崎彌之助為世交與好友，遂從彌之助購入部分「丸之內」的土地。後藤隆義是從鹿兒島的土地開發及建築起家，是保守的經營者，只敢追隨三菱的彌之助做一些投資，是三菱家族的外圍財主。但二家通好，當彌之助將兒子小彌太送往英國留學時，隆義亦將兒子，即岩介的父親川啓送去留英，與小彌太為英國劍橋同學。回國後，小彌太繼承三菱家業，在大正年代，將龐大的各個三菱大企業組成三菱控股公司(holding company)，下轄三菱銀行、製鐵、礦業、商事及保險等獨立公司運作，做現代化的企業管理。因此，小彌太是三菱轉型現代大企業、成為日本最大財閥集團的偉大人物。

此人雄才大略，勝過其伯父彌太郎。岩介的父親因是與小彌太一起留英的好同學，因此關係密切。他同樣小心翼翼，追隨小彌太做各種投資，是三菱財閥的一員。一九三九年，川啓又將小兒子岩介送入三菱商事會社訓練，被派駐台灣，當三菱會社台北支店長。

哈路的父親葉平才生於一九〇五年，是岩介在慶應大學的同班同學，二人同齡，非常要好，岩介的美麗情人前田美智子，因家鄉父親的堅決反對而改嫁台灣好友葉平才，遂於日本生下一代佳人哈路，由此可知兩家關係之深，二位至交再度在台灣會合後，二家通好，二位摯友遂約定，二家子女長大成人後互爲嫁娶，即哈路長大後下嫁予後藤一郎爲妻。

二次大戰，日本戰敗。美國佔領日本，認爲日本的大財閥，特別是三井、三菱、住友，是日本軍閥發動戰爭的幫凶，下令沒收及解散，後藤雖非三菱家族，但因投資三菱，同遭沒收。後藤的鹿兒島祖傳土地及東京丸之內土地，均遭美國佔領當局扣押。後來由於蘇聯勢力進入東亞，中國共產黨崛起，爆發韓戰，爲對抗共產主義，美國才突然改變政策，撤銷解散日本大財閥的禁令，轉而扶持日本，發還財閥的所有股份及土地。因此，後藤家族始獲重生，免遭毀滅。

一九四六年，岩介從台灣被遣返日本後，繼承父親的九州家業，開發土地，並從供應與生產美軍韓戰物資撈取大利，不到七年，岩介變成九州首富，岩介企業總部高達三十層。一九五四年，岩介透過首相吉田茂，將哈路救回日本。哈路的母親前田美智子也是鹿兒島大美人，原爲岩介的美麗情人，因爲父親反對，才由岩介推薦而改嫁給台灣好友葉平才，二人婚後在一九三〇年的日本生下美麗的哈路，隨後返台定居。

一九四七年，葉平才由於目睹陳儀腐化的中國集團在台胡作非爲，參與了二二八不平的群眾抗議，隨後不久即遭國民黨抓扒仔誣陷入獄，不但財產被奪，哈路也遭國民黨特務輪姦與蹂躪。財產及父親的生命皆被奪走的哈路，爲了養育弟妹，遂淪爲台北的酒國名花，花名Sylsy(西施)。哈路憑其非凡的美貌，傾國傾城的豔麗，風靡了台北當代一票達官巨賈，最後淪爲小蔣的地下情婦，堪稱台灣最美之洩慾慰安婦。後經岩介於日本透過吉田茂首相，運用外交壓力，救回日本，我們就相戀於此一時期。哈路投奔日本後，岩介表面將美麗的哈路娶爲媳婦，實爲亂倫之情婦。並於二十年內，協助岩介從建築起家，擴張事業版圖，以祖父遺下的東京丸之內土地，構築後藤龐大的商業帝國，爲戰後與三菱集團結盟最具實力的人物，超過戰前沒落的岩崎家族。

一九七五年，哈路接下先後病亡的岩介父子，再造後藤龐大的事業體，以控股方式培植無數企業人才，形成外界不知的日本大財團，實力超過仟億美金。哈路才華洋溢，超過岩介，繼岩介縱橫於驚濤駭浪的戰後日本商場，以其非凡的美豔及智慧，在岩介之後，造就後藤家族的黃金時代，形成空前的集團企業體。岩介性格謙虛及低調，哈路承襲岩介之風，不出風頭，不好誇耀，故成爲日本企業柔性的隱性大財團，外界很難窺視其眞正的實力。後藤集團，如以三菱家族譬喻，岩介的歷史似彌太郎，哈路似小彌太。

一九九〇年四月四日，競選總統成功的李登輝兌現釋放台獨政治犯的諾言，我乃獲政治特赦而勝利出獄，前衛出版社的林文欽社長跑到新店的花園新城，請我同意再版自由時代雜誌社鄭南榕為我出的禁書《許曹德回憶錄》，因此，慶雄才從台灣人社團發現《許曹德回憶錄》流入日本，遂情商旅日的台灣友人代購一本前衛版《許曹德回憶錄》送給哈路，哈路閱後，淚流滿面，震驚與感動之餘，突然憶起這個三十多年前見義勇為，曾經在一九五二年的一個夏日黃昏的基隆海水浴場，英雄救美，於水中救起即將溺水而死的自己一命，如今竟成台灣民主與獨立運動的英雄人物，哈路遂決心再見一次這個了不起的小情人與小英雄，如何憑藉堅強的理念與意志，越過波濤洶湧、九死一生的人生大海，終於勝利出獄，乃決定派弟弟慶雄及酒井秘書前往台北打聽我的下落，接我前往日本相會，我們終於在分離三十六年後，奇跡似地在日本重逢。

我們在日本重溫初戀情夢，歷時十二年。公元二〇〇二年四月，東京高速公路不幸發生了一次連環大車禍，哈路的座車意外被撞，司機死亡，伊人嚴重重傷，七天後，她死於東京醫院。東大的七人醫療小組無力挽回她的美麗生命，她時年七十二歲，依然風姿綽約，宛如五十歲的美麗女人。

當秘書酒井從東京緊急來電告知我她的意外時，我萬分震驚悲痛。其實，她的身體，駐顏有術，展現天生的健康及美麗，所以她常自信地說，可以陪我活到九十歲。死前，我們仍在台北相聚，仍在茱莉的美麗俱樂部喝酒與共舞，商談以佰億美金投資高雄，協助台灣建立亞洲高科技生產基地的計畫，我們並在茱莉名下的陽明山別墅共渡草山的美麗夜晚，回憶早年相愛的點點滴滴，常常整夜一起依偎與纏綿，觀賞山下台北盆地的燦爛夜景。

哈路在開刀甦醒後，自知不治，交待酒井記下她給我的最後口述英文留言後，才叫她通知我，三天後，我飛抵東京，酒井接我到東京醫院時，她已先我三小時死去，慶雄、秋子、希美、宗介兄弟都在醫院等我看她最後一面。所有救急管線及氧氣罩都卸下的哈路，白布靜靜覆體，我看她依然高貴無比的美麗容貌，充滿安祥與尊貴，我禁不住激動淚下，俯身輕吻她的美麗嘴唇，吻別我一生的美麗初戀情人。這個亂世佳人，走過流亡及不倫，仍以非凡的美麗、意志及聰慧，崛起於日本，留下令人激賞與嘆詠的瑰麗一生。她是我生命中最激動、最難忘的第一個戀人，也是我的第一個女人及美麗的「日本妻子」。我輕聲哽咽地呼喚她：「哈路，祝妳好走！但願來世再見！」

集團的三十層樓總部位於東京丸之內，日本各界名流群集，集團十萬員工代表，爲其總裁後藤夫人舉行盛大及莊嚴肅穆的告別儀式，遺言歸葬於九州鹿兒島的美麗家族墓園，與父母長眠於日本先祖之地：薩摩藩的美麗櫻島。

當我在病房悲傷吻別哈路時，後面站著相陪的只有慶雄及希美，二人哭腫了臉。哈路對慶雄而言，與其說是姐姐，不如說是母親。在我與她相戀時，她是台北的酒國名花，因爲父母雙亡，遂出賣肉體，養育弟妹，離台前一年尚困於小蔣的窮追與糾纏，幾乎不許哈路離台，後經岩介透過日本首相吉田茂的幫助，要求蔣介石放人，哈路始能離台赴日，哈路也把弟妹帶到日本，教育弟妹成人，因此，姐弟的感情之深，無法形容。當哈路在臨終前，告訴希美她的全部秘密身世，希美嚎啕大哭，始知母親流亡日本時，把腹中的愛情結晶從台灣帶來日本，保護她四十七年，讓她獲得後藤家族的珍貴父愛。她的美麗，來自母親，她的聰穎，來自生父，她的偉大父愛，來自後藤岩介。她生於日本，無論文化、親情、記憶，皆是這個東亞美麗三島的雨露及大地所滋生及孕育，因此，日本才是她的祖國，她應是日本人，也是後藤家族的美麗後代。當我吻別哈路後，希美走前一步，突緊抱我的頸項，淚流滿面的親我，發出動人的一聲：「你是我敬愛的多桑！我眞正的多桑！」她說舅舅慶雄已詳細告訴她，母親的悲慘過去及動人的世紀奮鬥歷史。我也抱緊希美，親吻她的美麗臉頰，我說，後藤才是她的父親，日本才是她的祖國。她是後藤輝煌家族的美麗後代，應以母親的不朽傳奇及後藤家族爲榮，愛護後藤，感謝後藤。「多桑」不過是她血脈的臍帶、基因傳遞、血之源流而已，並非希美所以成爲希美的生命內涵及眞正歷史。她聽完我的話後，含淚點頭，對她一旁的親愛舅舅說：「我有一個了不起的台灣多桑，母親曾說他是台灣民主與獨立運動的偉大鬥士，更是一位台灣了不起的成功事業家，我將永遠敬愛他一生！」

希美似乎是哈路之後最有天份及才華的後藤家族，崇平癡呆，崇介則平凡敦厚，恐無大才擔負家族重任，其餘後藤的第三代都尚幼小，或正成長之中，慶雄則已老。至於慶雄及秋子的第二代，雖入集團，仍處訓練階段，皆未成才。後藤事業是一非常複雜的日本財團，集團中固然人才濟濟、幹部優秀，但後藤家族如無凝聚企業的重心人物，進能攻，退可守，則後藤集團必將步上日本其他有名家族之後，走向沒落及衰亡。

在舉行告別儀式前，我住在哈路的豪華官邸。幾乎十二年，官邸的大小日本男女僕人、管家及司機，我都認識。他們習慣稱我爲台灣社長，待我好像官邸的男主人，非常尊敬，他們知道我習慣吃什麼、愛什麼。在這十二年，每次在日本，如非哈路開車帶我外遊日本各地，我就住在這座美麗非凡的官邸別墅，與哈路共渡美麗時光！

這座如宮殿般的官邸，典雅華麗，外觀是歐式的堂皇瑰麗，裡面是日式的精緻優美。官邸充滿豪富氣息，貴族氣派。尤其三樓，是哈路所居之處，美麗如帝后寢宮，浪漫無比，洋台花圃，室內溫水游泳池，衣櫃之大，可儲存哈路的千件華服，百雙美鞋，單照料三樓，就有六位日本僕人。如今女主人突然離開人世，只剩我孤獨一人留守，一人用餐，一人徘徊，一人獨住。他們都偷偷流淚，尤其哈路的貼身老管家洋子，抱著我啜泣。

這座瑰麗的官邸別墅，建於哈路締造集團商業帝國高峰的一九八五年，以五億美金購地建造，佔地四千坪，建坪千坪以上，四週環繞官式的石砌圍牆，氣派優雅，日夜駐有警衛。整座別墅由日本著名建築師橫山氏所設計，以昂貴義大利大理石及日本名貴建材打造，後方是一座皇家式花園，有噴泉、魚池、庭樹、穹橋，林木蒼鬱，奇花異草，並爲女主人特別建造一座美麗大游泳池。日本的豪宅主人多爲男性，唯獨這座豪邸是位女主人，因此造型瑰麗、典雅。此地一草一木，我好似他的男主人，非常熟悉。這座宮殿般的官邸，同時是集團的神經中心，服侍的日本男女僕役、管家及司機，超過一百位。官邸一樓有迴廊及樓梯，中庭水晶大吊燈，集團總裁大辦公室、秘書室、豪華會客室、會議室、圖書資料室、大小豪華宴客廳、音樂廳、舞廳及酒吧。二樓則爲家族寢室、豪華客房。三樓則爲哈路的起居所在，美如帝后寢宮，浪漫又藝術，滿是名畫珍奇。已無女主人的這座華麗寢宮，我一個人就像活在孤寂的囚房，一切冰冷，只要看到哈路的每一件遺物，璀璨的項鍊、鑽戒、耳環、衣物，我就不禁潸然落淚，內心充滿悲悽、哀傷及懷念。畢竟，所謂的生命，終局都是難逃一別。

哈路堪稱一代傳奇美人，一九五二年，他二十二歲，我才十五歲，竟在一場意外的夏日黃昏的晚游時，無意中救起了抽筋而即將溺斃的哈路，二人因此相戀三年，其時我已知她是台北一位紅遍半邊天的酒國名花，艷麗無比。無數大官巨賈，競相追逐她的傾國美色，連當時的特務豬頭小蔣都深陷其中，纏愛不休，讓她非常厭惡。哈路爲了躲避各方追逐者的糾纏，常回基隆的海濱住家看書及游泳，她徜徉於其父留下的數千藏書，喜愛文學、小說、歷史，喜讀西方的自由浪漫思潮，與我性格的好學深思及自由浪漫一樣。當時，我正想放棄升學，跑去從商，就曾挨了她一頓訓斥而打消念頭，她說，拖固，你不唸大學，休想我將來還會愛你。因此，哈路是改變我一生的女人。哈路顯然深受十八世紀女大文豪喬治桑(George Sand)的影響，喬治桑是近代浪漫主義的女權思想先驅，喬治桑的思想，使困在逆境中的哈路，將美麗的身體與傾國之姿高價讓渡予高官巨賈，把浪漫眞愛留給自己的未來及小情人。因此，當她說我是她第一個男人時，指的是她的愛情，而不是高價販售中的肉體。

這個早期充滿矛盾生命與痛苦的美麗女人，一生將愛與性分離，其性格的一面是冷酷現實，企圖以聰慧及自身的絕世美貌對抗男人主宰的世界；但其性格的另一面，則是生命本身的浪漫激情。無疑，她是一個洋溢生命力及美麗幻想的女人。但她與眾不同，一生都能將自己充滿智性及感性對立的矛盾內心，即現實的殘酷與浪漫的追求，成功的貫穿她傳奇的一生。早期她與岩介的兒子被父母指腹為婚，發生於她情竇初開的少女時代，並無情愫。她流亡日本前，我們二人瘋狂做愛一星期，因此當她發現珠胎暗結，懷有情人的身孕，明白只有嫁給後藤才是脫離悲情台灣的唯一希望時，她即當機立斷，勇敢接受了日本岩介的不倫安排，以保護腹中愛的結晶並堅決走向自己，不為人世一般道德所拘。當哈路帶著弟妹乘船離台直抵鹿兒島時，等在碼頭接她的，只有她的前田阿姨，未見後藤的兒子：她的未婚夫後藤一郎，這時前田阿姨才坦白告訴哈路真相，後藤父子在一九四六年從台灣被遣返日本後，他們也搬離了中山北路五通條的老家，日本的後藤岩介家與台灣的哈路葉家失聯七年，後藤無奈，遂讓健康發生變化、有問題的唯一兒子後藤一郎與長崎的濱田氏小姐匆匆於一九五三年初結婚，同年秋天，前田阿姨才接到哈路從台灣寄來的求救書信，遂轉請岩介設法將哈路救回日本，岩介基於兩家舊好，本視葉家兒女如己出，如今雖無法再娶哈路為媳，但仍決心將好友兒女救回日本，因為岩介是自民黨的最大金主，故請當時自民黨籍的首相吉田茂出面要求台灣政府放人。蔣介石當時正迫於日本的外交壓力，並有求於日本支持蔣介石在聯合國的中國代表權席位，只好把小蔣心愛的絕色情婦(西施)放走，哈路遂安全去到日本，但抵達日本後，聽畢前田阿姨有關後藤家發生的故事後，頓感前途一片漆黑，擔心腹中的一塊肉找不到一個日本父親保護，本想到了鹿兒島後即可嫁入後藤家族，腹中問題即可迎刃而解，如今只好聽從阿姨建議，暫住阿姨家，再徐圖發展，但前田阿姨又告訴哈路，後藤叔父交代，大後天他將從東京出差回家，並說將在他的企業辦公大樓特別約見哈路，時間是後天下午三點，社長會派車來接妳。

岩介準時派車將哈路接到市區中心的後藤大廈，岩介的辦公室就在第三十層的頂樓，由岩介司機帶哈路上樓晉見社長，他們已長達七、八年未見，岩介戰後離開台灣時，哈路才十六歲，但已含苞待放，嬌豔欲滴，非常美麗，岩介對未來的媳婦哈路之美，讚不絕口，岩介這次把哈路救回日本，本無他想，因為一郎已經結婚，恐難再娶哈路為媳，再說，兒子的健康也有問題，雖然勉強結婚，但醫生說一郎能否生育還是一大問題，這對岩介是一大打擊，造成後藤家族後繼無人的重大危機。這天下午，當岩介見到七年未見的哈路，竟然長成如此難以置信的一代絕色與美艷動人，簡直目瞪口呆，驚為天人，岩介癡癡凝視哈路的驚人嬌艷及天香國色，比諸哈路的美艷母親前田美智子青春時的美貌更撼人心弦，更嬌媚與美麗百倍，眞是風姿萬千，風情萬種，讓人心旌盪漾，無限遐思。岩介思及其母美麗的前田之情，心中突萌強烈愛意，心想如何將此絕世美女，傾城傾國的美艷哈路納為己有。哈路見到岩介，只覺岩介叔叔依然高大壯碩，精力充沛，雙眼炯炯有神，講話鏗鏘有力，顯然，岩介是日本戰後非常成功的巨商與大企業家，岩介與哈路的父親同年，同生於一九〇五年，兩人同為一九二五年級的慶應大學同學，不但是至交好友，更是死忠兼換帖的異國兄弟，同時哈路的媽媽前田美智子，原就是岩介青少時期鹿兒島同鄉的美麗情人，後因父親的堅決反對才改嫁好友葉平才，兩人婚後生下了絕代美麗的哈路，由此足見兩家之世交淵源，哈路幾乎等於岩介的親生兒女。看到哈路，岩介當然憶起以前美艷無比的鹿兒島大美人前田美智子，當哈路走進岩介辦公室，見到如父親般的岩介叔叔的那一刻，雙眼即熱淚奔流，奪眶而出，抱著岩介哽咽失聲，泣訴自己可憐的父母在台的悲慘遭遇與不幸。同時，哈路也不停感謝岩介的救命之恩。岩介望著熱淚盈眶的哈路，也對老友葉家的悲慘遭遇表達無限辛酸，一掬同情之淚，岩介遂拉起哈路的玉手，如父親般輕聲安慰哈路說，哈路，我的寶貝心肝！妳既已安全回到了祖國日本，就等於回到了家，妳就是我的美麗女兒，妳與弟妹在日本的一切生活，不用擔心，我會全權安排。岩介隨即叫進住宅部經理，吩咐將市中心的高級別墅一棟立刻撥予哈路及弟妹做為居家之用，岩介並交代秘書從公司的有關部門撥出汽車一部給哈路代步之用，同時又叫秘書從銀行提領日幣一千萬圓給哈路做新家之零用。岩介交代完之後，回頭親蜜地對哈路說，今晚，叔叔想請妳一起共進晚餐，我還有重要的事情想與妳商談，請您幫忙。

不久，岩介便帶哈路到鹿島市內最豪華的一間夜總會俱樂部吃高級的法國料理，兩人一進這間浪漫無比的餐廳時，在座的賓客均不禁紛紛轉頭凝視一位有如影視紅星般的艷麗美女，跟著一位壯碩的日本紳士，這位非常引人注目、風姿撩人的美女，似非日本人，因為其卓越的美麗風姿與穿著的特徵並非日本風，但充滿東方美女極其誘人的典雅與細緻，以及難以形容的嬌媚、美豔與挑逗。哈路其實是一位非常性感及美艷逼人的人間尤物，形容此女為沉魚落雁之美，閉月羞花之姿，絕不爲過。岩介引哈路到一優雅的座位，請哈路點餐，兩人即邊吃邊談，岩介說，今晚，叔叔想與妳商量，請您幫忙一件大事，不知道妳願否爲叔叔犧牲一次，拯救我們後藤家族在日本薩摩藩輝煌三百年的血脈香火。岩介面帶凝重之情，嚴肅看著吃驚的哈路，哈路遂疑惑地問岩介說，叔父對我們葉家堪稱是集救命之恩與再造之情的大恩人，叔父如須哈路報恩，爲您做任何事，甚至犧牲生命，小女都將在所不惜，絕對爲叔叔赴湯蹈火，在所不辭，請盡快告訴小女，叔叔究竟有何困難須要哈路協助？岩介看著哈路說，我與妳父親同年，兩人情同異國兄弟，我今年已四十九歲，卻只生了二個兒子，後藤一郎與二郎，但二郎已不幸死於太平洋戰爭，爲國捐軀，如今只剩一個男丁，本是您的未婚夫，成婚後，自然生兒育女，沒有問題，但如今，一郎卻發現不幸罹患癡呆症，喪失生殖能力，眼看後藤家族即將面臨斷嗣無後的可怕結局，實在令人不忍，而其後果，必然導致後藤家族三百年歷史的斷嗣與絕種！這次妳回日本，我都不敢叫一郎去碼頭接妳，其因在此。去年，孝順的一郎無奈地對我說，我們已足足等哈路未婚妻七年之久，猶等不到她的回音與生死信息，所以請父親准他結婚，以便早日爲後藤家族生兒育女，以便子孫繼承後藤家族，但醫生並不樂觀，認爲他身體還要治療，始能生育。就因迄今無法生育及爆發癡呆症，所以新婚不久的長崎妻子當然要求離婚，爲此，我絕望之餘，今夜才想大膽向您懇求，既然妳已安全回到日本，就請您答應嫁入我們後藤家，希望妳能答應恢復以前的婚約，下嫁後藤一郎，但又恐一郎無法恢復生育能力，故變通的不得已辦法就是：形式上請您犧牲與委屈，答應下嫁後藤一郎爲妻，但實際上則請妳同意，答應做我的秘密情婦與妻子，以便順利產下以後藤一郎爲表面合法生父的後藤血脈子嗣，繼承後藤家族的龐大遺產以及薩摩藩三百年光輝的武士家族歷史（估計後藤家族的財富與遺產，約值美金一百億元，大部分爲祖先遺下之土地），以免光榮的後藤家族血脈覆滅，後藤家族的龐大遺產，如落入外人的旁親血系之手，非常不值與可惜。哈路聽畢，明白知道這是爲拯救後藤家族的血脈，以免斷嗣而不得不爲的「家族亂倫婚姻」，心中開始理解及同情岩介的苦衷，如今岩介除了哈路之外，還眞找不到適當的人選爲岩介解套，岩介既然對葉家有救命之恩、再造之情，而且哈路的母親又是岩介曾經摯愛的初戀情人，何不親上加親，就以此報答岩介拯救哈路返回日本之情，同時解救腹中的小生命，讓他在日本誕生時，有一位合法的日本父親可依，同時也讓自己與弟妹能藉後藤家族的雄厚財富，立足於陌生的日本社會，哈路當機立斷，沒有猶豫，即當著岩介之面，慨然答應他的亂倫婚姻之求。

當晚，岩介獲得哈路的首肯與默許，兩人同赴岩介的美麗豪華的海邊別墅，共度新婚的良宵美景之夜。快樂共享今夜之後兩人不倫之戀的無限甜蜜。

哈路對男人當然非常了解，以岩介之九州巨商與富可敵國的地位，妻子已死，其身旁當然不可能沒有各種日本的美麗情婦，但今夜遇到哈路如此天香國色的絕代美人，讓岩介也頓感手足無措，意亂情迷與忐忑不安，因爲，當岩介初見絕世美艷的裸露哈路，恍如西方維納斯女神之美的哈路性感肉體時，不禁全身瘋狂抖動，戰慄及暈眩，尤其當岩介控制不住性衝動，猛然擁吻哈路的美麗肉體及迫不及待地插進她的美麗陰阜時，突覺自己自傲無比的男性大龜頭與粗長大陰莖，不知爲何，竟然被哈路深穴內的一股強烈肉團與神秘力量瘋狂咬緊與猛然吸住，幾乎無法動彈，好像女人的強力美麗口交，但又比女人的強力口交與吸吮男性龜頭更強勁百倍，痛快刺激的膣內快樂，無情地猛烈廝磨及強烈吸吻岩介的陰莖，其激起的強大美感與激烈快感，實爲岩介一生所未曾有之美，岩介爲之不停瘋狂叫喊，快樂之語及欲仙欲死之聲嘶喊不停，岩介突然一陣無比的快樂，自覺失控，大叫一聲，狂吻哈路之唇，當岩介說出愛死妳之後，話聲猶未畢，岩介的精液即整個被強力吮吸而猛烈噴出，其炙烈之快感，幾使岩介當下爲之快樂昏厥在床，幸哈路翻身急而救之，於此，岩介始知自己娶到了一位曠世的絕色美人，當夜的第二次，哈路才教導岩介了解自己的天賦神秘構造，有如一台神賜的強力天然幫浦(pump)，能使男性陰莖感受一波強過一波的強烈高潮快感與美麗電流，同時能激發男性性神經爆發無限的美麗震撼與快樂瘋狂嘶叫，很少男人能忍受哈路神秘的美麗性交電流而不爲之極樂或昏厥！因此，如何安全與她完成美麗的交媾，非常重要，哈路始告訴岩介，對她一定要耐心自我訓練，必須學會忍耐，慢慢插入她的美麗陰道，徐徐抽動，不可急躁或衝動，此時男人最能享受她肉體上的最大刺激與逐漸增強的神秘強大膣內電流，與無比強力的抽吸及無限快樂，否則男人對我愈衝撞，愈抽插與愈激烈交媾，雖使她愈興奮與愈快樂，但卻愈會加速哈路肉體的強大泵浦震撼效應，強烈收縮及強力吸吮男性的生殖器，而一般男人的龜頭，極少能抵擋我三分鐘的強大震撼、廝磨與強烈緊縮，尤其，一旦超過五分鐘，則會使男性超級興奮，即刻暈倒或死亡，因此我們第一次性愛時，我曾努力控制自己，只發揮我肉體泵浦作用的五分之一潛能而已，因爲如讓我太快興奮或高潮，對男人是極危險的事情，恐怕很快就會被我加速的強力吸泵作用而極樂暈眩，暈倒或休克於床！因此，心臟不好的男人要特別小心，否則我會瞬間造成男子樂極生悲的意外，所以，除非男人身體極強，絕不可對我逞強，我雖能給男人任何女人絕對無法給他的人類最強與最美的瘋狂性愛與瘋狂快樂，但如不小心，也會對他造成致命的傷害。

從此，岩介對哈路言聽計從，不敢隨便沾染其他美女，專心只愛哈路一人。岩介知道他一生最強的快樂與幸福將來自哈路，同時哈路也細心照顧岩介父子，讓父子輪流享受哈路的神秘性刺激與快樂，但又不使過分沉溺於哈路的美麗性愛，每星期只會讓一郎享受性愛二三次，耐心幫他恢復性的能力與健康，其餘時間則讓岩介盡情享受她神賜的美麗肉體，增強岩介讓哈路受孕，不久即生下了後藤的子嗣。因此，她除了第二年生下美麗的女兒希美外，其後五年即爲後藤父子先後生了兩個兒子：宗岩與宗介，可惜個性與身體都不正常，天生柔弱。

嫁給後藤，等於嫁給兩個日本男人，一個是雄才大略的父親，崛起於九州的巨商岩介，岩介身邊當然擁有無數的日本美女，是她非擒服不可的第一個日本男人。另一個則是他的兒子一郎，性格及身體皆不堪的岩介兒子，是她正式婚姻的丈夫，而父親才是哈路的眞正情夫與丈夫。事實上哈路也愛上了雄才大略的岩介，二人雖然相差近三十歲，但是岩介的體質非常強健，很快即能適應哈路的美麗肉體而讓哈路滿足與幸福。因此到了一九五九年約五年期間，這個美麗女人實際爲三個男人生下了三個生命，台灣的小情人與日本的岩介父子。

畢竟，她的美豔及性愛天賦，徹底擒服了岩介，而哈路也愛上了這位氣宇非凡的日本戰後一代商場梟雄。岩介也把美麗的媳婦、實爲妻子的聰慧哈路，帶進公司協助後藤集團發揮美麗的公關，協助岩介打破日本嚴峻的階級分野的政商關係，取得龐大的政商利益，並助岩介爬升至日本的最高層社會階級。一九六〇年代，日本的政商高層及上流社會，無不知這位後藤夫人的美豔動人，尤勝日本當代的影視紅星。

哈路說，她的美艷雖受到無數日本傑出男人的追逐，但日本不少產業巨頭卻敗在迷戀及傾慕後藤夫人的絕代美色，而爲後藤集團所併呑及覆亡。很多傑出日本男人，但知她的美艷肉體與性魅力，不知她的商場顛覆天份及非凡的商業才華。

岩介晚年身體已漸不堪，美麗的後藤夫人無疑已有許多情人。哈路說，這些英俊情人，除了極少數，並未眞正觸動哈路的生命浪漫及性愛激情，在日本，除了岩介之外，很少男人能滿足或征服她的神秘肉體。因爲，後藤夫人所具有的性異稟及神賜的美麗性機制，日本男人很少能抵擋，很少人知道，她就像一組天生的強力泵浦及肉造眞空吸肉機，任何男性陰莖，無論大小粗細，很快即被強力的快樂吸住與咬緊，及被哈路一股強大無比的快樂與不停的絞磨及強烈的吻吸所完全鎖住，任何男性都難抵禦及逃脫這種極端快樂的折磨，因此能夠勉強頂住哈路五至十分鐘美麗做愛的男性，就是英雄。她能瞬間吸出男性的快樂的精華，因而多數情人只能在她美麗的體內短暫停留及快樂狂叫，之後便丟盔棄甲，因此，哈路給別人的快樂多於給她自己。當後藤夫人正邁向社會權力及財富的高峰時，除了岩介尚有能力讓她激情與滿足外，日本幾無眞正情夫。哈路常說，吻過她的無數日本男性，包括西方白人及黑人都甘拜下風，才華洋溢的日本文學家、大企業家、政治人物、魅力男星、俊美男妓、天才藝術家，均只是她生命的過客，鮮少眞愛。因此，後藤夫人的美麗肉體、性的天生異稟及浪漫生命，很少男人能眞正征服及享受她的神賜名器。

最後擒服後藤夫人的，哈路說，竟然是她重聚的初戀情人。她說，一九九〇年，突然發現那本流入日本的《許曹德回憶錄》，看到我寫出動人的堅毅生命，因此，她起初只激動地想見我，未想其他。畢竟分離已三十六年，愛已如此遙遠，情也如此模糊。但是，哈路曾這樣回憶：她派慶雄及酒井到台北，得知我的健康狀態，就叫慶雄陪我赴日，哈路迎接我飛抵日本的第一夜，驚訝的發現：能征服美麗後藤夫人的，不是日本或其他人種的情人，而是台灣的初戀情人。她始了解我蹲在黑牢十年，意外的將身體焠煉成精，竟成一代奇男子。

哈路從回憶錄裡知道我是心臟有毛病的男人，她說，爲怕二人見面，我的身體出現意外，她還秘密交待漂亮的心腹秘書酒井小姐，在台北圓山大飯店誘我做一次測試。哈路說，包括早年壯碩、身體強壯的岩介，與她美麗的肉體接觸時，都曾發生過度興奮而昏厥的意外，因而有送醫急救的記錄。

在日本的第一夜，哈路說，我是成爲日本後藤夫人後所遇男人的第一個，且是唯一能與她激情做愛超過半個時辰的男人，當夜的第二次，竟可熬戰至一個時辰，使哈路成爲日本美艷後藤夫人後第一次潮吹，她的美麗高潮竟如動人心弦的海浪，一波凌駕一波，讓哈路一夜狂歡不止。

政治的殘酷，及關在黑牢長達十年之久的肉體淬鍊，造就我身體的異常性能力，發展出非一般男子所能擁有的性極限，那就是控制自己。

哈路說，我已不是她記憶中的天眞少年拖固，而是一個歷經滄桑淬礪的堅強男子。自己造就自己，走自己欲走的，愛自己所愛的。我是一個不爲權力、財富與功名所羈絆的男子。十二年來，哈路說，她發現我是一個生性自由奔放、特立獨行的人物，堅持理念，充滿浪漫，敢做敢爲，我並非一般女人喜愛的外貌協會會員，但卻爲最美的特殊女人所鍾愛，包括我的美麗妻子與數不清的美麗情婦，包括許多最美的當代影視紅星。哈路說，你現在著迷的當前女人，並非您青春時的美麗哈路，而是嫁入日本的美豔後藤夫人。就愛情而言，是屬於別人的，早期的美麗哈路，才是你的情人。當我們再度相愛時，她說，記住你吻的是哈路，而不是嫁給日本人的後藤夫人。

同樣，她再度擁吻的托固，也不是我那美麗妻子的丈夫，也不是救她生命的那個純純的初戀情人，而是，千錘百鍊的許曹德。雖然這麼說有一點不眞，但卻很美麗。

哈路說，我已不是她記憶中天眞木訥的少年TOKU，而是幽默風趣、非常機智及雄辯的男子，我無疑是一個充滿理念及意志力，無懼艱危的英雄式人物，所謂英雄，就是爲人所不敢爲，爲自己的信仰而置生死於度外的特質。我是一個革命性格的人物。

哈路說：但你也不是一個天馬行空的空想家。你也是台灣一代的大商人，如不搞革命，你也是台灣的後藤岩介，說不定，還是日本三菱的岩崎小彌太。你是一個實際而又充滿思想的大商人，你更是台灣知識份子，你是一個自由、浪漫無羈的人物，忠於自己的生命。

但哈路說，對她而言，我才是她的最終情人，從沒有一個她肉體親炙過的日本男人，超越我給予她的震撼。我是征服美麗日本後藤夫人的唯一男人，日本的所有情人，迄無一人能在後藤夫人天賦異稟的肉體上留下勝利的激情與偉大性愛歷史。

後藤夫人的非凡肉體，是我一生所見，最美麗、最淫蕩及最令男人神魂顛倒的人間極品與美麗構造，初戀時的哈路，我猶不悉其特別，只覺非常緊縮，緊密及快樂。因爲，她是我的第一個女人，我不懂何謂天賦異稟。年輕時我精力似無限，整夜可與美麗青春的哈路不停做愛，不覺她的私處有何特別之處。直到我進日本，車子開入她的瑰麗別墅，看到她風姿綽約地站在門階前，迎風對我微笑，我始驚訝，數十年不見的哈路，竟蛻變成如此的美豔動人，氣質之美超過我的想像。這個望若四十歲的女人，皮膚白皙如少女，楚楚動人，聲音依然性感清脆悅耳，仍是記憶中的美麗聲音。我再見到的哈路，其豔美動人令我暈眩，她的舉手投足，已如日本上流美麗貴婦，其美如電影艷星，步履輕盈，體態動人。一個集團的女強人，竟仍如此風華美豔，這個在門階前等我的，並非三十六年前的美麗情人哈路，而是集權力與財富於一身的美豔日本夫人。

在帝后般奢華瑰麗的寢宮，我仍清晰聞到後藤夫人殘留於空氣中的特殊香味，浪漫的美麗閨房大床上，仍有她誘人的體香，臥室牆上她那特殊美豔動人的肖像，引人懷念的美麗雙眼仍對我深情凝視。我就在她離去後的房間，默默一人回憶及檢視我們在此再度相戀的十二年，她傾聽我的過去，告訴她回憶錄裡沒有寫到的生命浪漫。我也好奇與耐心 聽她集團的動人奮鬥史，聽她與岩介父子細膩的亂倫情史，聽她與各種日本情人的奇幻性愛冒險歷史。其詭奇大膽與無恥之極，簡直是一本赤裸裸的性愛小說，淫穢、赤裸與眞實。我們一起回到我們初戀的時代，我告訴哈路，我曾不知多少次，躲在她台北美麗寓所的儲藏室，偷窺她與當代大商巨賈、黨政恩客顛鸞倒鳳的做愛過程，那些恩客多無法承受哈路神賜的美麗肉體的性刺激，做愛時間都極短暫，高潮出來時每個男人都狂呼大叫，幾乎樂死與昏厥。她也細述七年的出賣肉體淒涼悲傷歷史，聽她描繪七年墮落的悲鳴與不堪的心路歷程及蔣氏性侵的荒唐細節，及她痛恨殺害父親的深仇大恨，我們兩人都忠於自己的自由生命歷史，不想遮掩彼此生命的眞實人生。無論我們彼此遭逢的，醜或不醜、悲或不悲、痛或不痛，我們只想從彼此的悲歡生命及殘酷奮鬥中忠實陳露，滌洗彼此相愛與分離的可悲及生命幻夢。我聽她坦白愛過岩介，岩介是眞正的男人，她也知道與明白，我也有無可奈何的生命際遇及愛我生死與共的美麗女王。

我們彼此都知道，對方是自己心靈及肉體最美的一半，但我們的生命充滿無奈，充滿無法抗衡的命運，我們只能將自己生命中的一大段分贈予他人，因此，她有岩介，我有女王；她有情人，我有美女。但我們最終卻從純眞動人的初戀火燄與殘燼湮灰與眞實淚痕中，再度奇蹟相逢，再度點燃生命初愛的最後烈燄，把愛的最後灰燼及生命的最初之火，連結於我們生命的最後之愛。

我們的愛戀，彼此歸屬於對方生命的時間，不及我們一生的六分之一，這個風華絕代的傳奇女子，日本最富有及美豔的後藤夫人，是我一生最動人的愛戀，深入我的生命，激盪我的心靈，她是我一生最瑰麗璀璨的女人，是我最初的戀人及最後的情婦與日本妻子。

我請酒井在官邸的圖書室裡找出哈路留下的大量私人資料及相片，裡面存有我們十二年來在世界各地及日本留下的美麗倩影，這一切，我想讓它永遠留在日本，包括哈路及希美，她們一切都屬於日本。我只想帶走回憶，及她給我的最後動人遺書。

哈路死後，慶雄夫婦、宗介夫婦及希美夫婦都進駐集團總部官邸，一面籌備哈路的告別儀式，一面緊急接掌哈路留下的集團指揮及哈路的身後交待。

告別盛大的後藤夫人出殯儀式的第二天，我就離開日本。離別前，我見到希美所生的一對聰穎乖巧兒女。十八歲的美麗靜子(Sizuko)，是希美與日本有名男星前夫所生，非常漂亮，比母親希美來得更美；以及俊夫，俊夫是與岡田所生，十五歲。

希美在機場掉淚抱我，臨別前要我保重自己身體，並常到日本看她。她說，母親生前交代的十億美金，仍會像母親在世時一樣，隨時等我動用，這是母親遺留的愛。我說，這是用於台灣的民主與獨立運動基金，就像哈路遺言說的，我的仗已打完，這筆錢已無必要。除非台灣遭受存亡威脅，否則這筆巨款將留在日本。母親的愛，勝過十億美金。如我不動，請希美把它併入紀念後藤父子的國際慈善基金會，繼續援助日本及世界的受難人民。

公元二〇〇四年，四十九歲的聰慧希美，接替健康不佳的舅舅前田慶雄，升爲集團執行長。

悲傷送別了哈路，我此生將不再回去日本。我無法忍受觸景傷情，只想帶走及留存後藤夫人臨終口述的最後英文遺書，以及這個絕世美人無比動人的一代傳奇。

My Dear TOKU, My love:

It is sad I have to say goodbye to you. No weeping for my leaving. God bestowed me extraordinary beauty, talent, wisdom, happy and great wealth that few women in the world have ever owned. God also give me a wonderful man who is the first I fell in love, and the last I embrace and kiss.

Your are a hero I admire, a lover give me truly exciting and ecstasy. You are a man of freedom fighter, fighting for the sake of Taiwan and it's people. A man seek no fame, power or wealth but the dream of freedom. You are a man true to yourself, dare to fight in danger, and a gut to love and enjoy in peace and free.

For me, you are a man of men, I love you!

Thank for giving me a beautiful daughter, our loving KiMiKO, thank you for loving me in the last 12years. I make my mind to tell our daughter, KIMi. You are her true father.

Keep my gift of love I leave for you, in case you need, totled to one billion U.S. dollar in the bank of JAPAN. Ask KIMi or KEIO to draw it. Whenever you need.

Remember my advice, no more of politics, your battle of freedom is over. just enjoy of your life with your beautiful wife, your beautiful queen, and Tell her I love her. She is a wonderful woman.

Give me a last kiss when you come to see me off.

Were there an another world and life. I would love you once again and be your wife!

Goodbye, my love!

Your HARUKO

April.17th 2002

親愛的曹德，我心愛的人：

這是到了我必須對你傷心地永遠道別的一刻，請不要爲我的死去而悲傷飲泣！我要感謝上帝的特別眷顧，賜給我無數女人都沒有的非凡美貌，聰慧的天資，可貴的智慧，無價快樂和與世無匹的巨大財富。上帝同時也賜給我一個了不起的男人，他是我生命的第一個戀人，以及我生命中最後擁抱與吻別的男人！

您是一位我由衷崇敬的男人，一個眞正給我激動與生命狂喜的男子。您是一個爲自由而戰，爲台灣及其人民而戰的人。您是一個不求聲名、權力與財富，但求自由之人。您眞正忠於自己理念，敢於萬難之時不惜一戰，而又有膽識在自由與和平之際，敢於享受生命的喜悅與狂歡！對我而言，您是一位百分之一百的男人，男人中的男人。

謝謝您賜我生一個美麗的女兒，我們美麗可愛的kimiko。也謝謝您過去十二年給我的愛與溫馨。我已決定告訴我們的女兒，誰才是她的眞正父親！

請您一定要收下我給您的一份禮物，當你必須用到它時，它是存放在東京的日本銀行，總額十億美金，當您需要動用時，隨時可以通知女兒kimi或慶雄提領。

請記住我給你的忠告，不要再介入政治，您的自由之戰已經結束，希望您務必與您美麗的女王共度快樂的餘生！告訴她，我愛她，她是一個了不起的女人！

當您替我送行時，不要忘了給我最後的飛吻！

如果這個人間，還存在另一個世界，我一定會再愛你一次，嫁你爲妻！

再會了，我心愛的！

您的哈路，2002，4，17

附錄　台灣獨立文字的發明與誕生

高年已達八十歲的許曹德，一生爲台灣的民主、自由及獨立而戰，早從一九七○年被抓至火燒島（綠島）關押於政治黑獄開始，即以堅決與強大的意志，鍥而不捨地，堅毅地，以及頑強奮鬥的精神，幾乎以近四十年的不斷失敗與潛心鑽研，決心突破台語文字化的歷史魔障，發明本土字母，從傳統漢字的邊旁與骨架中，發掘與研究出組合台語拼音文字的東方式字母，近似ㄅㄆㄇ之注音功能，但卻比ㄅㄆㄇ注音之功能更強大，此即，將台語之「ㄅㄆㄇ」系統字母，不僅可用於「注出」台語之正確漢字讀音，拼出無數沒有漢字的「口白台語讀音」及無數的「台語外來語」，也可立刻將注出「漢字」注音的台語本土字母，即時就地原字化爲「方塊拼音文字」，而此「方塊拼音文字」之左邊代表「表音」，右邊是「表調」，達成方塊拼音文字之表音及表調之完整文字功能，勝過羅馬拚音系統，並能與台語漢字並肩寫出台灣文，無論直寫或橫寫，皆運用自如。因而，終於成功發明河佬台語的「諺文」系統，誕生簡單而獨特易學的【台語拼音文字——「台灣諺文」】，幾乎可與「朝鮮諺文」的文字發明相映成輝，並駕齊驅，出現台人的獨特方塊字母的拚音文字系統，誕生台人文字獨立的歷史文化美景，台語文字化的獨特「台灣諺文」之文字獨特符號及其特徵，將可驕傲地將台灣獨特的語言文化遺產傳遞予後世。

許氏台語字母以十個母音字母，三個半母音字母與十七個子音字母的排列組合，依「台語三十音」的天然排列秩序及「八調口訣」的美妙調母設計，合而組織拼出台語之二千四百個排列組合之正調與變調，形成台語書寫文字系統科學研究的偉大成果，將可驕傲地留予後代的自由台灣人民，做爲台語文字化及台灣獨立的文化基礎。（其實，本套台語諺文字母系統，只須添加幾個字母，同樣也能拼出所有客家民族語言，包括客語的一切腔調，均能正確表現出來，此即，台灣的客語也可以台灣的諺文拼出客語的獨立拚音文字，寫出自己的獨立客語文學。）

台灣的河佬話是台灣二千四百萬人口中百分之七十人民的母語，不幸，這個語彙豐富、語調繁複優美的河佬民族語言，現正面臨生死存亡之戰。此一語系已淪落至佔百分之七十人口，但竟然沒有專屬的河佬台語電視台。此一語系竟然又是誕生台語河佬話天才藝人豬哥亮之偉大「台語諧星」與偉大「台語笑匠」的優美語言，卻歷經日本帝國殖民主義者及中國殖民主義者一百二十年（包括中國國民黨之殖民統治集團在台七十年的摧殘與迫害，以政治與武力強迫推行「國語文化」的統治霸權的肆虐歷史），歷經外來勢力的百年摧殘與文化閹割及殘酷凌虐。台語幾乎已面目全非，奄奄一息，逐漸喪失主流語言的角色，喪失文化語言的功能。因為，它既沒有文字的書寫系統，無法成為公文書，無論文學，科學，商業用途，通信，電腦，都喪失功能，毫無作用，只有方言的會話功能，無法成為一國或一民族之文化載體。而台語之現況，已淪落至台語民族祖孫三代的台人家族之內，恐都已無法以河佬台灣母語溝通，遑論河佬台語文字化之命運與技術困難，讓人思之而却步。

查台語之困境，除外來強權政治與霸權文化的壓抑與迫害，造成台人之語言「斯德哥爾摩症」之外，語音與語調特別豐富發達及複雜的河佬台語，自古並未成功發展自己獨立的文字拼音字母與精確的文字書寫系統，漢字又難以完全表記這一個豐富語調的河佬漢語。因此自古迄今，編纂的台語字典多達百部，但迄無半部字典可用於書寫，仍然沒有一套精良合身的拼音文字系統，書寫及表記台灣河佬語系豐富的音調變化，以致，迄今無法在學校正式正確傳授與表記，僅以粗糙笨拙的改造ㄅㄆㄇ字母，試圖註記出河佬語，而又無法正確表記台語，結果，可謂笨拙無比，慘不忍睹。

而迄今百年之文字化探究及鑽研，台人之精英份子，多數如非迷戀於羅馬字拚音，即深陷於「找漢字」與「造漢字」之牛角尖，總是逃不脫漢字之糾纏與羅馬字之崇拜，例如楊青矗的純漢字化的台語努力之「成果」，其複雜化與艱澀化，令人望之却步，無比痛苦與鼻酸！非常容易讓台人陷入「望文生畏」與「倒退三步」的窘境，陷台人於台語文字化夢想之無望實現與可能。台人之知識精英，何以不知漢字絕無可能表音與表調，絕無可能克服台語豐富多變之正調與變調之繁複與優美變化，更絕無可能表記台語眾多外來語之發音，猶仍如此死抱漢字，迷戀看似美麗，實則笨拙無比的漢字，又模仿國民黨的醜陋無比的笨拙ㄅㄆㄇ符號系統，企圖表記台語的讀音卻又無法表記台語變動不息的「正調」或「變調」變化，如此毫無創意的語言符號與字母模仿及錯誤笨拙的設計系統，竟敢胡亂編纂，企圖放入台灣國小的閩南語教學，更使台語文字化益增錯誤與困難，障礙與誤導，無疑是走向歷史的陷阱與絕路，走向歷史的自殺。難怪台語文字化的漫長歷史，迄今無成，令人唏噓。可謂無人成功研究簡易可行的科學台語之本土文字字母系統。有人以羅馬字與漢字混合發展出的所謂「漢羅書寫系統」，例如「台語文學家陳明仁」即用此「漢羅系統」寫出台語的優秀文學作品，更有台灣長老教會長達百年的純羅馬台語文聖經的豐富留傳（可惜，似乎現在也已被「國語」聖經取代而停用），雖然，羅馬化也勉強可行，但均無「民族文化」創造價值與「文化驕傲」可言，我們試想，「朝鮮人」如未發明朝鮮民族的獨特「朝鮮諺文」，與世界各民族競豔於世界文化舞台而崢嶸頭角，不遑多讓，不屑羅馬字化而獨樹一幟之民族文字驕傲，令人肅然起敬！今天，朝鮮民族如果改以西方文明的「羅馬字」拼寫朝鮮語時，世人的觀感與文化評價又將如何？

許曹德之台語諺文的了不起發明，不但擺脫了漢字的糾纏而又能獨立成爲拚音文字，且又可於必要時容納漢字，幫助漢字注音及注調，並與漢字並肩作戰，書寫出精美的台語文，排除了羅馬拼音之便宜行事的誘惑，改以創造諸如適合朝鮮或日本之東方民族特質之漢系字母系統，爲台語量身打造獨特之「字母符號」及「表調系統」，形成獨特的「台語諺文拼音文字系統」，不僅擊破了表記河佬台語之音調變化困難之神話，更可正確注明漢字之台字語音及語調，又可輕易拼成方塊拼音之台灣本土獨特文字，不毀漢字，一如朝鮮與日本之類似拼音文字，易辨易學，不僅可隨口拼寫出台語的方塊拼音文字與台語注音，而與台語漢字並肩書寫出正確的台文，並可用於注寫漢字之正確台語「讀音」及正確「正調」與「變調」，也可拼出各種台語外來語之正確讀音，形成台語的外來語表記系統。這是台語文字化之最佳文化利器，再也不必亂造漢字或亂找漢字。較之中國北京話的羅馬拼音或國民黨的ㄅㄆㄇ注音系統更方便，更科學，正確與優越。如以電腦處理，亦如韓文與日文之各自獨特字母，幾個小時即可學懂，簡單易學又易記，降低漢字的複雜，扞格不適，笨拙，亂用與濫造。如能電腦化，則將與世界各民族的文字系統，並駕齊驅，競豔於世界之文化舞台。

台灣諺文，其實不僅徹底解決河佬台語的文字化問題，也解決客語的學習及文字化問題，當河客二族同用一套民族字母時，將是兩族化解歷史恩怨的一天，共同建立一個自由、民主與獨立的台灣共和國。

C. E. S. **荷文原著**
甘為霖牧師 **英譯**
林野文 **漢譯**
許雪姬教授 **導讀**
2011.12 前衛出版 272頁 定價300元

被遺誤的台灣

荷鄭台江決戰始末記

1661-62年，
揆一率領1千餘名荷蘭守軍，
苦守熱蘭遮城9個月，
頑抗2萬5千名國姓爺襲台大軍的激戰實況

荷文原著 C. E. S.《't Verwaerloosde Formosa》(Amsterdam, 1675)
英譯William Campbell "Chinese Conquest of Formosa" in《Formosa Under the Dutch》(London, 1903)

回憶在滿大人、海賊與「獵頭番」間的激盪歲月
Pioneering in Formosa
歷險
台灣經典寶庫5
福爾摩沙
W. A. Pickering
(必麒麟)原著
陳逸君 譯述
劉還月 導讀
19世紀最著名的「台灣通」
野蠻、危險又生氣勃勃的福爾摩沙
Recollections of Adventures among Mandarins,
Wreckers, & Head-hunting Savages
前衛出版
AVANGUARD

台灣經典寶庫4

封藏百餘年文獻
重現台灣

Formosa and Its Inhabitants

密西根大學教授
J. B. Steere（史蒂瑞）原著
美麗島受刑人 林弘宣 譯
中研院院士 李壬癸 校註
2009.12 前衛出版 312頁 定價 300元

本書以其翔實記錄，有助於我們瞭解19世紀下半、日本人治台之前台灣島民的實際狀況，對於台灣的史學、人類學、博物學都有很高的參考價值。

——中研院院士 李壬癸

◎本書英文原稿於1878年即已完成，卻一直被封存在密西根大學的博物館，直到最近，才被密大教授和中研院院士李壬癸挖掘出來。本書是首度問世的漢譯本，特請李壬癸院士親自校註，並搜羅近百張反映當時台灣狀況的珍貴相片及版畫，具有相當高的可讀性。

◎1873年，Steere親身踏查台灣，走訪各地平埔族、福佬人、客家人及部分高山族，以生動趣味的筆調，記述19世紀下半的台灣原貌，及史上西洋人在台灣的探險紀事，為後世留下這部不朽的珍貴經典。

國家圖書館出版品預行編目資料

許曹德回憶錄（下）/ 許曹德作. -- 初版. -- 臺北市 : 前衛, 2018.05
480面；15×21公分 --（許曹德回憶錄 ; 下冊）

ISBN 978-957-801-839-6（平裝）

1. 許曹德　2.回憶錄

783.3886　　107003797

許曹德回憶錄 下

作　　者　許曹德
責任編輯　番仔火
封面設計　林恆葦　源生設計
電腦排版　宸遠彩藝

出 版 者　前衛出版社
10468 台北市中山區農安街153號4樓之3
Tel：02-25865708　Fax：02-25863758
郵撥帳號：05625551
購書・業務信箱：a4791@ms15.hinet.net
投稿・代理信箱：avanguardbook@gmail.com
出版總監　林文欽
法律顧問　南國春秋法律事務所

經 銷 商　紅螞蟻圖書有限公司
臺北市內湖區舊宗路二段121巷19號
Tel：02-27953656　Fax：02-27954100

出版日期　2018年6月初版一刷
定　　價　新台幣500元

 ISBN 978-957-801-839-6